Carles Feixa

DE LA GENERACIÓN@
A LA #GENERACIÓN

La juventud en la era digital

Carles Feixa

DE LA GENERACIÓN@ A LA #GENERACIÓN

La juventud en la era digital

Pam Nilan, Carmen Leccardi, Oriol Romaní,
Yanko González, Ariadna Fernández-Planells,
Mònica Figueras (Colabs.)

© *Carles Feixa, 2014*

© *De la primera imagen de cubierta:* Carles Feixa. Barcelona, Plaça de Catalunya, mayo de 2011

© *2014, Nuevos emprendimientos editoriales, S. L., Barcelona*

Primera edición: septiembre de 2014, Barcelona

Derechos reservados para todas las ediciones en castellano

Preimpresión: Editor Service, S.L.
Diagonal, 299, entlo. 1ª
08013 Barcelona

ISBN: 978-84-942364-6-4
Depósito Legal: B. 14103-2014

Impreso por Sagrafic

Impreso en España
Printed in Spain

Queda prohibida la reproducción parcial o total por cualquier medio de impresión, en forma idéntica, extractada o modificada, de esta versión castellana de la obra.

Ned Ediciones
www.nedediciones.com

ÍNDICE

Prólogo. Generación@.. 13

Parte I. DISCURSOS

1. Tarzán, Peter Pan, Blade Runner:
   relatos juveniles en la era global................................. 25
2. ¿Una juventud global?
   Identidades híbridas, mundos plurales........................... 33
   Pam Nilan y Carles Feixa
3. El concepto de generación en las teorías sobre la juventud....... 47
   Carmen Leccardi y Carles Feixa
4. Generación XX: teorías sobre la juventud contemporánea......... 65
   Yanko González y Carles Feixa
5. Generación @: la juventud en la era digital....................... 99
6. Generación XXI: de la tribu a la red............................. 121

Parte II. ESCENAS

7. Los jóvenes en su habitación.................................... 129
8. Los jóvenes en el espacio escolar 141
9. Los jóvenes en espacios de ocio 151
10. Los jóvenes en las migraciones 165

11. Los jóvenes en las subculturas 175
    Oriol Romaní y Carles Feixa

12. Los jóvenes en el ciberespacio 185

Parte III. RELATOS

13. Biografía de una Replicante 205

14. Groovy en su habitación 211

15. Groovy en el espacio escolar 223

16. Groovy en espacios de ocio 237

17. Groovy en las migraciones 253

18. Groovy en las subculturas 273

19. Groovy en el ciberespacio 285

20. De Replicante a Blade Runner 299

Conclusión 313

Epílogo. #Generación 319
Carles Feixa, Ariadna Fernández-Planells y Mònica Figueras

Bibliografía 329

Filmografía 347

Para mis abuelos, Ramon y Carme, Josepet y Amàlia
Que crecieron con el reloj de arena

Para mis padres, Carlos y Pepita
Que se educaron y educaron con el reloj mecánico

Para mis hijos Iago y Xao
Que están creciendo con el reloj digital

Y para Groovy
Que inspiró algunas de mis teorizaciones sobre la Generación @

«No podemos permitir que continúen las acciones inauditas de las jóvenes generaciones.»
(Tabla encontrada en Ur, Caldea, siglo X a.C.)

«El padre acostumbra a parecerse al hijo y a temerle, y los hijos a hacerse iguales a los padres y a no respetarlos. El maestro teme a sus discípulos y les adula; los alumnos menosprecian a sus maestros; y en general, los jóvenes se equiparan a sus mayores y rivalizan con ellos de palabra y obra, y los ancianos, condescendientes con los jóvenes, se vuelven bromistas, imitando a los muchachos, para no parecerles antipáticos ni despóticos.»
(Platón, siglo III a. C.)

«He tenido veinte años. No dejaré que nadie diga que es la edad más bella de la vida.»
(Paul Nizan, 1931)

«Deseo morir antes de hacerme viejo/Ésta es mi generación, chico.»
(The Who, «My generation», 1966)

«La crisis de la juventud no es más que la crisis de la coherencia de la sociedad adulta.»
(Erick H. Erikson, 1968)

«La juventud retrata siempre, con trazos fuertes, a la sociedad global, la cual, por su parte, no siempre gusta de verse así retratada.»
(José L. Aranguren, 1986)

«Por primera vez en la historia, los niños se sienten más confortables y son más expertos que sus padres en una innovación central para la sociedad.»
(Dan Tapscott, 1998)

«[Propugnamos] una sublevación de los jóvenes contra la juventud [...] Habíamos menospreciado el deseo de los jóvenes de ser adultos contra todo un entramado social, político y cultural que quiere retenernos en la infancia [...] El capitalismo los priva de casa propia y de trabajo, dos cosas que los niños no necesitan y que, aún más, no deben tener.»

(Juventud sin Futuro, 2011)

Prólogo
Generación@[1]

En el principio fue la Game Boy, con bips electrónicos como música de fondo. Luego llegaron el *e-mail*, los sms, el chat, YouTube, Facebook, Twitter, WhatsApp y SnapShot. Al séptimo día la red descansó y los jóvenes se refugiaron de nuevo en la tribu. Mientras Noé, el hijo de Félix el *punk*, se hacía mayor en Lleida navegando por Tuenti, y Pablo, el hijo de Pablo el Podrido, crecía en Neza York navegando por Facebook, Groovy, una joven universitaria apasionada por la música *tecno*, recordaba su adolescencia en los albores de la era digital, apropiándose de su habitación, educándose en los márgenes del sistema escolar, divirtiéndose en la discoteca Florida 135, viajando a Berlín —primero como estudiante Erasmus y luego como emigrante cultural—, participando en diversas subculturas vinculadas a la música electrónica, navegando por el ciberespacio y descubriéndose como una replicante que temía hacerse adulta, mientras se sentía reflejada en la novela de Philip K. Dick ¿*Sueñan los androides con ovejas eléctricas?* (1996) [1968], que Ridley Scott popularizaría con el título de *Blade Runner* (1982).[2]

¿Siguen los jóvenes de hoy soñando con ser androides y evitando hacerse adultos? ¿Siguen siendo temidos y venerados por la sociedad, como sucedía en la antigua Mesopotamia y en la Grecia clásica? ¿Sigue siendo hoy la juventud la edad más bella de la vida, como cuestionaba Paul Nizan en los años

---

1   En el título del libro, y en el del Prólogo y el Epílogo utilizamos los términos Generación@ y #Generación (sin espacio intermedio, con la arroba detrás y con el *hashtag* delante) porque es así como se utilizan estos símbolos en la red y porque se han convertido en una especie de acrónimos de la cultura digital. En el resto del libro, sin embargo, usamos los términos Generación @ y Generación # porque así es como los usamos en las publicaciones previas, porque son conceptos teóricos y para facilitar la lectura.

2   Por regla general, las referencias bibliográficas se citan por el año de la edición consultada, añadiendo después entre corchetes, cuando sea relevante, el año de la primera edición, excepto en las citas iniciales del libro y de algunos capítulos, en las que consta sólo la fecha de publicación original.

treinta? ¿Siguen los jóvenes deseando morir antes de llegar a viejos, como cantaban The Who en los años sesenta? ¿Siguen los jóvenes retratando con trazos fuertes a la sociedad global —que acostumbra a reaccionar mal ante este retrato— como sugería José L. Aranguren en los años ochenta? ¿Son los adolescentes actuales la primera generación que adelantará a los adultos, gracias a su mayor dominio del mundo digital, como predijo Don Tapscott en los años noventa? ¿Por qué l@s Indignad@s propugnan una sublevación de los jóvenes contra la juventud? ¿Puede existir una cultura juvenil sin jóvenes?

***

El signo @ tiene una intrincada historia (*cfr.* Monsalve, 2012; Wikipedia, 2013a). El término proviene del árabe (*ar-rub*) y significa «la cuarta parte». En la Edad Media pasó al latín y a las lenguas romances, como unidad de medida. En castellano @ se lee «arroba» y significa la cuarta parte de un quintal (11,5 kg), utilizándose desde mediados del siglo XV en el antiguo reino de Castilla y luego en otros dominios de la corona española, siendo de uso común en el comercio transatlántico hasta bien entrado el siglo XX. Uno de los primeros documentos en los que aparece, del 1536, es una carta de un comerciante italiano en Sevilla que narra la llegada de tesoros desde América (aunque recientemente se encontró un documento aragonés de 1432 donde también aparece el signo). En el siglo XIX, mientras la @ caía en desuso en Europa, en Norteamérica pasó a denotar el precio unitario de un producto (por ejemplo, 5 artículos @ &1 significa 5 artículos a 1 dólar cada uno), por lo que fue incorporado en los primeros teclados de las máquinas de escribir mecánicas (en inglés la @ también significa «*at*»: «en»).

Probablemente, la arroba hubiera quedado en el olvido si no se hubiera inventado internet. En 1971, el ingeniero electrónico Ray Tomlinson trabajaba en una empresa encargada del desarrollo de alta tecnología para el departamento de Defensa de Estados Unidos. Al buscar un símbolo que separase el destinatario final del dominio general en una dirección de correo electrónico, optó por emplear la @, que todavía se encontraba en muchos teclados norteamericanos, pues al estar en desuso no se corría el riesgo de confundir-

Prólogo

la con otro carácter. Este nuevo uso del símbolo no se popularizó hasta mediados de los años noventa, cuando pasó a ser utilizado por los usuarios del *e-mail*. Además de esta función meramente práctica, la @ empezó a ser usada con otros fines, por ejemplo para denotar el género neutro, al entender erróneamente los usuarios que el símbolo incorporaba tanto la «o» del masculino como la «a» del femenino, o para denotar localización («@ Barcelona» significa «en Barcelona»). En los últimos años, su uso en algunas redes sociales como Twitter lo ha hecho más popular. Podemos decir, pues, que la arroba pasó de ser un signo asociado a la navegación marítima (en la fase moderna de la globalización, tras la conquista del Mediterráneo por los árabes y de América por los castellanos) a ser un signo asociado a la navegación digital (en la fase posmoderna de la globalización, tras la conquista del ciberespacio por los norteamericanos y luego por organismos y corporaciones transnacionales). Sea como fuere, cuando en este ensayo nos referimos a la Generación @ se sobreentiende que nos estamos refiriendo a los jóvenes que han nacido y crecido en la era digital, es decir, a la generación de la red.[3]

* * *

El término Generación @ es una conceptualización original mía que desarrollé a fines de la década de 1990, en diálogo con mis propios estudiantes y con algunos colegas europeos y latinoamericanos, y constituye el nodo central del capítulo 4 del presente libro, que he preferido no retocar pues es un texto *datado*. De forma implícita, estaba ya presente en la primera edición de mi libro *De jóvenes, bandas y tribus,* aparecido en 1998.[4] De forma explícita, la

---

3 En aquellos idiomas en los que la @ no tiene un uso histórico como en Castilla y Norteamérica, se denomina por su caracterización simbólica. Por ejemplo, en Alemania se traduce por «cola de mono», en Italia por «caracol» y en las zonas de habla catalana por «ensaimada» (en alusión al dulce mallorquín).

4 «Una de las características de este nuevo modelo de juventud es la influencia de las nuevas tecnologías de la comunicación: video, fax, telefonía digital, informática, internet. Algunos autores mantienen que está emergiendo una «cultura juvenil posmoderna» que ya no es el resultado de la acción de jóvenes marginales, sino del impacto de los modernos medios

primera presentación de dicha noción, a partir de la metáfora de los relojes de arena, mecánico y digital, fue una ponencia pronunciada en 1998 en unas jornadas organizadas por el Instituto Mexicano de la Juventud en Ixtapan de la Sal, en las que participaron algunos de los más reputados juvenólogos latinoamericanos, que me aportaron valiosas críticas y sugerencias. En el año 2000, apareció publicado como artículo en la prestigiosa revista colombiana *Nómadas*, con el título «Generación @. La juventud en la era digital» (fue y sigue siendo uno de mis artículos de mayor impacto).[5] Con posterioridad aparecieron otras versiones y traducciones a distintos idiomas.[6]

La noción de Generación @ se ha convertido en un término de uso común en los estudios sobre cultura juvenil y cultura digital. En 2004, el comunicólogo colombiano Alonso Quiroz publicó un artículo titulado «La Generación Arroba» en el que desarrollaban mis concepciones citándolas como referente.[7] Ese mismo año los psicólogos españoles María Moral y Anastasio Ovejero publicaron un artículo titulado «Jóvenes, globalización y posmodernidad» en el que analizaban la crisis de la adolescencia social en una sociedad

---

de comunicación en un capitalismo cada vez más transnacional. Ello puede recluir a los jóvenes en un nuevo individualismo, pero también puede conectarles con jóvenes de todo el planeta» (Feixa, 1998: 45-6).

5 El sentido del concepto quedaba expresado así: «El término Generación @ puede servir para expresar tres tendencias de cambio que intervienen en este proceso: en primer lugar, el acceso universal —aunque no necesariamente general— a las nuevas tecnologías de la información y de la comunicación; en segundo lugar, la erosión de las fronteras tradicionales entre los sexos y los géneros; y en tercer lugar, el proceso de globalización cultural que conlleva necesariamente nuevas formas de exclusión» (Feixa, 2000: 77).

6 Se han publicado traducciones del artículo al catalán (2001) y al inglés (2005). En castellano hay versiones publicadas en España (2003), México (2003b) y Chile (2005b). Acaba de aparecer una traducción al chino (2013) y está en prensa una al portugués (2014).

7 «De este modo, la "nueva generación" demuestra tanto "el acceso universal a las nuevas tecnologías de la información y de la comunicación" como "el rompimiento de las fronteras tradicionales entre los sexos y los géneros"» (*Revista Nómadas* # 13), permitiendo que en el proceso de globalización cultural, y compactando todo esto en internet, se pueda encontrar "la Era digital", y en ella la juventud como "Generación @", tal como lo propone Carles Feixa en esta misma revista» (Quiroz, 2004: 2).

Prólogo

en crisis a partir de esa noción.[8] En 2005, el pensador argentino Alejandro Piscitelli, célebre con posterioridad por un excelente trabajo sobre Facebook y la Universidad, publicó un breve texto en el portal *Educ.ar* del Ministerio de Educación de Argentina, titulado «Epistemología de las marcas en la era de la incertidumbre. La generación arroba» en el cual llegaba de forma independiente a conclusiones parecidas a las mías (Piscitelli, 2005).[9] En 2006, la socióloga brasileña Ivelise Fortim, en un artículo titulado «Alice no país do espelho», adaptaba la categoría a los videojuegos.[10] Desde entonces diversos autores han seguido utilizando el término, atribuyéndome por lo general su conceptualización intelectual (al menos en el ámbito iberoamericano).

En otras ocasiones, sin embargo, el sentido del concepto e incluso su autoría quedan desdibujados. Por ejemplo, en 2009 Carmen García y Jordi Montferrer publicaron un artículo sobre el uso del teléfono móvil por parte de adolescentes españoles, con un apartado titulado «La Generación @ o la vida a través de la pantalla pequeña». Los autores citaban de pasada un informe dirigido por mí sobre consumo cultural en la infancia (Feixa *et al.*, 2002) pero no se referían a mis textos sobre la Generación @, pese a ser fáciles de localizar por internet, e incluso atribuían la autoría de dicha noción y la adaptación de la misma a un autor alemán, que por lo visto había publicado un libro con el mismo título en 1999, un año después de mi ponencia en México y un año antes de mi artículo en Colombia (Opaschowski, 1999), libro

---

8 «En un mundo digitalizado en el que se va instalando el poder de las nuevas tecnologías (véase Castells, 1997, 1998a, 1998b), el adolescente fomenta la comunicación interpersonal a través de cyberintermediarios, tecnificándose la naturaleza socioconstruida de sus vínculos relacionales e incluso se alude a la emergencia de la Generación @ (Feixa, 2001, 2003)» (Moral y Ovejero, 2004: 2).

9 En el debate en línea suscitado por el texto, uno de los participantes se preguntaba lo siguiente: «Hola, quisiera saber quién enunció por primera vez el término "Generación @" ¿no fue Carlos Feixa? Gracias» (Gabriela. Marzo 9, 2006, 11:04).

10 «Segundo Feixa (1998), a principal característica dessa geração é a relação estreita com as novas tecnologias da informação: vídeo, fax, telefonia digital, informática, internet. Esses jovens são chamados pelos teóricos de Geração Arroba (Feixa), N-Geners ou Net Generation (Tapscott). A mídia costuma rotulá-los de Geração Z (de Zapping), Geração Digital ou Geração Pontocom» (Fortim, 2006: 3).

que yo no conocía y que los autores no demuestran haber leído, puesto que no aparecen citas directas del mismo, su concepción de la Generación @ deriva de mis publicaciones y no se cita ningún otro trabajo en alemán.[11] En 2011 el pedagogo Juan A. Fuentes reproducía esta atribución en un texto sobre la ciudadanía digital de los adolescentes, basándose en el artículo anterior y citando de segundas —en realidad de terceras— a Tapscott y Opaschowski como referentes de la Generación @, pero sin demostrar tampoco haberlos leído directamente.[12] En otras ocasiones se me cita (Flick, 2007), pero se atribuye el concepto al creador de videojuegos y pensador Marc Prensky, que en 2001 propuso el concepto «Nativos Digitales», que desde entonces ha hecho fortuna, pero que no se refirió a la Generación @.

* * *

El presente libro puede concebirse como una actualización y al mismo tiempo como un replanteamiento del que publiqué en 1998 en la editorial Ariel

11 El lector puede juzgar por sí mismo comparando las citas siguientes:

«La actual generación de niños y jóvenes es la primera que ha estado educada en la sociedad digital (Tapscott, 2000) [...] el término «Generación @» pretende expresar tres tendencias de cambio que intervienen en este proceso: en primer lugar, el acceso universal —aunque no necesariamente general— a las nuevas tecnologías de la información y de la comunicación [...] la emergencia de mundos artificiales como las comunidades de internautas, la configuración de redes adolescentes a escala planetaria, serian los rasgos característicos de un modelo de inserción «virtual» en la sociedad [...] Se trata de un relato de juventud... que narra el paso de la cultura visual a la cultura multimedia» (Feixa, 2003: 54-55).

«Hay que atender al hecho de que la actual generación de niños y adolescentes es la primera que ha sido educada en la sociedad digital [...] Su definición como "Generación @" también pretende recoger estas tendencias de cambio que les afectan y que tienen que ver, fundamentalmente, con sus habilidades, disposición y acceso casi universal a las nuevas tecnologías de la información y de la comunicación (Opaschowski, 1999). El nuevo modelo de adolescencia actual habría determinado la emergencia de mundos virtuales como las comunidades de internautas o la configuración de redes de adolescentes a escala planetaria. Esta situación estaría propiciando un modelo de inserción virtual de los adolescentes en sociedad. El paso de un modelo basado en la cultura visual, a otro basado en la cultura multimedia, promovido por el uso de internet, cuyas consecuencias sobre la vida adulta aún están por determinar» (García y Montferrer, 2009: 86).

12 «Hay que pensar que para la población de estas edades (10-18 años), las TICs se han convertido en un apéndice más de su cuerpo, de su vida. De ahí que diversos autores les denominen Generación Red (Tapscott, 1998); Generación TIC, Generación Nintendo o de la Play Station (Fuentes y Ortiz, 2004); Generación @ (Opaschowski, 1999); etc.; y todo ello vinculado con la recién aparecida Generación Ni-Ni, caracterizada por el simultáneo rechazo a estudiar y a trabajar» (Fuentes, 2011: 116).

con el título *De jóvenes, bandas y tribus*, y que tras varias ediciones (en 2012 se publicó la 5ª) se ha convertido en un lugar de encuentro de los estudios sobre la juventud en el ámbito iberoamericano. De alguna manera, es la segunda parte de una trilogía, que espero poder completar con una monografía sobre los *latin kings & queens*, cuya vida he seguido en los últimos años. Aunque el contenido de esta segunda entrega es nuevo, conserva la misma estructura que resultó apropiada para la anterior: una primera parte de «discursos» teóricos; una segunda parte de «escenas» etnográficas; y una tercera parte de «relatos» biográficos.

La parte I propone una serie de pistas teóricas para comprender la juventud en la era digital. El viaje empieza con algunas imágenes literarias y cinematográficas en torno a la odisea juvenil, que va de Tarzán a Blade Runner, pasando por Peter Pan; plantea una discusión conceptual en torno a la globalización de la cultura juvenil y sus implicaciones para las identidades híbridas; discute la noción de generación en las ciencias sociales, revisitando las aportaciones de algunos autores a lo largo del siglo XX; la aplica a las principales teorías sobre la juventud contemporánea; sugiere algunas paradojas del modelo de juventud emergente a inicios del siglo XXI, analizando la evolución de tres tipos de sistemas cronológicos —el reloj de arena, el reloj analógico y el reloj digital— que se vinculan a tres modelos de transición a la vida adulta; y acaba trazando la transición conceptual de la tribu a la red, a manera de reflexión sobre la cultura juvenil en el siglo XXI. La parte II expone una serie de recorridos etnográficos sobre los jóvenes en seis de los escenarios en los que despliegan su vida cotidiana: su propia habitación, el espacio escolar, los lugares de ocio, el ciberespacio, las migraciones transnacionales y las subculturas juveniles. La parte III contiene la historia de vida de Groovy, la joven que inspiró mis ideas sobre la Generación Replicante. En la Conclusión se retoman las consideraciones sobre la Generación @ a la luz de algunas investigaciones recientes sobre el cerebro de los adolescentes. El libro se cierra con un Epílogo que reflexiona sobre la transición *de la Generación @ a la Generación #* (o dicho en otros términos: de la generación de la red a la generación de las redes o de la web social), tránsito que ha acabado por dar nombre al ensayo.

La obra tiene su origen en una serie de conferencias impartidas en Europa y América Latina en los últimos quince años, que acabaron publicándose como artículos en revistas académicas, como capítulos de libro o como textos periodísticos. Su origen más directo son dos artículos publicados en «La Cuarta Página» de *El País*: «Generación replicante» y «La generación indignada» que tuvieron cierto impacto, aunque no cuenten como publicaciones científicas (Feixa, 2009; 2011). Los capítulos de las partes I y II se basan en artículos publicados en revistas nacionales e internacionales entre 2000 y 2010. El Prólogo y el Epílogo reproducen partes de una ponencia en una jornada sobre audiencias juveniles (Feixa y Fernández-Planells, 2014). Algunos textos fueron escritos en colaboración con colegas europeos, latinoamericanos y australianos, en coherencia con la perspectiva global del libro. Otros fueron revisados por investigadores cuyas tesis he dirigido o dirijo (Klaudio Duarte revisó el capítulo 3, Marco Bortoleto el 8). Todos han sido reescritos y actualizados para el presente volumen, aunque deben valorarse desde la coyuntura histórica en la que fueron escritos (en la sociedad digital el tiempo no corre, vuela).[13]

* * *

El juego de espejos entre las imágenes que cada generación de jóvenes proyecta sobre la sociedad adulta, y el retrato a menudo deformado que ésta le devuelve, parece ser el rito del eterno retorno. Pues uno de los errores en los que caemos los adultos es juzgar a los jóvenes a la luz de nuestra propia juventud. Entre la actitud autoritaria hacia ellos, basada en la creencia que todo tiempo pasado fue mejor, y la adulación acrítica, basada en la creencia que el futuro siempre tiene la razón, es necesario asumir que cada generación vive de forma distinta la aventura de hacerse adulto. Cuando este libro ya se había planteado, surgió el movimiento 15M en España y otros movimientos coetáneos en Europa y América Latina. No he querido tratarlos aquí porque se abordan en otros libros y publicaciones, vinculados al proyecto GENIND.[14] Sin

---

13 Al principio de cada capítulo aparece la referencia a las publicaciones originales en las que se basa.
14 *La Generación Indignada. Espacio, poder y cultura en los movimientos juveniles de 2011: una perspectiva transnacional* (GENIND). Ministerio de Economía y Competividad. VI Programa Nacional de Investigación Científica, Desarrollo e Innovación Tecnológica 2008-2011. [CSO2012-34415].

Prólogo

embargo, quiero precisar que las reflexiones teóricas contenidas en el mismo están estrechamente conectadas con los retos sociales y políticos planteados por la Generación Indignada, Pre-parada, Google, Millennial, Mileurista, Ni-mileurista Ni-Ni, Sí-Sí o como se la quiera llamar.

Quiero agradecer a diversas personas que me han aportado informaciones e ideas sobre la metáfora del reloj y su aplicación a los estudios sobre juventud: en primer lugar a Oriol Romaní, mi director de tesis, pionero en los estudios subculturales, con quien he seguido colaborando como puede verse en este libro; a mis colegas Herlinda Suárez, Cristina Laverde, Lynne Chisholm, Angel Porras, Amparo Lasén, Carmen Costa, Neus Alberich y Roger Martínez; a mis estudiantes de la UdL, la UAB, la URV, la UB y la UdG; a mis auditorios de Madrid, Lisboa, Helsinki, Budapest, Toronto, Ciudad de México, San José de Costa Rica, Manizales, Quito, Buenos Aires, Santiago de Chile, Tokio, Brisbane y Durban. Quiero agradecer a Pam Nilan, Carmen Leccardi, Yanko González, Oriol Romaní, Ariadna Fernández-Planells y Mònica Figueras por haber aceptado incluir en este libro algunos artículos redactados en colaboración.

Pese a la actualidad del tema que aborda, el libro ha tenido una gestación algo lenta. La adaptación de este volumen empezó en octubre de 2009 durante una estancia en la Universidad de Newcastle, por invitación de Patricia Oliart; prosiguió gracias a una Ayuda de Intensificación de la Investigación de la Universitat de Lleida y la Generalitat de Catalunya; tomó forma en octubre de 2012 en el Magdalen College de la Universidad de Oxford, donde redacté la Conclusión durante un seminario multidisciplinario sobre el cerebro de los adolescentes; se completó con el Epílogo en abril de 2014 en Bonansa (Pirineo de Aragón), el pueblo de mi padre que constituye mi refugio, donde confluyen el reloj de sol y de arena de las cuatro ermitas románicas que lo circundan, el reloj mecánico de la iglesia parroquial, y los relojes digitales del Telecentro donde concluyo el texto; y termina de revisarse el 26 de abril de 2014 en el vuelo de ida de un nuevo viaje a Tijuana (México), donde tendré ocasión de encontrar a algunos de los colegas con quienes inicié este periplo en Ixtapan de la Sal, hace 16 años, como Rossana Reguillo, José Manuel Valenzuela, José A. Pérez Islas, Mónica Valdez y Alfredo Nateras.

La inspiración final para recopilar los textos surgió en una concurrida conferencia impartida en la Escuela Nacional de Antropología e Historia (México, marzo de 2011), por invitación de mi colega y amiga Maritza Urteaga, con quien he compartido intereses teóricos y afinidades científicas a lo largo de estos años. La concreción fue fruto de una conversación en el zócalo de Coyoacán con Maricela Portillo, profesora de comunicación en la Universidad Autónoma de la Ciudad de México. Con posterioridad, surgió la idea de pedir la colaboración del resto de investigadores a quien tuve el privilegio de dirigir o asesorar sus tesis doctorales y a quienes agradezco su apoyo en este empeño: Yanko González, Oscar Aguilera, Klaudio Duarte, Carmen Flores, Anna Berga, Marco Bortoleto, Germán Muñoz, Pedro Nuñez, Joel Bevilaqua e Inês Pereira. La iniciativa se desbordó, por lo que estos textos no pudieron incorporarse a este libro, aunque serán la base de una *Juvenopedia* que está previsto publicar como segundo volumen de la presente colección.

Last but not least, mi agradecimiento a Groovy, primero alumna, después colaboradora y finalmente amiga, quien me concedió horas de charla y convivencia a lo largo de los años, en Lleida y en Berlín. Por supuesto, no me olvido de Pablo ni de Félix, pero sobre todo de sus hijos Pablo, Miguel, Noé y las gemelas, que en cierta manera relevan en este libro el protagonismo que sus padres tuvieron en el anterior. No es lo mismo teorizar sobre la juventud que educar a los jóvenes. Por eso este libro está dedicado a mis hijos Iago, que pronto cumplirá 19 años y es un perfecto representante de la generación digital; y Xao, que pronto cumplirá 12 y está pasando de *tween* a *teen*, pues quizá se convertirá en representante de la primera generación pos-digital.

Carles Feixa

Vuelo de Newcastle (Inglaterra) a Budapest (Hungría), noviembre de 2009
Vuelo de la ciudad de México (México) a Barcelona (Catalunya), marzo de 2011
Tren de Cercanías de Barcelona a Vilafranca del Penedès (Catalunya), abril de 2011
Claustro del Magdalen College, Universidad de Oxford (Inglaterra), octubre de 2012
Camino de Bonansa a Bibils (Alta Ribagorça, Pirineo de Aragón), abril de 2014
Vuelo de Madrid a Tijuana (México), abril de 2014

Parte I
DISCURSOS

1
Tarzán, Peter Pan, Blade Runner:
relatos juveniles en la era global[1]

Propongo empezar este viaje visitando tres modelos de adolescencia implícitos en tres imágenes literarias que pueden servirnos para reflexionar sobre tres formas de vivir la juventud: Tarzán, Peter Pan y Blade Runner. Se trata de tres modelos que nos permiten reflexionar sobre las modalidades de «socialización» en distintos tipos de culturas, aunque también pueden verse como formas de transición a la vida adulta que conviven en la contemporaneidad.

El síndrome del niño salvaje: Tarzán

> Tarzán de los Monos, alevín de hombre primitivo, ofrecía una imagen llena de patetismo y promesas. Era como una alegoría de los primeros pasos a través de la negra noche de la ignorancia en busca de la luz del conocimiento (Burroughs, 1912: 73).

El primer modelo de juventud, que se basa en lo que podemos denominar el *síndrome de Tarzán*, fue inventado por Rousseau a finales del siglo XVIII y perduró hasta mediados del siglo XX. El relato de Tarzán es un ejemplo de otros tantos testimonios periodísticos, literarios y cinematográficos de «niños salvajes» o «emboscados»: menores perdidos o raptados y educados por animales o por tribus primitivas. Se trata de un mito que puso sobre el tapete una de las

---

[1] Feixa, C. (2007). «Relats generacionals en l'era global». En J. Larrosa (ed.), Z. Bauman, M. Maffesoli *et al. Entre nosaltres. Sobre la convivència entre generacions*. Barcelona: Fundació Viure i Conviure: 152-173. (2008). «Tarzán, Peter Pan, Blade Runner. Relatos de juventud en la era global». *Topodrilo*, México, 8, 37-41. (2011). «Relatos juveniles en la era global». *Revista Estudio*, La Habana, 10, 10-23.

cuestiones centrales de la ciencia social moderna: el debate *nature/nurture* (naturaleza/crianza). ¿La naturaleza humana se basa en la biología o bien en la educación? ¿La adolescencia es una fase natural del desarrollo o bien un invento de la civilización? ¿Puede todo menor ser «encauzado» mediante buenas prácticas de crianza o de socialización?

Tarzán de los monos fue escrito por Edgar R. Burroughs en 1912 y se popularizó, sobre todo, gracias a las películas producidas por Hollywood en el periodo de entreguerras. La historia es conocida: en 1888, en plena Era Colonial, un joven aristócrata inglés, lord Greystoke, es enviado por la corona británica a la costa occidental de África para intervenir en una disputa con otra potencia colonial que utilizaba a ciertas tribus que vivían a orillas del río Congo como soldados y recolectores de caucho. El lord viaja con su esposa, pero se produce una rebelión en la nave y son abandonados a su suerte en plena selva. Allí construyen una cabaña esperando que alguien los rescate y ven nacer a su hijo. Cuando los padres mueren, el bebé es adoptado por una gorila que acababa de perder a su cría. Ella lo amamanta y lo cuida como si fuera su propio hijo, pero a medida que crece, sus rasgos diferenciales van haciéndose más evidentes y van despertando la animosidad del jefe y del resto de la manada. Además del aspecto físico, su diferencia se expresa, sobre todo, en los ritmos y los contenidos de su aprendizaje. «A veces, Kala debatía con las hembras mayores la cuestión, pero ninguna de ellas comprendía cómo era posible que aquel joven tardara tanto en aprender a valerse, a cuidar de sí mismo.» Sin embargo, «en el esclarecido cerebro de Tarzán se agitaban siempre infinidad de ideas, detrás de las cuales, en el fondo, bullía su admirable capacidad de raciocinio».

Su pubertad es mucho más tardía que la de sus coetáneos gorilas, y su desarrollo físico mucho menor. Que no le crezca el pelo es motivo de burla entre sus coetáneos, por eso lo conocen como Tarzán, que significa «piel blanca». Pero cuando el muchacho llega a la adolescencia, su capacidad para aprender y su ingenio son superiores al resto de gorilas y se vale de ellos para sobrevivir en la jungla. Además de aprender a cazar y a matar, también aprende a leer por su propia cuenta en la cabaña de los que fueron —aunque él todavía no lo sepa— sus padres. Poco a poco va tomando conciencia de que pertenece «a una raza distinta a la de sus salvajes y peludos compañeros». Después del contacto con los hombres negros, descritos en la obra con tonos racistas, llegará el contacto con los blancos y su enamoramiento de Jane, la hija de un rico americano prometida con un inglés que se hacía pasar por el heredero de lord Greystoke. Un profesor francés, el señor D'Arnot (arquetipo del pedagogo rousseauniano), le tomará afecto e intentará «civilizarlo». Sus esfuerzos se verán compensados por la capacidad de aprendizaje del muchacho: «Se había ido acostumbrando poco a poco a los ruidos extraños y a las peculiares costumbres de la civilización [...]. Había sido un alumno tan aplicado, que el joven francés vio compensados sus esfuerzos pedagógicos y eso le animó a convertir a Tarzán de los Monos en un caballero elegante en cuanto a modales y lenguaje». Con él viaja a la civilización, a París primero y después a Baltimore. Pese a que en la ciudad —en la vida adulta— todo son cortapisas y convencionalismos y la tentación de volver a la libertad de la selva —a los felices años infantiles— es grande, se impone el deber en forma de amor: «Yo he venido a través de los siglos, desde un pasado nebuloso y remoto, desde la caverna del hombre primitivo, con objeto de reclamarte para mí. Por ti me he convertido en hombre civilizado» —confiesa a su amada.

Si aplicamos este relato al modelo de juventud implícito, el adolescente sería el buen salvaje que inevitablemente se tiene que civilizar, un ser que contiene todos los potenciales de la especie humana, que aún no ha desarrollado porque se mantiene puro e incorrupto. Frente a la edad adulta, el joven manifiesta el mismo desconcierto que Tarzán hacia la civilización, una mezcla de fascinación y miedo. Lo mismo sucede con los adultos que miran a este ser todavía por «amaestrar»: ¿es preciso mantener al adolescente aislado en su selva infantil, o hay que integrarlo en la civilización adulta? Las rápidas transiciones del juego al trabajo, la temprana inserción profesional y matrimonial, la participación en rituales de paso, como la circuncisión o el servicio militar, serían rasgos característicos de un modelo de adolescencia basado en una inserción «orgánica» en la sociedad. Se trata de un relato de juventud, de una odisea textual, que narra el paso de la cultura oral a la cultura escrita, de la *galaxia Homero* a la *galaxia Guttenberg*.

El síndrome del eterno adolescente: Peter Pan

> — ¿Y me haría ir a la escuela? —preguntó Peter con astucia.
> — Sí.
> — ¿Y después a una oficina?
> — Creo que sí.
> — ¿Y pronto sería un hombre?
> — Muy pronto.
> — Pues no quiero ir al colegio ni aprender cosas serias. No quiero hacerme hombre. ¡Oh mamá de Wendy, qué angustia despertarme y verme con barba! (Barrie, 1904: 187).

El segundo modelo de juventud, que se basa en lo que podemos denominar el «síndrome de Peter Pan», fue inventado por los felices *teenagers* de posguerra y teorizado por los ideólogos de la contracultura, como Theodore Roszak, y por algunas estrellas del *rock*, como The Who, después de la ruptura generacional de 1968. El modelo se convirtió en hegemónico en el mundo occidental durante la segunda mitad del siglo xx gracias, en buena parte, al potencial de la sociedad de consumo y del capitalismo maduro, pero también gracias a la complicidad entre jóvenes y adultos para alargar esta fase de formación y diversión.

Peter Pan y Wendy es una obra escrita por James M. Barrie en 1904, traducida a casi todos los idiomas del mundo y llevada a la pantalla en múltiples ocasiones, tanto en dibujos animados como en versiones cinematográficas para un público tanto infantil como adulto. La historia es conocida: Wendy era la primogénita de un matrimonio inglés, cuya madre le contaba cuentos de hadas antes de irse a dormir. La obra empieza así: «Todos los niños crecen, menos uno. Y pronto saben que han de crecer… Los dos años son el principio del fin». La mayor parte del relato consiste en el viaje de Wendy y sus hermanos al País de Nunca Jamás, donde vive un tal Peter Pan, personaje favorito de sus cuentos. Se trata del país de la infancia, donde nadie quiere crecer y todos viven aventuras sin límite, aunque al final regresan a casa. Cuando la niña le pregunta por qué se escapó de la Tierra, Peter Pan responde: «Fue porque escuché a mi padre y a mi madre que hablaban de qué sería cuando fuera mayor. ¡No quiero ser nunca mayor, de ninguna manera! Quiero ser siempre niño y divertirme». No sólo no tenía madre, sino que no tenía el mínimo deseo de tenerla: «Consideraba que las mamás eran personas muy pasadas de moda». Pan no sabe su edad y, de hecho, no tiene noción del tiempo ni del deber: la vida es un juego. El País de Nunca Jamás, donde viven niños perdidos, piratas, pieles rojas y fieras poco salvajes, recuerda a veces una idílica comuna *hippie*, donde los «adolescentes perdidos» de la burguesía vivían al día, comunitariamente, sin presencia de adultos, e intentaban mezclar el trabajo con el juego, vivir la libertad sin autoridad. Después de una etapa de aventuras, Wendy vuelve a su casa con sus padres, llevando con ella a sus hermanos y también a los niños perdidos que habían crecido en el País de Nunca Jamás. Sólo se quedan allí Peter Pan y Campanilla.

En el último capítulo, titulado «Wendy creció», se cuenta cómo la muchacha y sus amigos se hacen mayores: estudian, trabajan, se casan y tienen hijos. Convertida en mamá por el paso del tiempo, escucha cómo su hija pequeña le pregunta por qué los mayores olvidan la habilidad para volar, a lo que responde: «Porque ya no están alegres, ni son inocentes, ni sensibles». Después de muchos años, Peter Pan regresa y constata sorprendido que «él era todavía un niño, pero ella, en cambio, una persona mayor». Por eso se produce un reemplazo generacional y se comunica con la pequeña Margarita, que finalmente vuela con él sin que su mamá pueda evitarlo. El relato acaba así: «Cuando Margarita será grande tendrá una niña, que será también la madrecita de Pedro; y así pasará siempre, siempre, mientras los niños sean alegres, inocentes y un poco egoístas».

Si aplicamos este relato al modelo de juventud implícito, el adolescente sería el nuevo sujeto revolucionario —o el nuevo héroe consumista— que se rebela contra la sociedad adulta —o reproduce hasta la caricatura sus excesos— y se resiste a formar parte de su estructura, al menos durante un tiempo más o menos largo: en la sociedad posindustrial, es mejor ser —o parecer— joven que mayor. Ello se consigue alargando el periodo de escolaridad —tanto la obligatoria como la vocacional— y sobre todo creando espacios-tiempo de ocio —comerciales o alternativos— donde los jóvenes puedan vivir provisionalmente en un paraíso. En este País de Nunca Jamás predominan otros lenguajes, otras estéticas, otras músicas, otras reglas. Pero llega un momento, más o menos voluntario, más o menos tardío, en el que deben abandonarlo. Las lentas transiciones a la edad adulta, el proceso acelerado de escolarización, la creación de micro-sociedades adolescentes —tanto en la educación como en el ocio—, el aumento de la capacidad adquisitiva de los jóvenes, la desaparición de los rituales de paso hacia la edad adulta, la emergencia de «tribus» y subculturas juveniles, serían los rasgos característicos de un modelo de inserción «mecánica» en la sociedad. Se trata de un relato de juventud, de una odisea contextual, que narra el paso de la cultura escrita a la cultura visual, de la *galaxia Guttenberg* a la *galaxia McLuhan*.

El síndrome del joven androide: Blade Runner

> Roy Baty tiene un aire agresivo y decidido de autoridad *ersatz*. Dotado de preocupaciones místicas, este androide indujo al grupo a intentar la fuga, apoyando ideológicamente su propuesta con una presuntuosa ficción acerca del carácter sagrado de la supuesta «vida» de los androides. Además robó diversos psicofármacos y experimentó con ellos; fue sorprendido y argumentó que esperaba obtener en los androides una experiencia de grupo similar a la del Mercerismo que, según declaró, seguía siendo imposible para ellos (Dick, 1968: 146).

El tercer modelo de juventud, que se basa en lo que podemos denominar el «síndrome de Blade Runner», emerge a finales del siglo XX y está llamado a convertirse en hegemónico en el siglo XXI. Sus teóricos son los ideólogos del ciberespacio —tanto los *geeks* oficiales como los *hackers* alternativos—, que preconizan la fusión entre inteligencia artificial y experimentación social, e intentan exportar al mundo adolescente sus sueños de expansión mental, tecnologías humanizadas y auto-aprendizaje.

¿Sueñan los androides con ovejas eléctricas? es una novela escrita por Philip K. Dick en 1968 —una fecha emblemática para la juventud— y popularizada gracias a la insuperable versión cinematográfica que Ridley Scott le dedicó en 1982, y cuyo título —*Blade Runner*— ha acabado por hacer olvidar el de la novela original. La historia es conocida en términos generales, pero no en los detalles: mientras que en la novela los hechos transcurren en San Francisco en 1992, el filme está ambientado en un futuro Los Ángeles de 2019. Una

gran explosión nuclear ha estado a punto de acabar con la vida en la Tierra, causando la extinción de la mayor parte de especies vivas. La Corporación Tyrell había avanzado la formación robótica a la fase NEXUS, un ser virtualmente igual al hombre, al que llamó «replicante». Los replicantes eran superiores en fuerza y agilidad e iguales en inteligencia a los ingenieros genéticos que los habían creado, pero eran utilizados como esclavos en el espacio exterior, en la peligrosa colonización de otros planetas. Después del motín de un grupo de androides, éstos habían sido declarados «ilegales» en la Tierra, bajo pena de muerte si intentaban entrar en su órbita. Patrullas especiales de la policía —unidades Blade Runner— tenían la orden de aniquilarlos, lo que no era considerado como una ejecución, sino como un «retiro».

Tanto la novela como la película se basan en la relación de atracción-odio entre un pequeño grupo de androides y un Blade Runner —el cazador de replicantes, cuya misión es aniquilarlos. Como en un laberinto de espejos, ambas partes van tomando conciencia de sí mismos a medida que se enfrentan al contrario. Los androides reconocen: «Somos máquinas, estampadas como tapones de botella. Es una ilusión ésta de que existo realmente, personalmente. Soy sólo un modelo en serie». Pero, al mismo tiempo, van explorando una nueva identidad, basada en la voluntad «de diferenciarse de algún modo». «Nosotros no nacemos, no crecemos. En lugar de morir de vejez o enfermedad, nos vamos desgastando... Me han dicho que es bueno, si no piensas demasiado...» En cuanto al Blade Runner, siente fascinación por aquéllos a los que persigue y acaba enamorándose de una replicante. La descripción que el informe policial hace del líder de la revuelta, Roy, no puede separarse del momento en que se escribe el libro (1968): el androide «tiene un aire agresivo y decidido», está «dotado de preocupaciones místicas», «indujo al grupo a intentar la fuga», el cual apoyó su propuesta como una ideología salvadora, «robó diversos psicofármacos y experimentó con ellos»; y tenía como máximo objetivo buscar «una experiencia de grupo». ¿No recuerda todo ello a la rebeldía juvenil de cualquier comuna *hippie*, piso de estudiantes o facción rebelde de la época?

Si aplicamos este relato al modelo de juventud implícito, los adolescentes son seres artificiales, medio robot y medio humano, escindidos entre la obediencia a los adultos que los han engendrado y la voluntad de emanciparse. Como no tienen «memoria» emocional, no pueden tener conciencia, y por lo tanto no son plenamente libres para construir su futuro. En cambio, han estado programados para utilizar todas las potencialidades de las nuevas tecnologías, por lo que son los mejor preparados para adaptarse a los cambios, para afrontar el futuro sin los prejuicios de sus progenitores. Su rebelión está condenada al fracaso: sólo pueden protagonizar revueltas episódicas y estériles, esperando adquirir algún día la «conciencia» que los haga adultos. Como los replicantes, los adolescentes tienen todo el mundo a su alcance, pero no son amos de sus destinos. Y como Blade Runners, los adultos vacilan entre la fascinación de la juventud y la necesidad de exterminar la raíz de cualquier desviación de la norma. El resultado es un modelo híbrido y ambivalente de adolescencia, a caballo entre una creciente infantilización social, que se traduce en dependencia económica y falta de espacios de responsabilización, y una creciente madurez intelectual, que se expresa en el acceso a las nuevas tecnologías de la comunicación, a las nuevas corrientes estéticas e ideológicas, etcétera. Las transiciones discontinuas hacia la edad adulta, la infantilización social de los adolescentes, el retraso permanente en el acceso al trabajo y a la residencia, la emergencia de mundos artificiales como las comunidades de internautas, la configuración de redes adolescentes a escala planetaria, serían los rasgos característicos de un modelo de inserción «virtual» en la sociedad. Se trata de un relato de juventud, de una odisea hipertextual, que narra el paso de la cultura visual a la cultura multimedia, de la *galaxia McLuhan* a la *galaxia Gates (o Jobs o Page-Brin o Zuckerberg)*.

2
¿Una juventud global? Identidades híbridas, mundos plurales[1]

Pam Nilan y Carles Feixa

Empezaremos definiendo nuestro uso de los términos «juventud», «hibridación», «mundos plurales» y «globalización».[2] Entendemos que la categoría juventud abarca una amplia escala cronológica, que incluye a jóvenes de ambos sexos en la franja de edad de entre 12 y 35 años, lo cual indica hasta qué punto esta categoría se ha ensanchado por ambos extremos, ya sea para incluir a individuos que en algunas sociedades están legalmente reconocidos como niños, como para abarcar a otros legalmente reconocidos como adultos. Más que los estatus oficiales, lo que atrae nuestra atención son las prácticas sociales y culturales de los jóvenes. Nuestro interés radica en la construcción social de la identidad, en los jóvenes como actores sociales creativos, en el consumo cultural y en los movimientos sociales, en definitiva, en el carácter distintivo de las culturas juveniles locales en un mundo globalizado.

El concepto de «hibridación» ha sido definido de muchas formas por las ciencias sociales y en los estudios culturales, especialmente por la teoría

---

1   Feixa, C., y Nilan, P. (2009). «¿Una joventut global? Identitats híbrides, mons plurals». *Educació Social*, Barcelona, 43, 73-87. (2009). «Uma juventude global? Identidades híbridas, mundos plurais». *Política & Trabalho*, Paraíba (Brasil), 26(31), 13-29.

2   Este capítulo se basa en un libro en inglés editado por los autores, que recoge diez estudios de caso sobre culturas juveniles en los cinco continentes: América (Quebec, México, Colombia), Oceanía (Australia), Asia (Japón, Indonesia, Irán), África (Senegal) y Europa (Gran Bretaña, Francia y Catalunya) (véase Nilan y Feixa, 2006).

poscolonial. En nuestro caso, nos referimos a hibridación como creatividad cultural a partir de múltiples fuentes, como la realización de algo nuevo a partir de materiales preexistentes, es decir, cuando «las condiciones de la participación cultural, ya sean antagónicas o complementarias, son producidas de forma performativa. La representación de la diferencia no debe ser leída apresuradamente como reflejo de las características étnicas o culturales preestablecidas en la tabla fija de la tradición. La articulación social de la diferencia, desde la perspectiva de las minorías, es un todo complejo, en vías de negociación, que tiene por objeto autorizar hibridaciones culturales que surgen en momentos de transformación histórica» (Bhabha, 1994: 2). Otro autor que ha explorado las posibilidades del concepto de hibridación para analizar el mundo posmoderno es Néstor García Canclini (1989). Para este autor, a diferencia de otros términos pertenecientes al mismo campo semántico, como *mestizaje* (intercambios raciales), *sincretismo* (intercambios religiosos) y *criollización* (intercambios lingüísticos), la hibridación tiene más que ver con relaciones de poder que con contenidos culturales: «Somos conscientes de que en esta época de diseminación posmoderna y descentralización democrática, nos enfrentamos todavía a la mayor concentración de formas de acumulación de poder y centralización transnacional de la cultura que la humanidad ha visto jamás. El estudio de la base cultural híbrida de ese poder nos permite comprender los caminos oblicuos, la abundancia de transacciones, por las que estas fuerzas operan» (1989: 25). Por un lado, la hibridación es un proceso de interacción entre lo local y lo global, lo hegemónico y lo subalterno, el centro y la periferia. Por otra parte, es un proceso de transacciones culturales que pone de manifiesto cómo son asimiladas localmente las culturas globales, y cómo impactan en Occidente las culturas no occidentales. El concepto de hibridación supone, al menos potencialmente, un uso «emancipador» de la cultura, opuesto a la globalización de las relaciones de poder (Bannerji, 2000). Asimismo, Stuart Hall recuerda que la hibridación supone el «reconocimiento de una necesaria heterogeneidad y diversidad, una concepción de la identidad que vive con y a través, no a pesar de la diferencia» (Hall, 1993: 401-2).

Juventud global y mundos plurales

El término «mundos plurales» se refiere a la constitución de subjetividades juveniles a partir de discursos aparentemente opuestos. Aunque la mayoría de los jóvenes habitan «mundos plurales», en el fondo habitan un «mundo» único, pero enormemente complejo. Lo que puede parecer contradictorio para una generación de más edad, a menudo no lo es tanto para los jóvenes, que tienden a utilizar distintas fuentes en sus prácticas creativas (Willis, 1990). Por ejemplo, puede interpretarse que los jóvenes de la clase media urbana islámica (Nilan, 2006; Shahabi, 2006) tienen un pie en dos campos opuestos: el consumismo occidental y la devota fe islámica. Basándose en la noción de «*habitus*» de Bourdieu, que «teoriza la relación entre la autoconciencia y lo impensado» (Lash, 1994: 154), la noción de mundos plurales implica aquí el «*habitus* reflexivo» tardomoderno, identificado por Sweetman (2003, véase también Adams, 2003). Los jóvenes islámicos del ejemplo anterior negocian con las identidades disponibles, filtrando, sintetizando y eligiendo dispositivos generadores que codifican habitualmente procesos reflexivos. Este «*habitus* reflexivo» emergente de la juventud se basó originalmente en distinciones de clase, de manera que si hay personas que «ganan» en el juego de la reflexividad, también hay «perdedores reflexivos» (Lash, 1994: 120). Sin embargo, es posible que el reciente énfasis en la reflexividad —invención y re-invención auto-consciente de identidades juveniles— sea una función mucho más amplia de la cultura global actual, y que todos los jóvenes participen de ella en mayor o menor medida.

Esto nos lleva a la definición del último de nuestros términos: «global». El título plantea una pregunta: ¿una juventud global? Por supuesto, nos referimos a la globalización, un término utilizado de manera excesiva como definición de escape. Para nuestros propósitos, nos referimos a los aspectos de la globalización económica y cultural que emanan de la cultura «central», y que amenazan con barrer signos de identidad y prácticas locales en favor de un conjunto homogéneo de modos de consumo y maneras de pensar la identidad. Coincidimos con aquellos teóricos del poscolonialismo que ven en la «tesis de la globalización» tan sólo otro discurso colonial no muy distinto de las viejas tesis sobre las culturas «decadentes», incapaces de competir con los productos culturales de la civilización europea (Abou-El-Haj, 1991). La conexión entre «hibridación», «mundos plurales» y «globalización», nos recuerda que en la era de la información las identidades generacionales están cada vez más des-localizadas, pero no son homogéneas. Como los «*coolhunters*» (cazadores de tendencias) saben muy bien, la innovación cultural puede surgir con similar fuerza desde el centro y desde la periferia (Featherstone, 1990; Nilan, 2004). ¿Constituye ello una prueba de la existencia del llamado «adolescente global» proclamado por el discurso colonialista sobre la globalización cultural? Creemos que no. Entre los jóvenes miembros de una generación identificable existe un terreno común (Mannheim, 1993 [1927]), igual que en los rasgos híbridos distintivos de las culturas juveniles. La forma y el contenido de los productos, las tendencias y los movimientos juveniles globales, se distinguen en sus preferencias culturales colectivas y en sus prácticas, pero éstas se sintetizan ampliamente, y despliegan de diversos modos, a nivel local. Por ejemplo, Huq (2006), Shahabi (2006) y Niang (2006) ilustran la tendencia global del *rap* o del *hip-hop*, y su significado local para jóvenes de Gran Bretaña, Francia, Irán y Senegal. Que el *rap* sea «la CNN para los jóvenes de todo el mundo» —tal como expresó bromeando en una ocasión el conocido rapero Chuck D de Public Enemy— no significa que los jóvenes de todo el mundo compartan una misma cultura rapera.

Juventud global y estudios transculturales

Quienes escribimos acerca de los jóvenes solemos compartir un rasgo demográfico: ya no somos jóvenes. No compartimos como compañeros la edad, las experiencias, las prácticas de los jóvenes sobre los que escribimos, a pesar de que podemos llegar a entender a los sujetos juveniles después de años de intenso estudio etnográfico, y de nuestra participación activa en las culturas juveniles cuando éramos jóvenes. Sin embargo, filtramos inevitablemente lo que nos dicen y nos muestran cuando escuchamos y tratamos de interpretar las voces de los jóvenes actuales, en primer lugar a través de un objetivo de investigación académica, y en segundo lugar a través de la lente de nuestras propias experiencias históricas juveniles, cualesquiera que éstas fueran. Reconociendo que «cualquier investigación etnográfica lucha por cruzar la representación del mundo y ofrecer un conocimiento verdadero de los jóvenes y de sus vidas» (Nayak, 2003: 3), estamos de acuerdo en que la representación de las culturas híbridas y los mundos plurales contemporáneos de los jóvenes sigue siendo un desafío. La mayor parte de la bibliografía en ciencias sociales sobre juventud, con algunas importantes excepciones, sigue elaborándose con arreglo a la percepción de la realidad occidental, lo que en el pasado ha dado un sesgo etnocéntrico a los estudios sobre la juventud global. Por ejemplo, quizás el más grave equívoco acerca de los jóvenes de sectores populares en los países en desarrollo sea la asunción de que, sin excepción, viven una muy temprana entrada a la vida adulta en cuanto al trabajo y a las actividades sexuales. Ello implica una situación plagada de importantes omisiones sociohistóricas y deficiencias teóricas (Reguillo, 2001; Caccia Bava, Feixa y González, 2004). De hecho, las vidas de estos jóvenes iluminan mejor los fenómenos de modernización acelerada e hibridación cultural que las vidas de los jóvenes en situaciones más privilegiadas.

En este capítulo evitamos conscientemente el debate terminológico sobre la dinámica de las subculturas juveniles a partir de la obra seminal de la Escuela de Birmingham. El concepto de *subcultura* se ha ido reemplazando por otros conceptos teóricamente informados como *culturas de club* (Thornton, 1996), *neotribus* (Bennett, 1999), *estilos de vida* (Miles, 2000), *pos-subculturas* (Muggleton y Weinzierl, 2003), *escenas* (Hesmondhalgh, 2005), *ciberculturas* y así sucesivamente. Cada nueva etiqueta ilumina algún área específica de las tendencias de la juventud global (consumismo, corporalidad, territorialización, *performance*, transnacionalismo, digitalismo, etcétera). Se trata de sustituir la noción «heroica» de subcultura resistente por enfoques menos románticos, originalmente inspirados por los conceptos de *habitus* y distinción de Bourdieu, por el tribalismo de Maffesoli, por la crítica feminista de McRobbie y por las teorías de la información de Castells. Estos últimos enfoques reflejan mejor la fluidez, variedad e hibridación presentes en las culturas juveniles contemporáneas (Amit-Talai y Wulff, 1995). Sin embargo, la mayoría de estas nuevas condiciones de las culturas juveniles se basan en datos etnográficos y teorizaciones que tienen lugar en unas pocas ciudades occidentales. La continua expansión de la juventud como concepto (el final de los grupos de edad delimitados, el final de los *ritos de paso*), junto con la desaparición de los jóvenes como sujetos (el final de un modelo lineal de «trabajo», el fin de la corporeidad de los jóvenes —cualquier rico puede ser «joven»—) producen «culturas fragmentadas, híbridas y transculturales» (Canevacci, 2000: 29). ¿Culturas juveniles sin jóvenes?

Juventud global y cultura global

Pese a refutar cualquier idea sobre unas prácticas culturales juveniles globales homogeneizadas y seguidas servilmente a nivel local, o sobre un «mundo» juvenil mercantilizado, occidentalizado y dominado por la lengua inglesa, asumimos el hecho de que, como generación, la mayoría de jóvenes de hoy en todo el mundo se ven envueltos de algún modo en la «sociedad red» (Castells, 1999). Los jóvenes que estudiamos obtienen su información, y a menudo su inspiración, a partir de fuentes globales. Castells sostiene que esto supone una «disyuntiva sistemática entre lo local y lo global para la mayoría de los individuos y grupos sociales, creando una especie de crisis en las "políticas de identidad"» (1997: 11). La inseguridad «ontológica» resultante (Giddens, 1991: 185) impulsa a los jóvenes hacia formas grupales de auto-invención de estilos de vida y prácticas de consumo, usando los materiales culturales y lingüísticos disponibles. En la era de los riesgos «manufacturados» (Giddens, 2002: 31; Beck, 1998), el nuevo «empresario de sí mismo» encuentra «el sentido de su existencia modelando su vida mediante actos de elección» (Rose, 1992: 142). En términos de Touraine (2003) «el actor social, individual y colectivamente, regresa al centro del escenario». Inspirándose en Giddens (2002), Chisholm (2003: 2) mantiene que «las personas llegan a experimentar la vida social como más contingente, frágil e incierta. Asimismo, la construcción de subjetividades y de identidades está en sintonía con una mayor apertura e hibridación». El moderno proceso de «individualización» significa tener pocas opciones, pero para vivir una vida altamente reflexiva que se abre hacia una serie de posibilidades futuras. Ello requiere el compromiso activo en la creación de una identidad propia, un proceso muy diferente al de la construcción de la propia identidad a partir de certezas transmitidas desde el pasado. En la proliferación de opciones de los consumidores y en las prácticas de la cultura popular, mediatizadas por la tecnología global, «los procesos de individualización y pluralización ejercen presiones sobre la normalización de los patrones de vida de la población y hacen aumentar la gama de identidades y estilos de vida socialmente aceptables y deseables» (Chisholm, 2003: 3). Si uno de los efectos de la individualización es socavar los habituales mecanismos colectivos para la gestión del riesgo (Beck, 1998), la constitución de culturas juveniles locales puede verse como una estrategia consciente de vuelta al colectivismo para una mejor gestión de los riesgos, tanto ontológicos como «manufacturados». Es en este contexto en el que jóvenes de todo el mundo construyen identidades y trayectorias de vida para sí mismos, aunque, como señala Marx, «no hacen lo que quieren, no lo hacen en virtud de circunstancias auto-seleccionadas, sino en circunstancias ya existentes, dadas y transmitidas desde el pasado» (1978: 595).

Martin y Schumann (1997) argumentan que caminamos hacia una sociedad «20:80», donde sólo el 20% de la población del mundo será necesaria para continuar la producción, dejando al otro 80% en la periferia, pobres y desempleados (véase también Stiglitz, 2002: 248). Los cambios económicos derivados de la globalización económica han modificado radicalmente la trayectoria de vida de los jóvenes en cuanto respecta a sus condiciones laborales (Sennett, 1999: 17). No importa en qué lugar del mundo se encuentren, la vida de los jóvenes tiene cada vez menos que ver con un modelo lineal de transición. Skelton cita algunos rasgos de la transición tradicional a la edad adulta: terminar la educación e incorporarse al mercado laboral, salir de casa para crear un nuevo hogar, casarse o convivir en pareja y convertirse en padres (2002: 101). Sin embargo, «estamos viviendo una juventud cada vez más prolongada, disociando la transición entre educación y trabajo, noviazgo y emparejamiento, infancia y edad adulta» (Côté, 2003: 2).

Juventud global y cultura de consumo

La participación en las culturas juveniles ya no puede caracterizarse como un breve periodo de actividad en «pandillas» o en el «grupo de pares» limitado a adolescentes y veinteañeros. La cultura juvenil se expande en dos direcciones, hacia abajo (la infancia tardía), y hacia arriba (la adultez temprana), lo que significa que la participación en ella puede durar más de veinte años, abarcando incluso la edad madura. A largo plazo, la participación en las culturas y movimientos sociales de la juventud no es sólo una característica de la juventud occidental, urbana, de clase media. Las megalópolis son un rasgo característico de la era de la globalización y la mayoría de las personas en el mundo vive ahora en una de ellas. En cualquier país, la mayor parte de movimientos de población rural a lo urbano está constituido por jóvenes que buscan educación y trabajo. Por lo tanto, es en las ciudades más grandes y multiétnicas del planeta donde la inmensa mayoría de los jóvenes viven y representan su identidad, tanto individualmente como colectivamente. Las representaciones de culturas juveniles espectaculares, como los *skinheads* franceses descritos por Petrova (2006), o los *punks* mexicanos descritos por Feixa (2006), ocurren con frecuencia en el espacio público urbano, provocando sentimientos de miedo y repulsión (pánico moral), entre la población en general. Los barrios marginales del interior de las ciudades y los bloques de apartamentos para familias de bajos ingresos, situados en la periferia urbana, son vistos a menudo, como espacios peligrosos donde los jóvenes buscan refugio en bandas y agrupaciones identitarias centradas en el estilo de vida. La megalópolis del nuevo milenio proporciona así nuevos espacios para el «choque de culturas» (Featherstone y Lash, 1999: 1).

Los jóvenes son ávidos consumidores de productos y servicios de la industria cultural global. Esto forma una parte tan importante de la práctica cultural de jóvenes de todo el mundo, que la juventud se convierte en un mercado «potencialmente doble en tamaño al de China» (Erasmus, 2003: 1). A través de los «nuevos» medios de comunicación, los jóvenes (independientemente de su edad) son fundamentales para el mercado mundial de ocio, no sólo son un objetivo de la comercialización de la industria cultural, sino también la fuente de su inspiración. Estas industrias envían «cazadores de tendencias» a la calle y a los lugares públicos donde los jóvenes se reúnen para encontrar «looks» y «sonidos» nuevos, tendencias de vanguardia, que las industrias culturales globales pueden luego comercializar (Rodríguez, 1988), en el proceso que Ritzer (1993) describe como McDonalizacion. Los que se ocupan de los jóvenes marginados, interpretan sus culturas orientadas musicalmente (*hip-hop* y *punk*) a partir de sus articulaciones con productos culturales «globales». Sin embargo, este hecho no «prueba» en absoluto la tesis de una globalización totalizadora descrita anteriormente. Es posible que los jóvenes en los países en desarrollo «parezcan» y «suenen» «occidentales» aunque en realidad no lo sean en absoluto (Niang, 2006). Las culturas juveniles son siempre enfáticamente locales, pese a que sus artefactos tengan un origen global, ya que los jóvenes se insertan en lo inmediato y se encarnan en relaciones económicas y políticas localizadas. El compromiso reflexivo de la juventud global —elección o rechazo, síntesis o transformación— con productos y prácticas culturales —música, subculturas, moda, *argot*— está determinada por su *habitus*: ingresos, religión, idioma, clase, sexo y origen étnico, lo que les lleva a crear algo que antes no existía. Estos procesos creativos trabajan con todos los recursos disponibles, tanto a nivel local como global. Es lo que Butcher y Thomas (2006), refiriéndose a los «ingeniosos» jóvenes migrantes australianos de segunda generación, llaman «mercaderes del estilo».

Juventud global y resistencia

La visión clásica de la cultura juvenil como resistencia, defendida por el Centro de Estudios Culturales Contemporáneos de Birmingham, sobre la base de la teoría de la hegemonía de Gramsci, propone que los grupos dominantes en la sociedad, que poseen las formas de capital cultural más valoradas, tienen la capacidad de crear y definir la cultura hegemónica, lo que les sirve para apoyar y mejorar su posición social de poder (Hall y Jefferson, 1983). Como forma implícita de resistencia a esta hegemonía, la cultura «corriente» (Willis, 1990) surge de la vida de los grupos y clases subordinadas, «en lugares culturales en que la cultura hegemónica es incapaz de penetrar completamente» (Epstein, 1998: 9). Esta posición ha sido criticada en el ámbito de los estudios sobre la juventud y más allá, especialmente el concepto de subcultura como resistencia. Sin embargo, las (sub)culturas, tal como han sido definidas recientemente por Muggleton (2000), ofrecen a los jóvenes un lugar para la construcción de una identidad alternativa a las posiciones adulto-céntricas ofrecidas por la escuela, el trabajo y el estatus/clase. El significado y los valores internos de estas (sub)culturas se articulan con una variedad de discursos —la socialización, la música, la moda (o la ausencia de ella)— antes que en relación con las subculturas juveniles y el activismo político.

Puesto que «la vida de los jóvenes refleja activamente su relación con las estructuras de poder dominantes» (Miles, 2000: 6), la medida en que esta relación implica resentimiento y oposición se refleja en la cultura expresiva de los grupos y tendencias juveniles. Muchas agrupaciones de cultura juvenil encajan muy bien en esta descripción, tanto si nos referimos a *skinheads* blancos extremistas en los suburbios de París (Petrova, 2006), como a los orgullosos jóvenes canadienses estudiados por Dallaire (2006), que insisten en el bilingüismo. En otras palabras, para la mayoría de los jóvenes, las prácticas culturales a nivel del grupo se manejan al mismo tiempo por impulsos de resistencia y desafío, y por impulsos de conformidad y legitimidad. En términos de Maffesoli (1990), a menudo hay un vínculo «sumergido» entre las prácticas subculturales y los movimientos sociales y políticos subversivos más amplios, pero se trata de un vínculo de afinidad, más que de un impulso consciente hacia expresiones formales de resistencia política. Por lo tanto, en los estilos de vida juveniles encontramos más a menudo repertorios simbólicos de identidad (Melucci, 1989), que se hacen eco de movimientos políticos específicos, como sucede con la violencia anti-inmigrantes de algunos *skinheads* franceses. Podemos tomar como ejemplo actual de los movimientos globales, descentralizados, y digitales, las redes anti-globalización que florecieron después de la caída del Muro de Berlín. Un movimiento con gran poder de atracción sobre los jóvenes, pues significa una reacción frente a corporaciones multinacionales como el Banco Mundial y el Fondo Monetario Internacional, frente al crecimiento insostenible, y frente a franquicias como McDonalds. Pero este tipo de nuevos movimientos sociales juveniles de masas prefiguran también una constelación de nuevos actores sociales —constituyéndose a partir de la emergencia de subjetividades ampliamente nómadas. Podemos encontrar interesantes etnografías acerca de estos nuevos «movimientos web» que ponen de manifiesto la movilidad de estos jóvenes «nómadas», que se desplazan —virtual y físicamente— a través de las fronteras y los continentes en su apoyo a los movimientos de resistencia global: los *hacktivistas* (Juris, 2005). Ello muestra que no es posible concebir un mundo dividido entre una hegemonía global y diversas resistencias locales. La mayoría de los movimientos sociales contemporáneos, especialmente los juveniles, están tan globalizados como las instituciones a las que se oponen.

Juventud global y transnacionalismo

Uno de los ejemplos de culturas juveniles híbridas más conocidos es el surgimiento de nuevos movimientos transnacionales de personas y símbolos (Appadurai, 2001). A menudo, los jóvenes cosmopolitas han sido profetas de conexiones transnacionales (Hannerz, 1996). Los primeros actores de esta juventud transnacional son los jóvenes migrantes que se mueven entre varios continentes. En su diáspora, los libaneses en Australia, los argelinos en Francia y los paquistaníes en Gran Bretaña, por ejemplo, encuentran más fácil mantener sus raíces culturales en la era digital gracias a sofisticados teléfonos móviles, sitios de internet y redes de televisión por satélite. Igual como se mueven los jóvenes, también lo hacen sus redes sociales y universos simbólicos. Podemos tomar el ejemplo de cómo unas bandas juveniles locales —las bandas latinas— se han convertido en bandas globales. Su identidad cultural emerge en una zona fronteriza donde, además de la cultura parental de origen y de la cultura hegemónica de acogida, se mezclan varias tradiciones subculturales juveniles (Matza, 1973). En este tipo de evolución, podemos esbozar cuatro matrices.

La primera matriz se inicia con la tradición norteamericana, representada por el modelo original del «gang». Las pandillas juveniles se han vinculado estrechamente al proceso de urbanización en Estados Unidos, y al proceso de «recuperación mágica» de la identidad étnica de las segundas y terceras generaciones de los jóvenes cuyos padres o abuelos eran inmigrantes. Esto se tradujo en el modelo territorial del «gang», bien organizado y compuesto básicamente por muchachos, el clásico objeto de la etnografía urbana (Thrasher, 1926; Whyte, 1972 [1943]). Sin embargo, en la última década, ha habido una evolución hacia bandas más complejas y menos territoriales (Hagedorn, 2001; Vigil, 2002). La segunda matriz de la evolución mundial de las pandillas está ejemplificada por la tradición latinoamericana: pandillas y naciones. Una pandilla es un grupo social organizado en la calle con límites geográficos precisos. Las naciones representan un mayor nivel de organización que las pandillas, puesto que han evolucionado hacia la creación de imperios, un nivel aún más elevado de organización, que no sólo prevé una amplia movilización de la juventud, sino que puede conectarse con la delincuencia organizada transnacional en masa o los movimientos sociales frente a la globalización corporativa (Reguillo, 2000). La tercera matriz del transnacionalismo está representada por los estilos de vida subculturales globalizados. Cuando los jóvenes migrantes llegan, por ejemplo, a Europa, comparten tanto sus bandas locales como las tribus globales. Sin embargo, en las conexiones y desconexiones entre los jóvenes migrantes de orígenes diferentes, hasta ahora tenemos noticias solamente de interacciones en conflicto y no de los intercambios creativos (Queirolo y Torre, 2005). En la cuarta y última matriz tenemos la tradición virtual representada por los modelos de identidad juvenil que circulan a través de la red. Por ejemplo, los jóvenes inmigrantes latinoamericanos en España pueden acceder a internet a través de los cibercafés locales que comparten con los inmigrantes adultos y los jóvenes autóctonos. Aquí se puede acceder a páginas web sobre las bandas, desarrollar weblogs sobre sus complejas vidas y participar en foros. Internet ha «globalizado» las bandas. Estas nuevas «bandas mundiales» no son estrictamente territoriales, ni tienen una estructura compacta. Son grupos nómadas que mezclan elementos culturales de sus respectivos países de origen, de sus países de acogida y de muchos otros estilos transnacionales que circulan a través de la red (Feixa y Muñoz, 2004).

Juventud global y digitalismo

Las comunidades virtuales no sólo ofrecen la infraestructura social para redes juveniles globales, como el movimiento antiglobalización y de los *skinheads* neonazis. Internet ha generado varias tendencias de los jóvenes, desde los *hackers* a los *cyberkids* (Himanen, 2002; Holloway y Valentine, 2003). Holden (2006), en su investigación sobre los adolescentes japoneses, ilustra cómo las nuevas tecnologías pueden ser al mismo tiempo un instrumento de aislamiento y de comunicación. Algunos pueden ser patológicos y solitarios *adolechnics* (tecnoadolescentes), otros pueden ser *trendsetters*, «inventores de mundos» adoptados más tarde por jóvenes y adultos en todo el mundo. Una importante diferencia de este cambio tecnológico es que, por primera vez, los jóvenes no están, por definición, en una posición subalterna. Como señala Castells (1999), la cibercultura fue una creación de jóvenes *hippies* y otros sujetos activos en la difusión de la sociedad red. Y esto ocurre no sólo en San Francisco y Tokio, sino también en Dakar y Quito, no sólo en la sede de multinacionales *high tech*, sino también en cibercafés de baja tecnología y con teléfonos móviles de alquiler. Hoy en día, estar conectado o desconectado es quizá más cuestión de hibridación cultural que de recursos tecnológicos o económicos.

Otro ejemplo fue la llamada «revuelta del móvil» que se produjo en España tras el ataque terrorista del 11-M de 2004 (Feixa y Porzio, 2005). La mayoría de los victimarios eran jóvenes varones, algunos de ellos con títulos universitarios, miembros de una célula de fanáticos terroristas islámicos, la mayoría de los cuales se suicidaría unos días después de los atentados al ser descubiertos por la policía. Las notas biográficas publicadas en los periódicos en los días posteriores revelaron los orígenes sociales e ideológicos de sus víctimas. Más del 40% de las casi 200 víctimas eran menores de 30 años de edad. El 30% eran inmigrantes procedentes de casi 20 países en cuatro continentes. Muchos de ellos eran estudiantes de secundaria o universidad (casi el 10% de las víctimas mortales). Otros eran hijos de trabajadores o inmigrantes con empleos precarios (mecánicos, porteros, niñeras, etcétera) Irónicamente, muchos de ellos habían participado en las manifestaciones contra la guerra de Irak, en las que millones de personas se habían reunido un año antes en las plazas españolas. Aunque individuos de todas las edades participaron en aquellas manifestaciones, los jóvenes fueron los más activos. Pese a las pruebas de la responsabilidad de Al Qaeda, el gobierno español inicialmente seguía apuntando a ETA (el grupo terrorista vasco). En los disturbios masivos en todas las ciudades españolas que tuvieron lugar inmediatamente después del atentado, algunos jóvenes lanzaron la siguiente pregunta: «¿Quién lo hizo?». Mensajes en la jerga sms utilizados por los adolescentes se difundieron rápidamente. Por la tarde, cientos de personas comenzaron a reunirse en una protesta pacífica. Mientras las medios tradicionales —la prensa, la radio y la televisión—, seguidos por los adultos, reproducían la versión oficial, los jóvenes se informaban a través de medios alternativos —la televisión por cable, internet, Indymedia y los weblogs— que transmitían una versión muy distinta. Las empresas de telefonía móvil registraron un aumento repentino en el número de mensajes sms y las conexiones a internet durante este fin de semana. El 14 de marzo —día de Elecciones Generales— la tasa de participación de votantes aumentó en diez puntos porcentuales y al parecer muchos de ellos eran nuevos votantes jóvenes. El partido conservador que había intentado ocultar la verdad fue derrotado por la oposición socialista. En un documental de televisión, Manuel Castells dijo que fue la primera «revuelta digital» de la historia (aunque había habido un precedente en Filipinas durante la movilización contra el presidente Marcos). Sin embargo, otros jóvenes, los propios terroristas, también utilizaron las mismas redes digitales para estar en contacto y preparar los ataques. Las bombas fueron activadas por teléfonos móviles. Para bien o para mal, victimarios, víctimas y testigos forman parte de la generación de la red (Tapscott, 1998).

Entonces la «juventud global» debe ser entendida como un colectivo híbrido —tanto a nivel local como a nivel global— que construye su subjetividad a partir de los materiales provistos por culturas, consumos, resistencias, transnacionalismos y digitalismos *globales* o *globalizados*.

3
El concepto de generación en las teorías sobre la juventud[1]

Carmen Leccardi y Carles Feixa

> Igual que los conceptos de «nación» o de «clase», el término «generación» es performativo (expresiones que crean una entidad con sólo nombrarla) —una llamada o un grito de guerra para llamar a filas a una comunidad imaginada o más precisamente convocada (Bauman, 2007: 365).

En el pensamiento social contemporáneo, la noción de generación se desarrolló en tres momentos históricos que se corresponden con tres marcos sociopolíticos precisos: en los años veinte, el periodo entreguerras, se formularon las bases filosóficas en torno a la noción de «relevo generacional» (*generation relay*) (Ortega y Gasset, 1966 [1923]; Mannheim, 1993 [1927]); durante la década de 1960, la edad de la protesta, se reformuló la teoría en torno a la noción de «brecha» y «conflicto generacional» (*generation gap*) (Feuer, 1968; Mendel, 1972 [1969]); a partir de la mitad de la década de 1990, con la aparición de la sociedad red, surge una nueva teoría que revoluciona la noción de «lapso o vuelta generacional» (*generation lap*). Ello se corresponde con una situación en que los jóvenes son más expertos que la generación anterior en una innovación clave para la socie-

---

[1] Feixa, C., y Leccardi, C. (2010). «O conceito de geração nas teorias sobre juventude», *Sociedade e Estado*, Brasilia, 25(2), 185-204. (2010). «The concept of generation in youth theories». *Revista de Pedagogie*, Bucarest, 58(4), 7-22. (2011) «El concepto de generación en las teorías sobre la juventud». *Última Década*, Valparaíso, 18(34), 11-32.

dad: la tecnología digital (Tapscott, 1998; Chisholm, 2003). Proponemos a continuación un recorrido por el concepto de generación en la historia de las teorías de la juventud. Empezamos revisando las raíces del pensamiento sociológico relativo al concepto de generación, y el rol que le atribuyen algunos pensadores clásicos. Seguidamente recordamos el debate social e intelectual alrededor de las generaciones desde un punto de vista político y académico en dos lugares donde el concepto ha tenido gran relevancia: Italia y España.

El concepto de generación en el pensamiento sociológico

> Puede decirse que los jóvenes que experimentan los mismos problemas históricos concretos forman parte de la misma generación (Mannheim, 1927).

El concepto de generación se puede enmarcar en términos sociológicos[2] haciendo referencia a Comte y Dilthey, dos autores del siglo XIX que —a pesar de las diferencias entre sus enfoques teóricos— sentaron las bases para reflexiones subsiguientes en el siglo XX. A continuación, el concepto de generación se contempla a la luz del pensamiento de Mannheim —considerado el fundador del enfoque moderno al tema de las generaciones—, centrándonos finalmente en la teoría planteada por Abrams (1982).[3] Las dos primeras teorías, una positivista (Comte), la otra histórico-romántica (Dilthey), son las que Mannheim (1993) [1927] utilizó como base para sus reflexiones sobre las generaciones.

---

2 Como es sabido, el término «generación» se utiliza de distintas formas en distintas disciplinas (por ejemplo, aparte de la sociología, por la etnología y la demografía). Sobre la pluralidad de significados del término véase especialmente Kertzer (1983) y Attias-Donfut (1991). En sociología, el concepto de generación —aparte de los diferentes significados que le atribuyen autores individuales— se relaciona con el de «duración común».

3 Los autores presentados aquí intentaban mostrar la conexión entre tiempos individuales y tiempos sociales, una relación crucial en el enfoque generacional.

El concepto de generación en las teorías sobre la juventud

En los orígenes de la sociología, Comte (1998) [1830-1842] planteó una concepción mecánica y exteriorizada del tiempo de las generaciones. Esta teoría encajaba plenamente con el positivismo, y respondía al empeño de Comte por identificar un espacio de tiempo cuantitativo y objetivamente mensurable como referente para la linealidad del progreso. Sobre la base del vínculo postulado entre progreso y sucesión de las generaciones, Comte sostenía que el ritmo de las mismas se podía calcular simplemente midiendo el tiempo medio necesario para la sustitución en la vida pública de una generación por otra (treinta años, según él).[4] Además, el progreso es el resultado del equilibrio entre los cambios producidos por las nuevas generaciones y la estabilidad mantenida por las anteriores. El término clave en la búsqueda de Comte de la objetividad histórica es el de *continuidad*. En este marco analítico —contrario al de la Ilustración— el progreso, que se identifica con las nuevas generaciones, no comporta la devaluación del pasado, que coincide con las generaciones anteriores. El tiempo social se «biologiza». Igual que el organismo humano, el organismo social también está sujeto a deterioro. Pero en este último, las «piezas» se pueden reemplazar fácilmente: las nuevas generaciones sustituirán a las anteriores. Un conflicto entre generaciones solamente puede surgir si la duración de la vida humana se alarga excesivamente, impidiendo a las nuevas generaciones y su «instinto de innovación», encontrar su espacio de expresión. Si la vida fuese excesivamente breve, el predominio de ese instinto crearía un desequilibrio social que inevitablemente distorsionaría el ritmo del progreso. A través de esta reflexión sobre las generaciones, Comte propuso una ley general sobre el ritmo de la historia. Las leyes biológicas, en relación con la duración media de la vida y la sucesión de las generaciones marcan la «objetividad» de este ritmo.

La visión matemática y cuantitativa del tiempo generacional definida por la teoría de Comte fue cuestionada radicalmente por el enfoque histórico-romántico. Este último enfatizaba la estrecha relación que se obtiene, en

---

4 Este lapso de tiempo correspondía a la duración media de la vida productiva de un individuo.

términos cualitativos, entre los ritmos de la historia y los ritmos de las generaciones. A la vista de ello, lo que más importa es la calidad de los vínculos que unen a los componentes de una generación. En línea con esta visión, Dilthey (1989) [1883] argumentó que la cuestión de las generaciones requería el análisis de un tiempo de experiencia mensurable solamente en términos cualitativos. Para Dilthey, a diferencia de Comte, la sucesión de las generaciones no tiene importancia. Mantenía que las generaciones eran definibles en términos de relaciones de contemporaneidad y consistía en grupos de gente que en sus años de mayor maleabilidad eran proclives a influencias históricas (intelectuales, sociales, políticas) comunes. En otras palabras, consistían en gente que compartían el mismo conjunto de experiencias, la misma «calidad de tiempo». La formación de las generaciones se basaba, por lo tanto, en una temporalidad concreta constituida de acontecimientos y experiencias compartidos. En términos más generales, para Dilthey las experiencias situadas históricamente determinan la pertenencia a una generación, ya que constituyen la existencia humana. Esta visión solamente se puede comprender si se tiene en cuenta una interpretación más amplia sobre la temporalidad que la de Dilthey. Contrastó el tiempo humano, concreto y continuo con el tiempo abstracto y discontinuo de la naturaleza. La continuidad del anterior deriva de la capacidad de la mente humana —que a diferencia de la naturaleza posee conciencia temporal— para trascender el tiempo que pasa y para acumular acontecimientos individuales en un todo homogéneo y coherente. Para Dilthey, además, la vida humana es temporalidad (una noción retomada más tarde por Heidegger). La conexión entre el tiempo humano y el tiempo histórico surge principalmente de la capacidad del primero de unificar el tiempo personal e interpretarlo como un todo con significado. Sin embargo, también está íntimamente asociado con la historicidad desde otro punto de vista. Es la historia, de hecho, la que permite a la mente humana emanciparse tanto de la tradición como de la naturaleza. De acuerdo con Dilthey, el tiempo de ésta última, a diferencia del tiempo humano, es una serie de momentos discontinuos de igual valor, sin una estructura, que consiste en pasado, presente y futuro. La naturaleza no tiene historia y, por lo tanto, no tiene sentido desde un punto de vista teórico.

El concepto de generación en las teorías sobre la juventud

El análisis sobre las generaciones de Mannheim (1993) [1927] fue, como es bien conocido, un punto de inflexión en la historia sociológica del concepto. Cuando Mannheim desarrolló su teoría de las generaciones, lo hizo *inter alia* en comparación con los amplios movimientos colectivos de principios del siglo XX,[5] y tuvo un doble objetivo: por una parte distanciarse del positivismo y sus enfoques biológicos de las generaciones, y, por otra, desmarcarse de la línea romántico-historicista. Además, su preocupación general era incluir a las generaciones en su investigación sobre las bases sociales y existenciales del conocimiento en relación con los procesos del cambio histórico-social. En este contexto, Mannheim consideraba a las generaciones como dimensiones analíticas útiles para el estudio tanto de las dinámicas del cambio social —sin recurrir al concepto de clase y al concepto marxista de interés económico—, como para los «estilos de pensamiento» y la actitud de la época. Según Mannheim, esos eran los aspectos específicos, capaces de producir cambio social, de la colisión entre el tiempo biográfico y el tiempo histórico. Al mismo tiempo, las generaciones podían considerarse el resultado de las discontinuidades históricas, y por lo tanto del cambio. En otras palabras, lo que configura una generación no es compartir la fecha de nacimiento, la «situación de la generación», que es algo «solamente potencial», sino esa parte del proceso histórico que los jóvenes de igual edad y clase comparten (la generación en sí). Hay dos componentes fundamentales en ese compartir (de los cuales surge el «vínculo generacional»): por una parte la presencia de acontecimientos que rompen la continuidad histórica y marcan un «antes» y un «después» en la vida colectiva; por otra, el que estas discontinuidades sean experimentadas por miembros de un grupo de edad en un punto formativo en el que el proceso de socialización no ha concluido, por lo menos en su fase más crucial, y los esquemas utilizados para interpretar la realidad todavía no son rígidos por completo o, tal como dice Mannheim, cuando esas experiencias históricas son «primeras impresiones» o «expe-

---

5 Cuando Karl Mannheim escribió su ensayo sobre las generaciones, los movimientos juveniles en Alemania tenían decenas de miles de miembros y habían asumido un papel preponderante en la vida nacional del país.

riencias juveniles». «Las unidades generacionales», a su vez, elaboran ese vínculo de formas distintas de acuerdo con los grupos concretos a los que pertenecen sus miembros. En el fondo, la formulación de Mannheim sigue firmemente anclada en una perspectiva historicista. A través del concepto de generación, los largos tiempos de la historia se sitúan en relación a los tiempos de la existencia humana y se entretejen con el cambio social.

    El sociólogo inglés Philip Abrams (1982) desarrolló la perspectiva iniciada por Mannheim en varios aspectos. Cincuenta años después de la teoría original de Mannheim, Abrams profundizó y expandió la noción histórico-social de generación relacionándola con la noción de identidad. Su intención era dilucidar la estrecha relación entre el tiempo individual y el tiempo social enfatizando su afiliación conjunta al registro de la historia. El punto de partida de Abrams era su convicción de que la individualidad y la sociedad se construyen socialmente. Por lo tanto, es necesario analizar sus interconexiones y, simultáneamente, sus intercambios a lo largo del tiempo. La identidad —considera el vínculo entre las dos dimensiones del individuo y la sociedad— debe estudiarse dentro de un marco de referencia histórico-social. Después de rechazar una definición de identidad encorsetada en términos psicológicos y «sociolingüísticos» —es decir, mecánicamente unida a las funciones de rol— Abrams la definió como la consciencia del entretejido de la historia de vida individual con la historia social. La relación entre esas dos dimensiones de la historia surge claramente si se hace referencia al tiempo social. Es en este último, de hecho, en que la sociedad y la identidad se generan la una a la otra recíprocamente. Pero ¿qué forma adopta esta conexión entre identidad y generación? Para Abrams, una generación en el sentido sociológico es el periodo de tiempo durante el cual una identidad se construye sobre la base de los recursos y significados que social e históricamente se encuentran disponibles. De la misma forma, las nuevas generaciones crean nuevas identidades y nuevas posibilidades de acción. Por lo tanto, las generaciones sociológicas no se siguen las unas a las otras sobre la base de una cadencia temporal reconocible establecida por una sucesión de generaciones biológicas. En otras palabras, no existe un tiempo normalizado con el cual medir o predecir su ritmo. Por lo tanto, desde un punto de vista sociológico, una generación puede durar diez años o, tal como pasó en las sociedades premodernas, varios siglos. Puede comprender una pluralidad de generaciones biográficas, al igual que la historia de muchas sociedades tradicionales puede incluir una sola generación sociológica. Una generación concluye cuando grandes acontecimientos históricos —o, más frecuentemente, procesos lentos, no catastróficos de naturaleza económica, política y cultural— vacían de sentido al sistema previo y las experiencias sociales que se le asocian.

Tanto para Abrams como para Mannheim, por lo tanto, el principio de una nueva generación está marcado por importantes discontinuidades del mundo histórico e institucional dominante del momento. De nuevo, es el tiempo histórico-social con sus ritmos el que se encuentra en el núcleo de la definición de nuevas generaciones e identidades sociales. Más concretamente, son los procesos de cambio los que producen a ambas. En esta línea, las generaciones son el medio a través del cual dos calendarios distintos, el del curso de la vida y el de la experiencia histórica, se sincronizan. El tiempo biográfico y el histórico se funden y se transforman mutuamente, creando una generación social.

El debate sobre las generaciones en Italia

Recientemente, se ha impuesto en Italia una concepción genealógica de generación —es decir, definida en términos de descendencia. En este contexto, el concepto de *conciencia generacional* ha asumido una gran importancia principalmente por dos razones: por una parte porque permite interrelacionar el tiempo biográfico, histórico y social, y por la otra porque permite introducir la dimensión de reflexividad en el análisis de la dinámica generacional y de los procesos de cambio social. Por ejemplo, la referencia a la conciencia generacional puede mostrar cómo la continuidad y la discontinuidad histórico-sociales son procesadas por los individuos y se convierten en las bases para la construcción de los vínculos sociales entre distintas generaciones. Durante la década de 1990, este aspecto atrajo especialmente la atención en el Mezzogiorno italiano, una región marcada económicamente y socialmente por intensos procesos de cambio, pero culturalmente por formas de continuidad. Dentro de este marco se analizaron, por ejemplo, los cambios biográficos femeninos y las formas en que las jóvenes del sur —mucho más educadas y conscientes de sus recursos que las generaciones previas de mujeres— han desarrollado vínculos intergeneracionales en términos de genealogías femeninas (Bell, 1999; Siebert, 1991).

Desde este punto de vista, el concepto de conciencia generacional tiene dos componentes principales:[6] primero la historicidad, segundo un vínculo estrecho con la dimensión de la experiencia. El primer aspecto atañe a la habilidad de situarse uno mismo dentro del marco histórico en base a la conciencia de que hay un pasado y un futuro que se extienden más allá de los límites de la propia existencia y de relacionar la propia vida a la de generaciones anteriores y venideras. Mientras que las generaciones por sí solas ayudan a estructurar el tiempo social —diferentes generaciones acogen el pasado, presente y futuro colectivos—, la conciencia generacional permite que ese vínculo se elabore de forma subjetiva. Situarse uno mismo en el fluir de las generaciones no significa solamente relacionarse con el tiempo social, sino inscribir la propia vida, la propia historia, en una historia más amplia que la engloba. El segundo aspecto subraya la capacidad de la conciencia generacional para promover un contacto profundo con el tiempo-vida —una dimensión crucial que configura la base del procesamiento de la experiencia (de acuerdo con la etimología del término: *ex-per-ire*, «pasar por»).[7] Este proceso de interpretación del tiempo biográfico estimulado por la conciencia generacional permite experimentar el propio crecimiento como entidad única y separada. Esta unicidad se mide en contraste con el tiempo histórico y sus cambios tal como se han incorporado en generaciones anteriores: a través de las diferencias/similitudes, por ejemplo, en cómo se enfoca el futuro y cómo se construye la identidad. En otras palabras, la conciencia generacional —una dimensión que, por su naturaleza, enfatiza un enfoque reflexivo—

---

6   Para una discusión detallada ver Attius-Donfut (1988), cap.ítulo 11.
7   En Italia, Paul Jedlowski es el autor que más ha trabajado, en términos sociológicos, en el tema de la experiencia. Ver Jedlowski (1994).

conlleva conciencia de la propia proximidad/distancia de otras generaciones vivas. Allí donde está presente esta conciencia,[8] las relaciones intergeneracionales se convierten en dominio de elaboración subjetiva. Así pues, ser consciente del propio tiempo de vida significa ser consciente de sus relaciones en un espacio más amplio de tiempo. Debido a la mediación afectiva de las relaciones familiares, esta relación con la temporalidad histórica y social adquiere resonancias personales. Adquiere el registro de lo «experimentado», y habla el lenguaje de las emociones. La historia se convierte en memoria colectiva (Halbwachs, 1925 [1975]; 1950), y la memoria colectiva sostiene y potencia la memoria personal.

Se ha hecho mención al vínculo entre generación y reflexividad. Esta conexión se puede clarificar considerando la naturaleza inconsciente y no intencionada de una parte sustancial de la transmisión intergeneracional —un aspecto que también atrajo la atención de Karl Mannheim (1993) [1927]. Es por esa inconsciencia e involuntariedad que los contenidos transmitidos adquieren fuerza e influencia, y tienden a estabilizarse en tanto que concepción «natural» del mundo en aquéllos que los reciben. En este aspecto, Isabelle Bertaux-Wiame (1988), en sus estudios sobre memorias de familia, muestra la existencia de una «memoria distante» de la cual los miembros de la familia son portadores no intencionados. Es una memoria formada no sólo de recuerdos personales, sino también de los transmitidos por generaciones previas y que se han convertido en parte integral de los itinerarios del pensamiento de aquéllos que los asimilan de forma más o menos consciente. La influencia de esta «memoria distante» se hace más persistente por la naturaleza afectiva del recuerdo familiar, que constituye su elemento más íntimo (Namer, 1988). Su acción consolida los vínculos sociales entre los miembros del grupo familiar, cuya cohesión resulta reforzada. Gracias a ello,

---

8   Hoy en día, dos factores, el uno favorable y el otro contrario, influyen en la conciencia generacional. Por una parte, la conciencia generacional se ve favorecida por la existencia de una sociedad multigeneracional en la que coexisten distintas generaciones (hasta cierto punto es algo sin precedentes en la historia de la humanidad); por la otra, se ve obstaculizada por la aceleración del cambio, que evita que se desarrolle el sentido de continuidad temporal.

el recuerdo familiar tiene continuidad entre generaciones; evita la exacerbación de las diferencias; salvaguarda la unidad del grupo. Además, a través de la afectividad, sostiene el carácter normativo de la transmisión y las «imágenes del mundo» que conlleva.

La conciencia generacional permite el examen crítico de esta memoria, el cambio de esos contenidos de la oscuridad a la luz. Así pues, puede someterse a reflexión, se puede problematizar o quizás rechazar. Ello puede hacerse conscientemente según los criterios de selección en cuya base el recuerdo en cuestión se ha construido y después transmitido (Cavalli, 1991). Si el recuerdo familiar colectivo tiende a transmitir una visión desproblematizada del pasado, esa visión puede cuestionarse de forma crítica a través del ejercicio reflexivo cuando se acompaña de la conciencia generacional. En virtud de esa relación crítica con el recuerdo, la conciencia generacional también favorece el crecimiento de la propia conciencia en tanto que persona única y aislada. Pero esta unicidad se mide en relación al tiempo histórico y sus cambios tal como se han incorporado por parte de las diferentes generaciones de la familia. Así, la conciencia generacional conlleva una asunción deliberada de las continuidades y discontinuidades intergeneracionales y la posibilidad de darles forma para procesar el tiempo biográfico. En otras palabras, la conciencia generacional es una herramienta potente para convertir las diferencias entre generaciones en la base del propio reconocimiento.[9]

Aunque la conciencia generacional conlleva la comparación con las generaciones previas, ello no significa que se construya *contra* esas generaciones. Especialmente para las generaciones familiares femeninas, la idea de *genealogía* —entendida como continuidad cambiante— cobra importancia. Las generaciones de abuelas y madres incorporan una edad que las hijas no han vivido; estas últimas exploran los límites de su identidad comparando su propio tiempo biográfico con el de otras generaciones femeninas. Además, la memoria familiar que las abuelas y madres custodian permite a sus hijas evaluar el camino recorrido por las generaciones de mujeres inmediatamente anteriores a ellas, y calibrar la distancia que les queda por recorrer. Las vi-

---

9 Este tema se analizó, con referencia al Mezzogiorno de Italia, en Leccardi (2006).

das vividas por otras generaciones de mujeres, transmitidas a mujeres más jóvenes a través de historias, recuerdos y experiencias que las hijas han vivido, las conectan con el tiempo histórico y social. Miden la proximidad y la distancia, las similitudes y diferencias en las formas en que se produce el sentido y se construye la subjetividad; se convierten en herramientas para descubrir la unicidad de sus vidas mientras son conscientes de que pertenecen a un mundo compartido: el de la familia. Así, mientras generación y genealogía se construyen a través de la referencia al tiempo, solamente la segunda es una dimensión que pueda llamarse «incorporada» —por la conexión física debido a la descendencia. La relación corporal evita que la forma de la genealogía «se pierda» en un circuito temporal abstracto, de pérdida de conexión con las vidas de las mujeres «de carne y hueso» que han experimentado la diferencia de visibilidad y poder entre mujeres y hombres en la vida pública.

Pero el aspecto «corporal» de la genealogía actúa también a otro nivel: el de las diferentes relaciones que las generaciones de mujeres han mantenido con sus cuerpos y con sus códigos simbólicos. En el Mezzogiorno italiano, por ejemplo, las autorepresentaciones de las mujeres jóvenes llevan la huella de los cuerpos silenciados de sus abuelas, de los cuerpos «negociados» de sus madres. Desde luego pueden reducir el peso de los embarazos, pero todavía no son sujetos plenamente capaces en las esferas pública y privada (Siebert, 1991). Liberadas del «silencio» impuesto a los cuerpos femeninos por las generaciones de mujeres previas, no es raro que las mujeres más jóvenes en el sur de Italia tengan sentimientos ambivalentes acerca de su sexualidad —sentimientos que se pueden interpretar como el resultado de su relación con las experiencias de las generaciones previas— en otras palabras, de la genealogía femenina en la que se encuentran. La dimensión genealógica constituye el marco de referencia en el cual sus identidades se construyen y toma forma su subjetividad.

En suma, «dando cuerpo» al tiempo, la genealogía materializa la pertenencia generacional. A través de la genealogía, «ser una mujer» en el tiempo y el espacio presentes ocurre bajo la luz de la consciencia de que las experiencias de las generaciones previas de mujeres deben situarse y comprenderse dentro de un marco histórico. Reconocerse a una misma en una genealogía femenina significa, por lo tanto, mirar la dimensión generacional más allá del punto de partida de Mannheim, con su identificación de los acontecimientos cruciales en el orden histórico-político capaces de marcar una discontinuidad en la sociedad y en las biografías individuales. En lugar de eso, la dimensión genealógica implica la consciencia de los cambios biográficos dentro de una pertenencia compartida determinada por la descendencia. Al mismo tiempo, conlleva la necesidad de elaborar de forma subjetiva las diferencias que ocurren (Bell, 1999). En el enfoque genealógico, la dimensión temporal que forma generaciones en el vértice entre aspectos colectivos e individuales del tiempo, comprende discontinuidades dentro de una visión que no busca los «orígenes», sino que busca el movimiento, las interconexiones, las contingencias y las diferencias,[10] dentro de un marco de referencia que enfatiza el aspecto «incorporado» del tiempo.

El debate sobre las generaciones en España

Puede decirse que la noción de «generación» es una de las escasas contribuciones de España al pensamiento sociológico universal, hasta el punto que el epígrafe «Generación» de la *Enciclopedia Internacional de las Ciencias Sociales* lo escribió el filósofo Julián Marías (1968), discípulo de José Ortega y Gasset y padre del escritor Javier Marías. Esto puede deberse a tres razones: la importancia de la generación literaria del 98 —1898 fue el año de la guerra contra Estados Unidos, a raíz de la cual España perdió Cuba, su última colonia americana, lo que dio lugar a una profunda reflexión sobre la «crisis»; el impacto nacional e internacional del trabajo de Ortega y Gasset; y la profunda «brecha generacional» provocada por la Guerra Civil— de la cual surgió una dictadura que buscó reemplazar la lucha de clases por la sucesión generacional como motor de la historia.

---

10 Como en la aproximación genealógica desarrollada por Foucault (1971). Véase también Michon (2002).

El concepto de generación en las teorías sobre la juventud

En 1923, Ortega y Gasset publicó «La idea de las generaciones», un ensayo en el que defendía que las personas nacidas en la misma época comparten una misma «sensibilidad vital», opuesta a la generación previa y a la posterior, sensibilidad que define su «misión histórica». Ortega y Gasset se formó como pensador liberal en la escuela alemana y tuvo un gran impacto en América Latina; defendió la Segunda República, aunque luego se distanció de la misma. Fue el intelectual español más importante de la primera mitad del siglo XX, formando diversas generaciones de pensadores e interviniendo en los debates públicos en la prensa.[11] En el texto mencionado, que empezó siendo un artículo periodístico, la idea de generación se consideraba «el concepto más importante de la historia». El autor combatía la influencia de la revolución soviética y del fascismo, proponiendo como alternativa la fuerza regeneradora de los jóvenes. La juventud reemplazaba al proletariado como sujeto emergente y la sucesión generacional reemplazaba la lucha de clases como motor de cambio. Más tarde el filósofo desarrolló un «método histórico de las generaciones» que permitiría entender el curso de la historia partiendo de la idea del «relevo generacional», que según él tenía lugar aproximadamente cada 15 años. Sin embargo, como Bauman (2007) ha observado, la idea central de Ortega y Gasset no es la de sucesión sino la de superposición: no todos los contemporáneos pueden considerar-

11 La concepción de Ortega y Gasset es contemporánea a la de Mannheim, aunque no se pueden considerar contemporáneos, entre otras cosas porque su concepción fue formulada de una forma totalmente independiente. La teoría de Ortega de las generaciones no se expone en un único texto, como la de Mannheim, sino que se desarrolla como un hilo conductor a través de su trabajo filosófico: se empezó a esbozar en unas conferencias impartidas en 1914; tuvo su primera formulación en la universidad en 1920-21; se publicó en 1923 como texto introductorio de su libro *Meditaciones de nuestro tiempo* bajo el título «La idea de las generaciones» (Ortega y Gasset, 1966); se reformuló en unas conferencias impartidas en Buenos Aires en 1928 (publicadas póstumamente con el título «Juventud, cuerpo» en 1996); y se desarrollaron sistemáticamente en 1933 como ensayos centrales de su libro *En torno a Galileo*, bajo el título «El método histórico de las generaciones» (Ortega y Gasset, 1970). Aunque este último libro fue publicado después del artículo de Mannheim, no parece que Ortega conociera el texto del autor de origen húngaro... ni éste parece conocer el trabajo de Ortega (al menos ninguno de los dos se citan). Véase Sánchez de la Yncera (1993).

se contemporáneos. Por esta razón, hay tiempos de edad adulta («acumulativos») y tiempos de juventud («eliminativos o polémicos»). De acuerdo con la visión elitista del autor, la clave es la relación establecida entre minorías y masas: cuando algunos individuos que viven tiempos de crisis consiguen entender la nueva «sensibilidad vital» y «por primera vez tienen pensamientos con total claridad», se convierten en la generación decisiva, porque pueden conectar con los cambios anhelados, que transmiten a sus acólitos. Pero Ortega no abordó cómo los grupos de edad desarrollan una conciencia común y empiezan a actuar como una fuerza histórica coherente.[12]

En España, la teoría de Ortega fue desarrollada por sus discípulos durante el régimen de Franco, aunque su aplicación tuvo lugar principalmente en el campo de la creación artística y literaria, más que en las ciencias sociales. El historiador Pedro Laín Entralgo publicó en 1945 *Las generaciones en la historia*, aplicando la concepción de Ortega a los novelistas de 1898. En 1949, el filósofo Julián Marías publicó *El método histórico de las generaciones*, libro en el que comparaba la contribución de Ortega con la de otros pensadores previos (Compte, Mill, Ferrari, Dilthey, Ranke) y contemporáneos (Mentré, Pinder, Petersen, Mannheim, Croce, Huizinga, entre otros). Es significativo que ambos libros aparecieran en plena posguerra, en los tiempos más difíciles del régimen de Franco: era una forma velada de evitar la discusión del conflicto social, pero al mismo tiempo permitía abrir el debate al pensamiento sociológico internacional.[13] En 1960, el filósofo José L. López Aranguren

---

12 El trabajo de Ortega y Gasset tuvo un gran impacto en el pensamiento social de entreguerras en todo el mundo, especialmente en la Europa mediterránea, Alemania y Latinoamérica. Algunos autores lo recuperaron en los años sesenta y setenta para analizar las revueltas juveniles, e incluso mereció un artículo de crítica en un volumen sobre la sucesión generacional promovido por el Partido Comunista de la Unión Soviética (Moskvichov *et al.*, 1979) y un desarrollo teórico sistemático por parte de un sociólogo sudafricano (Jansen, 1977). Sin embargo, en las últimas tres décadas ha desaparecido del pensamiento sociológico internacional, probablemente por la falta de nuevas traducciones al inglés, ya que no se menciona en las aportaciones más recientes a la sociología de las generaciones (Edmunds y Turner, 2002).

13 En una nueva edición de 1960, Marías añadió un apéndice con una reflexión sobre la teoría de las generaciones del pensador árabe del siglo XIV, Ibn Khaldoun, el único autor no europeo incluido en su viaje. Su libro se tradujo más tarde al inglés (1967) y al italiano (1988).

El concepto de generación en las teorías sobre la juventud

publicó un ensayo titulado «La juventud europea». Aunque aludía a los jóvenes de los años sesenta, de hecho se refería a la juventud de la posguerra española, la generación que llegó a la madurez entre 1945 y 1960. El texto está en la línea de pensamiento de Ortega (a quien Aranguren conoció como estudiante). Pero a diferencia de Laín y Marías, el autor no se quedó en la reflexión filosófica abstracta; bajó a la realidad social e histórica, con información empírica fruto de los primeros estudios sobre juventud basados en encuestas de opinión, y también de su conocimiento directo como profesor cristiano y universitario disidente (lo que ahora denominaríamos su «trabajo de campo»). Eso le llevó a postular el cierre de la brecha entre minoría y masas y a criticar los 15 años como *tempo* generacional, haciendo un uso heterodoxo de la noción de generación, que irá desapareciendo en favor de una visión más compleja de la diversidad de la cuestión juvenil.[14]

Desde la mitad de los años sesenta la teoría de las generaciones se dejó de lado en el pensamiento sociológico por considerarse conservadora y anticuada, y se sustituyó por teorías neomarxistas que consideraban a la juventud como una «nueva clase» (Capmany, 1968) y se centraban en la «revolución cultural de los jóvenes» (De Miguel, 1979). Sin embargo, a partir de 1985 el concepto de generación ha sido «redescubierto» por las nuevas generaciones de investigadores sobre juventud españoles, que han releído y han reflexionado de nuevo en las concepciones de los clásicos, desde Aran-

---

En 1968, el autor escribió la entrada «Generación» de la *Enciclopedia Internacional de las Ciencias Sociales*. En 1989, publicó una nueva edición ampliada de su obra, con el título *Generaciones y constelaciones*, en la cual, además de sistematizar el método analítico de las generaciones, reflexiona sobre el llamado vacío generacional posterior al 68. Para el autor, la noción debería aplicarse solamente a las «generaciones decisivas» en términos de Ortega, es decir, las que marcan un punto de inflexión, pero no a cualquier diferencia generacional: «Creo que este fenómeno no afecta a las generaciones en rigor, sino a la edad: podríamos llamarlo vacío de edad. La distancia extraordinaria se refiere a la fase juvenil de cualquier generación, no a la generación entera, quienes una vez se ha ido la juventud, no vuelven a ser ni particularmente innovadores ni diferentes» (1989: 13).

14 El modelo de Aranguren, más que Ortega y Gasset, es el sociólogo alemán Helmut Schelsky, que publicó en 1957 *Die Skeptische Generation* (*La generación escéptica*), donde recogía resultados de diferentes estudios sobre los valores de los jóvenes alemanes de la década previa.

guren a Ortega y Gasset. Ello no es ajeno al acceso al poder en 1982 de una nueva generación política que se proclamó heredera del 68, lo que se utilizó para desplazar a la generación previa, y para bloquear el paso durante dos décadas a la siguiente. Lo mismo ocurrió en Latinoamérica, donde las transiciones a la democracia en países como Argentina, Chile y México se vivieron como un «vacío» generacional que alimentó el redescubrimiento de los clásicos (que en ese caso habían elogiado las «revoluciones» juveniles de principios del siglo XX). La teoría de las generaciones vuelve a estar hoy en día de actualidad, aunque todavía no ha «generado» una actualización de sus bases teóricas y metodológicas.[15]

¿Una Generación Global?

> Hoy en día, a principio, del siglo XXI, puede observarse la emergencia de una generación global (Beck y Beck-Gernsheim, 2006).

En 2006 Ulrich Beck y Elizabeth Beck-Gernsheim publicaron un ensayo en el que proponían la noción de «generación global» como antídoto al «nacionalismo metodológico». Para los autores, la noción clásica de generación, cerrada en términos nacionales, ha quedado obsoleta y necesita ser reemplazada por una nueva visión basada en un «cosmopolitanismo metodológico», es decir, en una visión universal de los factores que afectan a las generaciones, centrado en las condiciones e influencias de los desarrollos nacionales e internacionales, a nivel local y global (2008 [2006]: 10-11). Puesto que la globalización no implica equivalencia, propusieron reemplazar el

---

15 Este campo de investigación puede dividirse en los siguientes: primero, los estudios sobre la transición de la infancia a la vida adulta, basados en la distinción entre cohorte generacional y curso de la vida, renovando los métodos de la sociología empírica; segundo, la recuperación de la memoria histórica de la Segunda República y de la Guerra Civil, momentos en que los movimientos juveniles eran protagonistas, y el uso de la historia oral se retomó; tercero, la emergencia de la generación red y de las culturas club, renovando el uso de los estudios culturales (*cfr.* Feixa y Porzio, 2005).

concepto clásico de generación por el de «constelaciones generacionales cruzadas» ya que «la experiencia de la "generación global" desde luego se ha globalizado, pero al mismo tiempo está marcada por profundos contrastes y líneas divisorias» (2008 [2006]: 14-15). A diferencia de la generación del 68, la generación actual se define por factores cosmopolitas. Esto se ilustra con tres «constelaciones generacionales»: la generación de la *migración* (marcada por procesos migratorios transnacionales), la generación *aprendiz* (marcada por procesos de precarización laboral), y la generación *patchtwork* (marcada por procesos de hibridación cultural). En estas tres áreas (demográfica, económica y cultural) la generación más joven (o cualquiera de sus fracciones) actúa como barómetro de las nuevas tendencias.

En la actualidad la emergencia de sociedades como las occidentales, en las que varias generaciones adultas conviven en la escena social, conlleva una serie de problemas nuevos y acuciantes, en particular la justa distribución de la riqueza y la definición de un nuevo contrato social entre las generaciones mayores y las más jóvenes (Bengston y Achenbaum, 1993). La caída del índice de natalidad y el alargamiento de la esperanza de vida, junto con el envejecimiento de las poblaciones, conlleva nuevas desigualdades respecto a la relación de la gente con el mundo del trabajo y la distribución de los recursos públicos entre generaciones. De hecho, esas desigualdades toman forma concreta específicamente a lo largo de las líneas generacionales. En este contexto, tal como apunta Alessandro Cavalli (1994), los conflictos potenciales se exasperan, por ejemplo por la forma de funcionar del mercado de trabajo, por las características del sistema de pensiones y por la acumulación de la deuda pública. Todos estos factores subrayan las distintas oportunidades que las generaciones tienen en el presente —y las que tendrán en el futuro— de conseguir acceso al poder y a los recursos materiales y simbólicos.

Sin embargo, junto con este lado oscuro de la relación entre generaciones, también hay una parte más positiva, que no puede dejar de mencionarse aquí. Esta faceta positiva pone de manifiesto nuevas formas de solidaridad que emergen hoy en día entre las generaciones. Así, por ejemplo, a pesar de la tendencia europea a que las distintas generaciones convivan menos que en el pasado (con la conocida excepción de los jóvenes del área mediterránea), los lazos afectivos entre las generaciones no parecen aflojarse. Se establecen nuevas formas de «relación a distancia» (Bengston y Achenbaum, 1993), acompañadas de prácticas concretas orientadas a reequilibrar las disparidades intergeneracionales mediante intercambios privados de bienes materiales (herencias, dotes, pequeñas contribuciones monetarias) o inmateriales (relacionadas, por ejemplo, con el intercambio de tiempo). Esta compleja red de prácticas, caracterizada por un alto grado de reciprocidad, va tanto de las generaciones mayores a las más jóvenes como en la dirección opuesta (Attias-Donfut y Renaut, 1994). Una ayuda nada despreciable en la planificación del futuro —un requisito existencial que tiene una naturaleza particularmente problemática para los jóvenes de hoy (Leccardi, 2005).

4
Generación XX:
Teorías sobre la juventud contemporánea[1]

Yanko González y Carles Feixa

La adolescencia fue inventada al principio de la Era Industrial, pero no se empezó a democratizar hasta alrededor de 1900, cuando diversas reformas en la escuela, el mercado de trabajo, la familia, el servicio militar, las asociaciones juveniles y el mundo del ocio, permitieron que surgiese una nueva generación consciente de crear una cultura propia y distintiva, diferente a la de los adultos. La historia del siglo XX puede verse como la historia de diferentes generaciones de jóvenes que irrumpen en la escena pública para hacer la reforma, la revolución, la guerra, el amor, el *rock*, las drogas o el ciberespacio. Hemos bautizado a cada una de las diez décadas del siglo con las iniciales de determinados conceptos que se pueden considerar metafóricos (de la generación «A» a la generación «N»). En este viaje mostraremos cómo se combinan los cambios en la forma de vida de los y las jóvenes con reflexiones científicas, filosóficas o literarias en torno a este grupo de edad. Nos centraremos en Europa y Estados Unidos, que contrastaremos con pensadores y ejemplos de América Latina. Lo que denominamos

---

[1] Feixa, C. (2006). «Generación XX. Teorías sobre la juventud en la era contemporánea». *Revista Latinoamericana de Ciencias Sociales, Niñez y Juventud*, Bogotá, 4(2), 21-45. González, Y., y Feixa, C. (2013). «La juventud en el siglo XX: metáforas generacionales». En *La construcción histórica de la juventud en América Latina. Bohemios, Rockanroleros & Revolucionarios* (págs. 73-120). Santiago de Chile: Cuarto Propio.

DE LA GENERACIÓN@ A LA #GENERACIÓN

«Generación xx» es fruto de una dialéctica teórica que fue configurando el juego de miradas y silencios que caracterizó un siglo. Un siglo que empezó con el descubrimiento de la adolescencia y pudo acabar anunciando su final.

1900: Generación A (Adolescente)

> La adolescencia es un segundo nacimiento… porque es entonces cuando aparecen los caracteres más evolucionados y esencialmente humanos […] El adolescente es neo-atávico y en él las últimas adquisiciones de la raza resultan poco a poco preponderantes. El desarrollo es menos gradual y más discontinuo, lo cual evoca un periodo anterior de tormenta y estímulo cuando los viejos puntos de anclaje fuesen rotos y un nivel superior fuese asimilado (Hall, 1916 [1904]: 35).

En 1899 se impuso, dentro de la legislación británica, la prohibición de encarcelar a los menores de 16 años al lado de los adultos; en 1908 se instauraron los tribunales de menores: eran medidas que ponían de manifiesto el reconocimiento social de una nueva categoría de edad, situada entre la infancia y la mayoría de edad. Primero en Estados Unidos y Gran Bretaña, y después en el resto de países occidentales, los jóvenes que tenían entre 12 y 20 años comenzaron a postergar su incorporación al mundo laboral y a pasar cada vez más tiempo en instituciones educativas. Escuelas e internados, prisiones y tribunales para menores, servicios de ocupación y bienestar, todo eso formaba parte del reconocimiento social de un estatus único a aquéllos que ya no eran niños pero que aún no eran plenamente adultos. Reconocimiento no falto de ambigüedad: si por un lado se saludaba el carácter natural del nuevo estatus, como preparación a la vida de adulto, por el otro, se subrayaba su carácter crítico y conflictivo. En el fondo, la ambivalencia ponía de manifiesto las reacciones contrapuestas que la implantación de la adolescencia comportaba en cada clase social (conformismo en las clases medias y desviación en la clase obrera). Mientras para los jóvenes burgueses la adolescencia significaba un periodo de moratoria social dedicado al aprendizaje formal y al ocio, para los jóvenes de clase obrera eran fruto de los progresos de la segunda industrialización, que los expulsaba del mundo del trabajo y los condenaba al paro forzoso y a la calle.

En 1904, el psicólogo y educador norteamericano Stanley G. Hall publicó *Adolescence: its Psychology and its Relations to Physiology, Anthropology, Sociology, Sex, Crime, Religion and Education*. Esta obra monumental se considera el primer tratado teórico sobre la juventud contemporánea. Hall se inspiró en el concepto de evolución biológica propuesto por Darwin, para elaborar una teoría psicológica de la recapitulación, según la cual la estructura genética de la personalidad lleva incorporada la historia del género humano: cada organismo individual, en el curso de su desarrollo, reproduce las etapas que se dieron a lo largo de la evolución de la especie, desde el salvajismo a la civilización. Según el autor, la adolescencia que se extiende de los 12-13 a los 22-25 años, corresponde a una etapa prehistórica de turbulencia y transición, marcada por migraciones de masas, guerras y culto a los héroes. Hall la describe como un periodo de *storm and stress* (tormenta y agitación), concepto equivalente al *sturm und drang* de los románticos alemanes, y utilizado para definir la naturaleza «crítica» de esta fase de la vida: una dramática renovación de la personalidad provocada por la pubertad fisiológica, que se concreta en tensiones emocionales. La adolescencia está dominada por las fuerzas del instinto que, para calmarse, reclaman un periodo largo durante el cual los jóvenes no sean obligados a comportarse como adultos porque son incapaces de hacerlo. Las teorías de Hall tuvieron un enorme eco entre educadores, padres, responsables políticos y dirigentes de asociaciones juveniles. La obra contribuyó a difundir una imagen positiva de la adolescencia como el paradigma del progreso de la civilización industrial, celebrando la creación de un periodo de la vida libre de responsabilidades y un modelo de juventud caracterizado por el conformismo social.

Si para buena parte de Europa y Estados Unidos podemos hablar de una generación «A» aludiendo a la adolescencia, en América Latina podemos hablar de una generación «A», referida a la influyente obra *Ariel* publicada en 1900 por el renombrado ensayista uruguayo José Enrique Rodó (1871-1917), quien la dedica «A la Juventud de América». En un tono lírico-filosófico su obra intenta ser la antítesis de *Calibán*, libro de Ernest Renan que plantea el triunfo de Calibán —símbolo de la materialidad, el pragmatismo utilitarista— sobre Ariel, que es la espiritualidad. Rodó reescribe la historia, para llevar a Ariel a la victoria. Este ensayo ha sido leído como una reivindicación de la latinidad en contraposición al utilitarismo del *ethos* cultural angloamericano, reafirmando los valores latinoamericanos e hispanos que intentan ser asimilados y ensombrecidos por dicha cultura. Su escrito está atravesado por una reivindicación de la condición juvenil americana inaugural. Rodó, con singular maestría ventrílocua, encanta a sus discípulos con su personaje y exhorta a la juventud latinoamericana a abandonar los caminos de Calibán y seguir los de Ariel, «genio del aire»: «la sensualidad, la espiritualidad que ama la inteligencia por ella misma, la belleza, la gracia y no dejarse seducir por el cuerpo y el pragmatismo utilitario anglo-americano que intenta absorber "con cantos de sirena" a la América joven latina». Ya en los primeros capítulos de la obra, Rodó escribe:

> La juventud que vivís es una fuerza de cuya aplicación sois los obreros y un tesoro de cuya inversión sois responsables. Amad ese tesoro y esa fuerza; haced que el altivo sentimiento de su posesión permanezca ardiente y eficaz en vosotros. Yo os digo con Renan: «La juventud es el descubrimiento de un horizonte inmenso, que es la Vida» […] La juventud, que así significa en el alma de los individuos y de las generaciones, luz, amor, energía, existe y lo significa también en el proceso evolutivo de las sociedades. De los pueblos que sienten y consideran la vida como vosotros, serán siempre la fecundidad, la fuerza, el dominio del porvenir. Hubo una vez en que los atributos de la juventud humana se hicieron, más que en ninguna otra, los atributos de un pueblo, los caracteres de una civilización, y en que un soplo de adolescencia encantadora pasó rozando la frente serena de una raza (Rodó, 1961: 30-34).

La Primera Guerra Mundial vendrá a dotar de un influjo notable a esta obra, puesto que explicará la decadencia del modelo civilizatorio europeo dando pie para enarbolar la idea de un modelo civilizatorio «nuevo», de «futuro», «joven»: el americano. *Ariel* de Rodó será la obra fundacional que marcará el comienzo de la atención hacia los jóvenes; una fase que puede rotularse como «ensayística», «especulativa» o «creativa», debido a la naturaleza de las obras y de los autores que las produjeron: «nacionalistas latinoamericanos» con ensayos emancipadores, prescriptivos o edificantes sobre la juventud. Más allá, en buena parte de América Latina, la condición juvenil era todavía minoritaria y un privilegio de las elites, por lo que la figura del «adolescente» aún no se configuraba de manera autónoma como actor social. El cronista chileno perteneciente a la «generación del 1900», Luis Orrego Luco (1866-1948), nos relata:

> La vida social era entonces agradable y activa. Solíamos ser invitados a grandes bailes en casas particulares de hacendados o millonarios. Transformábase generalmente la casa entera en sala de baile. Las invitaciones se circunscribían a las niñas y los jóvenes más conocidos. La casa donde se recibía se llenaba de flores, el *champagne* corría a torrentes, sin mirar el gasto, y la fiesta duraba generalmente hasta las cuatro de la mañana [...] Participé en el gran sarao que se ofreció en la casa de Pancho Undurraga, en honor del Príncipe Don Carlos de Borbón, a quien tuve el honor de conocer, con no poca satisfacción de mi parte, pues no llegaba a los veinte años y me pagaba de semejantes esnobismos (Orrego Luco, 1984: 58-59).

1910: Generación B (*Boy Scout*)

> Juventud que no sólo se encuentra llena de futuro, sino que también lo está de espíritu que siente dentro de sí la alegría y el coraje de los nuevos portadores de la cultura... Este sentimiento juvenil ha de convertirse en una forma de pensar compartida por todos, en una brújula de la vida (Benjamin, 1993 [1912]: 125).

En 1908, sir Baden-Powell fundó la organización juvenil que marcaría toda una época: los *boy scouts* (su esposa fundó en 1909 las *girls guides*). Este antiguo general de las Guerras Boers pretendía utilizar las virtudes militares para adaptarlas a la formación de los jóvenes. La vocación puritana de formación en el ocio se unía a la salvaguarda de los efectos distorsionadores de la vida urbana. Existía un precedente en Alemania, donde en 1901 habían aparecido los *Wandervögel* (pájaros emigrantes), con unas finalidades parecidas, pero con una organización menos jerárquica. La ideología del scoutismo original era una combinación de patriotismo, darwinismo social y culto a la adolescencia. Baden-Powell se enorgullecía de comprender el «espíritu del chico»: su imaginación fue prodigiosa en la producción de rituales, canciones y festivales adaptados a la naturaleza moldeable del adolescente burgués; pero tenía poca experiencia con el estilo de vida de los jóvenes de la clase obrera. Los pantalones cortos y la segregación de sexos podía imponerse a los chicos de clase media, pero era difícil que fuese popular entre la gran mayoría de los chicos obreros. De hecho, el scoutismo eligió un modelo de separación del mundo de los adultos ya establecido en las escuelas privadas de elite. Como organización masculina, hizo virtud del obligado retraso del acceso a los roles adultos, manteniendo que el contacto prematuro con el sexo opuesto hacía peligrar la masculinidad de los chicos y corrompía la feminidad doméstica de las chicas: «Los chicos habían de ser chicos, y las chicas, chicas» (Gillis, 1981: 147).

En 1914, un joven estudiante de filosofía, Walter Benjamin, publicó un artículo titulado «*Metaphysik der Jugend*» («Metafísica de la juventud»), en el cual planteaba que las nuevas generaciones habían de encabezar una revolución cultural en el terreno del espíritu. Durante los mismos años en que se difundían los *boy scouts*, emergió toda una «literatura edificante», de signo religioso y moral, que al tiempo de «dirigir» y «proteger» a los jóvenes, reconoce la especificidad de su modo de vida. Pero también nacen nuevos discursos, de carácter progresista, que proclaman la emergencia de una nueva «cultura juvenil» creada en los ambientes escolares y que tendría que renovar profundamente la sociedad. Benjamin había sido influido por sus maestros en las Universidades de Friburgo y Berlín, Gustav Wyneken y Heinrich Rickert, fundadores del movimiento de la «Comunidad Escolar Libre», que sostenían que el «ser joven» era algo específico y no un mero tránsito de la infancia a la edad adulta. Su reforma consistía en la puesta en marcha de una «cultura de la juventud», donde la escuela jugaba un papel fundamental en poner en contacto a los jóvenes con el espíritu y no con los intereses materiales. En 1912 Benjamin escribió un artículo titulado «La reforma escolar: un movimiento cultural», que finalizaba con las siguientes palabras: «Juventud, escuela renovada, cultura: éste es el *circulus egregius* que hemos de recorrer una y otra vez en todas direcciones». En otro texto, publicado en 1915, se avanzaba una concepción de la juventud como metáfora del cambio social: «El significado histórico actual de los estudiantes y la universidad … pueden describirse como una metáfora, como una reproducción en miniatura de un estado histórico más elevado, metafísico».

En los mismos años y en similares coordenadas, José Ingenieros, nacido en Italia y nacionalizado argentino, publicaba ensayos políticos y filosóficos de gran impacto en la juventud estudiantil, tanto en América Latina como en Europa, y se involucró activamente, ya como profesor, en el proceso de Reforma Universitaria Argentina —particularmente en la universidad de Córdoba, un «mayo de 1968», pero acaecido en 1918— apoyando decididamente a los estudiantes. *El Hombre Mediocre* (1913) resulta ser un ensayo edificante que alecciona a la juventud sobre las lacras morales que aquejan al mundo (servilismo, hipocresía, etcétera). Junto a ello, la obra manifiesta una elevación de la «verdadera» condición juvenil como modelo de futuro moral:

> Toda juventud es inquieta. El impulso hacia lo mejor sólo puede esperarse de ella: jamás de los enmohecidos y de los seniles. Y sólo es juventud la sana e iluminada, la que mira al frente y no a la espalda; nunca los decrépitos de pocos años prematuramente domesticados por las supersticiones del pasado: lo que en ellos parece primavera es tibieza otoñal, ilusión de aurora que es ya un apagamiento de crepúsculo (Ingenieros, 1980: 23).

1920: Generación K (*Komsomol*)

> Las variaciones de la sensibilidad vital que son decisivas en la historia se presentan bajo la forma de generación. Una generación no es un puñado de hombres egregios, ni simplemente una masa: es como un nuevo cuerpo social íntegro con su minoría selecta y su muchedumbre, que ha sido lanzado sobre el ámbito de la existencia con una trayectoria vital determinada. La generación, compromiso dinámico entre masa e individuos, es el concepto más importante de la historia, y, por decirlo así, el gozne sobre el que ésta ejecuta sus movimientos (Ortega y Gasset, 1966 [1923]: 148).

El 1920, la sociedad europea vivía abrumada por las consecuencias de la «gran guerra», que había provocado una verdadera sangría demográfica en los renglones de la juventud: en los campos de Ypres, Verdun y Somme perdieron la vida más de 8 millones de jóvenes: 2 millones de alemanes y 1,3 millones de franceses (el 16% de los reclutas). Igualmente la retórica de la muerte civil fue pronto sustituida por la retórica de la «generación». El término se comenzó a vincular al de «quinta»: el servicio militar obligatorio se había implantado con la Revolución Francesa, cuando se estableció la «conscripción», es decir, la obligación para todos los jóvenes que hubiesen cumplido 20 años de defender a su patria. La «mili» contribuyó a desarrollar el sentimiento de pertenencia a una misma clase de edad (y a una misma nación). También comenzó a asumir la connotación de rito de paso hacia la edad adulta. Son sobre todo las quintas de guerra, en particular las de la Primera Guerra Mundial, las que asumen, al volver a la vida civil, esta dimensión generacional. El triunfo de la Revolución Soviética en 1917 y el impacto que tuvo en los jóvenes progresistas de todo el mundo, fue el otro gran «acontecimiento generacional», que provocó la necesaria toma de partido por parte de los jóvenes de los años 1920. Por ello, podemos tomar la organización juvenil soviética, el *komsomol*, como el símbolo de esta nueva conciencia generacional. Se trata de una nueva organización juvenil, inspirada por el modelo *boy scout*, pero adaptada a las necesidades del estado revolucionario: los chicos y las chicas (la división sexual desaparece) son agrupados en grados de edad —octubristas de 7 a 11 años; pioneros de 11 a 16 años, *komsomols* a partir de los 17 años— que sirven para desarrollar actividades de ocio y formación cívico-militar en defensa del nuevo régimen.

En 1923, el filósofo español José Ortega y Gasset publicó un artículo titulado «La idea de las generaciones», donde defendía la idea que los hombres nacidos en la misma época compartían una misma «sensibilidad vital», que se oponía a la generación precedente y posterior, y que define su «misión histórica». En *La rebelión de las masas* el autor insistiría sobre estos temas, reconociendo que «en todo presente existen tres generaciones: los jóvenes, los hombres maduros y los viejos… El conflicto y colisión entre ellos constituye el fondo de la materia histórica» (1955, IV: 91-2). El filósofo español argumentaba de hecho contra la nefasta influencia de la revolución soviética, pero a la vez se constituía en paradigma de la fuerza regeneradora de los jóvenes. La juventud reemplazaba al proletariado como sujeto primario de la historia y la sucesión generacional sustituía la lucha de clases como herramienta principal de cambio. Sin embargo, aparte de varias observaciones sobre la «capacidad orgánica» y la dialéctica elites-masas, Ortega nunca se ocupó de cómo los grupos de edad desarrollaban una conciencia común y empezaban a actuar como una fuerza histórica coherente.

La influencia de la Revolución Mexicana y Rusa, la articulación de los movimientos obreros y campesinos y, fundamentalmente, la irrupción de las clases medias y las vanguardias artísticas en la vida política desde una plataforma universitaria, propiciaron en América Latina el surgimiento de la figura identitaria del «joven» y de la juventud (preferentemente masculina) como un nuevo actor social. De punta a punta, la región se vio impregnada por una «juvenilización» política, estética y discursiva que tiene su eclosión expresiva en los movimientos sociales estudiantiles que dieron paso a la Reforma de Córdoba (1918), la cual modificó tempranamente la estructura «monástica y clerical» de la organización universitaria y tuvo como consecuencias el co-gobierno estudiantil, la autonomía universitaria, el derecho de asociación, la injerencia en los contenidos académicos y el acceso de las clases populares. Parte del *Manifiesto Liminar* escrito por los estudiantes de Córdoba sintetiza este proceso:

> La juventud vive siempre en trance de heroísmo. Es desinteresada, es pura. No ha tenido tiempo aún de contaminarse. No se equivoca nunca en la elevación de sus propios maestros. [...] Hay que dejar que ellos mismos elijan sus maestros y directores, seguros de que el acierto ha de coronar sus determinaciones (*Manifiesto Liminar*, 1918).

La Reforma de Córdoba retroalimentó el accionar de muchos movimientos estudiantiles en América Latina que se decantan en el despliegue, a lo largo de la década de 1920, de un prolífico debate intelectual sobre «generación» y «juventud». El influyente intelectual peruano Juan Carlos Mariátegui dedicará en sus *Siete Ensayos de Interpretación de la realidad peruana* (1928) un capítulo entero a la Reforma («La reforma universitaria. Ideología y reivindicaciones») donde describe los movimientos reformistas oponiéndose, desde el marxismo, a la teoría generacional de Ortega y Gasset: «Todos convienen en que este movimiento, que apenas ha formulado su programa, dista mucho de proponerse objetivos exclusivamente universitarios y en que, por su estrecha y creciente relación con el avance de las clases trabajadoras y con el abatimiento de viejos privilegios económicos, no puede ser entendido sino como uno de los aspectos de una profunda renovación latino-americana» (Mariátegui, 1988:100-102). Debate dinamizado por la fuerte influencia del movimiento de Córdoba en el surgimiento del partido APRA en Perú (Alianza Popular Revolucionaria Americana) en 1924, que había elevado al estudiante a motor del cambio social. Las diferencias con el APRA, proceden tanto del propio J.C. Mariátegui como de J. Antonio Mella —líder estudiantil y fundador del Partido Comunista cubano—, quienes atacarán la idea de la historia como una sucesión de sensibilidades encarnadas por cada generación, debido a que este postulado desplaza el conflicto social clasista, al de las edades. J.A. Mella es quizás el más enfático en su crítica a la teoría de las generaciones de Ortega. En «¿Puede ser un hecho la Reforma Universitaria?» plantea: «no es cuestión de glándulas, canas y arrugas, sino de imperativos económicos y de fuerza de las clases, totalmente consideradas» (citado en Solano, 1998: 67).

Uno de los frutos axiales de la Reforma de Córdoba es el «Primer Congreso Internacional de la Reforma» realizado en México en 1921. En dicho país, el foro principal de las ideas «juveniles» lo representaba el «Ateneo de la Juventud», fundado en 1909, y cuyo integrante más destacado será el abogado, poeta, político y filósofo José Vasconcelos (1882-1959), nombrado en varios países latinoamericanos «Maestro de la Juventud» por su mensaje y labor pedagógica edificante y su liberalismo radical. A parte de sus obras más conocidas como *La Raza Cósmica* (1925), el prolífico ensayista tiene una destacada preocupación por el imaginario juvenil emergente, dedicando *La Nueva Generación* (1929) y numerosas cartas y discursos a abordar el papel de los jóvenes en una América Latina incluyente. Una de los escritos más representativos de su pensamiento, publicado en 1924, es la carta «A los estudiantes de Trujillo que se dirigieron a mí en nombre de los estudiantes del Perú», cuyo mensaje apela a un idealismo juvenil total, que sea capaz del autosacrificio para lograr resolver la marginación, la explotación, la incultura y el falso patriotismo de los gobiernos tiranos, para construir una América Latina unida:

> No estén cuerdos, ni un solo instante; batallen y forjen sin descanso; en patrias como éstas, no hacer es un pecado y todo lo demás es virtud. Obren en grande pensando en belleza. Suelten sus fuerzas como río desbordado pero consciente de que mueve la tierra y fecunda inmensidades. Nadie podrá detener el impulso de una juventud unida y activa, generosa y libre. Usen su fuerza para derribar la tiranía del hombre, la tiranía de las instituciones, y la tiranía de los propios apetitos. [...] Los jóvenes que aspiran a dirigir pueblos y a redimir gentes, podrán conocer la pasión, pero no tienen tiempo para los deleites (Vasconcelos, 1981: 91).

Tanto el imaginario «reformista» como las condiciones estructurales que posibilitaron la mesocratización en América Latina (articulado y evidenciado por la emergencia del arquetipo joven-estudiante) se irradian en Brasil, Paraguay, Bolivia, Ecuador y Venezuela. En este último país, por ejemplo, la llamada «Generación del 28» protagonizó en el carnaval caraqueño de 1928 un movimiento de carácter académico y estudiantil que derivó en un enfrentamiento con el régimen de Juan Vicente Gómez, provocando una revuelta de grandes proporciones destinada a la modificación del sistema político venezolano, y en el que participaron Rómulo Betancourt, Miguel Otero Silva y Juan Bautista Fuenmayor. En Chile, un hito expresivo de este proceso es la candidatura a la Presidencia de la República en 1925 del poeta vanguardista Vicente Huidobro apoyado por la «Convención de la Juventud Chilena» (que reunió a las orgánicas estudiantiles secundarias y universitarias). Hecho marcado por la convergencia entre vanguardias estéticas de una elite rebelde —como la del propio Huidobro— y las vanguardias político-sociales de capas medias, organizaciones estudiantiles y obreras. En su carta de aceptación a su candidatura concluye:

> Jóvenes, seamos jóvenes, seamos dinámicos, seamos enérgicos, seamos puros, desinteresados y dispuestos al sacrificio. Sacudamos esta apatía de buey durmiente que adormece hasta el paisaje de primavera con su sola presencia. Ayer uno de vosotros decía que yo he sido siempre como una descarga eléctrica, que soy un despertador. Esa frase me basta como recompensa, es el mejor elogio al que puedo aspirar y si realmente he logrado sacudir el adormecimiento de siesta española que nos caracteriza, podré volver a Europa pensando que valía la pena haber venido a la patria, pues he realizado en ella algo grande. ¡Hicimos nacer la juventud! (Huidobro, 1925).

DE LA GENERACIÓN@ A LA #GENERACIÓN

1930: Generación P (Paramilitarizada)

> La generación «vieja» cumple siempre la educación de los «jóvenes»; habrá conflicto, discordia, etc., pero se trata de fenómenos superficiales, inherentes a cada obra educativa … a menos que no se trate de interferencias de clase, es decir, los «jóvenes» (o una parte importante de ellos) de la clase dirigente (entendida en el sentido más amplio, no sólo económico, sino político-moral) se rebelan y pasan a la clase progresiva (Gramsci, 1975 [1949]: 115-6).

A principios de 1930, Benito Mussolini publicó un libro titulado *Questioni ferme sui giovani* (*Cuestiones firmes sobre los jóvenes*), donde hacía cuatro propuestas para la formación fascista de la juventud: programa para rejuvenecer el régimen; preparación de los jóvenes para el totalitarismo; orientación de los mismos hacia el aprendizaje político y preparación espiritual para el clima moral del fascismo. El dictador italiano había creado una organización juvenil de Estado muy efectiva, constituida también por grados de edad: los chicos pasaban de *balilla* a *vanguardisti* (sus actividades se centraban en las actividades deportivas y paramilitares); las chicas de *piccole* a *giovane* (la formación era como madres y como cuidadoras de soldados). Todo se envolvía de una escenografía de imágenes, canciones y desfiles. Durante el periodo de entreguerras, bajo el estímulo de la Revolución Soviética, la crisis económica y las luchas obreras, tuvo lugar la politización revolucionaria de muchos jóvenes trabajadores, y muchos provenían de la burguesía, lo que contradecía las tesis sobre la pasividad y el conformismo de este grupo de edad. Más que el comunismo, fueron el nazismo y el fascismo las doctrinas políticas que consiguieron movilizar a los jóvenes durante la década de 1930: las Juventudes Hitlerianas en Alemania y los Balilla Fascistas en Italia fueron espacios de socialización y grupos de choque utilizados por estos regímenes para extender su hegemonía entre amplias capas de la población. Pero algunos grupos juveniles encontraron en la música y el baile un espacio donde escapar de estas tendencias autoritarias, como sucedió con los famosos Rebeldes del *Swing* en Alemania, convirtiéndose a finales de los años treinta en el único referente de disidencia posible en una sociedad alienada con una ideología militarista y totalitaria.

Generación XX: teorías sobre la juventud contemporánea

Alrededor de 1930 el pensador italiano Antonio Gramsci, encarcelado por el régimen de Mussolini, comenzó a redactar clandestinamente su obra *Quaderni del carcere*, donde reflexionaba sobre temas de literatura, política, arte y cultura. En algunos de los 28 cuadernos que escribió, el autor abordó temas que llamaba «*La quistione dei giovani*». En el primer cuaderno Gramsci plantea el debate en los términos siguientes: si bien hay muchas «cuestiones juveniles», dos son esenciales: la primera procede de los conflictos entre la generación «vieja» y la «joven», inherentes en toda la obra educativa; la segunda se da cuando el fenómeno asume un carácter «nacional», es decir, cuando no aparece abiertamente la interferencia de clase, entonces la cuestión se complica y deviene caótica: «Los jóvenes están en estado de rebelión permanente, porque persisten sus causas profundas, sin que sea permitido el análisis, la crítica y la superación, no conceptual y abstracta, sino histórica y real». En estas situaciones el conflicto generacional puede asumir formas como «el misticismo, el sensualismo, la indiferencia moral, degeneraciones patológicas psíquicas y físicas, etcétera», pero no las atribuye a la naturaleza interna de la juventud, sino a contextos históricos que determinan la emergencia de «crisis de autoridad».

En América Latina, la realidad internacional se encarga de acechar y determinar la dialéctica de las identidades juveniles: la ascensión del fascismo y nazismo en Europa, la Guerra Civil española y la Segunda Guerra Mundial. Realidad que será dinamizada regionalmente por las posiciones antiimperialistas y nacionalistas de parte de la izquierda juvenil estudiantil latinoamericana, con la todavía fuerte presencia del APRISMO peruano. Las matrices de producción de «juventud» no cambiarán mayormente, salvo por el arribo definitivo y en propiedad de los sectores mesocráticos que, posibilitados por una educación superior cada vez más ampliada, intentan por vez primera no sólo colaborar en las transformaciones sociales, sino ser los actores protagonistas de esos cambios, sin miedo alguno al ejercicio del poder. Una «conexión generacional» ligada al pensamiento progresista de los años veinte, pero que abandona el acratismo y la relativa autonomía con respecto a los partidos políticos y se sumerge en la militancia de las poderosas ideologías totalizantes que toman forma en Europa y se decantan en el continente. Todo lo cual conduce a los sectores de clase media a visualizarse como actores juveniles en el seno de las juventudes políticas emergentes, lo que convierte a la militancia y militarización política en un motor fundamental de producción de «juventud».

Fuente y conexión de este proceso se encuentra en el hecho de que tanto el fascismo italiano como el nazismo colocaron al actor juvenil en el primer plano de su acción política e ideológica. Lo habían hecho en ese momento en Europa tanto la Iglesia Católica —con la formación de la Juventud Obrera Cristiana—, como el comunismo soviético, haciendo proselitismo internacional con sus «Pioneros», el Komsomol y la celebración de los «Festivales Mundiales de la Juventud». Pero fueron el fascismo y el nazismo quienes tuvieron en los Balillas, los Avanguardisti y la Juventud Hitleriana, respectivamente, el soporte fundamental de sus discursos, acciones y regímenes. Para el caso fascista, inspirador de las políticas racistas en materias juveniles, la carga semántica de lo juvenil fue de lo «positivo absoluto» y, por lo tanto, como expresaba el himno fascista, la homologación era obvia: «El fascismo es juventud». En el caso del Tercer Reich, la situación reivindicativa juvenil tenía los mismos alcances: «Desde un punto de vista nacionalsocialista la juventud siempre tiene la razón» había dicho el Reichjugendführer —jefe de las juventudes del Reich— Baldur von Schirach (Michaud, 1996: 363). Consecuentemente, estas ideologías paramilitarizan agudamente a los jóvenes, inculcándoles, como valor central, la jerarquía y la obediencia; uniformándolos —distinguiéndolos— como protagonistas y símbolos sólidos de la nación. La centralidad del joven en los proyectos totalitarios nazi-fascistas y del nacional-catolicismo español de raíz fascista (falangismo) por un lado y, por otro, la sovietización de muchos partidos de izquierda en la región, sedujo a un gran contingente de jóvenes, cuya expresión se visualiza en numerosas juventudes de partidos y movimientos políticos. A parte de las juventudes de los Partidos Comunistas, Socialistas y afines, emblemáticos resultan algunos conglomerados herederos del nacional-catolicismo o nazi-fascismo como la Unión Sinarquista Nacional en México; la Unión Nacionalista de Estudiantes Secundarios (UNES) —un ala de la llamada Legión Cívica Argentina—, la Falange Socialista Boliviana o el Movimiento Nacional Socialista Chileno. Un dirigente estudiantil de la época retrata vivamente a esta generación (llamada en Chile la del 38) a partir de las coordenadas precedentes:

> El escenario en que actuó nuestra generación tuvo dos niveles muy bien determinados, por una parte, estaba la extraordinaria presencia internacional, representada primero por dos conflictos armados: la Guerra Civil Española y la Segunda Guerra Mundial. Ocupó también un lugar preferente en nuestras preocupaciones, el movimiento nacido en Perú, llamado el APRA, con su líder Víctor Raúl Haya de la Torre, que también en esta época tenía una vigencia muy importante. En el plano nacional, no fueron menos extraordinarios los sucesos que repercutieron hondamente en la juventud de la época. El triunfo electoral del conglomerado de izquierda llamado Frente Popular [...]. Además, el ambiente de las luchas electorales de la época, fue violentamente sacudido por la masacre de 60 jóvenes nazistas en la Caja de Seguro Obrero, ubicada frente al palacio de gobierno [...] Al iniciarse la década de 1940, la juventud universitaria presentaba el espectáculo de un cuadro multicolor. Era la época de los uniformes y por las calles marchaban las «camisas pardas» de acero y blancas, según fuera el partido a que cada joven perteneciera (Galdames, 1985: 16).

1940: Generación E (Escéptica)

> El camino que siguieron en 1945 y en años posteriores dependió en gran parte de nuestra edad, pues a partir de ese momento, a partir del momento de tirar las bombas sobre Hiroshima y Nagasaki, las generaciones se dividieron de forma crucial (Nuttal, 1968: 13).

En 1945, al final de la Segunda Guerra Mundial, la juventud europea parece abatida, desencantada, sin fe. La bomba nuclear inicia los miedos de una nueva era, y se levantan telones de acero entre países, regímenes y generaciones (Jeff Nuttal dedicó tiempo después un bello ensayo a la juventud de posguerra titulado precisamente *Bomb Culture*). En Alemania, se empieza a hablar de la «generación escéptica», que después de sufrir las penalidades de las trincheras ve como se derrumban los ideales de su juventud. En Italia, los sociólogos hablan de los «jóvenes de las 3 M» (Macchina, Moglie, Mestiere: coche, mujer y profesión). En Francia, el existencialismo recupera la actitud desencantada y nihilista de algunos pensadores de principios de siglo (si bien en las *caves* de la *rive gauche* surgió también una nueva actitud comprometida, *engagé*). En España, José Luis L. Aranguren habla de la «generación abatida» por la necesidad de sobrevivir y despolitizarse después del trauma de la Guerra Civil. Pero este discurso no durará mucho, al menos en la Europa democrática. Con el crecimiento económico de posguerra, la situación comenzará a cambiar lentamente. En un contexto de plena ocupación, con una capacidad adquisitiva creciente por parte de los jóvenes, con la difusión de los medios de comunicación de masas y de la sociedad de consumo, con la escolarización masiva y el nacimiento del mercado adolescente, nace la noción de «cultura juvenil» como categoría autónoma e interclasista y se convierte en la edad de moda. Al mismo tiempo, poco a poco emerge la imagen del «rebelde sin causa».

En 1957, el sociólogo alemán Helmut Schelski publicó *Die Skeptische Generation* (*La generación escéptica*), que recogía diversas investigaciones sobre los valores de los jóvenes alemanes de posguerra, realizadas durante la década anterior. Las tesis del autor se desprendían del título de su libro, que desde entonces se convertiría en un lugar común en la investigación empírica sobre la juventud. Schelski oponía los jóvenes de posguerra a tres generaciones que se habían sucedido en Alemania desde principios de siglo: la nueva generación se caracterizaba por su falta de compromiso político y moral, por su conformismo con la sociedad establecida y por su adaptación funcional. Según otro sociólogo alemán: «La juventud procura integrarse en esta sociedad tan pronto como le sea posible, para poder aprovechar plenamente todas las posibilidades que le ofrecen. La pauta dominante de comportamiento es la adaptación. De esta manera la sociedad consigue hacer de las futuras generaciones unos colaboradores dispuestos a jugar el juego del sistema establecido» (Blücher; citado en Allerbeck y Rosenmayr, 1979: 7 y 15). En realidad, las características que Schelski consideraba propias de los jóvenes podían extenderse a los adultos, que vivían en plena crisis de identidad provocada por el trauma del nazismo y de la guerra. La visión metonímica de la juventud —atribuirle valores propios de toda la sociedad— era típica del método utilizado por Schelski, que basaba sus interpretaciones en sondeos de opinión promovidos por el Instituto Emnid, que iniciaban el camino largo y no siempre brillante de las encuestas a la juventud, que desde entonces ocuparían un lugar hegemónico en la sociología empírica.

En América Latina, ya a fines de la década de 1930 y durante los años cuarenta se desarrollarán las primeras investigaciones «científicas» sobre la juventud, abonadas por el arribo y legitimidad del positivismo en las ciencias sociales, particularmente en la psicología. De este modo, aparece la figura de Aníbal Ponce con las obras *Psicología de la adolescencia* (1938) y *Ambición y angustia de los adolescentes* (1939), entre otras, que convergen con la mayoría de las investigaciones que se estaban desarrollando en Estados Unidos y Europa desde principios de siglo en ese campo disciplinario (Hall, Piaget y Spranger). Los aportes de Ponce fungen como una metáfora de lo que acontece en gran parte del continente, en el que se comienzan a incubar los primeros procesos de modernización de tipo desarrollista, que pugnan por integrar a las juventudes de la región por la vía de la escolarización y el deporte en medio de la masiva migración rural-urbana. Ponce busca entender las tribulaciones individuales de sujetos que durante gran parte de la década de 1940 no habían visibilizado sus tribulaciones identitarias colectivas, derivadas de su exclusión económica, social y cultural.

Un caso ejemplar y que amplificó lo que públicamente sólo se escuchaba en sordina, fue la presencia en los sectores urbano-populares de México de «palomillas» y «pachucos», quienes desde la marginalidad crearon territorios de interacción social entre pares que les sirvieron para construir afirmativamente su identidad como jóvenes pandilleros, levantando estilos de vida distintivos y códigos éticos propios. Colectivos que quedan retratados en el filme y el libro de Luis Buñuel *Los Olvidados* (1980) [1950] y los escritos antropológicos de Oscar Lewis (1986) [1959] sobre el ambiente de las vecindades del centro de la ciudad de México y sus pandillas juveniles, tributarias de la llamada por el autor «cultura de la pobreza» y señaladas como uno de los escasos signos de auto-organización de los pobres, más allá de la familia. Las secuencias cinematográficas de Buñuel sobre esta juventud excluida, se presentan como la cara oculta del sueño mexicano, «perros sin collar» que andan perdidos y olvidados por las instituciones y las agencias oficiales, a la vez que revelan formas de sociabilidad generacional sustitutorias de la familia, lenguaje particular, vestimenta característica, apropiación del espacio urbano, liderazgo consensual, usos del tiempo libre, integración a través del conflicto y otras claves semejantes a las analizadas por los autores de la Escuela de Chicago que se habían ocupado de los *street gangs* de las ciudades norteamericanas unas décadas atrás (Feixa, 1998).

Por otra parte y desde el área geocultural de la frontera del norte de México y sur de Estados Unidos —California— surge en la década de 1940 lo que será la primera cultura juvenil en América Latina antes de la irrupción del *rock & roll* y la extensión de la industria cultural segmentada y los medios de comunicación de masas: los pachucos. Éstos se articulan a través de una serie de signos y prácticas, como el gusto por el *swing*, el *boogie*, el danzón y el mambo; un lenguaje particular con términos del *slang* fronterizo usados desde los años veinte; una manera distintiva y muy llamativa de vestir, el *zoot-suite* (sombrero de ala ancha con una pluma al costado, zapatos de suela volada, pantalón en forma de embudo muy corto y abultado, con una franja rosa; saco largo de solapa libre; camisa negra o rosa, una cadena larga y el cinto con hebilla muy grande); formas organizativas propias, acompañadas por marcas territoriales como el uso de los murales y tatuajes. En su conjunto, signo y prácticas que sirvieron de mediadores a través de los cuales los pachucos vivieron su diferencia y su territorio, asociadas al ocio, el hedonismo del baile, el riesgo y lo delictivo (Valenzuela, 1997: 73-76). La difusión del estilo pachuco entre los jóvenes mexicanos recibió un fuerte impulso con el personaje cinematográfico del cómico Germán Valdés, Tin Tan, epígono popular del pachuquismo.

1950: Generación R (*Rock & Roll*)

Denme a un blanco que cante como un negro y ganaré un millón de dólares (Phillips, 1954).

En 1954, en Memphis, la música *blues* de los negros comenzó a ser cantada por jóvenes blancos: había nacido el *rock & roll*. Se trataba de un nuevo tipo de música, interpretada por chicos que no tenían más de 18 años, orientada hacia un nuevo mercado juvenil, que pronto se convertiría en el símbolo de la primera cultura auténticamente internacional-popular. La llamada «sociedad de la abundancia» norteamericana impactó radicalmente en la vida social y al sujeto joven del mundo occidental en esta década: surgimiento de un inédito mercado juvenil masivo —*teenage market*—: películas, periodismo juvenil, industria cinematográfica y musical segmentada —el *rock & roll* irrumpe y se disemina globalmente—, junto con toda una serie de productos asociados, desde transistores, discos, tocadiscos y motocicletas, hasta objetos fetiches de diverso tipo. La personificación de este momento, se encuentra en el surgimiento de varios ídolos musicales y cinematográficos, cuyas imágenes se desterritorializan rápidamente a partir de las tecnologías comunicativas recién estrenadas: Marlon Brando, James Dean y Elvis Presley, encarnaciones matrices de las culturas juveniles en Estados Unidos. Éstas se manifiestan progresivamente en Europa y América Latina con la formación de *fan clubs* y *gruppies*, hasta colectivos juveniles que parafrasean y resemantizan a los héroes musicales y de películas, expandiendo el estilo «black jackets» y sus variantes (*teddy boys, rockers, bluosson noir, raggare, nozems, halbstarken*, rebecos, coléricos o *stilyagy*, según el caso) con la figura del joven duro, impenetrable, vacío e incomunicado con el mundo adulto que James Dean profundiza en *Rebelde sin causa* y que Elvis Presley, con el filme *Jailhouse Rock*, dramatiza musicalmente completando y ampliando —por homología— su estilo.

En efecto, «la edad de moda» alcanza rápidamente a Europa a través de la modernización y el «bienestar» generado desde 1947 por el conocido como «Plan Marshall». En 1942, el decano de la sociología norteamericana, Talcott Parsons, había escrito un artículo («*Age and sex in the social structure of US*»), en el cual caracterizaba a la juventud en oposición al estatus de adulto: «En contraste con su énfasis en la responsabilidad, la orientación de la cultura juvenil es, de forma más o menos específica, irresponsable» (1972: 138). Para Parsons el desarrollo de grupos de edad era la expresión de una nueva conciencia generacional, que cristalizaba en una cultura autónoma centrada en el consumo hedonista. La imagen predominante se basaba, pues, en la uniformidad de la cultura juvenil, que reflejaba los valores universales que los estructurales-funcionalistas percibían como una sociedad altamente integrada. Su cultura era la de una generación que consumía sin producir, que al estar en las instituciones educativas no sólo se separaba del trabajo, sino de la estructura de clases. El acceso nominal a los estilos de ocio parecía cancelar las diferencias sociales. La adolescencia facilitaba el cambio sin amenazar el consenso.

En Latinoamérica, la génesis de las primeras culturas juveniles está marcada por la paulatina modernización de la esfera material que, sustentada en gran medida por el Estado Desarrollista y Populista y el éxito económico norteamericano después de la Segunda Guerra Mundial —traspasando a América Latina desde 1961 a través de la «Alianza para el Progreso»—, posibilitarán la extensión de la electricidad, la urbanización, la expansión de la matrícula educativa, la industrialización y la migración campo-ciudad. Sin embargo, las radicales desigualdades estructurales en América Latina, diferencian a estas culturas juveniles «rocanroleras» de sus parientes norteamericanas y, sobre todo, europeas. Las raíces mayoritariamente burguesas y mesocráticas de éstas en Latinoamérica no pueden homologarse a sus símiles europeos o norteamericanos de origen subalterno y raíz obrera. Su «proyecto» contracultural es de baja intensidad y su constitución subcultural se limita, en su rebeldía embrionaria y más bien inocua, a una reivindicación de la nombradía y condición juvenil. Su «resistencia» —concepto acuñado por los científicos sociales de Birmingham— en los casos más radicalizados, no se dirige a la reproducción de las relaciones de clase existentes, sino más bien a la perpetuación de las relaciones intergeneracionales dominantes. Una disputa situada en la cultura parental que oscila entre la necesidad de crear y expresar la autonomía y la diferencia respecto a los padres y la necesidad de mantener las identificaciones con ellos. La escenificación de su identidad en torno a la masculinidad y muchas de sus prácticas cotidianas entre sus pares (acceso a bienes materiales y simbólicos onerosos y exclusivos; violencia, alborotos callejeros, por ejemplo) robustecerán y perpetuarán el orden y la desigualdad económica y social al constituirse como ensayos de la vida adulta: clasismo, autoritarismo y sexismo. Sin embargo, el cariz de algunas culturas juveniles en la década siguiente en América Latina, mutará sustancialmente.

Generación XX: teorías sobre la juventud contemporánea

1960: Generación I (Insurrecta)

> Dónde encontrar, si no es entre la juventud disidente y entre los herederos de las próximas generaciones, un profundo sentimiento de renovación y un descontento radical susceptible de transformar esta desorientada civilización. Estos jóvenes son la matriz donde se está formando una alternativa... No me parece exagerado nombrar «contracultura» a eso que emerge en el mundo de los jóvenes (Roszak, 1973 [1968]: 11, 57).

En 1964, en Berkeley, los jóvenes universitarios iniciaban el Free Speech Movement (Movimiento por la Libertad de Expresión). Se trataba de una típica protesta estudiantil que se convirtió en un movimiento para los derechos civiles de amplio alcance, que pronto se difundió a otras muchas universidades norteamericanas (Brandes, 2002). Desde los años cincuenta (*On the road*, la mítica novela-manifiesto de Jack Kerouak, se había publicado en 1955) la bahía de San Francisco había visto florecer la llamada *beat generation*, articulada en torno a la música *jazz*, el consumo de hachís, la vida bohemia y la disidencia artístico-cultural. Estos movimientos convergieron, a mediados de los sesenta, en el *flower power* que sería universalmente conocido con el nombre de movimiento *hippie*. La juventud ya no era considerada como un conglomerado interclasista, sino como una nueva categoría social portadora de una misión emancipadora, incluso como una «nueva clase revolucionaria». Bajo el estímulo del mayo francés del 68, los teóricos más radicales aplicaron las teorías marxistas para analizar las relaciones de producción que los jóvenes mantenían con los adultos; también aplicaron las teorías freudianas para analizar los conflictos edípicos de la sociedad patriarcal. Más que interpretaciones científicas, estos discursos aparecían como herramientas políticas al servicio de los combates sociales que los jóvenes habían de librar, legitimando la revuelta de la nueva generación.

En 1968 —una fecha emblemática— el filósofo norteamericano Theodore Roszak publicó *The making of a counterculture* (que en España se tradujo como *La revuelta de los centauros*). Esta obra se convertiría pronto en un auténtico manifiesto generacional, que teorizaba la misión de la juventud como creadora de una cultura alternativa a la dominante en la sociedad, es decir, de una contra-cultura. En este proceso de legitimación se puede recuperar y releer autores anteriores olvidados, como es el caso de Wilheim Reich, un freudomarxista heterodoxo que había identificado en la represión sexual de los jóvenes una de las bases de la cultura autoritaria. Como Herbert Marcuse, crítico del hombre unidimensional, de la «tolerancia represiva» del sistema, profeta de los movimientos contraculturales y estudiantiles como los gérmenes de un mundo liberado. O como Paul Goodman, lúcido analista de los problemas de los jóvenes en la «sociedad organizada». Pero también podía dar lugar a nuevas teorizaciones, que intentaban aplicar el paradigma freudiano al estudio de la rebelión juvenil, tema que desarrollaría el psicoanalista francés Gérard Mendel en sus obras *La révolte contre le père* (1971) [1968] y *La crise des genérations* (1972) [1969]. La matriz idealista de este paradigma desemboca en la alternativa fantasmagórica de una «revolución de las conciencias» susceptible de derrumbar el «mito del conocimiento objetivo», fundamento de toda alienación. Su matriz más práctica, después de la deshecha de París, Roma y México, se orientó hacia el movimiento de las comunas, la ocupación de casas y la revolución de las drogas, el sexo y el *rock & roll*.

En América Latina tanto el contexto mundial —mayo de 1968, la «Primavera de Praga», las revueltas juveniles en Estados Unidos en pro de los derechos civiles, antiimperialistas y antimilitaristas—, como lo que estaba acaeciendo en los propios países de la región —particularmente la revolución cubana— fertilizan el protagonismo juvenil y se constituyen como aglutinador de las diversas sensibilidades reformistas y revolucionarias. El rostro «adulescente» —adulto perpetuado en adolescente— del Che Guevara, inspira un camino insurreccional propio y el presidente chileno, Salvador Allende, en la Universidad de Guadalajara, México, les espeta a las juventudes del continente: «ser joven y no ser revolucionario es una contradicción hasta biológica». La Revolución Cubana, con la reivindicada imagen «juvenil» y las teorías revolucionarias del Che Guevara (el foquismo, entre las más influyentes) y la «Matanza de Tlatelolco» el 2 de octubre de 1968 en ciudad de México, marcarán los movimientos estudiantiles en Latinoamérica —políticos y revolucionarios— en la década de 1960. Los movimientos en el primer mundo arribaron a América Latina más como movimientos contraculturales de jóvenes satisfechos que de una verdadera raíz político-revolucionaria. Las tesis de Marcuse o las de Roszak tenían su asidero en la reacción generacional provocado por un malestar agudo de los hijos del «baby boom» contra la sociedad de la abundancia, la tecnocracia, la tecnologización, el conservadurismo heredado de la posguerra, la despolitización, la sociedad de consumo y el bienestar material, cuya manifestación contracultural era el movimiento *hippie*. Los movimientos acaecidos en América Latina, en cambio, tienen un cariz político de transformación social radical, que se constituyen como «originales» y distintos de los movimientos juvenil-estudiantiles europeos y norteamericanos (a lo más, vinculados a opciones políticas de izquierda moderadas, como la llamada *new left*). Expresaban disconformidad con el modelo de desarrollo, la miseria masiva, la desigualdad y dependencia con respecto a los países desarrollados provocadores del subdesarrollo, paralizadores de la emancipación revolucionaria y la instauración de un modelo socialista propiamente latinoamericano (la Teoría de la Dependencia de André Gunder Frank, Raul Prebisch, Theotonio Dos Santos, entre otros, tiene amplia acogida intelectual). El alejamiento del movimiento estudiantil de sindicatos y orgánicas políticas de la izquierda marxista, ocurrido en Europa —particularmente en Francia—, no tuvo atisbo de aparecer en América Latina. Estas características, harán surgir en gran parte de la región movimientos estudiantiles secularizados de la universidad como plataforma única de lucha, conectando —a través de una política de alianzas— sus reivindicaciones con las demandas e imperativos de la sociedad en su conjunto. Es por ello, que en la mayor parte de los países del continente emergen «culturas juveniles revolucionarias», cuya génesis se encuentra en los partidos, movimientos políticos y el sistema educativo, particularmente el universitario, para las cuales la posibilidad de hacer la revolución es más determinante que la cosmética de la Reforma Universitaria.

Con el advenimiento de los movimientos sociales y «emancipadores» en la década de 1960 y el desarrollo de las propias disciplinas científico sociales, se desarrollarán e institucionalizarán los estudios sobre juventud en América Latina. Los enfoques teóricos utilizados —funcionales a la profundización modernizante y desarrollista—, no van más allá de las posibilidades que las ciencias sociales precariamente institucionalizadas —como la psicología y la sociología—, tuvieron para hacer de la realidad juvenil un fenómeno «objetivable». Miradas y enfoques que se prenden de un estructural-funcionalismo norteamericano estigmatizador o de un marxismo sociológico instrumental. El primero preocupado por normalizar a los «jóvenes disfuncionales o desviados» derivados de los procesos de industrialización y migración rural-urbana y, el segundo, más preocupado por la concientización de clase y la intervención, fomento y encausamiento de la irrupción de los movimientos juveniles, básicamente estudiantiles.

Será esencialmente la sociología que, la mayoría de las veces bajo el alero del Instituto Latinoamericano de Planificación Económico y Social, ILPES —dependiente de la CEPAL—, se ocupará «oficialmente» del tema. Las investigaciones científicas inaugurales, serán las de José Medina Echavarría (1967); Aldo E. Solari (1971); Armand y Michèle Mattelart (1970); Adolfo Gurrieri, Edelberto Torres-Rivas *et al.* (1971). La mayor parte de estos estudios estaban enfocados en los procesos de integración y desarrollo social de los jóvenes, intentando sumar dichas situaciones a proyectos modernizadores; como también se detecta un énfasis acusado en indagaciones de carácter político e ideológico en la juventud, básicamente estudiantil. Así, se puede constatar en América Latina que las indagaciones científicas sobre la Reforma Universitaria y los procesos políticos continentales y mundiales desde la perspectiva de la juventud universitaria, monopolizaron la mayor parte de la investigación social sobre el actor. Después de los estudios comprensivos de Solari —como «Los Movimientos Estudiantiles Universitarios en América Latina» (1967)— y de Silva Michelena y Rudolf Sonntag —«Universidad, Dependencia y Revolución» (1970)—, se sucedieron iniciativas regionales que no terminan de culminar hasta nuestros días. Se agregan a éstos —en algunas variantes de estudios propiciados por la CEPAL—, la constatación de la diversificación del actor juvenil al interior de las clases sociales (juventud «marginal» o «popular»), expuestas en algunas obras y capítulos de los citados Medina Echavarría, Mattelart y Mattelart, y fundamentalmente, en la obra más completa de este momento compilada por Adolfo Gurrieri y Edelberto Torres-Rivas *et al.*: «Estudios sobre la juventud marginal latinoamericana», publicada simultáneamente en México y Chile. Esta última obra atisba lo que la mayoría de las investigaciones soslaya: por un lado la complejización y diferenciación de los actores juveniles —donde más que nunca es absolutamente imposible hablar de «juventud» en singular—; y por otro, la generación de transformaciones identitarias que produce la expansión y diversificación de los y las jóvenes. Un juego complejo, donde los sectores elíticos y mesocráticos comienzan a conquistar un espacio de autonomía cultural (una verdadera cultura juvenil); mientras que los sectores subordinados logran alcanzar un espacio menor de autonomía, la mayoría sumergidos en las juventudes políticas, con vinculación estudiantil o consumiendo «juventud» desde la naciente industria cultural criolla, que rápidamente «nacionaliza» el primer *rock and roll* norteamericano, a través de cantantes y grupos aglutinados en torno al *rock* chicano (México), la Joven Guardia (Brasil); el Club del Clan (Argentina) o la Nueva Ola (Chile).

1970: Generación P (*Punk*)

> La «juventud» como categoría surgió en la Gran Bretaña de posguerra como una de las manifestaciones más visibles e impresionantes del cambio social del periodo. La «juventud» fue centro de atención de informes oficiales, legislaciones, intervenciones públicas. Fue divulgada como un problema social por parte de los guardianes de la moral —algo sobre lo que se tenía que hacer alguna cosa (Hall y Jefferson, 1983 [1976]: 9).

En 1976, poco después de la explosión de los Sex Pistols, nace en los barrios sudoccidentales de Londres, y en el entorno de King's Road, un nuevo estilo bautizado con el significativo nombre de *punk* (literalmente: basura, mierda). Su difusión fue rapidísima: con los vientos de crisis, la provocación como bandera, y una música electrizante y simple que recupera «la onda rebelde del *rock*», los *punks* se encuentran pronto en Milán, Tokio, San Francisco, México y Santa Coloma de Gramanet. La actitud provocativa de Johnny Rotten, líder de los Pistols, y la trágica epopeya de Sid Vicious, catapultaron el movimiento *punk* a primera línea del escenario. En el ámbito musical, retomaba elementos que provenían de David Bowie y del *glitter-rock*, del proto-*punk* americano, del *rock* de inspiración *mod*, del *rhythim and blues*, del *soul*, del *reggae*. Esta alianza de tradiciones musicales diversas y aparentemente incompatibles quedaba ratificada con un estilo de vestir igualmente ecléctico. Este conjunto de cosas literalmente «cogidas» con agujas imperdibles se convirtió en un fenómeno altamente fotogénico, que desde 1977 provisionó a los periódicos sensacionalistas una buena reserva de material. Pero el éxito del estilo *punk* se debió, en parte, a su capacidad para retratar con colores fuertes el momento histórico que empezaban a vivir las sociedades occidentales (en 1973 había estallado la crisis del petróleo).

En 1976 se publica *Resistance through rituals*, obra editada por Stuart Hall y Tony Jefferson. El libro recoge el trabajo colectivo del Centre for Contemporari Cultural Studies sobre subculturas juveniles, de los *teddy boys* a los *punks*. Huyendo tanto de las teorías funcionalistas sobre la emergencia de una cultura juvenil interclasista, como de las teorías contraculturales que veían en la juventud la nueva clase revolucionaria, los autores de la Escuela de Birmingham encontraron la manera de interpretar como las experiencias sociales de los jóvenes, situadas en particulares marcos de clase, son expresadas y negociadas colectivamente mediante la construcción de estilos de ocio distintivos, fruto de la interacción entre tradiciones de clase y símbolos comerciales. Con una base marxista de inspiración gramsciana, estudian las subculturas de posguerra como estrategias de «resistencia ritual» generadas en precisos contextos históricos y de clase, que pusieron en crisis el mito del consenso en la sociedad del Welfare State y de la opulencia de los años sesenta. A pesar de la indudable riqueza de las aportaciones de esta escuela, son pertinentes las críticas suscitadas: los estudios culturales se centraron más en lo «desviado» que en lo «convencional», más en los adolescentes de clase obrera que en los de sus coetáneos de clase media, más en los chicos que en las chicas, más en el mundo del ocio que en las instituciones adultas. No obstante, su foco en las culturas juveniles «espectaculares», como el movimiento *punk*, tuvo importantes desarrollos a nivel teórico, como en la obra *Subculture: The Meaning of Style* (1979) de Dick Hebdige, donde da continuidad y profundidad a conceptos desarrollados anteriormente por los investigadores de Birmingham, como el de «estilo», «homología» o «bricolaje». El primero aparece como una configuración activa, selectiva y coherente donde se urden bienes simbólicos y comportamientos sometidos a una resemantización dinámica que logra organizar un sentido de pertenencia y distinción grupal, básicamente a través del bricolaje —la forma en que objetos, mercancías y símbolos son reordenados y resituados para producir nuevos significados— y la homología —la correspondencia simbólica entre objetos, valores, estilos de vida, experiencias subjetivas, entre otros, que se emplean para expresar y reforzar la identidad grupal.

Aunque el derrocamiento del dictador Anastasio Somoza en Nicaragua el año 1979 y el triunfo de la revolución sandinista —llamada también la «revolución de los muchachos»— insuflaron nuevos aires a los proyectos emancipadores de inspiración marxista, nacional-popular y guevarista en América Latina, lo cierto es que en una parte importante del continente latinoamericano, las tentativas reformistas y revolucionarias estaban siendo aplastadas duramente. Desde finales de la década de 1960 diversas dictaduras militares se instalan o se endurecen en la región —particularmente en el cono sur— enarbolando el terrorismo de Estado, los asesinatos, la tortura y represión para disciplinar las energías insurreccionales de millones de jóvenes. «Pai! Afasta de mim esse cálice/ De vinho tinto de sangue/ Como beber Dessa bebida amarga/ Tragar a dor Engolir a labuta/ Mesmo calada a boca Resta/ o peito Silêncio na cidade não se escuta» escribían en la canción *Cálice* (Cáliz) Gilberto Gil y Chico Buarque del movimiento musical y contracultural «tropicalia» en el Brasil de inicios de los setenta. Sorteando la persecución de los sucesivos dictadores militares —que los había detenido y exiliado— *Cálice* canta sobre la opresión militar y la tortura bajo la apariencia de relato bíblico, jugando con la homofonía de la palabra portuguesa «calese» que significa «cállese», esquivando así la censura (la misma que eludió por varios meses la canción *Apesar De Você* en 1970, del mismo Buarque, y que ironizaba sagazmente sobre la figura del dictador). En Chile (Augusto Pinochet), Uruguay (Aparicio Méndez); Paraguay (Alfredo Stroessner); Bolivia (Hugo Banzer); Perú (Juan Velasco Alvarado); Brasil (Humberto Castelo Branco y siguientes) y Argentina (Jorge Videla), imponen controles férreos a las expresiones culturales y contraculturales de las y los jóvenes, restringiendo sus libertades políticas, públicas e individuales (supresión de partidos, orgánicas juveniles y despolitización; limitación y vigilancia de espacios de ocio y holganza —operados vía «toques de queda»— y «estados de sitio»); uniformando verticalmente sus estéticas y estilos de vida (constriñendo agudamente sus manifestaciones identitarias) y ciñéndolos al orden y a los preceptos de un modelo de juventud, en muchos casos, tributarias del nacional-catolicismo de raíz fascista, donde la «familia militar», vale decir, las fuerzas armadas, son consideradas la «reserva moral de la nación». La represión, desaparición y tortura que recae sobre las y los jóvenes en las dictaduras militares, tiene en la llamada «noche de los lápices» uno de los casos ejemplares: en 1976 un grupo de estudiantes secundarios (de no más de 17 años, en su mayoría estudiantes de la UES —Unión de Estudiantes Secundarios—, rama estudiantil del peronismo revolucionario, en la ciudad de La Plata, Argentina) fue secuestrado de sus hogares por las fuerzas de seguridad. Los estudiantes habían reclamado un año antes la rebaja del boleto de autobús, los que los señaló como potencialmente subversivos cuando la dictadura argentina se instala en marzo de 1976. Ya sea por los resultados de la expansión educativa, por el papel de las juventudes políticas, o por el consumo cultural juvenil, el momento es de una aguda inflexión para un actor que venía estrenando toda su fuerza, acumulada durante más de medio siglo. Inflexión que además redunda en una parálisis investigativa, la que se reactivará a mediados de la década siguiente.

1980: Generación T (Tribu)

> Del conjunto de la sociedad, el grupo más vulnerable a las repercusiones del estancamiento económico —el de los jóvenes— ya que és [es] el primero en sentir los efectos de las condiciones de crisis… (Unesco, 1983: 11).

En 1985, la Unesco declaró el Año Internacional de la Juventud: era un signo que las cosas no acababan de ir bien en el mundo de los jóvenes. El incremento galopante de la desocupación juvenil, el hundimiento de las ideologías contraculturales, el retorno a la dependencia familiar, generan discursos que ya no inciden en la capacidad revolucionaria y constructiva de los jóvenes, sino en la incertidumbre cultural y en los problemas que encuentran en la inserción social. Nace una actitud entre cínica y desencantada, que tiene múltiples traducciones en los imaginarios juveniles, pero que casi siempre guardan relación con una K subcultural: punKs, oKupas, sKinheads, maKineros. El sociólogo francés Michel Maffesoli (1990) hablará del «tiempo de las tribus» para a referirse a esta proliferación de microculturas juveniles, nacidas de la cultura de consumo o de los márgenes contraculturales, que ocupan nichos diferentes en el territorio urbano. Se trata de una metáfora perfectamente aplicable a las culturas juveniles de finales del siglo XX, fruto de la confluencia de comunidades hermenéuticas donde fluyen los afectos y se actualiza lo «divino social», caracterizadas por reafirmar las fronteras estilísticas, las jerarquías internas y las oposiciones frente al exterior. Sin embargo, es mucho más difícil de aplicar a los estilos juveniles emergentes en este cambio de milenio, que más que las fronteras enfatizan los pasajes, más que las jerarquías remarcan las hibridaciones, y más que las oposiciones resaltan las conexiones. Vivir la juventud ya no es —como en el complejo de Tarzán— transitar de la naturaleza a la cultura, ni tampoco —como el complejo de Peter Pan—, resistirse a la adultez, sino experimentar la errancia del destino incierto, como en el complejo de Replicante, tomado del humanoide de *Blade Runner*, que se rebela porque no tiene memoria del pasado. Se trata, quizá, de una de las manifestaciones exteriores de eso que se ha llamado el «fin de las ideologías» y el «fin de la historia» (conviene recordar que la década acabó con la caída del muro de Berlín y del comunismo soviético).

En 1983 la misma Unesco publicó un informe titulado *La juventud en la década de los 80*, en el cual se dejaba claro los términos en que se tenía que plantear el debate: «Ni el enfoque ni el lenguaje característicos de la década de los sesenta parecen adaptarse a las nuevas realidades que la juventud tendrá que afrontar en la década que empezamos. En el 68 se hablaba de confrontación, protesta, marginalidad, contracultura... en definitiva, era un lenguaje que denotaba una confianza posible en un cambio hacia un mundo mejor. Tal vez en el próximo decenio las palabras claves que experimentarán los jóvenes serán: paro, angustia, actitud defensiva, pragmatismo, incluso supervivencia» (1983: 11). En este contexto, ¿es legítimo pensar en la juventud como una categoría social dotada de una cierta unidad de representaciones y actitudes? La respuesta de Pierre Bourdieu es aparentemente lapidaria: *«La jeunesse n'est qu'un mot»* (1980). Con esta frase Bourdieu quería decir que la edad no es más que una forma de marcaje social que se aplica en grupos en competencia —«jóvenes» y «viejos»— para grabar simbólicamente su preeminencia actual o futura; el análisis científico de las edades no es irrelevante, pero se limita al estudio de las luchas para la clasificación.

En América Latina, a la continuidad de varias dictaduras, se sumaron durante la década de 1980, intensas crisis económicas, que rotularon a estos años como «la década perdida». Deudas externas impagables, grandes déficit fiscales y volatilidades inflacionarias y de tipo de cambio, devastaron materialmente al continente, ensañándose particularmente, con las y los jóvenes (desempleo y exclusión social). «Únanse al baile de los que sobran, nadie nos va a echar de más, nadie nos quiso ayudar de verdad» cantaba el grupo chileno de *rock* latino «Los Prisioneros» en la primera mitad de los ochenta, describiendo a un enorme contingente juvenil de raíz urbano-popular que el sistema los había dejado —como continúa la misma canción— «pateando piedras», lírica que se amplifica en el aserto punketa mexicanizado «la neta no hay futuro». La especificidad de estos actores estribaba en su condición de marginados por un sistema político (dictaduras), económico (paro, carestía) y social (marginación y estigmatización) y por su capacidad de aglutinación y creación de referentes comunes de resistencia: unos a partir de una lenta imbricación con movimientos de base poblacional (barrial), religiosos, políticos o estudiantiles de izquierda; otros, paralizados por la exclusión —con altos índices de consumo de drogas y alcohol— y los menos, pero posteriormente en ascenso progresivo, articulados a las acciones y producciones contraculturales situadas alrededor de las culturas juveniles operantes al interior de los segmentos urbano-populares, como metaleros —*heavies*—, neohippies militantes/revolucionarios o jipitecas, *punks*, *newwaves*, chavos bandas, entre otros. La extensión y amplitud de la juventud urbano-popular en la región se había fraguado —con sus variantes— por las políticas estatales de promoción popular en la década de 1960 y parte de 1970 con la aparición de urbanizaciones, poblaciones y extensas barriadas que acogieron la migración campo-ciudad. El desajuste estructural entre el sistema educativo y el sistema laboral provocó la discontinuidad de la incorporación de las nuevas generaciones al mundo adulto y, por lo tanto, amplió esta agregación juvenil en forma exponencial, obligando a las y los jóvenes de la época a padecer y permanecer como jóvenes. Esta falta de oportunidades de inserción adulta, se vieron agudizados tanto por el capitalismo dependiente, como por las situaciones coyunturales de crisis nacionales.

Hasta el año Internacional de la Juventud, la gran mayoría de los estudios socioculturales en América Latina habían tendido a ignorar la dimensión generacional: tanto los estudios sobre las comunidades indígenas, como los centrados en sociedades rurales y urbanas, tendieron a ver a sus sujetos de estudio como indios, campesinos, colonos, hombres, mujeres, burgueses, obreros, pero no como niños y niñas, y todavía menos como adolescentes o jóvenes. La explicación tradicional a estas omisiones pone énfasis en la inexistencia de las categorías de infancia y juventud en las sociedades latinoamericanas más allá de algunas minorías sociales (clases medias) y territoriales (zonas urbanizadas). Este supuesto se basa en la concepción de que la gran mayoría de latinoamericanos y latinoamericanas pertenecientes a los sectores subalternos tienen una temprana incorporación a la vida adulta (lo que quizá explica por qué «infantólogos» y «juvenólogos» no son comunidades académicas separadas en varios países de América Latina). En la segunda mitad de la década de 1980, con la emergencia de las juventudes urbano-populares y el auge de estudios provocados por el Año Internacional de la Juventud, estas omisiones sociohistóricas y precariedades teóricas comenzaron progresivamente a resolverse. Aquí, tanto la sociología como la psicología, se abren en forma incipiente a nuevos paradigmas teóricos y epistemológicos, que tienen que ver con el progresivo desarrollo de las ciencias sociales en América Latina, lo que posibilita en última instancia, una diversificación considerable en las aproximaciones hacia la realidad juvenil, transitando desde perspectivas modernizadoras marxistas y el énfasis en los movimientos sociales, hasta perspectivas más culturológicas y subjetivas. De manera simultánea en varios países latinoamericanos la reflexión sobre los jóvenes se trasladó al terreno de las bandas y las culturas juveniles, de los territorios nómadas desde los que los jóvenes de la periferia social y territorial accedían al centro del escenario. Por ello, al terminar la década, algunos referentes de la Escuela Latinoamericana de Estudios Culturales (como García Canclini, Martín-Barbero, Monsiváis y Sarlo) plantearon reflexiones teóricas e históricas sobre la juventud de amplio alcance, basándose en estudios de campo sobre las culturas juveniles llevados a cabo por nuevas generaciones de investigadores. De este modo, los estudios sobre la juventud pasaron de ocupar un lugar marginal a un lugar importante en los debates de las ciencias sociales, convergiendo (a veces de manera espontánea) con las teorías europeas en boga durante la misma época, analizadas con anterioridad, como los estudios subculturales de la Escuela de Birmingham, la teoría de la distinción de Bourdieu y el tribalismo de Maffesoli.

1990: Generación N (Net)

> La actual generación de niños y jóvenes es la primera educada en la sociedad digital: por eso la llamo generación de la red (Tapscott, 1998: 120).

En 1994, en Chiapas (México), el subcomandante Marcos encabeza una revuelta de jóvenes indígenas que, más que las armas, utilizó las nuevas tecnologías de la comunicación para difundir sus denuncias y sus consignas. Lo que algunos autores han llamado «la primera guerrilla posmoderna» se convirtió pronto en un referente generacional para aquellos jóvenes que habían entrado en la juventud con la caída del muro de Berlín. En 1999, en Seattle, la década se cierra con una protesta contra una reunión de los poderes económicos mundiales a cargo del llamado Movimiento de Resistencia Global. Paradójicamente, los «antiglobalizadores» son los primeros en utilizar medios de comunicación y formas de organización de nuevo tipo que se adaptan a la nueva era (se trata de lo que algunos autores han llamado «web movements»: movimientos telaraña). Unos años antes, el escritor Douglas Coupland había popularizado el término «Generación X» para referirse a una generación marcada por las incertidumbres y las paradojas de la sociedad posmoderna. Hay, sin embargo, otra característica más reveladora: su acceso progresivo a las nuevas tecnologías de la información y de la comunicación, sobre todo su paso a la red por definición: internet.

Don Tapscott, en sus reflexiones sobre la Generación de la red, advierte sobre el impacto cultural de las nuevas tecnologías sobre la primera generación que habrá llegado a la mayoría de edad en la era de internet: desde que tienen uso de razón han estado rodeados de instrumentos electrónicos (de videojuegos a relojes digitales), los que han configurado su visión de la vida y del mundo. Mientras en otros momentos la brecha generacional venía marcada por grandes hechos históricos (la Guerra Civil, mayo del 68, la Revolución Cubana) o bien por rupturas musicales (el *swing*, los Beatles, los Sex Pistols), en este momento se habla de la generación bc (*before computer*) y ac (*after computer*). Ello genera nuevas formas de protesta, propagadas por *flyers* y gestionadas por teléfonos móviles. Pero también nuevas formas de exclusión social que podríamos llamar cibernéticas: ¡para acceder a la red hace falta tener la llave de acceso!

Finalizado el siglo XX, la agenda latinoamericana de los estudios sobre la juventud está por cimentarse. Tras una fase ensayística-especulativa en el primer tercio del siglo, una fase empírico-modernizadora en los años sesenta y setenta, y una fase etnográfico-experimental después de 1985, es necesario un esfuerzo de reformulación teórica y conceptual que contribuya a resituar la investigación de campo sobre bases aún más sólidas. Aunque durante la década de 1990 se evidencia un desarrollo articulador mayor, como consta en los trabajos de Rossana Reguillo; contribuciones colectivas como *Viviendo a toda* (Cubides, Laverde y Valderrama, 1998) o a través de la revista *Última Década*, en Chile, lo cierto es que aún hay temas axiales a dilucidar: la construcción histórica y cultural de la juventud a partir de la diversidad; la relectura y producción teórica sobre las generaciones en una óptica latinoamericana; y la metamorfosis de la juventud en la era de la globalización.

5
Generación @: la juventud en la era digital[1]

> Como las hojas
> de los árboles nacen y mueren,
> así pasan en el hombre las edades:
> unas hojas tumban por el suelo
> los vientos fríos de otoño y otras cría
> la selva cuando florece, y ufanas crecen
> en el aliento vital de la primavera;
> y las generaciones de los hombres
> así son: esta crece, aquélla muere
>
> (Homero, *La Ilíada*)

Este capítulo propone un viaje hacia el tiempo de los jóvenes, que evoca la odisea en el espacio con que *2001* de Stanley Kubrik (1968) fascinó a muchos adolescentes de mi generación. Pues las edades de la vida son, como en tiempos de Homero, estaciones en la historia de la humanidad. La odisea empieza con un viaje a los orígenes de la juventud, a partir de la metáfora del reloj. Sigue analizando la evolución de tres tipos de sistemas cronológicos

---

1 Feixa, C. (2000). «Generación @. La juventud en la era digital». *Nómadas*, Bogotá, 13, 76-91. (2001). *Generació @. La joventut al segle XXI*. Barcelona: Observatori Català de la Joventut. (2003). «Del reloj de arena al reloj digital». *JOVENes*, México, 19, 6-27. (2005). «Generation @. Youth in the Digital Era». En D. Dodd (ed.), *Whose Culture is it? Transgenerational approaches to Culture* (págs. 3-18). Budapest: The Budapest Observatory. (2005). «La juventud en la era digital». En M. Sepúlveda, C. Bravo y O. Aguilera (eds.), *Nuevas Geografías Juveniles* (págs. 25-52). Santiago de Chile: Universidad Diego Portales, Instituto de la Juventud. (2013). 代@.在数字化的代的青年.青年探索 (Youth Exploration), Shanghai, 29(4). (2014, en prensa), *Geraçao @, Educação e Realidade*, Rio Grande do Sul.

—el reloj de arena, el analógico y el digital— que se relacionan con los tres modelos alternativos de transición a la vida adulta. Y acaba sugiriendo algunas paradojas del modelo de juventud emergente a inicios del siglo XXI, que propongo bautizar como Generación @.

La construcción temporal de lo juvenil

> Todo sucede como si la ritualización de las interacciones [sociales] tuviera como efecto paradójico ofrecer toda su eficacia social al tiempo, nunca tan activo como en aquellos momentos en que no pasa nada, sólo el tiempo: «El tiempo, se dice, trabaja para él» (Bourdieu, 1980: 181).
>
> La música es un reloj que, para mucha gente, se suele parar: igual que en las novelas policíacas puede identificarse la hora del crimen por el reloj parado de la víctima, el reloj parado de la memoria musical de una persona adulta permite datar con total exactitud el momento en que esta persona se hizo adulta (Gil Calvo, 1985: 116).

La historia de la construcción cultural de la biografía, es decir, de las formas mediante las cuales cada sociedad organiza el ciclo vital y las relaciones entre las generaciones, no se puede abordar utilizando el lenguaje académico habitual, pues remite a términos, concepciones y valores connotados semánticamente y profundamente cambiantes en el espacio y en el tiempo. Quizá sea más oportuno reflexionar sobre este proceso mediante el uso de metáforas y de imágenes en movimiento que nos inviten a mirar la realidad a partir de comparaciones, a partir de una película en proceso de montaje, más que a partir de fotos fijas. Propongo tomar en consideración la metáfora del reloj, que nos servirá para interpretar los mecanismos utilizados en distintos lugares y momentos para medir el acceso a la vida adulta. En la medida en que las edades son estadios biográficos culturalmente construidos, que presuponen fronteras más o menos laxas y formas más o menos institucionalizadas de paso entre los diversos estadios, podemos considerar el reloj como un marcador social de estas fronteras y de estos pasos. Desde esta perspectiva, la evolución histórica del reloj puede servirnos para ilustrar la evolución histórica del ciclo vital y, de manera más específica, la evolución histórica de la relación entre juventud y sociedad.[2]

La mayoría de sistemas cronológicos conocidos han sido de naturaleza religiosa o mitológica, aunque desde hace siglos se conocen diversos procedimientos para medir el paso de los años, las estaciones, los días y las horas. Cuando miramos nuestro reloj de pulsera, lo que observamos es una versión condensada —metafórica— de la historia de la civilización: la división del día en 24 horas procede del antiguo Egipto donde se inventó el reloj de sol; la división de la hora en 60 minutos, del sistema matemático sexagesimal de los antiguos mesopotámicos; la esfera y las manecillas movidas por un complejo mecanismo interno surgieron en la Europa medieval, se perfeccionaron en la época moderna y se difundieron masivamente con la industrialización, gracias a relojeros americanos y suizos; los circuitos electrónicos en los que se basan los relojes actuales (de cuarzo, atómicos o digitales) se aplicaron en la segunda mitad del siglo XX, popularizándose gracias a las marcas japonesas. De igual manera, cuando observamos el comportamiento de los jóvenes de hoy, vemos entremezclados ritmos biológicos y sociales presentes en toda la especie (la pubertad, el matrimonio), ritos de paso institucionalizados por las civilizaciones antiguas (la mayoría de edad, la milicia), espacios festivos surgidos en la sociedad rural europea (el carnaval), tiempos de formación y de ocio producto de la industrialización (la escuela, los mas-media), y espacios de ocio surgidos con la posmodernidad (los videojuegos, la música *tecno*).

Propongo tomar en consideración tres de estos relojes —el de arena, el analógico y el digital— como símbolo de otras tantas modalidades culturales. El primero se basa en una concepción natural o cíclica del tiempo, dominante en las sociedades preindustriales. El segundo se basa en una concepción lineal o progresiva del tiempo, dominante en las sociedades industriales. El tercero se basa en una concepción virtual o relativa del tiempo, emergente

---

2 El término «reloj» proviene del catalán medieval (*relotge*) que a su vez lo adaptó del latín (*horologium*). El resumen que he hecho de la historia de esta máquina del tiempo es, naturalmente, muy esquemático. La bibliografía sobre el tema es muy amplia, pero podemos remitir a dos obras extraordinarias por su lucidez y carácter divulgativo: Cipolla, 1999; Barnett, 2000.

con la sociedad posindustrial. Estos tres tipos de reloj pueden ponerse en relación con tres formas distintas de construcción social de la biografía. En un ensayo clásico, Margared Mead (1977) propuso una tipología sobre las formas culturales a partir de las modalidades de transmisión generacional: las culturas *posfigurativas*, correspondientes a las sociedades primitivas y a pequeños reductos religiosos o ideológicos, serían aquéllas en las que «los niños aprenden primordialmente de sus mayores», siendo el tiempo repetitivo y el cambio social lento; las culturas *cofigurativas*, correspondientes a las grandes civilizaciones estatales, serían aquéllas en las que «tanto los niños como los adultos aprenden de sus coetáneos», siendo el tiempo más abierto y el cambio social acelerado; y las culturas *prefigurativas*, que según Mead estaban emergiendo en los años sesenta de este siglo, serían aquéllas en las que «los adultos también aprenden de los niños» y «los jóvenes asumen una nueva autoridad mediante su captación prefigurativa del futuro aún desconocido» (Mead, 1977: 35).[3]

El esquema pseudoevolucionista de Mead es evidentemente simplificador en exceso, pero puede servirnos para reflexionar sobre la metáfora del reloj. Desde esta perspectiva, en las culturas posfigurativas, como en el reloj de arena, prevaldría una visión circular del ciclo vital, según la cual cada generación reproduciría los contenidos culturales de la anterior; en las culturas cofigurativas, como en el reloj analógico, prevaldría una visión lineal, según la cual cada generación instauraría un nuevo tipo de contenidos culturales; las culturas prefigurativas, finalmente, como el reloj digital, instaurarían una visión virtual de las relaciones generacionales, según la cual se invertirían las conexiones entre las edades y se colapsarían los rígidos esquemas de separación biográfica. Si el reloj simboliza en cada caso la medida del tiempo biográfico, podemos considerar los grados de edad como una metáfora del

---

3 Tras redactar una primera versión de este ensayo, tuve ocasión de leer la famosa trilogía de Manuel Castells, *La era de la información* (1998), en cuyo primer volumen dedica todo un apartado a las transformaciones en la concepción del tiempo, convergentes con las metáforas sobre el reloj utilizadas en este texto. En particular, utilizaré sus nociones de «tiempo atemporal» y de «cultura de la virtualidad real», elaboradas para dar cuenta de la progresiva relatividad del tiempo en la sociedad informacional.

cambio social. Es decir: las formas mediante las cuales cada sociedad conceptualiza las fronteras y los pasos entre las distintas edades son un indicio para reflexionar sobre las transformaciones de sus formas de vida y valores básicos.

Las «culturas juveniles» pueden analizarse desde dos perspectivas complementarias: en el plano de las *condiciones sociales*, entendidas como el conjunto de derechos y obligaciones que definen la identidad de cada individuo en el seno de una estructura social determinada, las culturas juveniles se construyen con materiales provenientes de las identidades generacionales, de género, clase, etnia y territorio. En el plano de las *imágenes culturales*, entendidas como el conjunto de atributos ideológicos y simbólicos asignados y/o apropiados para cada individuo, las culturas juveniles se traducen en estilos más o menos visibles, que integran elementos materiales e inmateriales heterogéneos, que pueden traducirse en formas de comunicación, usos del cuerpo, prácticas culturales y actividades focales. Las condiciones sociales se configuran a partir de una interacción básica entre cultura hegemónica y culturas parentales. La *cultura hegemónica* refleja la distribución del poder cultural a escala de la sociedad más amplia. Las *culturas parentales* pueden considerarse como las grandes redes culturales, definidas fundamentalmente por identidades étnicas y de clase, en el seno de las cuales se desarrollan las culturas de edad, que constituyen subconjuntos. Refieren las normas de conducta y valores vigentes en el medio social de origen de cada individuo. Pero no se limitan a la relación directa entre «padres» e «hijos», sino a un conjunto más amplio de interacciones cotidianas entre miembros de generaciones diferentes, en el seno de la familia, el vecindario, la escuela local, las redes de amistad, las entidades asociativas, etcétera. Las imágenes culturales se configuran a partir de una interacción básica entre macroculturas y microculturas. Las *macroculturas* se refieren a las grandes instancias sociales que forman/informan a los individuos en cada sociedad. Las *microculturas* se refieren a las pequeñas unidades sociales que filtran, seleccionan y perciben las formas y contenidos de esta formación/información, como las asociaciones voluntarias y las redes de amistad. La medida del tiempo en cada reloj expresa la conexión entre condiciones sociales e imágenes culturales y se traduce en distintas modalidades de tránsito, las fronteras y los pasos entre las distintas categorías de edad. Ello remite tres tipos de rituales que marcan simbólicamente estos tránsitos: los *ritos de paso*, fundamentales en las sociedades premodernas basadas en un mecanismo de reproducción social; los que pueden denominarse *ritos de cuerda*, fundamentales en las sociedades modernas basadas en un mecanismo de transición social; y los que pueden denominarse *ritos de holosección*, fundamentales en las sociedades posmodernas basadas en un mecanismo que puede denominarse de nomadismo social.[4]

Resumiré a continuación estas tres metáforas a partir de los tres tipos de reloj que he escogido para nuestra odisea en el tiempo de la juventud. En cada caso empezaré analizando el mecanismo de funcionamiento del reloj, su proceso de difusión social, y sus implicaciones en las representaciones sociales del tiempo y en las imágenes culturales sobre la edad, para acabar representando gráficamente cada una de las metáforas de los relojes, lo que nos ayudará a reflexionar sobre las complejas relaciones entre juventud y tiempo.[5]

El reloj de arena

> Las clepsidras de arena aparecieron más bien tarde. Fueron ampliamente usadas a bordo de las naves para medir la duración del servicio de guardia de los marineros y la velocidad de las naves (Cipolla, 1999: 15).

4 Para una explicación más detallada de estos conceptos, ver Feixa (1998). El concepto *rito de paso* fue propuesta por Van Gennep en un ensayo clásico (1986) [1909]. El concepto *rito de cuerda* se inspira en aquellas películas que, como *Tiempos modernos*, de Chaplin, han retratado el maquinismo industrial. El concepto *rito de holosección* se inspira en la serie televisiva *Star Trek*, que ha generado una auténtica subcultura juvenil (los trekkies).

5 La socióloga Amparo Lasén es autora de un sugerente estudio sobre las temporalidades juveniles (2000), en base a entrevistas en profundidad realizadas a jóvenes de Madrid y París, en la cual propone el concepto de «arritmia» como una de las características esenciales de la moderna vivencia del tiempo. Cabe destacar también la obra del sociólogo italiano Alessandro Cavalli (1985) y la investigación de Josune Aguinaga y Domingo Comas sobre las trayectorias temporales de los jóvenes españoles (1997).

Las culturas preindustriales utilizaron diversos instrumentos para medir el paso del tiempo: relojes de agua, de sol, de arena. En todos los casos se trata de herramientas que utilizan formas naturales de energía, y cuyo grado de precisión es escaso y depende tanto de las condiciones del medio ambiente como de la óptica del observador. No hay nada muy preciso con respecto a estas unidades, por lo que lo esencial no es tanto calcular con exactitud los años y las horas, sino ser capaz de prever la periódica repetición de las estaciones y ciclos temporales. El reloj de arena se basa en una concepción natural del tiempo, en este caso, la ley de la gravedad que permite que la arena vaya filtrándose, y la fuerza humana que da la vuelta al reloj una vez la arena ha pasado del todo. Como el reloj solar, su mecanismo remite a la naturaleza cíclica del tiempo, simbolizada en la sucesión día-noche, sol-sombra, arriba-abajo. Pero mientras el reloj solar era utilizado para medir ciclos diarios y estacionales, el reloj de arena servía para medir lapsos cortos de tiempo, como por ejemplo, las horas canónicas o el tiempo de cocción.

El reloj de arena puede servir pues para representar la visión cíclica del ciclo vital, basado en la rueda de las generaciones, cada una de las cuales repite *ad infinitum* el comportamiento de la anterior. Según la terminología de Mead, los hijos aprenden de sus padres y abuelos, que constituyen el único referente de autoridad, y repiten de manera *posfigurativa,* y con escasas modificaciones, las fases vitales, ritos de paso y condiciones biográficas por las que pasaron sus predecesores. Se trata del tipo de construcción cultural de las edades vigente en la mayor parte de sociedades tribales, estatales y campesinas que han existido a lo largo de la mayor parte de la historia de la humanidad. En nuestra sociedad, esta modalidad de transmisión generacional persiste en aquellas instituciones, como la escuela, el ejército, la iglesia o el mundo laboral, en las que las estructuras de autoridad están muy asentadas y en las que la edad o veteranía sigue siendo uno de los pilares del poder y del saber. El predominio del pasado corresponde a un grado muy precario de mercantilización de la economía, por lo que la juventud, en la medida en que este estadio se reconozca socialmente, no sólo tiene una presencia nula en el consumo cultural, pues no hay *feed-back* entre oferta y demanda, sino que además tiene una escasa contribución en la innovación cultural, que es socialmente reprimida.

Si nos fijamos en la figura 1, podemos considerar que cada individuo pone en movimiento su reloj de arena a partir de una serie de condiciones sociales de partida relativamente rígidas y determinadas por su origen: la edad, el sexo, el rango, el linaje, así como el lugar de nacimiento y de residencia. Aunque los granos de arena sean de distinto color, cuando se mezclan parecen idénticos. Estas marcas se transmiten a partir de tres grandes instancias sociales (la familia, la comunidad y las estructuras de poder), que median en las relaciones más o menos conflictivas entre la cultura parental (las formas de vida y valores vigentes en el medio social de origen) y la cultura hegemónica (las formas de vida y valores propuestos como modelo dominante en aquellas sociedades en las que se establece un acceso desigual al poder y a los recursos). Todos estos elementos convergen de manera natural en el momento del rito de paso, que suele coincidir con la pubertad física o social, y acostumbra a marcar el tránsito hacia la condición adulta. Ésta suele estar limitada a los varones e incluso a los provenientes de determinados rangos sociales. Tras el rito de paso —una especie de segundo nacimiento en el que el individuo ha de pasar por una fase de separación y otra de integración— éste ingresa en la sociedad con un nuevo estatus laboral, matrimonial, reproductivo, político y festivo. El consumo cultural de los jóvenes se limita a este último espacio, el lúdico, pues es el único en el que se les permite un protagonismo no mediatizado. La fiesta del carnaval en la Europa rural, o las celebraciones asociadas al sistema de cargos en América Latina, serían ejemplos de estas rupturas cíclicas del orden generacional. Los sistemas de rol-estatus correspondientes a cada edad se legitiman y justifican mediante una serie de imágenes culturales expresadas en los sistemas mítico-rituales, interiorizadas mediante una serie de ámbitos macroculturales —es decir, vigentes a escala de toda la sociedad y expresadas normalmente a través de la religión— y microculturales —es decir, vigentes en ámbitos sociales más reducidos, y expresados normalmente a través de los grupos de iguales, como sucede en los sistemas de clases de edad vigentes en determinadas sociedades primitivas. Cuando el ciclo acaba, se da la vuelta al reloj de arena para que las imágenes culturales puedan verterse de nuevo sobre las condiciones sociales, completándose así la rueda genealógica de las generaciones. En cualquier caso, todo el proceso acostumbra a efectuarse en el seno de un espacio local (tribal, rural, municipal) y conlleva una concepción «orgánica» de la edad, que equipara a cada colectivo generacional con una parte del cuerpo humano, y que prescribe por lo tanto una rígida separación de los estatus sociales según la edad, el sexo y el rango. Se trata, en definitiva, de una visión «orgánica» de la juventud, que funciona como un mecanismo de «reproducción social».

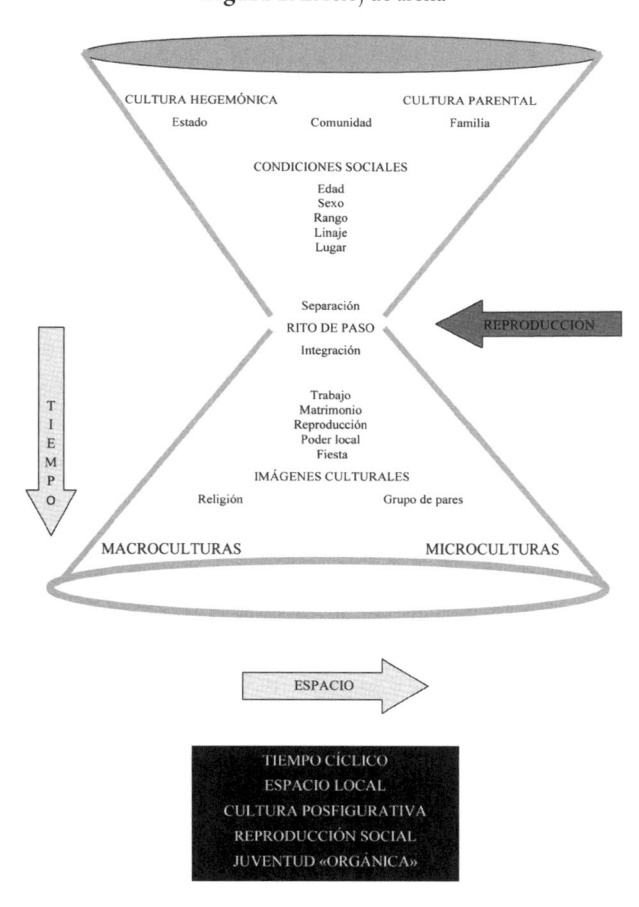

Figura 1. El reloj de arena

CULTURA HEGEMÓNICA — CULTURA PARENTAL
Estado   Comunidad   Familia

CONDICIONES SOCIALES
Edad
Sexo
Rango
Linaje
Lugar

Separación
RITO DE PASO ← REPRODUCCIÓN
Integración

Trabajo
Matrimonio
Reproducción
Poder local
Fiesta
IMÁGENES CULTURALES
Religión   Grupo de pares

MACROCULTURAS   MICROCULTURAS

TIEMPO ↓

ESPACIO →

TIEMPO CÍCLICO
ESPACIO LOCAL
CULTURA POSFIGURATIVA
REPRODUCCIÓN SOCIAL
JUVENTUD «ORGÁNICA»

El reloj analógico

> No fue el motor de vapor sino el reloj la máquina decisiva de la era industrial moderna (Mumford, 1934; citado en Barnett, 2000: 67).

Aunque el reloj mecánico había sido inventado en el siglo XIII por artesanos europeos anónimos, durante mucho tiempo se limitó a presidir campanarios y torres de edificios públicos. Se trataba de la primera máquina totalmente automática cuyo complicado mecanismo inspiraría el funcionamiento de otras máquinas. Su base mecánica es un péndulo que se debe alimentar constantemente: funciona mientras se le da cuerda y se para cuando la cuerda se agota.

Su expansión está íntimamente relacionada con la consolidación de la nueva civilización urbana, entre el tiempo de las catedrales y el tiempo de los mercaderes.[6] Pero no fue hasta el siglo XIX, una vez la Revolución Industrial hubo triunfado, cuando su uso empezó a generalizarse con la irrupción del reloj barato, el reloj de pulsera. Apareció en Suiza en 1865 y en América en 1880, y su uso se fue extendiendo a todos los sectores sociales como un símbolo de modernidad. Todavía hoy algunos ritos de paso —cómo la comunión o la confirmación católicas— se marcan con el regalo de un reloj, que convierte simbólicamente al individuo en un ser adulto. Con el surgimiento del capitalismo industrial, empezó a difundirse una concepción lineal o progresiva del tiempo, que requería técnicas para medirlo cada vez más precisas y universales, instrumentos que permitieran sincronizar con precisión las actividades de la gente, señales auditivas y visuales que marcasen el comienzo y el fin de una actividad.

El reloj mecánico o analógico, por fundarse en un sistema numérico continuo no binario, se corresponde con una concepción lineal del tiempo, que conforma a su vez la civilización industrial o moderna. Mientras se le de

---

6   Jacques Le Goff (1960) dedicó un ensayo clásico al tema, distinguiendo el tiempo de la iglesia (dominado por una concepción cíclica y espiritual del tiempo) y el tiempo de los mercaderes (que prefiguraba una concepción secular, regular, predecible y abstraída de lo que sucediese).

cuerda al reloj, el tiempo fluirá siempre hacia adelante, el futuro sustituirá al presente de igual modo que la sociedad progresará invariablemente. Si trasladamos esta concepción a la sucesión de las generaciones, cada generación aspira a vivir mejor que la anterior y a no reproducir sus contenidos culturales. La sucesión de las generaciones expresa el proceso de cambio social más o menos acelerado, pero también conlleva la emergencia de la brecha y del conflicto generacional. Educados según concepciones distintas del tiempo, los grupos de edad tienen expectativas diferentes respecto al pasado y al futuro. Según la terminología de Mead, los hijos aprenden sobre todo de sus coetáneos que constituyen un nuevo referente de autoridad, e innovan de manera *cofigurativa,* con constantes modificaciones, las fases vitales, ritos de paso y condiciones biográficas por las que pasaron sus padres. En nuestra sociedad, esta modalidad de transmisión generacional persiste en aquellas instituciones en las que las estructuras de autoridad están repartidas y en las que la jerarquía de edad se difumina, pero la edad como un todo sigue siendo un referente de clasificación social, como sucede en el tiempo libre, las asociaciones juveniles y el mercado. Así como el reloj mecánico liberó al tiempo de su relación con los ritmos de la naturaleza e hizo de él algo abstracto y autónomo, un ente en sí mismo, podríamos también suponer que la invención de la juventud como nueva categoría de edad, con tendencia a la autonomía y a la creación de un mundo propio, supuso la consolidación del carácter artificial de las divisiones basadas en la edad.

Si nos fijamos en la figura 2, el funcionamiento del reloj analógico se basa en darle cuerda de forma manual o mecánica. Ello simboliza el proceso de inserción social, mediante el cual el individuo se socializa ocupando una serie de nuevos roles y estatus sociales por los que va progresando a través de una serie de estadios vitales (infancia, juventud, edad adulta, vejez), que normalmente corresponden a otros tantos roles sociales (juego, educación, trabajo-familia, jubilación). Las condiciones sociales constituyen el mecanismo interno, normalmente invisible. Las rígidas separaciones de la sociedad preindustrial, basadas en el nacimiento, se van difuminando, pero no desaparecen. La noción más social de generación sustituye a la más biológica de edad; el género como construcción cultural sustituye al sexo; la clase, basada en la posición en el sistema productivo, que permite los ascensos y descensos sociales, sustituye al sistema de rangos más rígido; la noción política de etnicidad reemplaza al linaje basado en el sistema de parentesco y el Estado-nación sustituye al espacio local como lugar de convivencia. Mientras la familia —cada vez más nuclear— y el vecindario —cada vez más urbanizado— siguen configurando las culturas parentales —cada vez más heterogéneas, a partir de divisiones fundamentadas en la noción de clase—, la cultura hegemónica se expresa en la escuela —la gran invención moderna asociada al sistema de edad— y en el trabajo industrial —como mecanismo de asignación de roles sociales—, aunque basa su prevalencia en la distribución del poder económico y político que converge en el mercado y en el Estado, ya sea autoritario o democrático.

Las imágenes culturales expresan los cambios sociales que fluyen con el paso de las horas que marcan las manecillas del reloj. Éstas ponen de manifiesto la ruptura del monolitismo cultural prevaleciente en las culturas posfigurativas con la aparición de códigos segregados según los grupos de edad: las diferencias en el lenguaje (verbal y no verbal), la estética (o la moda), la ética (o los sistemas de valores), las producciones culturales (progresivamente mercantilizadas) y las actividades focales (progresivamente centradas en la sociedad del ocio), van creando las condiciones, no sólo para la «invención» de nuevas categorías de edad (como la adolescencia y la jubilación), sino para la emergencia de «culturas» basadas en la edad (el ejemplo más emblemático sería la emergencia de la cultura juvenil tras la Segunda Guerra Mundial). Estas culturas de edad tienen dos ámbitos de expresión: las llamadas «macroculturas» (redes culturales de ámbito general o universal, como los medios de comunicación y el mercado del ocio) y las «microculturas» (redes culturales localizadas, como el grupo de pares, las asociaciones juveniles y las tribus urbanas). Se trata, en definitiva, de una visión «mecánica» de la juventud, que funciona a manera de «metáfora» del cambio social, incluyendo la aparición de brechas y conflictos entre las generaciones.

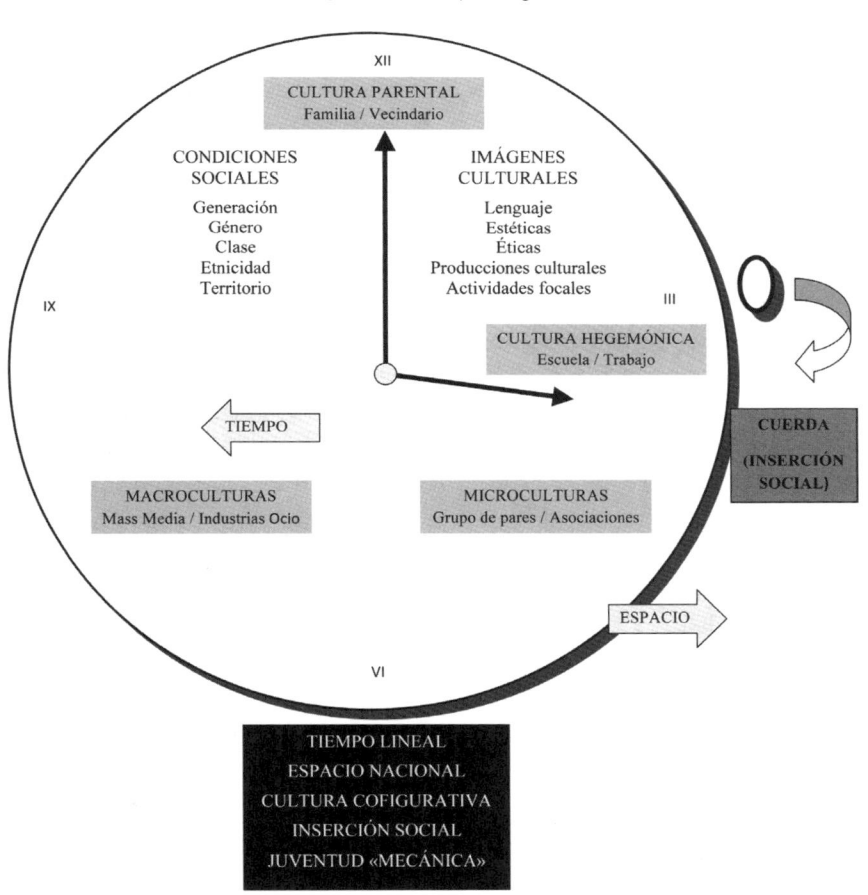

Figura 2. El reloj analógico

- XII — CULTURA PARENTAL — Familia / Vecindario
- CONDICIONES SOCIALES: Generación, Género, Clase, Etnicidad, Territorio
- IMÁGENES CULTURALES: Lenguaje, Estéticas, Éticas, Producciones culturales, Actividades focales
- III — CULTURA HEGEMÓNICA — Escuela / Trabajo
- TIEMPO
- MACROCULTURAS — Mass Media / Industrias Ocio
- MICROCULTURAS — Grupo de pares / Asociaciones
- CUERDA (INSERCIÓN SOCIAL)
- ESPACIO
- VI
- IX

TIEMPO LINEAL
ESPACIO NACIONAL
CULTURA COFIGURATIVA
INSERCIÓN SOCIAL
JUVENTUD «MECÁNICA»

El reloj digital

En un reloj digital no hay ni una pieza móvil. No se ve nada, sólo una pequeña batería, una pequeña cápsula con el cristal de cuarzo, un pequeño circuito electrónico (Barnett, 2000: 153).

El reloj digital funciona con dígitos en base a un sistema binario de cálculo matemático. Se fundamenta en el descubrimiento, en 1928, de que era posible transferir las vibraciones regulares del cristal de cuarzo a las manecillas del reloj. Sin embargo, su difusión es fruto de los avances experimentados por la informática desde mediados del siglo XX. Se trata de un microchip cuya energía proviene de unas pilas o de la corriente eléctrica. Los chips se han ido miniaturizando y están pensados para medir el tiempo con gran precisión. Mientras la frecuencia de la corriente alterna era de unos 50 ciclos por segundo, la del microchip es de unos 300 millones. Mientras el reloj de arena calculaba aproximadamente los minutos, y el reloj analógico los segundos y décimas, el reloj digital permite establecer con enorme precisión las centésimas, las milésimas, etcétera. Su uso se difundió en el último cuarto del siglo XX, cuando los japoneses inventaron el reloj digital de pulsera, abaratando sus costos y difundiéndolo por todo el planeta. De manera progresiva, el reloj digital se incorporó a todo tipo de aparatos electrónicos para regir su funcionamiento interno (televisores, radios, electrodomésticos, temporizadores, sistemas de seguridad, etc.). La aparición de los ordenadores personales, representa la generalización definitiva de la concepción del tiempo en la que se basa el reloj digital. En los últimos años, los relojes digitales se transforman y se personalizan, difundiendo una «filosofía de la desaceleración» basada en una concepción menos agitada y más plural del tiempo. Surgen relojes para el disfrute, relojes de diseño, relojes ecológicos que incorporan condensadores en lugar de pilas, etcétera.[7]

De alguna manera, el reloj digital «traduce» en la vida cotidiana las revolucionarias concepciones sobre el tiempo implícitas en la teoría de la relatividad de Einstein. Con la emergencia de la posmodernidad, la medida del tiempo se hace mucho más precisa y ubicua ya que los relojes son omnipresentes en nuestra vida cotidiana, pero al mismo tiempo mucho más relativa,

---

[7] Quizá no sea casual el hecho de que la actual IBM nació a principios del siglo XX como una compañía especializada en fabricar relojes de fichar. De hecho, la sociedad moderna se mantiene en pie gracias a una tecnología electrónica que establece las comunicaciones mediante señales sincronizadas con una precisión de milmillonésimas de segundo (Barnett, 2000: 164).

descentrada y ambivalente, puesto que el tiempo depende del contexto espacial desde el que se calcula, no tiene un único organismo que lo regule y puede estar en función de la perspectiva de diversos observadores. Una de las características del tiempo digital es que permite reprogramar constantemente el inicio, el final, la duración y el ritmo de una determinada actividad. Se crea un auténtico tiempo «virtual» cuya «realidad» depende del ámbito en el que se produce. Los videojuegos, por ejemplo, generan una espacialidad y una temporalidad propias, que condicionan la percepción social de los actores. Un ejemplo de esta concepción virtual del tiempo sería el llamado «efecto 2000». El hecho de que la numeración de los años, hasta mediados de la década que precedió el final del milenio, fuera de sólo dos cifras, creó un efecto de pánico generalizado frente a la posibilidad —¿creencia?— de que se viesen afectados los llamados «sistemas incrustados». El terreno se vio abonado para lo que podría llamarse «milenarismo virtual».[8]

El reloj digital es el símbolo emblemático de la civilización posindustrial o posmoderna, basada en una concepción del tiempo que podría calificarse de «virtual». Según la terminología de Mead, son los padres los que empiezan a aprender de sus hijos, que constituyen un nuevo referente de autoridad, y dislocan de manera *posfigurativa,* las fases y condiciones biográficas que definen el ciclo vital, suprimiendo la mayor parte de ritos de paso que las dividen. En nuestra sociedad, esta modalidad de transmisión generacional se expresa sobre todo en aquellas instituciones en las que las estructuras de autoridad se colapsan, y en las que las edades se convierten en referentes simbólicos cambiantes y sujetos a constantes retroalimentaciones, como son los medios de comunicación de masas, las nuevas tecnologías de la información, los nuevos movimientos sociales y las formas de diversión digitales. Asimis-

---

8 Internet se llenó de mensajes pseudoapocalípticos. En un correo electrónico que recibí a finales de 1999, con el encabezado «Información sobre el efecto 2000», se puede leer: «Los sistemas incrustados son aquellos sistemas en los cuales una o varias partes de los mismos están formadas por microprocesadores. Normalmente, operan, controlan protegen o monitorizan procesos vitales. Cualquier dispositivo que muestre o procese fechas o valores temporales es susceptible de estar afectado por el llamado "Efecto 2000"» (*e-mail*, 13-9-99).

mo, el tiempo se desnacionaliza y pasa a ser cada vez más global. Mientras el transporte aéreo sustituye al tren como agencia de unificación horaria, las redes electrónicas digitales de alcance universal —televisivas o telefónicas— contribuyen a instaurar la sensación de que todos vivimos el mismo tiempo y de que todo sucede en tiempo *real,* como ocurre en las videoconferencias o en los chats. Desde el punto de vista simbólico, la concepción digital del tiempo tiene su máxima expresión en una serie de artilugios lúdicos —videojuegos, juegos de realidad virtual, simuladores, holografías, etcétera— omnipresentes en los ordenadores domésticos y en sus múltiples sucedáneos. Todos estos aparatos crean tiempos simultáneos pero no continuos, es decir, crean una «simultaneidad» artificial. No existe ni el pasado ni el futuro, sino únicamente el presente.[9]

Si nos fijamos en la figura 3, podemos representar el reloj digital mediante la imagen del ordenador personal, uno de los instrumentos que previsiblemente dominarán la sociedad posmoderna y que se basa en el funcionamiento del microchip, aunque hubiéramos podido escoger cualquier otro instrumento electrónico presente en nuestra vida cotidiana (como los teléfonos móviles). Las condiciones sociales constituyen el «disco duro» del ordenador. Su miniaturización e invisibilidad no implican, ni mucho menos, su desaparición. Las diferencias entre las personas y los grupos se han ampliado, aunque sean más sutiles e imperceptibles, al desaparecer muchos de los signos externos que las expresaban. Por ejemplo, las diferencias generacionales ya no se traducen en formas diferentes de vestir o de hablar, puesto que hay adultos que visten como jóvenes, y niños que comparten los gustos estéticos o intelectuales de los adolescentes. Al desaparecer los grandes acontecimientos históricos

---

9   Los hologramas, por ejemplo, son una pura construcción matemática: una manera de hacer estable lo que es inestable, un momento de orden dentro del caos. Debo estas observaciones a la matemática mexicana Linda Suárez, quien me sugirió que todo lo que se expone en este apartado debería ponerse en relación a la teoría del caos. Un ejemplo perfecto de lo que quiero explicar es la llamada *holosección* de la nave Enterprise (de la serie televisiva *Star Trek*), en la que los tripulantes de esta nave espacial pueden divertirse viajando virtualmente a tiempos y espacios lejanos (gracias a una realidad puramente «holográfica» aunque en algún episodio amenaza con convertirse en real).

que marcaban la identidad generacional (de las Guerras Mundiales a mayo del 68) las generaciones se «destemporalizan», creándose «no tiempos» equivalentes a los «no lugares» (Augé, 1993), auténticos «limbos sociales» que pueden ser una estación hacia ninguna parte. Las clases sociales se desclasan: ya no dependen sólo de la riqueza o del poder, sino sobre todo del capital cultural (Bourdieu, 1980) que acostumbra a ser intangible. Con la lenta pero irreversible emancipación femenina, con la emergencia de movimientos de gays y lesbianas, los géneros se hacen transexuales, favoreciendo el proceso de travestismo físico y simbólico. Desde el punto de vista de las edades, esto implica una revolucionaria implosión de las fronteras entre la masculinidad y la feminidad en el tránsito hacia la edad adulta. Con la crisis del Estado-nación, las etnicidades se criollizan, favoreciendo las mezclas pero también, por supuesto, la xenofobia y los conflictos. Finalmente, con la emergencia del espacio «global» y del «ciberespacio», los territorios se «desespacializan», reduciéndose la influencia del medio geográfico de origen en la configuración de las identidades sociales. En definitiva, las condiciones sociales pasan de ser «estructuras» a ser «redes» muy dúctiles, que se interconectan en el disco duro configurando el *habitus* cambiante de los actores. Este *habitus* se apoya en la creciente complejidad de las culturas hegemónicas, los llamados «hiperpoderes», y de las culturas parentales, los «tele-hogares» en los que las figuras paterna y materna delegan progresivamente sus funciones.

Gracias a la memoria RAM (la historia social inserta en cada historia de vida), las condiciones sociales se conectan con las imágenes culturales, que constituyen el *disco blando* (lo que se ve en la pantalla del ordenador). Se trata de un auténtico ciberespacio, que se recrea constantemente mediante una serie de programas que cualquier ordenador tiene: el tratamiento de textos que permite elaborar discursos en lenguajes babélicos, facilitando la emergencia del «tiempo de las tribus» (Maffesoli, 1990); las bases de datos que sugieren la concentración de la información por parte de auténticos imperios (multinacionales de la economía y la política) que superan los límites impuestos por los Estados; hojas de cálculo que permiten los flujos materiales y simbólicos a escala planetaria; los videojuegos que recrean realidades virtuales a través de la combinación de hologramas, músicas y nuevas drogas (como en el caso de los *raves* de la cultura *tecno*); y los navegadores que generan comunidades virtuales que existen principalmente en la red. Estas imágenes culturales progresivamente fragmentadas de los grupos de edad se traducen en un sistema macrocultural que abarca todo el planeta (cuya imagen más precisa sería internet) y en múltiples sistemas microculturales, ya no limitados a un lugar específico, que vinculan a actores unidos por gustos muy diferentes *(las redes intranet)*. Hay tres elementos de esta metáfora que conviene resaltar. En primer lugar, el pequeño reloj que está en la parte inferior derecha de la pantalla es lo que rige el funcionamiento de todo el sistema: su funcionamiento o colapso (por ejemplo, a consecuencia del efecto 2000) condiciona las operaciones de todos los sujetos sociales, en el marco del sistema. En segundo lugar, esta temporalidad no es constante, sino que está sujeta al «inicio» y «suspensión» de cada programa, que constituye una decisión del actor y de su entorno social. Ello permite, por ejemplo, que la entrada o salida de la juventud no sea un proceso unívoco. En tercer lugar, para acceder a la red es preciso tener una «clave de acceso» que marca la inclusión o exclusión del sistema (ello genera una sociedad progresivamente dual, en la que un sector importante de la población ni tan siquiera puede acceder al sistema de ascenso por los roles sociales y generacionales). Se trata, en definitiva, de una visión «virtual» de la edad, que fomenta el «nomadismo» social (Maffesoli, 1999), es decir, el constante tránsito e intercambio de los roles y estatus generacionales.

Así pues, la energía social que predomina en el reloj digital se traduce simbólicamente en los llamados *rituales de holosección*, que son esas ceremonias generacionales —como los juegos de realidad virtual, los juegos de rol, los contratos basura, las *raves* o las nuevas violencias juveniles— que sirven para representar el carácter anárquico, autárquico y a menudo virtual de las transiciones a la vida adulta. En estos rituales predomina una concepción del *tiempo digital* (pendular, irregular, discontinuo) que se despliega en un *espacio global* (transnacional, ciberespacial, pero no necesariamente universal). Según la terminología de Mead, son los padres los que empiezan a aprender de sus hijos, que constituyen un nuevo referente de autoridad, y dislocan la manera *posfigurativa*, las fases y condiciones biográficas que definen el ciclo vital, suprimiendo o desplazando la mayor parte de rituales de paso que las dividen. Se trata en definitiva, de una visión «*virtual*» de la edad, que fomenta el nomadismo social, es decir, el constante tránsito e intercambio de los roles y estatutos generacionales.

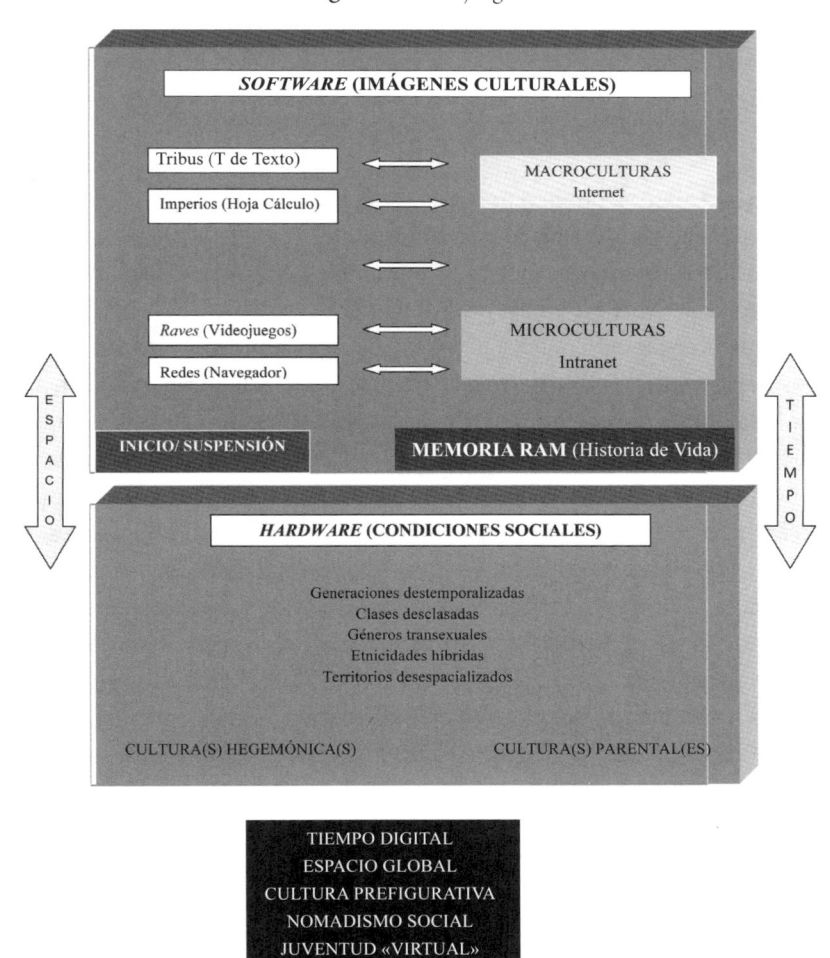

Figura 3. El reloj digital

```
┌─────────────────────────────────────────────────┐
│         SOFTWARE (IMÁGENES CULTURALES)          │
│                                                 │
│   Tribus (T de Texto)   ⟷    MACROCULTURAS      │
│   Imperios (Hoja Cálculo) ⟷        Internet     │
│                                                 │
│                    ⟷                            │
│                                                 │
│   Raves (Videojuegos)   ⟷    MICROCULTURAS      │
│   Redes (Navegador)     ⟷        Intranet       │
│                                                 │
│   INICIO/ SUSPENSIÓN    MEMORIA RAM (Historia de Vida)
│                                                 │
│         HARDWARE (CONDICIONES SOCIALES)         │
│                                                 │
│         Generaciones destemporalizadas          │
│              Clases desclasadas                 │
│             Géneros transexuales                │
│              Etnicidades híbridas               │
│         Territorios desespacializados           │
│                                                 │
│   CULTURA(S) HEGEMÓNICA(S)   CULTURA(S) PARENTAL(ES)
└─────────────────────────────────────────────────┘
         ESPACIO ⇕                    TIEMPO ⇕

              ┌──────────────────────┐
              │    TIEMPO DIGITAL    │
              │    ESPACIO GLOBAL    │
              │ CULTURA PREFIGURATIVA│
              │   NOMADISMO SOCIAL   │
              │  JUVENTUD «VIRTUAL»  │
              └──────────────────────┘
```

DE LA GENERACIÓN@ A LA #GENERACIÓN

La construcción juvenil del tiempo

P. ¿Cómo ve el panorama?

R. «Como una lucha y una disputa entre un reloj que chequea el horario de ingreso de los empleados de una empresa, que es el reloj de Fox, y el nuestro, que es un reloj de arena. La disputa es entre que nosotros nos acomodemos a ese reloj de chequeo y Fox se acomode al reloj de arena. No va a ser ni lo uno ni lo otro. Tenemos que entender, él y nosotros, que tenemos que construir otro reloj de común acuerdo… (*El País*, 25 de marzo de 2001).

Cuando este texto se publicó por primera vez, tuve la ocasión de leer la magnífica entrevista que Gabriel García Márquez le hizo al subcomandante Marcos, poco después que éste entrase triunfante en el *zócalo* —la plaza central de la ciudad de México. Unas frases del líder del zapatismo —considerado por el mismo Manuel Castells como uno de los primeros movimientos sociales de la era de la información— me llamó particularmente la atención. Ante la pregunta del escritor colombiano sobre las perspectivas de las negociaciones de paz en Chiapas, Marcos respondía comparando el reloj de arena del tiempo indígena con el reloj mecánico del tiempo del poder. Cuando García Márquez le preguntó a Marcos por qué llevaba una linterna, un sofisticado aparato de comunicaciones y un reloj en cada mano, su respuesta fue clarividente: «Con un reloj llegué a la selva [Lacandona] y el otro es de cuando empezó el alto al fuego. Cuando las dos horas coincidan significa que se acabó el zapatismo como ejército y que sigue otra etapa, otro reloj y otro tiempo». Sería difícil encontrar un ejemplo mejor de la convivencia —a veces armónica, a veces conflictiva— entre diversas temporalidades en la sociedad posmoderna.

No sólo el tiempo construye socialmente lo juvenil; también la juventud construye socialmente el tiempo, en la medida en que modela, readapta y proyecta nuevas modalidades de vivencia temporal. En este ensayo hemos utilizado libremente estas sugerencias para reflexionar sobre la cultura juvenil y sus transformaciones en este fin de milenio. Debemos precisar que el modelo propuesto no debe interpretarse como un esquema evolutivo, sino como una metáfora transversal para interpretar la complejidad contemporánea de las concepciones del tiempo. Esta perspectiva, puede servir para analizar las interconexiones e hibridaciones entre diversas modalidades del ciclo vital, que se solapan en distintas instituciones de una misma sociedad, o en distintos escenarios de una misma biografía. Diferentes concepciones del tiempo pueden coexistir en un mismo lugar y un mismo momento. No se trata de imaginar escenarios esquemáticos en los que mientras los abuelos viven todavía con el reloj de arena y los padres con el analógico, los hijos experimentan con el digital, puesto que los mismos jóvenes viven a caballo de los tres relojes según la institución en la que se encuentren, su momento vital o sus propios gustos personales. En nuestra sociedad, por ejemplo, el tiempo del reloj analógico sigue teniendo fuerza en esas instituciones, como la escuela, el ejército, las iglesias o las profesiones más tradicionales, en que las estructuras de autoridad están muy asentadas, y en las que la edad o la veteranía siguen siendo pilares del poder y del saber. El reloj mecánico domina en esas instituciones, como el tiempo libre, las asociaciones juveniles y el mercado, donde las estructuras de autoridad están repartidas y la jerarquía de edad se difumina, pero la adscripción generacional sigue siendo un referente de clasificación social. El reloj digital, finalmente, se expresa sobre todo en esas instituciones, como los medios de comunicación de masas, las nuevas tecnologías de la información y las formas de diversión digitales, en las que las estructuras de autoridad se colapsan, y en las cuales las edades surgen como referentes simbólicos cambiantes, sujetos a constantes retroalimentaciones.[10]

Al bautizar a los jóvenes de hoy como «generación @», no pretendo postular la hegemonía absoluta del reloj digital (o de la concepción virtual del tiempo). Si ello no está todavía claro en Occidente, mucho menos lo está a escala universal, donde las desigualdades sociales, geográficas y generacionales no sólo no desaparecen, sino que a menudo se acentúan con el actual proceso de globalización, lo que puede explicar el papel activo de los jóvenes

---

10 De la misma manera que los jóvenes actuales conjugan las nuevas temporalidades articulando los tres relojes, los miembros de otras sociedades también tienen que componerlas con diferentes experiencias temporales. Ver al respecto las aportaciones clásicas de Elias (1997) y la lectura que de este autor hace Lasén (2000).

en los movimientos anti-globalizadores, como se demostró en Seattle. Lo que pretendo resaltar es el papel central que tienen en esta transformación las concepciones que tienen los jóvenes sobre el tiempo, como signo y metáfora de nuevas modalidades de consumo cultural. Estamos experimentando un momento de tránsito fundamental en las concepciones del tiempo, similar al que vivieron los primeros trabajadores fabriles cuya vida empezó a regirse por el reloj. Tendencias todavía difusas, ambiguas y contradictorias, pero en las que quizá podemos ver expuestas, como en los relojes deformes que pintó Dalí, esbozos de tiempos futuros.

6
GENERACIÓN XXI:
DE LA TRIBU A LA RED[1]

Tras diseccionar la metáfora del reloj, veamos como puede aplicarse al estudio de la juventud contemporánea. En un lúcido ensayo, Jesús Martín-Barbero (1998) utilizó otra metáfora (la del palimsesto) para aproximarse a esos textos juveniles que de un pasado borrado emergen borrosos en el presente. A falta de un mapa preciso, se me permitirá esbozar una serie de reflexiones sobre la generación actual, que viven a caballo de los tres relojes señalados. Por supuesto, no se trata de postular un catálogo cerrado de características, sino de visualizar algunas paradojas que acompañan la visión del tiempo de los que entran en la juventud con el cambio de milenio.[2]

Generación X *versus* Generación @

> Después que se complete el círculo temporal del péndulo, el valor de ser joven no tiene por qué ser necesariamente antinómico con los haberes y saberes del ser viejo. Los pueblos no pueden construir el futuro sin memoria, pero en los momentos en que arrecian los cambios no es extraño que sean los jóvenes quienes más los sientan y los expresen (Martín-Barbero, 1998: 30).

---

1   Feixa, C. (2000). «Generación @. La juventud en la era digital». *Nómadas*, Bogotá, 13, 76-91. (2001).

2   La perspectiva de Martín-Barbero es convergente con la expuesta en este ensayo (no es casual que Mead sea una de sus fuentes teóricas). El autor señalaba cuatro características centrales de nuestra cultura, que los jóvenes sienten y expresan de forma especialmente marcada: la devaluación de la memoria, la hegemonía del cuerpo, la empatía tecnológica y la contracultura política (Martín-Barbero, 1998: 32 y ss.).

DE LA GENERACIÓN@ A LA #GENERACIÓN

Si la última generación del siglo XX fue bautizada con el término «generación X» (marcada por las incertidumbres y paradojas de la crisis de ideologías y fin de la historia) por un escritor norteamericano, Douglas Coupland, que con ello pretendía sugerir la indefinición vital y la ambigüedad ideológica del pos-68, propongo bautizar a los jóvenes que penetran hoy en este territorio, a la primera generación del siglo XXI, como a la «generación @». Huelga decir que las generaciones no son estructuras compactas, sino sólo referentes simbólicos que identifican vagamente a los agentes socializados en unas mismas coordenadas temporales. Desde esta perspectiva, el término «generación @» pretende expresar tres tendencias de cambio que intervienen en este proceso: en primer lugar, el acceso universal —aunque no necesariamente general— a las nuevas tecnologías de la información y de la comunicación; en segundo lugar, la erosión de las fronteras tradicionales entre los sexos y los géneros; y en tercer lugar, el proceso de globalización cultural que conlleva necesariamente nuevas formas de exclusión social a escala planetaria. De hecho, el símbolo @ es utilizado por muchos jóvenes en su escritura cotidiana para significar el género neutro, como identificador de su correo electrónico personal, y como referente espacio-temporal de su vinculación a un espacio global (vía chats por internet, viajes por Interrail, o audiciones por la MTV). Ello se corresponde con la transición de una cultura analógica, basada en la escritura y en un ciclo vital regular —continuo—, a una cultura digital basada en la imagen y en un ciclo vital discontinuo —binario (*cfr.* Reguillo, 1999; Valenzuela, 1998).

Espacio local *versus* Espacio global

> El mercado apoyado por una industria publicitaria que propone patrones de identificación estética globalizada es bastante hábil para entender y resemantizar los pequeños o grandes giros de la diferencia cultural local (Reguillo, 1998: 232).

La juventud fue uno de los primeros grupos sociales en «globalizarse»: desde los años sesenta, los elementos estilísticos que componen la cultura juvenil (de la música a la moda) dejaron de responder a referencias locales o nacionales, y pasaron a ser lenguajes universales, que gracias a los medios masivos de comunicación llegaban a todos los rincones del planeta, hasta el extremo de que un autor gramsciano profetizó la emergencia de la primera cultura realmente «internacional-popular». El último tercio de siglo no ha hecho más que consolidar este proceso: la ampliación de las redes planetarias (de los canales digitales de televisión a internet), las posibilidades reales de movilidad (del turismo juvenil a los procesos migratorios) ha aumentado la sensación que el reloj digital se mueve al mismo ritmo para la mayor parte de los jóvenes del planeta (aunque sea de manera subalterna). Sin embargo, ello no significa que el espacio local haya dejado de influir en el comportamiento de los jóvenes: a menudo lo global realimenta las tendencias centrípetas.

Tiempo real *versus* Tiempo virtual

> La manipulación del tiempo es el tema recurrente de las nuevas expresiones culturales. Una manipulación obsesionada por la referencia binaria al instante y a la eternidad: yo y el universo, yo y la red … (Castells, 1999: 498).

Mientras el espacio se globaliza y des-localiza, el tiempo se eterniza y se hace más efímero. Vivimos en el tiempo de los hipertextos pero también de los microrelatos, de las microculturas y de los microsegundos. Pocas imágenes pueden representar mejor la fugacidad del presente que la noción de «tiempo real» con la que los noticiarios televisivos o cibernéticos nos comunican que un suceso, una transacción económica, un chat o un récord deportivo están sucediendo. Pero al mismo tiempo, esta extrema fragmentación de los tiempos de trabajo y de los tiempos de ocio prefigura la posibilidad del tiempo virtual. Manuel Castells (1999) ha hablado de «tiempo atemporal» y de «cultura de la virtualidad real» para referirse a la nueva concepción del tiempo que surge con el posmodernismo, asociada a un sistema multimedia integrado electrónicamente. Esta concepción se caracteriza, por una parte, por la simultaneidad extrema, es decir, por la inmediatez con que fluye la información (que permite que las mismas músicas, modas y estilos sean interiorizados por jóvenes de todo el planeta al mismo tiempo). Pero por otra parte, implica también una extrema atemporalidad, en la medida en que los nuevos medios se caracterizan por los *collages* temporales, la hipertextualidad, la creación de momentos artificiales, míticos y místicos (como los que permiten experimentar los juegos de realidad virtual, las fiestas *rave* o las nuevas religiones electrónicas). En efecto, las culturas juveniles emergentes exploran el planeta y toda la historia de la humanidad, componiendo hipertextos con infratextos de orígenes muy diversos (mezclando la cultura *rap* de los guetos estadounidenses con música electrónica creada en el Extremo Oriente). El uso recurrente de la telefonía móvil por parte de los jóvenes sería otro ejemplo de esta temporalidad virtual, pues añade flexibilidad a las conexiones personales y crea vínculos sociales sin que sea preciso el contacto físico inmediato. Pero también correspondería al mismo modelo, otro factor que influye de manera mucho más determinante en la vida de los jóvenes: la precarización del empleo y sus consecuencias económicas y culturales.

Sedentarismo *versus* Nomadismo

> El nomadismo implica formas de solidaridad concretas. Mientras el día a día que vivimos sea trágico, se exprese el presentismo o el instante eterno vivido… hace falta practicar cotidianamente la ayuda mutua, intercambiar los afectos y expresar las solidaridades de base (Maffesoli, 1999: 138).

La globalización del espacio y la virtualización del tiempo convergen en la noción de nomadismo, propuesta por Maffesoli (1999) como metáfora central de la posmodernidad. Un espacio sin fronteras (o con fronteras tenues), un espacio desterritorializado y móvil, se corresponde con un tiempo sin ritos de paso (o con ritos sin paso), un tiempo ucrónico, dúctil y virtual. Vivir la juventud ya no es —como en el complejo Tarzán— transitar de la naturaleza a la cultura, ni tampoco —como el complejo Peter Pan—, resistirse a la edad adulta, sino experimentar la errancia del destino incierto— como en el complejo Replicante, tomado del humanoide de *Blade Runner* que se rebela porque no tiene memoria del pasado. Para los jóvenes de hoy, ello significa migrar por diversos ecosistemas materiales y sociales, mudar los roles sin cambiar necesariamente el estatus, correr mundo regresando periódicamente a casa de los padres, hacerse adulto y volviendo a la juventud cuando el trabajo se acaba, disfrazarse de joven cuando ya se está casado y se gana tanto como un adulto, viajar por Interrail o por internet sin renunciar a la identidad localizada que corresponde a una nueva solidaridad de base.

Tribu *versus* Red

> Las modalidades temporales empiezan a abrirse camino de nuevo, ya que la individualización del concepto «vida-tiempo» gana terreno y la gente ha empezado a planificar y realizar proyectos biográficos que no se corresponden necesariamente con las secuencias y modelos ordenados del «curso de la vida industrial» (Chisholm, 2002: 35).

Los estilos juveniles espectaculares, que habían ido surgiendo en Norteamérica y Europa occidental en las tres décadas que van de la posguerra a la crisis del petróleo (de 1946 a 1976), irrumpieron de golpe en la escena española al final del franquismo, siendo rebautizados en la época de la transición democrática con un epíteto novedoso que pronto hizo furor: «tribus urbanas». Aunque los orígenes del término merecerían un trabajo sociolingüístico y etimológico más profundo (su uso mediático se generalizó a mediados de los años ochenta, en relación con el fenómeno de las *movidas* nocturnas y con la llegada de los nuevos ayuntamientos democráticos). En cualquier caso, parece claro que el vocablo hizo fortuna, siendo utilizado indistinta y sucesivamente como etiqueta periodística, referente estigmatizador usado por las fuerzas del orden (a fines de los ochenta se creó una Brigada de Tribus Urbanas) y concepto teórico más o menos denso. Dicho de otra manera, se trata de una definición verbal que pretende ser al mismo tiempo *palabra* (etiqueta lingüística), *cosa* (lo que esta definición designa) y *concepto* (que utiliza palabras para comprender la naturaleza de las cosas) (Machado y Blass, 2004).

La pluralización de las biografías juveniles —y la creación de comunidades virtuales basadas en el tiempo imaginado— corresponde al vaivén pendular entre la tribu y la red que experimentan las culturas juveniles. En un ensayo clásico, Maffesoli (1990) etiquetó a la sociedad posmoderna como «el tiempo de las tribus», entendiendo como tal la confluencia de comunidades herméticas donde fluyen los afectos y se actualizaban lo «divino social». Se trata de una metáfora perfectamente aplicable a las culturas juveniles de la segunda mitad del siglo XX, caracterizadas por reafirmar las fronteras estilísticas, las jerarquías internas y las oposiciones frente al exterior.[3] Sin embargo, es mucho más difícil de aplicar a los estilos juveniles emergentes en este cambio de milenio, que más que las fronteras enfatizan los pasajes, más que las jerarquías remarcan las hibridaciones, y más que las oposiciones resaltan las conexiones. Los teóricos de la sociedad de la información (Sartori, 1998; Castells, 1999), han propuesto la metáfora de la red para expresar la hegemonía de los flujos en la sociedad emergente, identificando a la juventud como uno de los sectores que con mayor peso se acerca a la malla de relaciones pseudoreales en que se está convirtiendo la estructura social. A su vez, ello se corresponde con una ruptura de la misma estructura de ciclo vital, que de un curso lineal (como en la tribu) se transforma en un curso discontinuo, individualizado y polimorfo.[4]

---

[3] Es el tipo de estructura que encontré investigando las tribus urbanas en la España de los ochenta y los chavos banda en el México de los noventa (Feixa, 1998).

[4] José Machado Pais (2008) ha dedicado bellos ensayos a lo que llamó juventud *yo-yo*.

Parte II
ESCENAS

7
Los jóvenes en su habitación[1]

Si algún espacio permite observar al microscopio la transformación de la familia contemporánea en relación a la manera como los padres tratan a sus hijos (y como los hijos les tratan a ellos), podríamos quizás fijar nuestro punto de mira en la habitación de los adolescentes. No es que en el pasado el espacio privado hubiera sido un lugar menos relevante (pues desde los sesenta los jóvenes aprendieron a hacer suya la vieja consigna de Virginia Woolf: una habitación propia). Lo que ha sucedido en la última década es que este territorio de la feminidad se ha juvenilizado, afectando a todos los grupos sociales, como reducto y laboratorio de microcultura juvenil emergente que además del espacio público encuentra su emblema en los contactos reales y virtuales que se realizan desde la propia habitación.

La habitación de los adolescentes

> Parte de la cultura de las chicas tiene su base en el dormitorio. Es el lugar para los sueños narcisistas, para experimentar con el vestido, los cosméticos y los nuevos bailes. A veces quieren estar solas, otras veces con amigas, y también los grupos mixtos se encuentran en la habitación de alguna de ellas… Por otra parte, sospecho que en los dormitorios de los chicos tienen lugar actividades semejantes (Wulff, 1988: 166-7).

Cuando Virginia Woolf escribió *A Room of One's Own* (*Una habitación propia*), en 1929 (2003), pensaba sobre todo en la necesidad por parte de las

---

[1] Feixa, C. (2005). «La habitación de los adolescentes». *Papeles del* CEIC, Bilbao, 16. (2006). «O quarto dos adolescentes na era digital». En M. Regina da Costa y E. Murilho Silva (orgs.), *Sociabilidade Juvenil & Cultura Urbana* (págs. 79-110). São Paulo: EDUC. (2011). «Juventud, espacio propio y cultura digital». *Revista Austral de Ciencias Sociales*, Valdivia (Chile), 20, 105-120.

mujeres de tener un espacio privado, no compartido, en el que poder empezar a construir una identidad personal autónoma e independiente en relación a la de sus padres, maridos y superiores. La reivindicación de una habitación propia no respondía tanto a unas necesidades materiales (que hasta entonces sólo respondían al modelo de la mujer escritora o burguesa) sino a unas necesidades simbólicas: dotar de lugares a un imaginario femenino emergente. Las imágenes del álbum fotográfico personal, los libros de la biblioteca particular y las palabras del diario personal eran los lenguajes mediante los cuales se organizaba un museo de topografías íntimas (sobre el que habrían de basarse movimientos que ocuparían el espacio público, como las sufragistas y las feministas).

 El ensayo de Woolf sería recuperado en la década de 1960 por parte de las y los jóvenes, pues servía para legitimar la creciente necesidad de apropiarse de espacios no compartidos con los padres. Históricamente, los jóvenes se habían caracterizado por no disponer de espacio privado. En la sociedad campesina acostumbraban a compartir la habitación (y a menudo también el lecho) con hermanos, sirvientes e incluso animales, bajo la estricta autoridad del *pater familias*. El proceso de urbanización no comportó mejoras: la vida cotidiana de los jóvenes tenía lugar sobre todo en el espacio público (calles, tabernas, cafés). La sociedad industrial, que inventó la adolescencia, recluyó a los jóvenes burgueses en determinadas instituciones educativas (internados, colegios, asociaciones juveniles) e hizo lo mismo con los jóvenes obreros en otros espacios compartidos (fábricas, calles, cárceles). Aunque algunos movimientos literarios (particularmente el romanticismo) empezaron a concebir un nuevo Sigfrido adolescente que surgía de un espacio privado (un espacio del Yo), eran muy pocos los jóvenes que tenían una habitación propia, y todavía menos los que podían disfrutarla sin interferencia de los padres. Casi siempre la habitación era compartida por diversos hermanos y la vida se hacía fuera de la casa.

 Otra escritora de nombre parecido, la antropóloga sueca Helena Wuulf, se ha referido a las «culturas de habitación» (*bedroom cultures*) como factor distintivo de las microculturas juveniles femeninas. Tradicionalmente la juventud ha tendido a verse como un territorio masculino vinculado a la sociabilidad en el espacio público (calle, mercado de ocio). La invisibilidad de las muchachas en las culturas juveniles se ha debido en parte a su reclusión en el espacio privado debido al mayor control familiar y sexual. Garber y McRobbie (1983: 221) plantearon que existían sin embargo otros espacios donde las jóvenes podían haber desarrollado una sociabilidad autónoma, como las asociaciones juveniles y, sobre todo, la propia habitación: «La posición de las muchachas puede no ser marginal, sino estructuralmente diferente. Pueden ser marginales en las subculturas, no sólo porque son expulsadas por la dominación de los varones a los márgenes de cada actividad social, sino porque están centralmente situadas en un conjunto o rango de actividades diferente, necesariamente subordinado». En ella desarrollan sus fantasías, escriben sus diarios, leen las revistas de fans, y cuidan su cuerpo. Sin embargo, en su estudio sobre una microcultura juvenil en un barrio inglés, Wuulf (1988) se plantea hasta qué punto los mismos muchachos, tan visibles en las subculturas más espectaculares, no tienen también un ámbito de privacidad, equivalente al femenino, que van configurando a su medida.

En los años sesenta, con los movimientos de liberación juvenil que confluyeron en la contracultura, la reivindicación de una habitación propia pasó a ser el símbolo de un sujeto social emergente: la juventud. Al principio, se trataba de empezar a conquistar espacios de autonomía frente a la generación de los padres, ya sea en el espacio público —del paseo por la Calle Mayor al reservado; del cine de barrio al cineclub; del baile tradicional a la *boîte*; del reservado a la discoteca—, como en el espacio privado —de la habitación compartida a la habitación separada; de la habitación gobernada por los mayores a la decoración propia; de la casa patriarcal a la casa inter-generacional. Al principio, los jóvenes empezaron a apropiarse emocionalmente de su propia habitación, adornándola con pósters de sus actores o grupos preferidos (James Dean, Marlon Brando, los Beatles, los Rolling Stones), con fotografías de sus amigos, con libros de formación o evasión que no recomendaban los padres sino los amigos (*El diario de Dani*, *El diario de Ana María*, *El señor de los anillos*), con nuevas revistas juveniles (cómics, revistas musicales, revistas de clubs de fans), con vestidos y material ornamental que ayudaban a crear una moda propia. En la habitación, uno podía invitar a los amigos, redactar cartas para novios o amigos, llevar un diario personal y guardarlo bajo llave, escuchar música —con el transistor que empezaba a transmitir las radiofórmulas— e incluso organizar algún *guateque* cuando los papás se marchaban de fin de semana y era posible apropiarse de toda la casa, aunque fuera provisionalmente. El símbolo de este periodo es el diario personal vetado a los padres, en el que se vierten los sueños íntimos. Aunque este proceso afectó más a la juventud de clase media, también los jóvenes de clases trabajadoras descubrieron el efecto narcisista de tener un espacio para consumir lo que el *teenage market* les empezaba a ofrecer. Sin embargo, los padres seguían ejerciendo el control sobre este espacio, fiscalizando lo que en él se guardaba y lo que en él se hacía. Pensemos que el uso del teléfono era entonces inexistente o compartido. También ejercían el control de la economía juvenil puesto que, aunque los jóvenes tuvieran ingresos propios, los padres solían administrarlos. Para no hablar del consabido control del diario personal supuestamente secreto.

Desde finales de los sesenta, los jóvenes empiezan a apropiarse definitivamente de su habitación, de la que expulsan a sus padres. Los pósters se transforman y politizan, y de las estrellas de Hollywood se pasa a los cantautores de protesta, Mao, Marx y el que se convertiría en el emblema de la revuelta juvenil: el Che Guevara. Al radio-transistor se añaden los primeros radio-casetes y tocadiscos (el *pick-up*), que empiezan a sustituir al *juke-box* como lugar público de la escena musical. El volumen musical aumenta y los padres ya no tienen tanto poder para reducirlo ni pueden imponer lo que se oye. La decoración se hace más llamativa, en su vertiente *kitch*, *pop*, *hippie*, progre o psicodélica. El vestuario se radicaliza y las madres pierden su poder en la determinación del gusto estético de los hijos e hijas. En la biblioteca personal desaparecen las novelas rosa o de formación y aparece un nuevo tipo de literatura existencial (Kerouak, Hesse, Marscuse, Reich) y de revistas contraculturales (los primeros fanzines), por no hablar de la prensa antifranquista clandestina (y de las vietnamitas). En los años setenta, con el reflujo posterior a mayo del 68, la vindicación de una habitación propia deja paso a la lucha por una privacidad alternativa: pisos de estudiantes, buhardillas y comunas compartidas por jóvenes de ambos sexos se convierten en la nueva (micro)utopía. La norma pasa a ser irse de casa de los padres para construir una nueva privacidad comunitaria, por lo que la habitación propia deja de tener tanta importancia. Sin embargo, lo más característico de esta época es la conquista del espacio público, que tendrá su eclosión durante el proceso de transición/ reforma hacia la democracia en España. El nombre que recibirá es bien conocido: la *movida*. La zona de vinos, la ruta por los *pubs*, se convierten en un nuevo hogar que se dota de significados íntimos.

Desde los años ochenta se producen dos procesos paralelos: por una parte, la eclosión del mercado de ocio y de espacios especializados en el consumo adolescente (es el tiempo de las tribus); por otra parte, el refugio en la habitación y la ampliación a la pre-adolescencia y a la última infancia de esta obsesión por un espacio autónomo. Niños y adolescentes tienen cada vez más recursos económicos transferidos por sus padres y, como el espacio público de la ciudad se hace cada vez más inaccesible para ellos (proceso de urbanización, desaparición del juego de calle, campañas de pánico moral, prohibición o retraso del acceso de los menores a los lugares de ocio, etc.), redescubren las culturas de habitación que habían identificado a los jóvenes adultos de generaciones anteriores. Ahora ya no deben compartirlas con otros hermanos, pues el número de hijos por familia ha caído en picado. En estos espacios concentran su consumo de ocio: juegos, cómics, revistas de música o deportes, cadena hi-fi, fotografías, etc. Los ídolos retratados en los pósters dejan de ser líderes políticos o artistas comprometidos, y vuelven a ser músicos de moda (Michael Jackson, Mecano...), estrellas del cine (Di Caprio, Madonna...), a los que se añaden los nuevos astros del deporte (Guardiola, Raúl...).

En los últimos años la habitación de los adolescentes ha vuelto al primer plano de la cultura juvenil, experimentado una gran metamorfosis. La emergencia de la cultura digital ha hecho posible la comunicación interpersonal desde el propio espacio privado: del teléfono familiar controlado por los padres y situado en el comedor o en el pasillo, se ha pasado al teléfono móvil personalizado que se puede usar en la propia habitación; de la comunicación escrita por carta se ha pasado a la comunicación digital por sms, *e-mail* o chat (y recientemente por WhatssAp). Gracias a internet, los adolescentes han aprendido a acceder a comunidades virtuales que están mucho más allá de su habitación. Y gracias a los videojuegos (consola, Game Boy, Play Station), pueden practicar desde su casa lo que antes tenían que hacer en las salas de juego públicas. Se amortigua el conflicto generacional, pero aparecen nuevas brechas cada vez más sutiles que separan a padres e hijos. Unos y otros comparten el mismo espacio cada vez durante más tiempo (si tenemos en cuenta el retraso en la emancipación familiar, están condenados a vivir más tiempo con sus progenitores que con sus propias parejas). Ya no están obsesionados en abandonar el espacio compartido —entre otras cosas, porque no se lo pueden permitir— y buscan espacios propios que puedan compensarles: la cultura de la noche, los viajes y la habitación propia.

Un ejemplo muy ilustrativo de lo que venimos diciendo es el seguimiento entre apasionado y lúdico que los adolescentes españoles hacen de programas como *Gran Hermano* y *Operación Triunfo*.[2] Aunque no conozco todavía ningún estudio etnográfico sobre las audiencias de estos éxitos mediáticos, y aunque las reacciones son extraordinariamente heterogéneas, me arriesgaría a adelantar algunas hipótesis al respecto. De entrada, ambos programas tienen como protagonistas a jóvenes-adultos (en otras palabras: solteros mayores de edad) que renuncian durante un tiempo a su privacidad (a su habitación propia) para exponerse frente a la mirada impávida de la televisión (sería divertido saber qué pensaría Orwell de este uso lúdico y voluntario de la gran máquina de poder absoluto que era el ojo del *Big Brother* de *1984*). Que estos chicos y chicas tengan una finalidad creativa (triunfar como cantantes) o bien ninguna (superar el tedio de no hacer absolutamente nada) no tiene en este caso ninguna importancia. Lo relevante es que cuando llegan a la casa del GH o a la Academia de OT deben abandonar el reloj y el calendario que marcaban antes su ritmo cotidiano y entrar en otra temporalidad que se asemeja a la de la cárcel o la del régimen cuar-

---

2 El presente se refiere al año en que se redacto originalmente el texto (2004), cuando *Gran Hermano* y *Operación Triunfo* estaban en pleno apogeo.

telario, aunque en este caso la reclusión sea voluntaria. No es de extrañar que los guionistas de ambos programas —pese a parecer espontáneo lo que allí pasa sigue un guion— se suelan esforzar en que la juventud así retratada represente determinados prototipos de género, edad, clase, etnicidad, o subcultura (el deportista, la pija, el macarra, la jipi). Lo que no está en el guion (pero surge inevitablemente en cada edición del *reality show*) son los amores y los odios entre los distintos actores, actualización de la novela adolescente (ya sea en forma de comedia o de tragedia). Tampoco es relevante aquí que la lectura que se haga de estas relaciones erótico-amorosas sea positiva, como en GH, o condenatoria, como en OT, ni que los escarceos tengan continuidad fuera de la casa. El *leitmotif* de casi todas las ediciones es un proceso de maduración personal (amorosa, espiritual, artística), una especie de rito de paso hacia la adultez (mediatizado por pingües premios en metálico).

Si pasamos del programa a las audiencias, las reacciones ante el *reality show* dependen de la edad y expectativas de los que lo siguen. Aunque al principio estos programas, sobre todo OT, fueron vistos como una ocasión para reencontrar la cohesión familiar perdida —«Por primera vez en mucho tiempo padres e hijos vemos juntos un programa de TV»—, los adolescentes son los que reciben un impacto más directo. Estos jóvenes-niños, menores de edad que viven en casa de sus padres, sin relaciones amorosas ni profesionales estables, ven en los jóvenes-adultos de GH y OT —mayores de edad, en proceso de emancipación, a la búsqueda de una identidad amorosa y profesional— el modelo que pueden/quieren llegar a ser (o bien de lo que no pueden/odian llegar a ser). Como las estrellas del *rock* en los sesenta, estos chicos y chicas son como ellos: pueden verse reflejados en sus inseguridades y sus deseos de triunfar. Más que en las transmisiones en directo, los adolescentes siguen estos programas mediante los resúmenes semanales, los programas que los reamplifican (*Crónicas Marcianas*, etc.) y sobre todo mediante otros medios que los recrean: las revistas especializadas tipo OT y GH, los chats y webs por internet y las votaciones mediante sus teléfonos móviles. Deberíamos reflexionar sobre el significado de esta democracia electrónica: los adolescentes que todavía no pueden votar en las elecciones (y que cuando pueden hacerlo acostumbran a abstenerse) se vuelcan en estas votaciones digitales que les permiten hacerse la ilusión de que tienen capacidad de decisión (de que su voto cuenta para algo). Una ilusión que se alimenta de nuevo desde la habitación propia.

La familia Ulises: un estudio de caso

> [La habitación de Raimon] suele estar muy desordenada, pero aparte de esto la organización es admirable en cuanto a la distribución de zonas de trabajo, ocio, descanso, porque aprovecha muy bien los espacios para dormir, oír música, estudiar, gimnasia, y desparramar sus cosas. Suele aislarse en su habitación porque otras actividades de la casa no le interesan, se ha montado su mundo con todo lo que necesita. Es una forma de escaquearse hasta cierto punto. Hay una competencia por otros tipos de decisiones como escoger un canal de televisión. Los gustos de él no coinciden con los de los demás. Si no puede ver lo que le interesa se va y en su habitación nadie le impone nada. Es su mundo. (María)

Para observar sobre el terreno este recorrido histórico, presentaré un estudio de caso sobre una familia con dos hijos adolescentes, que llamaré «los Ulises» (en homenaje a la popular familia del TBO). Siguiendo la propuesta de Franco Ferrarotti de «leer una sociedad a través de una biografía» (en este caso a través de una historia familiar), analizaremos la habitación de los adolescentes a partir de la visión de los propios jóvenes y de sus padres, así como de los problemas y oportunidades que ello supone para las relaciones paterno-filiales. Los Ulises son una familia de clase media que viven en un barrio residencial de una gran ciudad catalana. María, la madre, es funcionaria y Adrián, el padre, profesor. Ambos nacieron en los cincuenta y vivieron su juventud en la década de 1960. No tuvieron habitación propia cuando eran jóvenes: su dormitorio era compartido con sus hermanas y hermanos, y además sus padres tenían el control sobre los objetos y actividades que hacían en él. El teléfono era compartido y apenas había objetos de decoración propios: «No era nuestro mundo, sólo era para dormir». Las madres eran quienes controlaban este espacio durante el día; el padre llegaba por la noche y ejercía

Los jóvenes en su habitación

una supervisión relativamente lejana. María pasaba los fines de semana en una segunda residencia en la que sí había un club al fondo del huerto que decoraba con cuatro amigas (con pósters de Cliff Richards, Alain Delon, los Beatles, etc.) y en el que alguna vez habían realizado guateques. Adrián, en cambio, recuerda que el espacio propio no era el hogar familiar, sino el espacio público: la calle, el local de los *boy-scouts*, las excursiones, las episódicas salidas nocturnas. Adrián y María tienen dos hijos: Raimon tiene 19 años y estudia un módulo profesional; Julia tiene 14 años y estudia secundaria. El chico vive el final de la adolescencia y el inicio de la juventud; ella vive el final de la infancia y el inicio de la adolescencia. Ambos tienen una habitación propia desde que eran niños, donde pasan la mayor parte de su tiempo familiar. Aunque los muebles los pusieron los padres, la han ido adaptando a sus respectivos gustos y necesidades particulares.

Raimon ha sido siempre muy creativo y su habitación ha ido evolucionando con él. Desde el final de la infancia se encierra en ella para jugar, hacer manualidades, gimnasia, escuchar música, leer revistas, recibir llamadas y mensajes de móvil de su novia —que después copia y guarda en una carpeta— dibujar y, ocasionalmente, estudiar. Tiene también una pecera que cuida y había tenido un terrario. Un balón de baloncesto firmado por todos sus compañeros de escuela le recuerda sus días en secundaria. Antes tenía expuestas un montón de fotografías de su vida (sus compañeros, sus novias, sus viajes) pero cuando se hizo mayor de edad las eliminó y las guardó (sólo conserva la de su actual compañera). No tiene pósters, pero sí dibujos, grafitis y algún logo (el de una marca de coches y el de una supuesta discapacitación física). Tiene amigos para quienes la habitación es todavía más importante: se cierran con pestillo para que sus padres no puedan entrar, cenan dentro solos y se conectan a internet desde este espacio. Incluso para él esta escisión de los espacios familiares resulta algo excesiva: «Ser mayor de edad no supone demasiados cambios. El único cambio es que se puede volver más tarde por la noche. Ahora salgo una vez de tanto en tanto, pero prefiero estar en mi habitación».

Julia vive en la habitación contigüa. Aunque pasa más tiempo que su hermano mirando la tele o en el comedor, está empezando a apropiarse de su habitación. Un gran espejo que cubre el armario le sirve para vestirse y admirar como su cuerpo va cambiando. Hace unos meses la reorganizó complemente: eliminó las muñecas (sólo conserva una), la mayoría de sus libros y algunas imágenes infantiles, y empezó a colgar objetos con sus gustos actuales: un póster de Jeniffer López, revistas de OT, un *walkman* y fotos de sus amigas actuales. Le apasionan los programas televisivos que describen la vida de los adolescentes, como *Al salir de clase*. Sigue cuando puede OT y GH. Le gustaría ser artista y dedica mucho tiempo a cantar y a cuidar su cuerpo para parecer una joven atractiva. Desde hace unos meses también tiene teléfono móvil, que utiliza para que la llamen y que recarga con sus ahorros cuando se le agota el saldo: «Tengo pósters de algunos cantantes, caballos, perros...».

María y Adrián consideran que sus hijos pasan demasiado tiempo en su habitación. Piensan que el desorden reina en ellas («la mujer de la limpieza no se atreve a entrar») aunque reconocen que puede existir otro orden que a ellos les es desconocido. Les gustaría que tuvieran más tiempo para estar juntos. Se quejan de que Raimon se encierre en su habitación («Ha construido un mundo a medida») y de que Julia siga los dictados de la moda («Prefiere pensar en un futuro lejano ideal, a enfrentar su futuro inmediato real»). «Raimon tiene habitación propia desde los 12 años, se la hizo suya desde los 14, y desde los 16 es su mundo hermético. Supongo que es bastante corriente en los chicos de su edad». Los únicos momentos compartidos son las cenas y los fines de semana: «Cuando la televisión no está encendida, podemos hablar de algunas cosas». Consideran que las relaciones entre padres e hijos han cambiado mucho: con sus padres pasaban más tiempo juntos, eran mucho más autoritarios pero al mismo tiempo ellos tenían otros espacios de libertad.

Adrián es profesor de secundaria y ve en la escuela el reflejo de esta metamorfosis del adulto: «Si los alumnos nos pierden el respeto es porque también se lo pierden a sus padres». María es consciente de que los que han cambiado no son tanto los adolescentes sino los padres y sobre todo las madres: «Tenemos una vida demasiado complicada, sin tiempo ni espacios compartidos. Se lo damos todo a nuestros hijos, menos el tiempo». Los Ulises no son necesariamente representativos, pero reflejan en sus dilemas los problemas que derivan de la dialéctica entre espacios propios y espacios compartidos. Nunca antes habían convivido padres e hijos tanto tiempo bajo un mismo techo y nunca antes habían vivido en mundos aparentemente tan dispares. Pero no nos engañemos: Tarzán, Peter Pan y Blade Runner forman parte inextricable de todas nuestras vidas, y debemos aprender a convivir con ellos del mismo modo en que debemos aprender a convivir con nuestros hijos.

8
LOS JÓVENES EN EL ESPACIO ESCOLAR[1]

Escuela y adolescencia son una especie de matrimonio mal avenido: se pasan el tiempo discutiendo, pero saben que de grado o por fuerza han de convivir. Desde la implantación de la Reforma Educativa en España en la década de 1990, con la extensión del periodo de escolaridad obligatoria hasta los 16 años, la escuela secundaria ha sido un terreno de juego donde se han enfrentado visiones a menudo contrapuestas sobre el hecho educativo y sobre la adolescencia. Por un lado, la transformación del medio escolar, con los cambios en las culturas docentes y en la composición del alumnado, ha supuesto una redefinición de las funciones de la escuela y de su significado social. Por otra parte, la transformación de la cultura adolescente, con el acceso masivo de los escolares a la sociedad de consumo y el impacto de la cultura digital, han producido una redefinición de los *ritos de paso* —y también de los *ritos de impasse*— hacia la edad adulta. Por lo general, el dilema se resolvió con la exclusión de las formas de expresión propias de las culturas juveniles fuera del ámbito escolar. Ello se hizo explícito en movimientos de profesores tales como «bandas fuera», o en la «cultura anti-escolar» de la que nos habla Willis (1977). La interacción entre cultura juvenil y escolarización puede parecer un tema novedoso, pero en realidad es un objeto de reflexión constante en la historia del pensamiento pedagógico y en la investigación sobre la juventud contemporánea. En este texto recuperaremos algunas obras y autores que abordan esta relación en tres momentos muy diferentes: hace un siglo, cuando en Alemania se sientan las bases para una Reforma Educativa que integra la cultura juvenil en la llamada «comunidad escolar libre»; hace me-

---

1 Feixa, C. (2010). «Escuela y cultura juvenil: ¿matrimonio mal avenido o pareja de hecho?» *Revista Educación y Ciudad*, Bogotá, 18, 5-18. (2010). «Şcoala şi cultura tinerilor: casatorie nefericita sau concubinaj». *Revista de Pedagogie*, Bucarest, 58(4), 43-52.

dio siglo, cuando en Estados Unidos el auge de las *high school* introduce muchos elementos de una cultura juvenil que comienza a construirse en los intersticios del sistema escolar; y el presente, cuando la emergencia de la sociedad red crea una brecha educativa que empieza a verse como una brecha generacional. Los tres momentos representan una ruptura con los modelos de transmisión cultural propuestos por Margaret Mead (1970): la escuela *pos-figurativa* (donde los adultos educan a los jóvenes), la escuela *cofigurativa* (donde los jóvenes educan a los jóvenes), y la escuela *pre-figurativa* (donde son los jóvenes los que educan a los adultos).

La escuela *pos-figurativa*: la comunidad escolar libre

> Sería ridículo creer aun, respecto a esta desesperada situación total de las cosas, que nos hacía falta un poco de reforma escolar. Lo que necesitamos es una nueva cultura de la juventud, en último término, una cultura de la juventud, pues nunca ha existido nada semejante entre nosotros (Wyneken, 1914: 73).

En 1914 —justo antes de que comenzara la Primera Guerra Mundial— el pedagogo alemán Gustav Wyneken publicó *Escuela y cultura juvenil*, un influyente ensayo que en 1927 la editorial Espasa Calpe traduciría al castellano en la colección «Ciencia y Educación» (donde también aparecerían otros libros clásicos de la renovación pedagógica, como los de María Montessori, que influyen en los proyectos educativos impulsados durante la Segunda República española). El autor era uno de los impulsores de la Reforma Escolar alemana, que confluyó en el movimiento de la llamada «comunidad escolar libre». Fue maestro de Walter Benjamin y militó en la rama de la socialdemocracia que abogaba por una revolución pacífica utilizando la educación como instrumento de reforma social. Pero también había sido influido por el movimiento romántico alemán que, desde Ghoete, se sentía admirado por el ardor juvenil y sus potencialidades. Este movimiento dio lugar a los *Vanderwögel* (los pájaros migrantes), un importante movimiento de educación en el ocio, contemporáneo de los *boy scouts*, pero más orientado a los adolescentes que a los niños, y de naturaleza mucho menos jerárquica y militarizada.

Wyneken comienza su libro diseccionando la naturaleza de la juventud. Para él la vida humana se desarrolla en tres estadios: el primero corresponde a la primera infancia, y representa el pasado del hombre, su prehistoria biológica, que se supera con la adquisición del lenguaje, que lo transforma de animal individual en ser social. El segundo grado corresponde a la etapa educativa propiamente dicha, es decir a la segunda infancia (escolaridad primaria), durante la cual el individuo entra en oposición con su naturaleza y se desarrolla constituyendo un microcosmos y una imagen de la sociedad humana, en definitiva, se humaniza. El tercer grado, finalmente, corresponde a la juventud (a la escolaridad secundaria), durante esta etapa el individuo pasa de ser objeto a ser sujeto de este proceso de humanización: «El contenido específico de esta edad no debe ser, pues, la aplicación, es decir, la repetición práctica de lo que ha aprendido en el segundo grado, sino la ampliación de aquel dominio espiritual objetivo; con esto llega a ser necesaria una nueva generación, porque hay ahí algo nuevo que tiene que ser aprendido y adquirido socialmente» (1927: 23).

La parte central de su obra está dedicada a legitimar una nueva concepción pedagógica que ponga de relieve el papel activo de la juventud en el proceso de aprendizaje. De entrada, comienza reconociendo que la ampliación del periodo de escolaridad obligatoria es un avance social fundamental: «¿Sería, pues, tan absurda la idea de que la sociedad humana concentrara toda su capacidad de trabajo para emanciparse de la lucha por la existencia al menos a una parte de la vida, los años de infancia y juventud, y para crearse y tener a la vista en su joven generación una humanidad más noble, pura y bella? ¿Sería realmente absurdo imaginarse que la sociedad humana se sacrifique por su propia juventud?» (: 64-5). Para justificar este principio, cita el mito del «niño renacido» (los rituales de iniciación de las culturas primitivas): «Lo que aquí se supone haberse realizado en tres meses, se lleva a cabo entre nosotros en ocho o doce años, menos catastróficamente, es cierto, pero más profunda e irremediablemente» (: 66). La educación se convierte, pues, en una especie de ceremonia de iniciación social que modula la personalidad del adolescente. Sin embargo, del modo en que se aplica en la mayor parte de escuelas de las clases cultas, esta posibilidad supone una desnaturalización de la adolescencia y un modelo más parecido al del ejército que al del diálogo socrático vigente en la efebía griega: «¿No debiera llenarnos de espanto el pensar que estos hombres jóvenes están sometidos la mayor parte del día en el adiestramiento de una erudición uniforme, que vestidos con trajes ridículos, con las señales de la miopía de su época en el rostro, trotan diariamente de casa a la escuela y de la escuela a la casa, despiertan nuestra compasión y nuestra cólera?» (: 67). Esta visión crítica inspira al autor el neologismo «cultura juvenil» (*jugendkultur* en alemán), que supone un reconocimiento de la capacidad creativa y no meramente imitativa de los adolescentes, y que no será recuperado hasta medio siglo más tarde (en un contexto social y educativo muy diferente). Como ejemplo de cultura adolescente cita los *Wandervögel*, un movimiento que ha asumido la cultura de los jóvenes, pero que «se halla por completo indiferentes al respecto a la escuela o está en interna oposición con ella» (: 68-9). Por eso la *jugendkultur* debe completarse con una «nueva escuela» que use la juventud en el centro de su sistema de valores:

> La escuela, pues, en la que la juventud puede instalarse cómodamente, la escuela que en medio del convencionalismo burgués le ofrezca un refugio en su propia naturaleza, y que no vea su misión en envejecer, sino en descubrir, afirmar y acrecentar lo juvenil en nuestra juventud […] ¿Cuando se fundará la santa alianza de nuestra juventud y el futuro educador, en la cual se reúnan para rejuvenecerse dentro de la escuela? (Wyneken, 1914: 69).

En la Alemania de principios de siglo esta nueva escuela se bautizó con el nombre de «comunidad escolar libre». El autor distingue tres tipos de escuelas que conviven durante este periodo. La primera es la Escuela Memorística (*Lernschule*), surgida en la Edad Media, basada en la repetición de los conocimientos hasta que los alumnos aprendan de memoria las enseñanzas. La segunda es la Escuela Primaria Popular (*Volksschule*), creada por la Reforma Protestante y basada en el autoexamen, en la necesidad de examinarse por sí mismo y rechazar las pretensiones de la jerarquía, se trata de una escuela del trabajo, en la que los conocimientos son adquiridos por los alumnos mediante su propio esfuerzo, obtenidos de la materia del mundo de los fenómenos naturales y sociales que están a su disposición. Esta escuela favorece la autonomía de los individuos, crea capacidades y fuerzas, «pero no educa propiamente, no determina la dirección de las fuerzas, el espíritu» (: 144). La tercera es la Escuela Cultural (*Kulturschule*), con precedentes en el Renacimiento y las Luces, basada en la autonomía del espíritu y el impulso de la creatividad de los alumnos, una escuela que fomenta la innovación pero que en general queda limitada a las elites ilustradas. La comunidad escolar libre aparece como una síntesis de la escuela del trabajo y de la Escuela Cultural, como una «escuela unificada» que debería integrar las innovaciones de algunas escuelas culturales de las elites con los avances democratizadores de la escuela pública popular. Huelga decir que el Tercer Reich eliminó de cuajo este intento de reforma escolar desde abajo.

La escuela *cofigurativa*: la sociedad adolescente

> Para decirlo en pocas palabras: estos jóvenes hablan un idioma diferente. Y lo que es más relevante: el idioma que hablan se diferencia cada vez más de lo que habla el resto (los adultos): la sociedad adolescente es cada vez más fuerte [...] Entre los padres se está extendiendo la sensación de que el mundo de los *teenagers* es un mundo aparte (Coleman, 1961: 3-4).

En el periodo posterior a la Segunda Guerra Mundial, cuando el alargamiento de la permanencia de los jóvenes en instituciones educativas y la aparición del «consumidor adolescente» consagran el nacimiento de una nueva clase de edad en los países industrializados, las teorías sobre la existencia de una «cultura juvenil» autónoma e interclasista se generalizan y se dotan de legitimidad científica. En Estados Unidos, la escuela secundaria —la *high school*— se había convertido en el centro de la vida social de una nueva categoría de edad típicamente americana: el *teenager* (Levi y Schmitt, 1996). La escuela no sólo ofrecía una cultura académica, sino un espacio de sociabilidad compuesto por una serie de rituales con los que las películas de esta época nos han familiarizado: deportes, clubs, sororidades y fraternidades (una especie de corporaciones estudiantiles muy poderosas), bailes y fiestas de graduación (las famosas *prom' parties*), cines al aire libre, coches, limusinas y motocicletas, etc. Los que tenían menos de 18 años, pero ya no eran niños, formaban una nueva generación que consumía sin producir, y que tenía como modelos de referencia, por primera vez, no a sus padres, sino a ídolos de su misma edad.

El tema de la cultura juvenil había emergido mucho antes, en el periodo de entreguerras, pero quedó truncado primero por el *crack* del 29 y después por el conflicto bélico. En 1929, se publicaron dos estudios trascendentes en esta línea: *The Gang*, de Frederik Trasher y *Middletown*, de Robert y Helen Lynd. El primero se centraba en el estudio de las «bandas» juveniles emergentes en los barrios populares de Chicago, trazando un vivo panorama de la «cultura de la esquina». El segundo abordaba el estudio de una pequeña ciudad del medio oeste americano, dedicando todo un apartado a las culturas formales e informales de la *high school*. Ambas obras retrataban dos caras contrapuestas, pero complementarias, de la naciente «cultura juvenil». Thrasher (1929) estudiaba a los chicos de la calle (*street-corner boys*) y los chicos de la escuela (*college-boys*). Los Lynd comenzaban señalando la creciente relevancia de las divisiones generacionales en la cultura norteamericana: el retraso en la inserción profesional, el papel de la institución escolar y de la sociedad del ocio, estaban ampliando la brecha generacional entre jóvenes y adultos (entre padres e hijos, maestros y alumnos, oficiales y aprendices, veteranos y noveles). La *high school* se había convertido en el centro de la vida social de los chicos: la escuela es un mundo con una lógica propia que genera «una ciudad dentro de la ciudad», en la que la edad es más importante que la clase social. Por primera vez en la historia, los jóvenes comparten más cosas con sus compañeros, incluso los de orígenes sociales diferentes, que con sus propios padres (Lynd y Lynd, 1957: 211).

En 1961, el sociólogo James Coleman publicó *The Adolescent Society*, que pronto se convertiría en una obra de referencia sobre la emergente subcultura adolescente en la sociedad industrial. El subtítulo de la obra —«La vida social del *teenager* y su impacto en la educación»— ponía de relieve el punto de vista adoptado, alternativo al dominante hasta entonces. Se trataba de analizar la influencia de la cultura juvenil en la escuela y no al revés. El autor se había basado en una gran encuesta realizada en diez *high schools* ubicadas en zonas rurales, urbanas o suburbanas del estado de Illinois (con Chicago como capital), que cubrían una amplia gama social que iba desde hijos de granjeros y obreros hasta las clases medias. El autor comenzaba reflexionando sobre el cambio cuantitativo y cualitativo que se había producido desde la época en que los Lynd y Parsons empezaron a investigar las *high schools*. No sólo iban la inmensa mayoría de los adolescentes, sino que éstos tenían como modelo de referencia a personas de su edad, en vez de a personas mayores «en una edad en que chicos y chicas viven en una especie de limbo, entre la infancia y la vida adulta» (1961: vii). El número de inscritos en los institutos es un buen índice de este proceso de escolarización de la juventud o más bien de juvenilización de la escuela: mientras en 1900 sólo el 11% de la población en edad escolar iba a la *high school*, en 1930 esta proporción había alcanzado el 51%, y a finales de los años cincuenta la práctica totalidad de los adolescentes norteamericanos pasaban esa etapa de su vida en el instituto.

La conclusión era que en torno a la escuela secundaria estaba emergiendo una auténtica «sociedad adolescente», donde imperaban normas diferentes a las de la «sociedad adulta»: «Este "poner aparte" a los chicos y chicas en las escuelas —que asumen cada vez más funciones y actividades extracurriculares— durante un periodo cada vez más largo de formación, tiene un impacto singular en los adolescentes de la *high school*. Separados del resto de la sociedad, forzados a vivir con el propio grupo de edad, su vida social se aleja cada vez más de los que no tienen su edad. Con sus compañeros, comienza a constituir una pequeña sociedad, que tiene la mayor parte de sus interacciones dentro de ella misma, y mantiene pocos vínculos con el resto de la sociedad adulta. En nuestro mundo moderno de comunicación de masas y rápida difusión de ideas y conocimientos, es duro darse cuenta de que pueden existir subculturas separadas ante las narices de los adultos —subculturas con lenguajes propios, con símbolos especiales, y, más importante aún, con sistemas de valores diferentes a los de los adultos. Cualquier padre que haya intentado hablar con su hijo o hija adolescente recientemente conoce esto, como lo conoce cualquiera que haya visitado recientemente una *high school* por primera vez desde su adolescencia» (1961: 3).

Estas tendencias de cambio en el seno de la institución escolar eran reforzadas por las tendencias de cambio que se estaban dando en el entorno social, con la emergencia de la llamada sociedad de consumo y la consecuente cultura de masas, que tenía precisamente a los adolescentes como protagonistas en tres ámbitos privilegiados: el consumo de ocio, la música y la televisión. En las diversiones comercializadas (discotecas y clubs, *drusgtores* y autocines, etcétera), en la industria musical (discos, conciertos y revistas) y en la consolidada oferta televisiva (con programas específicos para *teenagers*), los adolescentes iban interiorizando la conciencia que los modelos a imitar no eran los de sus padres, sino los de sus coetáneos. La consecuencia es que «el adolescente es expulsado hacia una sociedad de coetáneos, una sociedad cuyos habitantes viven en las paredes y aulas de la escuela, los comedores de los *teenager*, la tienda de la esquina, el automóvil, y muchos otros lugares de consumo» (1961: 4). Como decía un padre entrevistado por el autor: «nuestros hijos… viven en un mundo separado de la comunidad adulta». Coleman describía y medía el impacto de esta separación, y reflexionaba sobre las implicaciones que ello podía tener en la teoría y la praxis de la educación (que ya no podía limitarse a la escuela y mucho menos a la familia). Pero no parece que las autoridades norteamericanas —ni las de otros países occidentales donde se produjeron transformaciones similares— captaran el mensaje.

La escuela *pre-figurativa*: el aprendizaje en red

> Cuando se pasa de una brecha generacional —*generation gap*— a un giro generacional —*generation lap*— los adolescentes sobrepasan a los adultos en la carrera tecnológica, desplazándolos en muchas áreas de la vida diaria (Tapscott, 1998: 36).

Durante la última década, la relación entre escuela y cultura juvenil se ha vuelto a dislocar como consecuencia de diversos cambios en el entorno social. Para Tapscott (1998) una de las consecuencias más notables de la generación digital son los cambios en el sistema de transmisión cultural: la «cultura de la interacción» en que se basa la generación de la red (N-Gen: *Net Generation*) se traduce en una determinada «mentalidad» y sobre todo en una «forma de aprendizaje» específica, a menudo contradictoria con las que se quieren transmitir desde la escuela: «Esta combinación de una nueva generación con nuevas herramientas digitales implica repensar la naturaleza de la educación —tanto de sus contenidos como de sus medios. A medida que la *N-Gen* vaya entrando en el mercado laboral, empezará a reclamar nuevos entornos para el aprendizaje a lo largo de la vida» (1998: 127). El autor acaba señalando ocho tendencias para este aprendizaje interactivo, que propone utilizar como una brújula para orientarse en el caos (1998: 140): 1) del aprendizaje lineal al aprendizaje hipermedia; 2) de la instrucción a la construcción y descubrimiento; 3) de la educación centrada en el profesor a la educación centrada en el aprendizaje; 4) del material absorbente a aprender cómo navegar y cómo aprender; 5) del aprendizaje escolar al aprendizaje a lo largo de la vida; 6) de la talla única al aprendizaje adaptado; 7) del aprendizaje como tortura al aprendizaje como juego; y 8) del profesor-transmisor al profesor facilitador. Sea como fuere, este proceso provoca un cambio de fondo en el proceso educativo, que la escuela debe tener en cuenta si no quiere convertirse en algo irrelevante.

Paradójicamente, el modelo de *escuela digital* o *aprendizaje interactivo* de Tapscott recuerda mucho a la *comunidad escolar libre* de Wynecken, como si las nuevas tecnologías hubiesen finalmente aportado las herramientas para su pionero modelo de reforma docente, aplicado *de facto* en el modelo de la *high school extraescolar*. Ciertamente, la cultura juvenil nunca ha sido una cultura *pasiva*, meramente receptiva de formas y contenidos provistos por otras instancias (la escuela, el mercado, la televisión, los medios). En la era digital, la naturaleza pro-*activa* de la cultura juvenil se convierte en inter-*activa*, es decir, los jóvenes de la generación @ pasan de ser receptores a ser emisores. No se trata de poner ordenadores en todas las aulas, sino de romper el modelo de relación jerárquica y unidireccional entre el adulto que enseña y unos adolescentes que aprenden. Las llamadas «tribus urbanas» son uno de los temas estrella de los trabajos de investigación escogidos por los estudiantes de bachillerato. En cambio, su simbología (lenguaje, estética, música, objetos, actividades, etcétera) es a menudo vista con sospecha, cuando no prohibida, en los centros escolares. Del mismo modo, no deja de ser una paradoja que elementos tan importantes en la vida cotidiana de los jóvenes, como la música o las tecnologías, sean a menudo una «maría» en el currículum escolar. ¿Cómo pueden adaptarse la escuela y la cultura digital? ¿Cómo aprovechar la cultura juvenil como factor de creatividad? ¿Cómo aprovechar la escuela para democratizar la sociedad red?

9
Los jóvenes en espacios de ocio[1]

Juventud y ocio son dos conceptos estrechamente vinculados en la historia contemporánea y en la investigación social. El descubrimiento «científico» de la juventud y el ocio se produce en la transición del siglo XIX al siglo XX: Thorsten Veblen publicó *La teoría de la clase ociosa* en 1899 y Stanley G. Hall publicó *Adolescencia* en 1904. En el primer tercio del siglo XX, surgieron las principales organizaciones juveniles para educar a los niños y jóvenes en el tiempo libre: campamentos de verano, *boy scouts* y *vanderwögel*. Después de la Segunda Guerra Mundial, la consolidación de la sociedad de consumo se expresó en el surgimiento de espacios de ocio dedicados a los jóvenes. La aparición del mercado adolescente ofreció un espacio específico para el consumo dirigido a los jóvenes, un grupo con un creciente poder de compra: moda, ropa, centros de ocio, música, revistas, etc. Era un segmento específico del mercado de productos adolescentes para consumidores adolescentes, sin entrar en diferencias de clase. Al mismo tiempo, la aparición de los medios de comunicación de masas permitió la creación de una cultura juvenil internacional-popular a través de los medios de comunicación, radio, discos y cine. Para entender cómo este proceso se reflejó en los estudios sobre juventud, nos centraremos en tres momentos: el descubrimiento de la «cultura juvenil» por parte de los estudios estructural-funcionalista, coincidiendo con el despegue de la sociedad de consumo en la década de 1950; el análisis crítico de las diferencias de clase en las subculturas juveniles y su potencial resistencia, por parte de los estudios culturales, coinci-

---

[1] Feixa, C. (2011). «Leisure». En: S. Talburt y N. Lesko (eds.), *Youth Studies: Keywords and Movements*, Londres y Nueva York: Routledge. Feixa, C., y Pallarés, J. (1998). «*Boîtes, raves, clubs.* Metamorfosis de la festa juvenil». *Revista d'Etnologia de Catalunya*, Barcelona, 13, 88-103.

diendo con la crisis del Estado del bienestar en la década de 1970; y los mecanismos de «distinción social» a través del ocio, por parte de los estudios post-subculturales, coincidiendo con la transición a una sociedad de la información en la década de 1990.

El ocio como consumo

> Hay razones para pensar que la cultura juvenil tiene importantes funciones positivas, ya que permite la transición de la seguridad de la infancia en la familia de origen a un estatus profesional y matrimonial adulto (Parsons, 1972 [1941]: 141).

La aparición del término «cultura juvenil» en las ciencias sociales se relaciona con el desarrollo de la sociedad de consumo, entre las dos guerras mundiales (Featherstone, 1991). En su clásica etnografía urbana sobre Middletown, Robert y Helen Lynd (1929) observaron la aparición de una cultura escolar en la sociedad urbana. Los autores comenzaron poniendo de relieve la creciente importancia de las brechas generacionales dentro de la cultura norteamericana: el retraso en la inserción profesional, la importancia cada vez mayor de la escuela como institución y la aparición de ocio fueron ampliando la brecha generacional entre jóvenes y adultos. La escuela secundaria se convirtió en el centro de la vida social de los jóvenes: la escuela no sólo ofrecía una cultura académica, sino también un espacio de sociabilidad compuesto por prácticas deportivas, organizada en clubs, hermandades y cofradías, y que se manifestaba de modo particular en bailes y fiestas; un mundo con una lógica propia que generaba «una ciudad dentro de la ciudad» para el uso exclusivo de las nuevas generaciones (Lynd y Lynd, 1957: 211). Pero fue Talcott Parsons (1963) y la sociología estructural-funcionalista quienes dieron legitimidad científica a la aparición de una «cultura juvenil». El análisis de Parsons se centra en los chicos y chicas de clase media, que pasaron su juventud en las escuelas secundarias: los futuros universitarios En los años cuarenta y cincuenta estos jóvenes generaron en Estados Unidos una microcultura propia —los *college boys*— expresada por hermandades, fiestas, bailes, graduaciones, moda, bares y música. A diferencia de los muchachos de la esquina —los *street-corner boys*—, su identidad se construye en la escuela, no en la calle, y su rebeldía sin causa no debía superar los límites impuestos por los adultos.

El ocio como resistencia

> La cultura juvenil se identificó sólo por sus aspectos más superficiales: la música, los estilos, el consumo de ocio (Hall y Jefferson, 1983: 15).

En los años de posguerra las diferentes teorías que apoyaron el surgimiento de una cultura juvenil homogénea e interclasista se hicieron populares. Estas teorías sugieren que la edad y generación fueron factores sustitutivos de la clase en la explicación de los conflictos sociales y el cambio social. En los países occidentales algunas tendencias parecen justificar estas teorías (la escolarización masiva, la democracia de los consumidores y de la moda, el gusto generacional por el *rock & roll*). Pero esa idea servía para ocultar más cosas de las que revelaba: las diferencias de clase entre los jóvenes, la base social de las culturas juveniles, su relación con la cultura dominante. Para los autores de la Escuela de Birmingham, por ejemplo, el factor de estructuración de las culturas de la posguerra de los jóvenes británicos no es la edad sino la clase, y ello tanto para los jóvenes de clase obrera (*teds, mods, skins, punks*) como quizás para los de clase media (*hippies, yippies, freaks*) (Hall y Jefferson, 1983). Para estos autores, que tratan de introducir el marxismo cultural, las culturas juveniles pueden ser interpretadas como intentos de afrontar las contradicciones sin resolver en la cultura de los padres, como elaboraciones simbólicas de las identidades de clase, generados por los jóvenes en su transición biográfica a la vida adulta, que en conjunto significa un destino de clase. Las cambiantes relaciones entre las culturas juveniles, las culturas parentales y las culturas dominantes pueden explicar la coexistencia de diferentes estilos entre los jóvenes en cada momento histórico, que en términos generales tienden a reproducir las fronteras sociales, pero que también pueden expresarse de una manera oblicua. En este sentido, los procesos de circulación cultural, y el sincretismo a través de diferentes clases y estratos sociales son importantes, ya que impiden una correspondencia estricta entre culturas juveniles y clase. La mayoría de la literatura sobre las culturas juveniles se ha centrado en la clase obrera de los jóvenes. La clase media joven sólo se ha tenido en cuenta a la hora que se sumaron a los movimientos disidentes o contraculturales. Aunque su identidad no se expresa tan fervientemente como sus coetáneos de clase obrera, los jóvenes de clase media comparten tendencias personales, música, intereses focales, espacios de ocio, prendas de vestir que a menudo se las etiqueta en la interacción social cotidiana: «Los jóvenes de clase media pueden no representar una problemática de grupo para el conjunto de la sociedad, pero esto no quiere decir que no experimenten problemas como jóvenes que son. Ellos pueden tener información privilegiada, pero no siempre es un placer» (Roberts, 1983: 159).

El ocio como distinción

> Un *hacker* (o un *raver*) se mueve a través y en contra de cualquier distinción nacional geo-político, cualquier definición subcultural es vista como inadecuada, anticuada, incluso un poco ridícula (Canevacci, 2000: 20).

En las dos últimas décadas del siglo xx diversos autores han desarrollado y cuestionado los postulados de la Escuela de Birmingham, proponiendo reemplazar la noción de subcultura por otros conceptos más a tono con la era de la información (Nilan y Feixa, 2006). Estos enfoques desplazan desde las diferencias externas entre los estilos de vida de jóvenes y adultos hacia las diferencias internas entre las diferentes subculturas, que se analizan como estrategias de «distinción» a través del ocio. En *Club Cultures* (1996), Sarah Thorton introduce las teorías de Bourdieu acerca de distinción, y el concepto de «capital subcultural». La autora analiza la escena electrónica británica (*clubbers* y *ravers*) como lugares de ocio que utilizan los jóvenes para distinguir a partir de entonces de los adultos y de otros jóvenes. Propone mirar hacia las jerarquías internas dentro del escenario de los jóvenes, que los autores de Birmingham habían puesto en una etapa secundaria, detrás de las jerarquías externas con las culturas hegemónicas y parentales. Los clubs son espacios semipúblicos que alojan en los grupos de tiempo libre organizado en torno a una afinidad común: «Las culturas del club están vinculadas a jerarquías culturales... lo "auténtico" frente a lo "vulgar", lo "*hip*" frente a lo "*maistream*", lo "*underground*" frente a lo "mediático"» (1996: 3-4). La investigación se desplaza hacia cómo las culturas juveniles están internamente estratificadas: «Estas estructuras aparecen como un capital subcultural a través del cual los jóvenes negocian y adquieren estatus dentro de su propio mundo social» (1996: 163). Esto es: las culturas juveniles buscan la distinción a través del placer, y de su experienciación/intensidad.

En *Culture eXtreme* (2000), Massimo Canevacci sugiere una reconceptualización de los jóvenes en la ciudad global, a partir de diversas exploraciones etnográficas en las escenas electrónicas en Roma y São Paulo. Por un lado, los conceptos que había «construido» la juventud como un grupo de auto-conocimiento en los años sesenta entre una crisis (fin de las contraculturas, fin de las subculturas). Por otro lado, hay una ampliación en el concepto de juventud (fin de la clases de edad, fin de los ritos generacionales) y una restricción de los jóvenes como sujetos sociales (fin del trabajo, fin del cuerpo). Este experimento «des-construye» fragmentos de imágenes, discursos orales, hipertextos y narraciones sobre los *ravers* polifónicos, *cyborgs*, *hackers*, intrusos y otros jóvenes que rechazan el etiquetado: «A través de los flujos móviles de las culturas juveniles —en plural, fragmentadas, las identidades dejan de ser unitarias, iguales, compactas «(2000: 18). El autor reconoce que el éxito anglo-sajón del término «subcultura» se basa en una lectura sesgada y parcial de Gramsci, que ha dado lugar a un desarrollo de un tipo de marxismo que presta atención a la autonomía de la cultura. Pero todo ello deja de tener sentido cuando ya no hay una «cultura general unitaria frente a la cual se define una subcultura como un sub» (2000: 19). Esto es: los muros entre el consumo y la producción (entre adultos y jóvenes) se derrumbaron, y los espacios/tiempos libres (reales y virtuales) se convierten en no-lugares (Augé, 1993).

Los tres momentos señalan diferentes tipos de relaciones entre la juventud y ocio. El primer momento explora el «matrimonio por interés» de los dos socios, celebrado en la catedral del consumo por la sociedad moderna. El segundo momento explora una «unión consensual» entre una juventud extendida y un ocio desregulado, celebrado en las periferias urbanas y en las subculturas de la noche por la sociedad posmoderna. En el tercer momento, la asociación entre juventud y ocio entra en una especie de «crisis de identidad», celebrada en la ciudad global y el ciberespacio por la sociedad de la información. La juventud deja de ser una etapa de transición donde el tiempo libre desempeña el papel de un «rito de paso». Se convierte en un «espacio intransitivo» donde el tiempo libre es la base de los «ritos de impasse» a una edad adulta juvenilizada.

Del *house* al *rave*

> El *rave* puede ser visto como la última experiencia posmoderna (cultura sin contenido, sin referente externo) … un glorioso gasto de energía y recursos hacia el vacío. O incluso la quintaesencia del Zen (el vacío del sentido, vía mantra; la paradoja del vacío completo) (Reynolds, 1997: 106).

El *tecno* —como el *rock & roll*— es una música afroamericana reapropiada por jóvenes blancos. Todo comenzó en Chicago hacia el 1977. El mismo año que John Travolta protagonizaba *Fiebre del sábado noche*, Frankie Knuckles, un DJ afroamericano que había trabajado en discotecas *underground* y gays de Nueva York, se convirtió en DJ residente del club «The Warehouse» (el garaje) de Chicago, donde impuso un estilo de pinchar los discos muy innovador: en lugar de poner uno detrás de otro, empezó a combinarlos, mezclando discos de *soul* con música de club tipo Nueva York, música de disco europea y efectos de sonido como un tren en marcha, creando una nueva música de baile que se terminó conociendo con el nombre de *house* —el club era conocido como la casa— (Rietveld, 1997: 125). Técnicamente, se trataba de fusionar sonidos pasados y presentes y a la vez recreando nuevas formas sonoras en cada actuación (una actitud de improvisación creativa parecida a la que se puede encontrar en el *jazz*). Musicalmente, consistía en un ritmo constante, repetitivo, entre 120 y 140 golpes por minuto, elaborado mediante instrumentos electrónicos como sintetizadores, ecualizadores, etcétera, cuya finalidad era incentivar el cuerpo humano a bailar y «dejarse llevar». Culturalmente, suponía combinar la tradición rítmica afroamericana que remonta al jazz, al *soul*, al *gospel* y al *funk* (y para algunos al tam-tam africano) con nuevas músicas europeas de base electrónica como el pop y el *trance*. Los clubs de Chicago donde sonaba *house* empezaron a atraer jóvenes del ambiente *underground* local, especialmente homosexuales y lesbianas, muchos de origen afroamericano y «latino», apasionados por esta música futurista y por una nueva forma de bailar durante toda la velada. En el ambiente festivo, mágico, creado por la música y la noche, en lugares secretos en el centro del fin de semana, estas minorías étnicas y sexuales podían sentirse protegidas del racismo y la homofobia reinantes, forjando nuevas y fugaces identidades diferentes a las mantenidas durante el resto de la semana (Rietveld, 1997: 127). Durante la primera mitad de los ochenta, el nuevo estilo de música y baile se difundió con matices diferentes en otras ciudades del nordeste de Estados Unidos, como Detroit (donde se creó el *tecno*) y Nueva York (donde se inventó el *garage*), consiguiendo su cresta de popularidad a mediados de los ochenta.

Cuando el *house* comenzaba a declinar en Chicago, fue «reinventado» en Gran Bretaña. Hacia el 1988 coinciden dos fenómenos: por un lado, el fenómeno del *acid house* —con la imagen comercial de Smiley— y la cultura de baile originada en Ibiza (España);[2] por otro lado, la casa Virgin difundió el término «tecno» para promocionar un álbum de DJ's afroamericanos de Detroit. El terreno estaba abonado para la nueva música: el *pop-rock* estaba agotado y el *punk* había acabado su ciclo. Cuando a principios de los no-

---

[2] La influencia balear en la cultura *tecno* es discutida. En todo caso, hay que recordar la importancia de las discotecas ibicencas de vanguardia, donde se intentó el llamado Balearic Beat (una forma de mezclar discos de todo tipo de estilos) que tuvo un considerable impacto en la versión más comercial del *acid house*, gracias a los jóvenes europeos que acudieron a veranear a las Islas Baleares. (Richard y Kruger, 1998).

venta el término *acid house* se volvió inservible, debido a su identificación con las drogas y la violencia por parte de los «*tabloides*» británicos, el término *tecno* empezó a designar cualquier música de base electrónica, incluyendo el *house*. Se produce entonces lo que Thornton (1996: 76) denomina el «segundo nacimiento» del *tecno*, que pierde cualquier referencia a su origen afroamericano y se convierte en una especie de «esperanto musical» sin su origen racial y de clase, y apto para ser adoptado por amplias capas de población (principalmente jóvenes y blancos). A lo largo de los años noventa, se produce en Gran Bretaña un renacimiento de la cultura de baile, asociado a la emergencia de diversas variantes de *tecno*, desde las más comerciales a las más «underground», desde las más duras a las más suaves. Este renacimiento tiene como escenario dos tipos de espacios: por un lado los clubs, locales comerciales de ocio, legales y estables, evolución de las discos de los setenta, instalados en garajes o naves de las grandes ciudades, con una estética entre industrial y cibernética, que congregan a su alrededor microculturas juveniles apasionadas por el baile; por otro lado, las *raves*, fiestas más o menos espontáneas, frecuentemente clandestinas y sin localización fija, que tienen lugar en espacios desocupados, en la periferia urbana o al aire libre. Tanto los clubs como las *raves* tienen lugar preferentemente durante la noche, pudiéndose extender hasta el día siguiente (entonces se les llama *afterhours*, reminiscencia del famoso *allnighters mods* de los sesenta). Lo característico es que ambos tipos de espacios han dado nombre a dos nuevas etiquetas en el mundo de las subculturas juveniles —*clubbers* y *ravers*— que en la actualidad constituyen la vanguardia de la escena juvenil británica (Thornton, 1994; 1996).

La última oleada de la cultura *tecno* proviene del centro de Europa. A mediados de los noventa, la cultura de clubs se extiende por lugares como Berlín, Ámsterdam o París (Fouillen, 1998). Aunque en algunos lugares sigue asociada al movimiento gay y lesbiano, pronto deja de ser una música de minorías (étnicas o sexuales) y se convierte en un producto transnacional y transclasista. La Alemania de los movimientos alternativos y de los *skinheads* ve también la emergencia de una «nación *rave*». «La caída del muro de Berlín jugó en ello un papel importante. En el periodo posterior de incertidumbre política, los *ravers* fueron capaces de reclamar política y comercialmente espacios libres para las *raves* ilegales. Desde esta escena subterránea emergieron redes informales con variadas y cambiantes localizaciones y fiestas» (Richard y Kruger, 1998: 165). La cultura *tekkno* alemana, tiene su eclosión en la organización de la «Love Parade» que cada verano congrega en Berlín miles de jóvenes del centro y el este de Europa (100.000 en 1994, 500.000 en 1995, 1.500.000 o más en 2000). Lo que caracteriza al *tecno* centroeuropeo es la extrema variedad de estilos musicales que en él conviven: desde el rápido *hardcore* (que no debe confundirse con su versión británica o la subespecie *punk*) o *gabber*, hasta los sonidos suaves y psicodélicos como las músicas llamadas *ambient*, *goa* (originada en esa ciudad de la India) y tribu, basados en fusiones que se pretenden «étnicas» (Richard y Kruger, 1998: 161).

El renacimiento europeo del *tecno* terminará volviendo a América, en un movimiento de *feed-back*, cerrando el círculo de la difusión cultural en el pueblo global: los clubs británicos son imitados en Wisconsin y la escena germánica atrae a los más famosos DJ's norteamericanos (como Frankie Knuckles y Jeff Mills), que vuelven a su país de origen reimportando las fiestas *raves*, que en la segunda mitad de los noventa se extienden por Estados Unidos (Champion, 1997). Desde Estados Unidos, el fenómeno llegará a América Latina. Fue México en 1996, donde por primera vez oímos hablar de *raves*: según nuestros informantes, eran fiestas ilegales, anunciadas con papeles voladores de estética psicodélica —*flayers*—, que atraían jóvenes de clase media y alta hacia los almacenes de la periferia, donde se bailaba música *tecno* durante toda la noche, se presenciaban espectáculos de realidad virtual y se consumían determinados productos químicos, como anfetaminas de colores —*tachas*— y bebidas energéticas o «inteligentes» —*smart-drinks*—.[3] Reguillo (1998) ha hablado de «chamanismo tecnológico» para referirse a las *raves* impulsadas en Jalisco por un grupo juvenil llamado Aural Image, que buscaba mediante la fiesta nocturna «el rescate de cierto sentido místico-mágico de la vida que genera el ritual o trance. Todo eso de la percu-

---

3   A. Nateras, comunicación personal.

sión y de llegar al éxtasis por medio de la hipnosis que genera la música, todo eso es un sentimiento global … es un sentimiento de aquí y de Alemania y de donde sea» (1998: 75). A pesar de este sentido místico, que los llevó a colaborar con los indígenes huicholes y a simpatizar con los zapatistas, se trata de una «tribu global», que se mantiene informada de lo que sucede en el mundo a través de internet. De moda se ha transformado en un nuevo movimiento juvenil, que ha suscitado diversos enfrentamientos con las autoridades (más preocupadas por la falta de control fiscal o por su hipotética potencialidad subversiva que por el eventual consumo de drogas y productos sintéticos).

En el Estado Español, la escena *tecno* tuvo su primer momento hacia el 1998, con la emergencia del *acid house*. Precisamente una de las bases de este movimiento fue el ambiente musical y coreográfico originado en algunas discotecas de Ibiza (conocido en el mundo anglosajón como el Balearic Beat). Aunque fue en Valencia, a principios de los noventa, donde el movimiento enraizó: algunas discotecas situadas fuera de la ciudad (como Spook Factory y Barraca) revolucionaron la tradicional escena juvenil introduciendo una música que se acabaría llamando *máquina* o *bacalao* (en el argot de los DJ's, tener «bacalao fresco» significaba poner discos nuevos). Migraciones de jóvenes de todo el estado empezaron a acudir a Valencia atraídos por unos horarios muy largos y por la moda agotadora de no dormir el fin de semana (las discotecas multiplican las sesiones, amplían el recinto y llegan a acoger más de 10.000 personas). Los medios de comunicación bautizaron el fenómeno como la «ruta del bacalao» que a partir de algunos accidentes de automóvil producidos en 1993, de algunas noticias vinculadas al consumo de éxtasis, y de algunas discusiones violentas, fue objeto de una brutal campaña satanizadora (Oleaque, 2004). En la misma época, la mayor parte de las discotecas de Catalunya fueron abandonando la tradicional música disco y fueron introduciendo la música máquina, hasta que se convirtió en hegemónica.[4]

---

4   Ver el reportaje «A toda máquina» del programa de TV3, *30 minuts*, proyectado en enero de 1994, en el cual participé con un grupo de mis estudiantes en Lleida.

Las campañas de pánico moral se fueron incrementando a partir del éxito de los *afterhours*, hasta el punto que el Gobierno de Catalunya (Generalitat) impuso una rigurosa ley de horarios, que obligaba a cerrar las discotecas mucho más pronto. A los jóvenes que les gustaba la música máquina se los bautizó como makineros y empezaron a adoptar un estilo distintivo, mezclando elementos de la estética *skinhead* —como el pelo muy corto y las chaquetas bomber— con otros elementos más futuristas —camisetas con colores impactantes, cabellos teñidos, pequeños *pins*, etcétera— El término tenía un cierto tono peyorativo, porque identificaba el gusto por una tendencia musical con una tribu urbana de consumidores de éxtasis, adictos a la velocidad y a una música repetitiva y comercial. Pero la máquina evolucionó: creando fusiones con el *soul*, el pop, el blues, surgieron tendencias vanguardistas y creativas. También evolucionaron los locales, de la estandarizada ruta del bacalao a los *tecnoclubs* surgidos en Catalunya con una orientación más especializada, y sus usuarios, la estética se volvió más vanguardista, aparecieron actividades culturales más allá del baile, con frecuencia vinculadas a la utilización de nuevas tecnologías, como el vídeo, la informática, el diseño. En la actualidad, la escena maquinera es un espacio muy variado y heterogéneo, con un polo «integrado» alrededor del consumo masivo de músicas de base electrónica, pero también con un polo «apocalíptico» alrededor de la experimentación estética y tecnológica.

La fiesta juvenil, entre Carnaval y Cuaresma

> Se ha dicho que el último *tecno* es una especie de esperanto musical. No se le ve como un sonido de una ciudad particular o de un grupo social definido, sino más bien como la celebración del desenraizamiento. Como dijo un productor: «La música electrónica es una especie de música mundial» (Thornton, 1996: 76).

Las peregrinaciones juveniles por *boîtes*, clubs y *raves* pueden verse como una moderna forma de «carnavalización» en tiempos de cultura global. Por un lado, se puede encontrar todo aquello que los etnógrafos han buscado en la fiesta popular y tradicional: rompimiento con el orden cotidiano, reestructuración del espacio-tiempo social, travestismo, subversión de las jerarquías, utilización de la música y el baile, consumos extraordinarios (incluyendo los que propician estados de conciencia alterados), ritualización de los comportamientos, condensación de las emociones, etcétera. Por otra parte, se reproduce la secuencia orden-caos, trabajo-ocio, estudio-descontrol (en definitiva cuaresma-carnaval) aunque la alternancia deja de ser anual, como en la fiesta tradicional, y pasa a basarse en el ciclo semana-fin de semana. Aunque antropólogos como De Martino (1980) habían señalado hace ya tiempo la importancia de estudiar las nuevas formas de «furor» festivo juvenil emergentes en las sociedades posindustriales, y que Muñoz (1985) consideró la discoteca como un «rito de paso» necesario en el catálogo del antropólogo urbano, lo cierto es que la fiesta nocturna no ha suscitado hasta ahora demasiada atención por parte de las ciencias sociales, que han dejado el escenario en manos de los medios de comunicación (que han tendido a asociarlos a sus aspectos más dramáticos y morbosos) y de los organismos policiales y de orden público.

En el caso de la cultura *rave*, la dimensión festiva se expresa mediante un lenguaje plenamente posmoderno (Maffesoli, 1990). De entrada, supone la plena incorporación dentro la cultura juvenil de la tecnología posindustrial, filtrándola mediante los llamados «micromedia» (Thornton, 1996) o bien humanizándola mediante la atribución de valores «mágicos» (Reguillo, 1998). Alguien ha hablado también de cultura «cibernética», «digital» o «futurista», puesto que se trata del primer estilo juvenil en explotar las formas y técnicas de la era digital (Richard y Kruger, 1998). El término popularizado en Catalunya (música «máquina», jóvenes «maquineros») también hace referencia a esta base tecnológica: se trata de una música que se hace con máquinas, mediante el uso de sintetizadores, computadoras, mezclas, etc. En correspondencia, también el entorno ecológico —luces, decorados, ambientación—, las redes de comunicación —*flyers*, vídeo, internet —*e-mail* y móviles —mensajes, etcétera— y las substancias que se consumen —ropas fluorescentes, bebidas «inteligentes», drogas sintéticas—, responden a este modelo. En cierta manera, podemos considerar la cultura de clubs como una forma de «profecía futurista» que se expresa mediante un «sentido reencontrado de la fiesta» (tal vez una moderna forma de «carnavalización» en un mundo de «cuaresma»).

> El mundo *rave* mezcla la más sofisticada tecnología con los elementos más primitivos como el ritmo, los colores y el baile ritual, combinando con valores ecológicos. Un mundo que parece la proyección anticipada de un futuro no catastrófico (Reguillo, 1998: 75).

10
Los jóvenes en las migraciones[1]

La relación entre jóvenes y procesos migratorios se ha configurado históricamente a partir del concepto de «segunda generación». Dicha noción presupone que hay una «primera generación» —normalmente adulta y masculina—, nacida en el lugar de origen, que es quien protagoniza el proyecto migratorio y atrae la mirada de los investigadores. La «segunda generación», formada por aquellos que nacen o se socializan en el lugar de destino, arrastra los estigmas del origen y los traumas de la migración, pero al mismo tiempo forman parte por cultura y destino de la sociedad de acogida. Liliana Suárez cuestiona el concepto en los siguientes términos:

> El concepto de «segunda generación» ... les marca como privados de historia, pioneros de un proyecto vital inaugurado sólo por sus padres. Despojados de sus ancestros y su herencia, los menores son simbólicamente situados en una posición social violentamente abocada a un futuro en el país de destino. Quieran o no, su identidad se identifica con una trayectoria unilineal heredera de los presupuestos más claramente asimilacionistas (Suárez, 2006: 20).

Sin embargo, la experiencia de los menores inmigrantes es más diversa e implica diversas rutas y ritos de paso (tanto a la vida adulta como al país de destino). Por otro lado, la noción de «segunda generación» encubre varias categorías de jóvenes: los hijos de los migrantes nacidos en el lugar de destino (la

---

1 Feixa, C. (2008). «Generación Uno Punto Cinco». *Revista de Estudios de Juventud,* 80, 115-128. (2011). «Die Generation Einenhalb. Identitäten und Handlungsfähigkeit von jungen MigrantInnen». En: A. Pohol, A., Stauber, B. y Walther, A. (hrsg.), *Jugend als Akteurin sozialen Wandels.* Weinheim und München: Juventa Verlag, 183-202. Feixa, C., y López, T. (2014, en prensa). «Generation One Point Five». En: L. Chisholm y K. Deliyanni-Kouimtzi (eds.), *Changing Landscapes of Childhood and Youth in Europe.* Cambridge: Cambridge Scholars.

segunda generación propiamente dicha); los nacidos en la sociedad de origen pero socializados en la sociedad de acogida (la llamada generación 1.5), ya sea porque llegaron durante su infancia, después de la socialización primaria (la llamada generación 1.75) o bien porque llegaron durante la adolescencia, y por lo tanto después de la socialización secundaria (la llamada generación 1.25). Por no hablar de los que llegaron a partir de un proyecto migratorio propio, ya sea menores no acompañados (como los pequeños *harraga* marroquíes) o mayores de edad (como jóvenes adultos independizados de su familia de origen), que son migrantes de primera generación, pero de corta edad. La noción se ha llegado a aplicar a los nietos de los migrantes (la llamada tercera generación), como sucedió en Francia en noviembre de 2005 con los disturbios de la *banlieue*, e incluso a aquellas minorías étnicas que pese a vivir entre nosotros desde hace mucho tiempo siguen siendo categorizados como migrantes, como suele suceder con los gitanos. La clasificación puede también variar según sea la modalidad de su proceso migratorio (menores solos, menores acompañados, menores reagrupados, etcétera), o el estatus legal en la sociedad de acogida (menores extranjeros, apátridas, sin papeles, etcétera). Sin embargo, la mayor parte de estas categorizaciones se basan en la perspectiva de los padres (sobre todo de las madres) y de las instituciones de acogida (sobre todo de los educadores y de los profesionales de los servicios sociales) y tiene poco en cuenta la visión de los propios jóvenes —sobre todo de *las* jóvenes. Por ello algunos autores (Giménez, 2003) plantean reemplazar esta noción confusa por el concepto de «menores o jóvenes *en* la migración», que da mayor protagonismo a estos actores transnacionales.

Los relatos biográficos que hemos recogido de adolescentes y jóvenes latinoamericanos que han vivido la experiencia de la migración parecen estar cortados por un mismo patrón: una fuerte añoranza del lugar de origen simbolizada en los paisajes de la memoria; una adolescencia vivida en familias transnacionales, al cuidado de abuelas y familiares; un sentimiento de destierro por una decisión de venir que ellos y ellas no tomaron; una acogida emocionante y al mismo tiempo traumática en una nueva ciudad y con unos padres y madres prácticamente desconocidos; una añoranza persistente combinada con un firme deseo de asentamiento. Aunque existen variantes

Los jóvenes en las migraciones

en función del país de origen, del momento y la edad de la migración, el relato integra una triple crisis: la propia de la adolescencia, la de una familia transcontinental, y el vacío de la emigración. Las condiciones de superación o no superación de estas crisis condicionan el proceso de acogida y asentamiento de estos jóvenes (Feixa *et al.*, 2006). Evocaremos este proceso a través de las voces de los propios jóvenes, en cinco momentos clave de su historia migratoria: *allí* (los recuerdos de la infancia en el lugar de origen), *aquí desde allí* (la migración de las madres y padres y las imágenes que iban recibiendo del lugar de destino), *de allí hacia aquí* (la decisión de emigrar, el viaje y la llegada), *aquí* (la acogida y el asentamiento en el lugar de destino), *allí desde aquí* (los contactos con el lugar de origen y los proyectos de futuro).

Allá: orígenes

¡Los mejores años de mi vida! (Lucía, R. Dominicana, 15).

Allí era diferente, diferente en todos los sentidos (Toño, Perú, 17).

Los recuerdos del lugar de origen se remontan a poco tiempo —entre unos años y pocos meses— pero suelen estar tamizados de un cierto romanticismo. La evocación del país abandonado se solapa con la nostalgia de la infancia perdida. De entrada, destaca un paisaje natural y cultural radicalmente distinto: tanto si se trata de un medio rural (predominante entre dominicanos) como si es un medio urbano (predominante entre ecuatorianos y colombianos), la naturaleza —el bosque, el río, el mar— están mucho más cerca y a disposición de los niños y adolescentes para sus juegos y correrías (ello puede explicar la obsesión por acudir a los parques una vez en Barcelona). La urbanización es mucho menor: las calles son más abiertas y de tierra, y las viviendas son amplias casas, no minúsculos apartamentos, con jardines y espacios de mediación comunitaria. Lo fundamental, sin embargo, es la evocación de la comunidad perdida: la importancia de las redes de parentesco, vecindario y amistad en la vida cotidiana del barrio se traducen en la sensación de «ser una persona», que contrasta con el anonimato e incluso el rechazo que se vive aquí. Otro elemento de contraste es la vida escolar: por una parte, los ritmos horarios son muy distintos y sólo cubren una parte de la jornada (apenas 3 horas en el caso de la República Dominicana, unas 5 horas por la mañana o por la tarde en el caso de Ecuador); por otra parte, la autoridad del maestro es muy superior, aunque la disciplina suela incluir el castigo físico. Ello puede explicar las dificultades de adaptación al sistema escolar de la sociedad de acogida. Por último, la evocación de una fiesta más intensa y cotidiana; el volumen de la música es un tema reiterado: mientras allí el sonido de la cumbia, el reggaetón y la bachata forma parte de la vida diaria, al llegar aquí la primera decepción es la discusión con el vecino por poner la música demasiado alta, lo que de nuevo refuerza el papel de los espacios públicos como refugios de esta vida comunitaria perdida.

Aquí desde allá: destinos

Barcelona la imaginaba grandiosa (Vanessa, Ecuador, 13).

Yo me quedé con mi Dios y mis abuelos (Ismael, Ecuador, 15).

Esta arcadia perdida empieza a resquebrajarse cuando uno de los padres —normalmente la madre— toma la decisión de emigrar. Pese a algunos precedentes a principios de los años noventa —sobre todo de madres dominicanas— en la mayoría de los casos la decisión de emigrar se produce a finales de los noventa, incrementándose gracias a los cambios en la política migratoria después del 2000. El patrón es muy común: primero emigra la madre dejando a los hijos —normalmente pequeños— al cuidado del padre, de las abuelas o de otros parientes; en un segundo momento emigra el padre y finalmente —cuando los papeles lo permiten o la añoranza es demasiado grande— los hijos. La reacción inicial por parte de los hijos es traumática: se quedan huérfanos y les salen «canas». La ruptura la compensan las abuelas, que se convierten en el centro de la nueva familia transoceánica, y una mejora del nivel de vida gracias a los recursos económicos que su mamá les envía. Ello se traduce en un aumento de su libertad en la vida cotidiana, porque las abuelas o familiares no pueden ejercer el control autoritario de los padres, e incluso tratan a estos jóvenes como una especie de seguro para su bienestar material. La abuela se convierte en una figura central, que se convertirá en el principal resquemor cuando deban tomar la decisión definitiva de emigrar. Mientras tanto, van recibiendo noticias sesgadas de la sociedad de acogida, que les conducen a la creencia de que esto es un paraíso donde ellos vivirán «como reyes» o «como princesas». El referente suelen ser los Estados Unidos; en muchos casos ni siquiera saben exactamente donde está España (y todavía menos Catalunya). Sólo saben que es el lugar donde viven sus madres y desde donde les envían «plata» (a la que denominan «dólares» o «yankis»). El dinero que llega desde España se utiliza para mejorar la vivienda y la alimentación, en permitir estudiar en centros privados o incluso en la universidad, aunque lo que acaba de convencer a los jóvenes es el dinero de bolsillo para la diversión y el consumo: estas «vanidades» las empezarán a perder cuando lleguen, lo que explica en parte el *shock* inicial. Finalmente, las madres les ponen frente al dilema de emigrar. Aunque el motivo inmediato suele ser accidental —la llegada de los papeles, la muerte de un familiar, la entrada del joven en una pandilla— la razón de fondo es la convicción por parte de las madres de que el tiempo para la reagrupación se agota: sus hijos han pasado de la infancia a la adolescencia alejados de ellas, y si traspasan la juventud será imposible refundar la familia. Por ello la decisión es traumática, pero casi nunca tiene vuelta atrás.

De allá hacia aquí: tránsitos

Se siente una tristeza muy grande (Christian, Ecuador, 16).

Cuando se acercaba el viaje ya no quería venirme para acá (Nanda, Ecuador, 19).

La decisión de emigrar reemplaza en los relatos los dilemas de la crisis de la adolescencia. Lo fundamental es que, en general, no se trata de una decisión libremente tomada por los jóvenes: el proyecto migratorio es de sus progenitores y puede ser vivido por los hijos como un «destierro» forzoso. A la cantinela del «yo no decidí venir» le corresponde el recuerdo de una cierta resistencia: «me daban pena» (dejar a los amigos, los parientes y sobre todo a la abuela). Una vez tomada la decisión, los trámites corresponden a los padres: deben conseguir los papeles y el dinero para el boleto. El viaje suele ser el primero que hacen en avión (a la impresión de volar se une la angustia por dejar el propio país sin saber cuándo podrán regresar). El pequeño equipaje con el que llegan –algo de ropa, alguna carta, alimentos— representa el cordón umbilical que los mantendrá unidos espiritualmente con el lugar de origen (pero cuando el equipaje se extravía, como le pasa a uno de nuestros testimonios, el dolor es mayor). Esta pena queda súbitamente aparcada cuando se reencuentran con los familiares que les reciben al llegar: a muchos de ellos no los veían hace tiempo. La madre con la que se reencuentran es una persona distinta a la que habían conocido y lo mismo sucede con los hijos para las madres. El trauma del reencuentro puede llegar a las manos: varios jóvenes evocan castigos físicos o peleas con sus padres y madres en las primeras semanas después de llegar. Por una parte los progenitores se ven impotentes para controlar a los hijos que han crecido con gran libertad y que temen perderla de golpe. Por otra parte, la distancia ha socavado la autoridad de los padres, por lo que el recurso a utilizar el poder físico es una tentación fácil. Sus condiciones de vida material y laboral son peores de las esperadas por los hijos, y sus horarios les impiden pasar con ellos el tiempo necesario. Sin embargo, con el tiempo muchos jóvenes empiezan a valorar el sacrificio de sus padres y madres y se esfuerzan en compensarles. Cabe decir que este proceso es algo distinto para aquellos que emigran tras la mayoría de edad, ya jóvenes maduros: al formar parte de un proyecto autónomo —motivado por el deseo de estudiar, progresar o formarse en las artes del circo— la decisión es menos traumática, pero al llegar no encuentran las redes de apoyo familiar de sus más jóvenes compañeros (y en algunos casos padecen el *shock* de las policías aduaneras). Los relatos de los primeros días en el lugar de destino recuerdan la fase liminar de los ritos de paso: una sensación de soledad y vacío, de aislamiento (muchos de ellos pasan los primeros días sin salir de casa), que sólo superarán cuando al cabo de poco tiempo empiecen a ir a la nueva escuela.

Aquí: acogidas

> Pensaba que todo era bonito, vine muy ilusionado y después llegas… (La Cruz, Ecuador, 17).

> Como que cambia todo con lo que dejaste atrás (Carolina, Bolivia, 16).

La primera impresión al llegar es el contraste entre las expectativas y la realidad: los padres no viven tan bien como esperaban, la vida no será tan fácil como pensaban, el paraíso imaginado se convierte por momentos en un pequeño infierno. El primer choque se da con la nueva vivienda y el entorno residencial. Pasan de una casa amplia rodeada de naturaleza o espacios semiurbanizados a un piso de apartamentos en un medio urbanizado. Deben compartir este espacio con unos padres recuperados, con otros parientes y en algunas ocasiones con otros paisanos. No sólo no disponen de habitación propia, sino que deben acostumbrarse a unas normas de convivencia distintas a las de su país de origen. Cuando salen a la calle, el cemento y el asfalto lo dominan todo: frente a un vecindario donde todo el mundo les conocía, se encuentran con un barrio anónimo, con escasos espacios verdes, y con algunos vecinos que les empiezan a mirar con malos ojos. Al cabo de pocos días acuden al lugar que a partir de ahora ocupará la mayor parte de su tiempo: la escuela. La primera sorpresa es el papel de la lengua catalana, que desconocían o consideraban marginal. Frente a las políticas oficiales de cohesión lingüística —las aulas de acogida apenas aparecen— lo relevante es el contraste con la cultura escolar de origen en dos aspectos que ya vimos con anterioridad: los horarios y la autoridad. Si encuentran el apoyo de los compañeros o de algún profesor, el *impasse* puede superarse. Pero si se topan con reacciones racistas —reales o percibidas— se empieza a alimentar un cierto resentimiento. El momento clave en el proceso de asentamiento es el tránsito de la escuela secundaria al trabajo. Aunque algunos testimonios valoran positivamente experiencias como los programas de garantía social, la mayoría lamenta la situación jurídica a la que se ven abocados entre el final de la escolaridad obligatoria —a los 16 años— y la mayoría de edad —a los 18. Frente a una acogida residencial, escolar y laboral problemática, el éxito del asentamiento se juzga en el tiempo libre y la sociabilidad. La posibilidad de consumir se vive como una equiparación simbólica con los jóvenes de la sociedad mayoritaria.

Allá desde aquí: asentamientos

> Todos los jóvenes tenemos un propósito, tenemos un sueño (Gisela, Bolivia, 20).
>
> Yo daría todo por estar en mi país (Yankee, Ecuador, 16).

Tras un periodo de acogida que dura unos meses, y un periodo de asentamiento que puede durar unos años, llega el momento de tomar una decisión que se considera definitiva: regresar o quedarse. A diferencia de la decisión de venir, que fue tomada por los padres, los jóvenes son conscientes de que ahora esta decisión les corresponde a ellos. Los argumentos para tomarla se verbalizan como un balance de costos y beneficios: ¿he ganado o he salido perdiendo al emigrar? El balance aparentemente es negativo: las condiciones de vida material —representadas por la capacidad adquisitiva— han mejorado desde la llegada, pero pueden ser peores de las que se disfrutaban en el lugar de origen: el dinero aquí cunde mucho menos. En cuanto a las condiciones de vida social, la añoranza de los amigos y parientes no se atenúa con el tiempo y se revive cada vez que se tiene algún conflicto en la escuela o el trabajo. Todo ello se ve agravado por la situación jurídica liminar que nunca se acaba de solventar: con el final de la adolescencia, la preocupación por «los papeles» —de empadronamiento, residencia o trabajo— se traspasa de los padres a los hijos. El contacto con el lugar de origen se va haciendo más esporádico, pero es igualmente intenso: se envía dinero a padres o abuelos, se habla semanalmente o mensualmente con los familiares, y se *chatea* cotidianamente con los amigos. El Messenger —y en menor medida la videoconferencia— se han convertido en un instrumento barato y muy efectivo para mantener abierta la posibilidad de retorno. Se trata de un instrumento con el que los adolescentes tienen gran familiaridad: gracias a él ayudan a sus padres a recuperar el contacto con sus familias de origen. Este contacto se revitaliza cuando es posible el regreso temporal, gracias a unas merecidas vacaciones tras la regularización. Para los jóvenes, en cambio, esta visita revive los fantasmas de la primera migración e incluso hace replantear la decisión de quedarse: volver a encontrar a los abuelos y a los amigos tras algunos años de separación, recuperar los olores y sabores de la infancia, les llena de nostalgia. En la mayoría de los casos, sin embargo, el regreso definitivo no es posible: no sólo supone el reconocimiento de un fracaso sino que son conscientes que su futuro está aquí: la familia se ha ido trasladando, las redes de amistad se han ido recomponiendo, y las posibilidades educativas y laborales son mayores.

11
LOS JÓVENES EN LAS SUBCULTURAS[1]

Oriol Romaní y Carles Feixa

> Es verdad que el templo de la diosa de la selva ha desaparecido y que el rey del bosque ya no está de centinela ante la Rama Dorada (Frazer, 2006 [1890]: 799).

En *La rama dorada*, James Frazer analiza el mito del rey del bosque, guardián de la rama dorada que protege el templo de Diana, en el Lazio, origen de la confederación latina que funda el Imperio Romano. La rama dorada bien pudiera ser el símbolo de la nación de los *reyes* y *reinas latinos*, un territorio apátrida y negado, en el que sobre el negro del bosque (de la marginación y la subalternidad) se inscribe el dorado de la realeza (de la identidad y el empoderamiento), colores de la bandera de una nación sin Estado, de una nación juvenil, transnacional, presente de Chicago a Génova, pasando por Nueva York, Guayaquil, Madrid y Barcelona. Formas a las que aquí nos acercaremos mediante los relatos orales de sus protagonistas, jóvenes migrantes ecuatorianos y de otros países latinoamericanos que, desde principios del año 2000,

---

1   Feixa, C., y Romaní, C. (2010). «Catalan Kings versus Global Kings. Riflessioni sulla glocalizzazione degli imaginari culturali». En L. Queirolo (ed.), *Atlantico Latino. Gang giovanili e culture transnazionali*. Roma: Carocci, 73-84. (2011). «Catalan Kings versus Global Kings. Reflexión sobre la glocalización de los imaginarios culturales». En M.A. Delpino, D. Roll y P. Biderbost (eds.), *Claves para la comprensión de la inmigración latinoamericana en España*. Salamanca: Instituto de Estudios de Iberoamérica (Universidad de Salamanca), Universidad Católica de Córdoba (Argentina), Organización Internacional para las Migraciones. (2014). «From local gangs to global tribes: the Latin Kings and Queens Nation in Barcelona». En D. Buckingham, S. Brah y M.J. Kehily (eds.), *Youth cultures in the age of global media* (págs. 88-103). Londres y Nueva York: Palgrave Macmillan.

protagonizaron un «tercer nacimiento» europeo de la *Todopoderosa Nación de los Reyes y Reinas Latinos*, tras el que había tenido lugar en Estados Unidos desde la década de 1950, y en Ecuador durante los noventa. Un relato que se articula en torno al concepto de *Nación*, entendido como patria voluntaria —comunidad imaginada— al que se acogen jóvenes apátridas o con patrias en crisis. Concepto que proviene de las *naciones* afroamericanas en el *melting pot* norteamericano, posteriores a la emergencia del *black power* (de la nación del Islam a la nación Zulú del *hip-hop*), pero que se adapta a la era posnacional, en la que la ciudadanía se construye en los intersticios del Estado-nación, en la migración de actores transnacionales y en los ciberterritorios.

La Nación como banda

> CF: ¿Cuál es la diferencia entre pandilla y nación?[2]
>
> KP: *Pandilla es que cada cual hace lo que quiere*, en cambio en *una nación estamos todos unidos*, todos luchamos por las mismas causas: si tenemos que sufrir sufrimos todos, si tenemos que reír, reímos todos.
>
> KT: La pandilla sigue prácticamente al hombre, al líder. Si él dice: «Vayan a robar», van a robar todos. Nosotros *por algo tenemos nuestra Biblia, nuestras leyes*. Nosotros tenemos que regirnos por las leyes que tenemos: *somos una nación de gente organizada*.

El discurso que reyes y reinas latinos construyen para explicar la *Nación* empieza desde la negación, pues es un discurso emitido desde una posición subordinada frente a los medios de comunicación, que los han definido como *pandilla* o *banda delictiva*, a partir del prejuicio y la estigmatización, tal como ha ocurrido con otros grupos juveniles. Éste fue el imaginario con el que nos encontramos cuando empezó la investigación en Barcelona, a principios de 2005, y el que deben enfrentar y discutir los *hermanitos* y *hermanitas* al principio de cada entrevista, conferencia o rueda de prensa. Sin embargo, más allá

---

2 En las citas de entrevistas, las iniciales corresponden al nombre del entrevistador y de los «reyes» y «reinas» entrevistados (K significa *King* y Q *Queen*).

de esta visión negativa, predominante en la sociedad de acogida, el discurso de la banda o pandilla coincide con la dimensión local, descentralizada, del colectivo. A nivel «local», aunque persiste el discurso ideológico de la *Nación*, ésta se vive en la práctica, sobre todo, como un grupo de amigos nucleados en torno al *capítulo*. Los que lo forman son chicos y chicas del mismo barrio, reclutados a partir de las actividades compartidas en él (escuela, parques y otros espacios públicos…); es más, en diversas ocasiones lo que existe previamente es una red social de amistades, que se van reconociendo como *latinos* en parques o pistas deportivas y que, finalmente, encuentran en su pertenencia a la *Nación* una identidad fuerte para ellos, y que piensan que les puede ser útil en sus relaciones con los demás jóvenes. Las relaciones con los otros *capítulos* suelen ser mensuales, así que la vivencia cotidiana de la *Nación* se sitúa en el grupo de amigos que conforman cada uno de los *capítulos*, amigos que disponen de unos elementos simbólicos en común que les permiten definir de manera clara los límites de su identidad. Se pertenece a la *Nación*, pues, a través de la afiliación, la convivencia y la construcción de redes de ayuda y comprensión recíproca, se dotan de un discurso identitario que les da sentido.

La Nación como tribu

> KM: Cada tribu tiene sus oficiales, sus encargados mayores. Una tribu se divide en varios capítulos. Nosotros estamos guiados por la sagrada tribu, dentro del imperio. Sagrada es ya cuando tiene un líder, que ya ha logrado su independencia. El proceso que estamos llevando nosotros es para ser reconocidos como una sagrada tribu.[3]

Al entrar en contacto con los reyes latinos de Catalunya, a mediados de 2005, el nombre con el que éstos se presentaron —tanto en la casa de juventud en

---

[3] El informante está hablando de la situación en 2005. La configuración de la tribu en España ha cambiado desde entonces, con un proceso de progresiva independencia respecto a la tribu de Ecuador (STAE: Sagrada Tribu Atahualpa Ecuador), distinto al seguido por el grupo de Madrid liderado por King Wolverine (STAS: Sagrada Tribu America Spain).

la que se reunían como a nosotros— fue el de Sagrada Tribu Atahualpa Ecuador (STAE). Se trataba de un término de segundo nivel, y ello por tres motivos. En primer lugar, porque era usado como «segunda marca» para evitar el término entonces todavía estigmatizado de *latin kings,* lo que evitaba que les cerraran las puertas de antemano: ello funcionó en la casa de juventud en la que habían solicitado reunirse, aunque al buscar el nombre en internet enseguida se confirmaron las sospechas de qué había detrás de ese nombre. En segundo lugar, porque correspondía al segundo nivel de estructuración de la todopoderosa nación desde el punto de vista transnacional, representando el nivel «nacional» que produjo el «segundo nacimiento» de los *latin kings* en Ecuador en los años noventa, tras la primera subdivisión de la nación en tribus, en Estados Unidos durante los años setenta y ochenta. En tercer lugar, porque era una alternativa políticamente correcta a STAS (la Sagrada Tribu Atahualpa Spain), fundada por King Wolverine en Madrid en 2001, que representaba el «ejemplo» a no seguir, por la ruptura con la nación madre y su deriva criminal. En el caso de STAE, la tribu va precedida del adjetivo Sagrada (que como ya hemos explicado evoca la dimensión simbólica, mística, de un pueblo en comunión) y del doble locativo que evoca tanto origen remoto (Atahualpa, ultimo resistente inca al invasor hispano) como al origen inmediato (Ecuador, lugar de procedencia del 80% de reyes y reinas latinos de Catalunya). El de «tribu» ha sido calificado como un «termino nocturno», utilizado a menudo como legitimador de estrategias políticas coloniales o neocoloniales (divide y vencerás). Por otra parte, el clásico análisis de la tribu como sistema segmentario, coincide con algunas interpretaciones del proceso de «globalización» de la nación, con la creación de estructuras segmentarias y descentralizadas, pero que se agrupan por pares, como nos explicó King Mission en Nueva York.

La Nación como organización

KF: Implantar nuestra cultura, en ella, ¿no? porque vemos que la cultura de aquí es diferente a nuestra cultura, entonces lo que tenemos que intentar es como decir, eh, juntar las dos culturas y abrazarnos un poco a la cultura de aquí, ¿me entiendes? Olvidar un poco nuestros ideales en nuestros países, nuestra cultura olvidarla un poco, y adaptarnos a lo que hay acá, ¿me entiendes? Y adaptarnos a las leyes que hay acá, y un cambio total que hay en los países de Latinoamérica a este país.

En el caso concreto de Barcelona, la definición positiva de la *Nación* ha pasado también por la creación legal de la «Organización Cultural de Reyes y Reinas Latinos de Catalunya», lo que les diferencia claramente de una banda callejera, y representa el aspecto más simbólico de un cambio sustancial, como es su acercamiento a distintas instituciones y servicios públicos de la sociedad catalana, al mismo tiempo que les plantea el reto de dar un contenido a sus objetivos de forma estable en el tiempo y de manera coherente con sus acciones. Podríamos constatar el hecho de asociarse, después de un no fácil proceso de negociación con las instituciones públicas, como un elemento de «aculturación» de los *latin kings* catalanes y, como tal, con un valor quizás más operativo que plenamente asumido; no en el sentido de que se trate de una pantalla políticamente correcta para esconder actividades poco claras, sino de constatar también las limitaciones que pueda tener un trabajo de traducción y adaptación, como es el de utilizar modelos institucionales reconocidos en el país de acogida, para reflejar en toda su integridad el fenómeno que intentan explicar. En nuestro libro *Jóvenes latinos en Barcelona*, escrito cuando el estudio con los *latin kings & queens* todavía no se había iniciado, propusimos el término «organización» como paraguas para englobar distintas modalidades de pertenencia a agrupaciones juveniles de la calle (de la banda al imperio, pasando por la pandilla, la nación y la asociación). Algunos autores nos han criticado por presuponer un nivel de organización de los grupos que no se corresponde con las realidades investigadas por ellos (por ejemplo en Madrid), en las que las «bandas latinas» aparecen como grupos desarticulados y marginales, con niveles bajos de estructuración, que corresponden a interpretaciones más cercanas a la psicología social —y a la política estatal— que ven las bandas como una forma de compensar problemas de autoestima. Estos autores se muestran escépticos frente a la experiencia catalana, pues presuponen que los que se integrarían en estas asociaciones no son los auténticos pandilleros. Al no haber contactado con grupos organizados ni con líderes, ni mucho menos participado en encuentros o ceremonias, les parece inconcebible que tales realidades puedan existir más allá del discurso o del mito.

La Nación como familia

> KB: A mi me gusta por qué la gente ahora se da cuenta que no somos las típicas personas de que siempre ha hablado la prensa… así ahora la gente se da cuenta que estamos abiertos a la sociedad y a tener relaciones con todo el mundo… somos personas trabajadoras que queremos ser amigos de todo el mundo… no somos personas racistas como hay muchas personas aquí en España… queremos vivir la vida tranquila sin hacer daño a nadie… estamos con la Nación y también estamos con la familia, que es una de las cosas que más queremos… muchos dicen que si estamos en la Nación es por qué estamos en conflicto con nuestra familia, que nuestra familia no nos entiende… y esto es mucha mentira por qué yo adoro a mi familia y mi familia me adora a mí… sin embargo me gusta la Nación y tengo tiempo para todo esto… para mi familia, para la Nación, para trabajar: para todo tengo tiempo yo… incluso para hacer el curso de coche: tengo tiempo para todo… la Nación no me quita, al contrario siempre me ha dado… me ha hecho encontrar los mejores amigos de mi vida… y todo esto…

La definición del grupo intenta dar una visión contraria a la hegemónica, por lo cual tiene que empezar por la negación para después aportar elementos positivos para ellos y ellas como la familia o la hermandad. La familia, tal como la definen, tendría que ver con una red de solidaridad y ayuda mutua y, en este sentido, la *Nación*, entendida como familia, es sobre todo una organización que les brinda apoyo y seguridad, precisamente las principales funciones que la caracterizan, su razón de ser. En este aspecto, las funciones que cumple la *Nación* entre jóvenes trabajadores inmigrantes serían parecidas a algunos estilos de vida que han caracterizado a lo largo del siglo XX muchos barrios obreros europeos, como las redes vecinales y los distintos tipos de asociaciones que se articulaban como formas de organización de una clase social determinada. Aquí queremos hacer sólo un apunte referido a la relación entre el imaginario cultural de la *Nación* y el resto de la sociedad, a partir del ejemplo de la música producida por «UGA Records». El uso de los lenguajes musicales del *hip hop* y del *rap* permiten a estos jóvenes poner en primer plano de la comunicación la conciencia de la emigración y las experiencias con ella relacionadas; por otro lado, en muchas de las canciones hay referencias a la identidad de los *reyes* y *reinas*, y cuentan historias que, aunque sólo han vivido algunos de ellos, acaban convirtiéndose casi en leyenda para consumo de los más jóvenes. Sabemos que la «cultura y raza latinas» son ejes centrales en la configuración de la *Nación*, pero cuando ellos hablan de «nuestra cultura» se refieren a elementos muy heterogéneos y de distintas procedencias dentro del gran ámbito de «lo latino».

La Nación como Nación

CF: ¿Que es una nación para ustedes?

KM: *Un grupo de personas que se rigen por un solo gobierno, raza, constitución, leyes.*

CF: Pero es un tipo de nación algo especial…

KM: Bueno es casi igual: nosotros vivimos aquí una Nación en la cual tenemos un presidente, vicepresidente, un secretario, un tesorero, un consejero, un jefe de guerra, maestros que enseñan, nuestras políticas, reglamento, tenemos una corte suprema, jueces… Dentro de nuestra organización, *vivimos una nación dentro de la otra nación.*

En el imaginario de reyes y reinas latinos, se puede entender la *Nación* a varios niveles distintos: como un universo sagrado que manifiesta su voluntad y sabiduría de manera abstracta; como una organización internacional que da unidad a las distintas maneras de ser *latin king* en distintos contextos socioculturales; y como pueblo formado por esta gran familia que son todos y cada uno de los hermanitos y hermanitas, que toma cuerpo a nivel cotidiano. La *Nación* como «territorio sagrado» es una entidad metafísica que está por encima de las acciones de sus miembros: aquello que es positivo emana del amor entre *reyes* y de la *Todopoderosa Nación*, mientras que aquellas acciones negativas se atribuyen a personas concretas. De este modo, la voluntad de la *Nación* sería independiente de los individuos que la forman: ser parte de ella puede exigir ciertos sacrificios o privaciones que al final tendrán un sentido atendiendo a los beneficios de la *Nación* en su conjunto. Si bien es cierto que es importante la conciencia de pertenencia a este nivel por parte de sus integrantes, y que hay una cierta internacionalización en la forma de ser de la *Nación*, esto tiene unos límites, pues la experiencia de la mayoría de miembros a este respecto es casi nula. Puede haber *latins* que tengan conexiones transcontinentales a través de las nuevas tecnologías (internet, sms …), pero del mismo modo que los tienen tantos otros jóvenes que son también migrantes y tienen acceso a estas tecnologías. En cambio, sí existen conexiones entre los líderes de la organización, que pueden ser tanto de reconocimiento mutuo como, en algunos momentos, de conflicto, ligado en este caso precisamente al proceso de expansión mundial de la «franquicia» *Latin Kings* en contextos muy distintos. En estos casos, o cuando hay la visita de algún líder, es cuando los integrantes de base de la *Nación* pueden vivir de forma más directa su aspecto transnacional, a diferencia de lo que suele ocurrir en el día a día, en el que les queda muy lejos.

De bandas latinas a organizaciones juveniles

A fecha de hoy, las bandas latinas han consolidado su presencia en Catalunya, aunque ya no aparezcan en la crónica de sucesos tan a menudo como hace cinco años. El número de componentes, según datos de los Mossos d'Esquadra, se ha mantenido estable (en torno a los 5.000 miembros), aunque el número de grupos ha aumentado y se ha diversificado. Los dos más conocidos (Latin Kings y Ñetas) siguen siendo los más numerosos, aunque otros más pequeños (Black Panthers, Vatos Locos, Trinitarios, Dominican Don't Play, Mara Salvatrucha, etcétera) rivalicen con ellos. Las entidades creadas en 2006 (Organización Cultural de Reyes y Reinas Latinos de Catalunya) y 2007 (Asociación Sociocultural, Deportiva y Musical Ñetas) siguen existiendo legalmente, aunque sus actividades no sean tan masivas, novedosas ni continuadas. Los mismos Mossos d'Esquadra reconocen que el proceso redujo significativamente la conflictividad entre bandas, aunque las peleas episódicas y la vinculación de alguno de sus miembros a actividades delictivas no desapareció del todo. La falta de acompañamiento por parte de las Administraciones (que tras el *boom* mediático decidieron dar por finalizada nuestra investigación) comportó que los liderazgos no se consolidaran y la autonomía de las organizaciones fuese cuestionada, apareciendo voces que reclamaban volver a la visión tradicional, tanto desde dentro de los grupos (se crearon facciones minoritarias contrarias a la legalización) como desde fuera (hubo sindicatos policiales y asociaciones de educadores que reclamaron volver a la mano dura contra las bandas).[4] De hecho, el actual Gobierno catalán parece haber optado por esta última política, cortando los mecanismos de comunicación existentes entre instituciones de seguridad y los *latins*.

El llamado «modelo Barcelona» de trabajo con las bandas juveniles fue muy exitoso a nivel nacional e internacional. La creación de entidades como alternativa a la violencia se exportó a comunidades autónomas vecinas (como la Comunitat Valenciana, Balears, Múrcia y Navarra), donde se constituyeron o están en trámites de constituirse entidades parecidas a las reconocidas por la Generalitat de Catalunya. También en otros países como Italia y Ecuador la visibilización hizo su recorrido (impulsada por personas que habían participado o conocían de cerca el proceso de Barcelona), tomándose como ejemplo de buenas prácticas por parte del *Home Office* británico, donde Carles Feixa formó parte, en octubre de 2011, junto con una treintena de policías e investigadores internacionales en el grupo experto «Ending Youth Violence», que tenía como meta comprender los disturbios de Londres del pasado verano y proponer medidas preventivas para evitar nuevas explosiones. En otros lugares, como la comunidad de Madrid, han predomi-

---

4 La evolución de la política sobre las bandas, a caballo de sucesos internacionales alarmantes, que van de las revueltas de las *banlieues* francesas de 2005 a los disturbios de los *suburbs* ingleses de 2011, pueden seguirse en una serie de artículos periodísticos publicados durante todo este periodo (Feixa y Muñoz, 2004; Feixa y Palmas, 2005; Feixa, Cerbino, Palmas y Barrios, 2006; Feixa 2010b; 2011b; 2012; Romaní, 2011). El hecho de que en Romaní (2007) propongamos algunas metodologías de acercamiento entre grupos juveniles e instituciones diferentes a las predominantes hasta el momento deriva de la investigación europea que allí comentamos, pero no es ajeno a este contexto que acabamos de citar.

nado las medidas de control policial, deportación e ilegalización, justificadas por algunos asesinatos y explosiones de xenofobia. El ejemplo más significativo fue el proceso por Asociación Ilícita contra un grupo de *latin kings* que tuvo lugar en la Audiencia Provincial de Madrid. Tras una sentencia condenatoria de 2007, en marzo de 2009 el Tribunal Supremo anuló el juicio por no probar de manera fehaciente que el objetivo fundamental del grupo fuese la comisión de delitos: «tal acerbo probatorio no justificaría por sí solo la calificación de la asociación ilícita sin quiebra de la garantía constitucional de presunción de inocencia», pues «no se hace la más mínima indicación que autorice a trasladarlos [los hechos delictivos] de su esfera estrictamente individual a la de la organización» (Sentencia 378/2009, pág. 20). La sentencia obligaba a repetir el proceso, manteniendo únicamente para los procesados la imputación de asociación ilícita ya que, de las imputaciones de coacciones y amenazas, habían sido todos absueltos en la primera celebración del juicio. La repetición tuvo lugar en octubre de 2010 y pasó desapercibida, la sentencia volvió a ser de culpabilidad, aunque sólo en el caso de la asociación ilícita, rebajándose las penas.[5]

En cuanto a los informantes que aparecen en el texto, han seguido evoluciones divergentes: algunos siguen comprometidos con las organizaciones culturales y viven y trabajan en Catalunya; otros formaron grupos disidentes, fueron deportado a su país, se quedaron en paro, tuvieron hijos y se salieron de la banda, o acabaron en la cárcel. Para todos ellos —y para nosotros— participar en el proceso fue toda una experiencia de investigación y de vida.

---

5   Este juicio y la comparación de las bandas latinas en Madrid y Barcelona es analizado en profundidad en Feixa, Scandroglio, López y Ferrándiz (2011). Ver también Feixa *et al.* (2008).

12
Los jóvenes en el ciberespacio[1]

Niños y jóvenes han sido vistos a menudo como la vanguardia de la era digital, en su doble vertiente de héroes de la sociedad red y víctimas de la sociedad del riesgo. Aunque casi siempre este doble proceso de idealización/satanización ha tenido lugar en el espacio público, el ciberespacio adquiere cada vez mayor importancia en las culturas adolescentes del siglo XXI. Este capítulo pretende reflexionar sobre el papel cambiante de los ciberadolescentes a partir de dos modelos extremos: el *hacker* (profeta de la sociedad digital) y el *hikikomori* (víctima de la reclusión doméstica). A continuación se ilustran tales reflexiones con dos estudios de caso sobre la cultura digital de los adolescentes en España y Argentina.

La generación de la Red

> Por primera vez en la historia, los niños se sienten más confortables y son más expertos que sus padres en una innovación central para la sociedad. A través del uso de medios digitales, la Generación de la Red desarrollará e impondrá su cultura al resto de la sociedad (Tapscott, 1998: 13).

En 1998, Don Tapscott, uno de los profetas de la revolución digital, publicó un estudio dedicado a la generación de la red (*Growing Up Digital: The Rise*

---

[1] Feixa, C. (2005). «Los hijos en casa». *Comunicación y Pedagogía*, Barcelona, 208, 65-70. (2011). «¿*Hackers* o *hikikomoris*?» *Virtualis*, México, 1(3), 5-17. (2008). «La generación digital». En B. Gros (coord.), *Videojuegos y aprendizaje* (págs. 31-50). Barcelona: Graó. (2011). 80. Feixa, C. «Unidos por el Flog: ¿Ciberculturas juveniles?» *Revista Nuevas Tendencias en Antropología,* Murcia, 2, 16-36.

of the Net Generation). Para este autor, así como los *baby-boomers* de posguerra protagonizaron la revolución cultural de la década de 1960, basada en la emergencia de la televisión y la cultura *rock*, los niños y niñas de los noventa fueron la primera generación que llegó a la mayoría de edad en la era digital. No se trata sólo de que sean el grupo de edad con el mayor acceso a los ordenadores y a internet, ni de que la mayor parte de sus componentes vivan rodeados de *bites*, chats, *e-mails*, *webs* y redes sociales; lo esencial es el impacto cultural de estas nuevas tecnologías: desde que tienen uso de razón les han rodeado instrumentos electrónicos (de videojuegos a relojes digitales) que han configurado su visión de la vida y del mundo.

Tapscott identifica a la *N'Generation* como a los adolescentes norteamericanos nacidos entre 1977 y 1997, que en 1999 tienen entre 2 y 22 años. No todos están conectados a internet, pero todos han tenido algún tipo de contacto con los medios digitales, por ejemplo los videojuegos (que cumplen un papel similar al que cumplió la televisión entre los jóvenes de los cincuenta). Representan aproximadamente el 30% de los norteamericanos. Para estos adolescentes, los instrumentos digitales tienen muchos usos: divertirse, aprender, comunicarse, comprar, trabajar, e incluso protestar. Los años cruciales fueron entre 1994 y 1997 (en esos 4 años el porcentaje de adolescentes que considera que es «in» estar «on line» sube del 50% al 90%). La generación de la red tiene un epígono con quien puede compararse: los *baby-boomers*. Esta generación incluye a quienes nacieron entre 1946 y 1964, y crecieron durante las décadas de 1950 y 1960. También son denominados la generación de la guerra fría, de la prosperidad de posguerra, o más apropiadamente de la televisión. Crecieron junto con la serie de televisión *Bonanza*, Bob Dylan, JFK, marihuana, la guerra del Vietnam, los Beatles, etc. En 1952, sólo el 12% de los hogares tenía televisión, en 1958 habían subido al 58%. A continuación viene una generación intermedia, llamada del *baby bust* (borrachera, fracaso), caracterizada por un retroceso demográfico, un estancamiento económico y un acceso masivo a la formación superior. Está compuesta por los nacidos entre 1965 y 1976, que erróneamente se califican como la generación X, y que constituyen el 16% de la población norteamericana.

Los jóvenes en el ciberespacio

Tras 1977 se produce lo que se denomina el «baby boom eco», los *baby boomers*, que habían postergado su juventud, empiezan a tener hijos, lo que coincide con la revolución digital que estaba empezando a transformar muchas facetas de la sociedad. La red se convierte en la antítesis de la TV. Los adolescentes actuales pueden denominarse *screenagers*: «La TV es controlada por adultos. Los chicos son observadores pasivos. En contraste, los niños controlan gran parte de su mundo en la red. Es algo que hacen por sí mismos; son usuarios, y son activos. No sólo observan, participan. Interrogan, discuten, argumentan, juegan, compran, critican, investigan, ridiculizan, fantasean, buscan, y se informan [...] Dado que la Red es la antítesis de la TV, la N-Gen es la antítesis de las TV-Gen» (Tapscott, 1998: 25-6). En sintonía con los postulados de Margared Mead, que en 1971 ya se había referido a los jóvenes como vanguardia del cambio cultural, Tapscott considera a los *N-Geners* como precursores de una nueva era de cambios, «líderes del futuro». Los nuevos medios no sólo están creando una nueva cultura juvenil, sino incluso una nueva ideología. Pero esta ideología no es obra de ningún visionario, ni tampoco consiste en un conjunto único de valores. Se trata de una revolución tecnológica que puede convertirse en revolución juvenil: «Aunque a muchos les cueste aceptarlo, los jóvenes digitales son revolucionarios. A diferencia de los *boomers*, ellos no hablan de revolución, la llevan a cabo. Se trata de una cultura que debe juzgarse no por lo que dice, sino por lo que hace» (Katz, 1997; citado en Tapscott, 1998: 291). Tapscott los define también como la «generación navegante», o YO-YO (*You're On Your Own*):

> Los *N-Geners* son los jóvenes navegantes. Han mandado su nave a la Red y ésta vuelve a casa a salvo, cargada de riquezas. Saben que no pueden confiar su futuro a nadie más —ninguna corporación o Gobierno puede asegurarles una vida completa... La juventud está capacitada para dirigir su propia ruta y capitanear su propia nave (Tapscott, 1998: 287).

Esta situación conduce a una nueva brecha generacional entre la TV-Gen y N-Gen:

> A menos que los *boomers* cambien sus sentimientos respecto a la juventud, su cultura y sus medios, las dos mayores generaciones de la historia pueden encontrarse en una carrera que conduce a la colisión —una batalla de titanes generacionales. Una generación vieja, que desconfía y se siente atacada por nuevas ideas y nuevos instrumentos, puede oponerse a una nueva generación cada vez más resentida, intentando cortar su crecimiento y derechos (Tapscott, 1998: 12).

Ante tal brecha aparecen cuatro escenarios posibles: 1) *Coexistencia pacífica*: los medios tradicionales y las instituciones adultas aceptan a la juventud; comprenden que su cultura no es nada malo sino la expresión natural de una generación, de su estilo de vida, medios y autonomía; la participación juvenil en los medios digitales es pasiva; las dos generaciones conviven sin molestarse, la sociedad avanza con ligeros cambios. 2) *Guerra fría*: la TV-Gen censura y controla la red; la N-Gen se mantiene sin poder y se hace cínica; las relaciones son tensas pero no explotan. 3) *Explosión generacional:* conservadurismo de los mayores y radicalización de la juventud; crece el malestar social; el entorno es volátil y explosivo. 4) *Sociedad en red*: se reinventa el sistema educativo; padres e hijos comparten juntos la experiencia de esta revolución, creando nuevos modelos de familia, trabajo y gobierno. La hipótesis más probable es la tercera: aumentan las tensiones entre *N-geners* y *B-boomers*, que se aferran a su propia juventud más allá de su tiempo, romantizándola. En su libro *The Lyric Generation*, François Ricard describe una generación que no quiere, no necesita, hacerse mayor:

> Cuando no hay nadie a quien seguir, cuando los jóvenes, a medida que se hacen mayores, no tienen junto a quien caminar, cuando ya no se ven desplazados por los jóvenes que vienen detrás, ¿por qué tendrían que envejecer? ¿Por qué no pueden seguir considerándose, aun con profundas arrugas en sus rostros, como los custodios naturales de la juventud? (Ricard, 1997; citado en Tapscott, 1998: 298).

¿Hackers o Hikikomoris?

> Los adolescentes en las ciudades de Japón se están transformando en modernos eremitas —no salen nunca de su habitación. La presión escolar y la incapacidad de hablar con sus familiares aparecen como las causas de este fenómeno (Rees, 2003).

Como hemos visto, las denominadas «culturas de habitación» son uno de los escenarios donde se construye la identidad personal y social de los adolescentes, el lugar físico y virtual desde el cual se abren al mundo o se encierran en sí mismos. En los albores del siglo XXI, las sociedades occidentales ofrecen dos modelos extremos para vivir este espacio: el *hacker* (profeta de la sociedad digital) y el *hikikomori* (víctima de la reclusión doméstica). Los *hackers* integran un movimiento protagonizado por adolescentes y jóvenes apasionados por los ordenadores, que ponen sus conocimientos informáticos al servicio de un desarrollo libre y sin barreras de la sociedad red. Según el diccionario del argot, *hackers*, son personas que se dedican a «programar de forma entusiasta» y «poner en común la información» que deriva de tal entusiasmo (citado en Himanen, 2002: 9). Al parecer, el término deriva del verbo *to hack*, que significa «cortar, dar una patada o puntapié». Aplicado al mundo de la informática, las patadas se dan a las grandes corporaciones, en forma de promoción del *software* libre, del boicot a sus productos o simplemente de la experimentación. El término apareció en la década de 1960 en Boston, donde un grupo de jóvenes programadores del MIT empezaron a autodenominarse así. Para evitar la confusión con aquéllos que dedican su tiempo a propagar virus, los *hackers* propusieron el término *crackers* para definir a estos piratas informáticos. Los *hackers* eran casi siempre jóvenes creativos que desde su reducido espacio doméstico (la propia habitación o su garaje) conseguían conectarse entre ellos y con otros apasionados de la informática, poniendo en aprietos al Gobierno o a las grandes multinacionales.

En su libro *La ética del hacker y el espíritu de la era de la información*, Pekka Himanen (2002) considera al *hacker* el prototipo de un nuevo tipo de moralidad que emerge con la sociedad digital. Esta nueva ética, la llamada nética, se caracteriza principalmente por una relación libre con el tiempo, una concepción lúdica del trabajo, una organización descentralizada en forma de telaraña, el rechazo a las jerarquías, la valoración de la pasión y la experimentación. Los primeros *hackers* estaban muy conectados con los movimientos contraculturales que preconizaban el rechazo de la familia y la creación de comunas alternativas. Por ejemplo, Steve Wozniazk, creador de Apple, explicaba así sus orígenes: «Provenía yo de un grupo de lo que llamarías *beatniks* o *hippies*, una pandilla de técnicos que comentábamos nuestras ideas radicales sobre una revolución de la información y el modo en que íbamos a transformar por completo el mundo llevando los ordenadores a los hogares» (citado en Himanen, 2002: 202). En 2000, una nueva generación de *hackers* se conectó a la red gracias al movimiento antiglobalización. Seguían simpatizando con ideas anarquistas y contraculturales, pero ya no se proponían abandonar el hogar familiar, sino que, por el contrario, utilizaban su reducto de libertad doméstica para resistir.

En algunos países altamente desarrollados desde el punto de vista tecnológico, un porcentaje significativo de jóvenes dan la espalda a la vida real y se encierran en su habitación. En Japón, el fenómeno se ha bautizado con el nombre de *Hikikomori* (Rees, 2003). El término significa «encerrarse, confinarse en uno mismo» y se utiliza para referirse a aquellos jóvenes en torno a los 20 años que optan por encerrarse en su habitación. Algunos psicólogos hablan de una auténtica epidemia que afectaría al 10% de la población de esas edades y al 1% del total de la población japonesa. La mayoría de estos jóvenes son muchachos que después de acabar sus estudios no quieren enfrentarse al duro y competitivo mercado laboral y se encierran en su casa para aislarse del mundo, aunque pueden conectarse a internet de manera indefinida. Esta reclusión puede durar unas pocas semanas o meses, pero en algunos casos se alarga durante años. En un estudio elaborado por el Gobierno japonés en 2002 sobre 3.300 antiguos *hikikomoris*, un 17% no eran capaces de salir de casa y un 10% ni siquiera podía salir de su propia habitación. Los *hikikomori* se refugian en un mundo infantil virtual que alimenta internet, basado en videojuegos, mangas, colecciones fetichistas, etc. Lo hacen todo sin salir de casa, alterando a veces los ritmos diarios, de manera que duermen de día, comen por la tarde y se pasan la noche conectados a internet, jugando con videojuegos y viendo la televisión. Algunos atemorizan a sus padres y tienen comportamientos agresivos, otros caen en depresiones pero pocos sucumben al suicidio, pues son arrastrados por una cibercultura muy activa. Todos ellos tienen en común el rechazo a la escuela, al trabajo y a la asunción de responsabilidades. Se trata de una pasión por la cultura digital llevada al extremo y vinculada al temor a enfrentarse a una vida profesional altamente competitiva. Según parece, a menudo los padres aceptan el fenómeno como algo inevitable, no hacen nada para impedir que sus hijos se encierren y, como no tienen problemas económicos, les mantienen indefinidamente —la mitad de jóvenes entre 20 y 34 años viven en la casa familiar— y no les obliga a abandonar el hogar. Tampoco les gusta reconocer el problema, pues sería motivo de descrédito en una sociedad que valora por encima de todo el trabajo y el éxito. Por otra parte, el sistema social japonés favorece esta opción: el sistema educativo es muy rígido y el mercado laboral extremadamente competitivo, en las ciudades hay pocos espacios libres, y la sociedad valora ante todo el desarrollo tecnológico, de manera que los niños japoneses tienen acceso a un sinfín de aparatos electrónicos desde pequeños.

La generación de la red en Catalunya

> La edad es [...] fundamental para la implantación de internet (una tecnología nueva, familiar para los jóvenes y ajena a las personas maduras y a la gente mayor) (Castells *et al.*, 2003: 113).

El primer informe dirigido por Manuel Castells sobre la penetración de la sociedad red en Catalunya (Castells *et al.*, 2003) aporta numerosas estadísticas y algunas interpretaciones sobre el papel de los adolescentes y jóvenes en el camino hacia el digitalismo. La tesis central es contundente: «la edad es el factor determinante [...] Culturalmente son los jóvenes de cualquier condición quiénes utilizan preferentemente internet» (2003: 113, 114). El acceso a la red no anula las diferencias de clase pero añade diferencias significativas en la era de la información, basadas en la capacidad de adaptarse a los cambios tecnológicos y culturales que esto implica (muy superior en las nuevas generaciones). La brecha digital, para estos autores es sinónimo de una brecha generacional. Esto no significa que todos los jóvenes utilicen del mismo modo las nuevas tecnologías. Existen tres criterios discriminatorios. En primer lugar, el nivel educativo (lo importante no es tanto ser joven, lo importante es ser estudiante, puesto que los jóvenes que estudian utilizan más la red). En segundo lugar, el grupo de edad (los principales usuarios son los jóvenes entre 15 y 19 años y a partir de esta edad tan sólo lo utilizan los que siguen estudios superiores). En tercer lugar, el nivel de renta (los jóvenes de clase media y alta acceden a la red desde casa, los de renta inferior lo hacen desde otros espacios, por ejemplo los cibercafés). El resultado es la constitución de «una subcultura juvenil de internet» (2003: 127) de márgenes difusos pero que equipara a los jóvenes catalanes con los europeos, no tanto en la intensidad o calidad de su acceso a la red, sino en el efecto que las comunicaciones y comunidades virtuales tienen en sus vidas cotidianas (ver Gros, 2004, Gil y Vall-Llobera, 2006).

En un informe que dirigí sobre los estilos de vida de los adolescentes en relación con la cultura digital (Feixa, García y Recio, 2005), basado en los datos de la Encuesta General de Medios (EGM, 2003) y en una serie de grupos de discusión con estudiantes de secundaria, emergen datos que muestran el camino hacia la habitación digital. La mayoría de hogares españoles tienen un ordenador que usan mayoritariamente los menores. Para la mayor parte de ellos, el ordenador se ha convertido en un elemento cotidiano, tanto para el trabajo como para el tiempo de ocio, ya que si no pueden disponer de él en casa lo utilizan en la escuela e incluso en centros recreativos o cibercafés, como se denomina a los centros en los que por un módico precio, se puede disponer de un tiempo de conexión a internet o simplemente del uso del ordenador. Tres de cada cuatro chicos entre 14 y 18 años utiliza el ordenador y dos de cada cuatro lo hacen habitualmente. A partir de los 20 años estas proporciones empiezan a decrecer. Las mujeres hacen un uso inferior del ordenador en todas la edades (entre los 14 y 16 años están 5 puntos porcentuales por debajo). Las diferencias entre los distintos niveles de ingresos familiares son determinantes y suponen, con mucha claridad, un uso más frecuente a mayor nivel de ingresos. Un 86% de los chicos y chicas entre 14 y 22 años con un nivel de ingresos elevado utiliza el ordenador frente a un 67% con un nivel bajo de ingresos. Pero, es el nivel de estudios la principal variable que discrimina si se utiliza el ordenador o no. Un 91% de chicos y chicas entre 14 y 22 años de padres con estudios superiores utilizan el ordenador, frente a un 58% con padres sin estudios o con un nivel elemental. Los niños y niñas de clase baja son los que menor uso hacen del ordenador: son los niños de clase media los que más lo utilizan.

El lugar donde se hace uso del ordenador aporta datos sobre el nivel de penetración de este aparato en la vida de los niños y adolescentes. Es en casa donde mayoritariamente utilizan el ordenador, seguido por «otros lugares» que en este caso pueden ser la escuela, el ámbito formativo en general (clases extraescolares de informática, idiomas, biblioteca, etc.), un cibercafé, un centro de ocio o bien en casa de amigos. Los niños y niñas de entre ocho y diez años utilizan el ordenador, sobre todo, en la escuela, mientras que entre los 11 y los 13 años lo utilizan también en una proporción superior, sobre todo en casa. Con el aumento de la edad, la proporción de personas que lo utilizan en casa disminuye, mientras que aumenta la proporción de personas que lo usan en otros sitios y en el lugar de trabajo. Es importante destacar el hecho que son las mujeres, de todos los grupos de edad, las que menos utilizan el ordenador en casa. Esto nos debe hacer reflexionar si este fenómeno se debe a que las niñas no dan prioridad al uso doméstico del ordenador, o si son los padres los que compran menos ordenadores para las hijas que para los hijos. Basándonos en los grupos de discusión, el ordenador, en estas edades, se utiliza especialmente para conectarse a internet. También utilizan programas de edición de texto, para la elaboración de los trabajos del colegio, y para escuchar música que tienen grabada. En lo referente al juego, algunos sí tienen juegos de ordenador, pero otros prefieren juegos de videoconsola.

La mayoría de chicos y chicas entrevistados disponen de un ordenador para uso personal. Sin embargo, en el grupo de discusión realizado en una escuela pública con altos porcentajes de inmigración, muchos no tienen ordenador pero utilizan los de centros públicos y asociaciones del barrio. Otras veces van a los cibercafés. La significación que dan al hecho de saber utilizar el ordenador es que será una herramienta útil para poder acceder al mercado laboral. La excepción son otra vez más los jóvenes del origen popular: entre los padres de estos chicos y chicas uno de los oficios principales es la construcción, pero a su vez este tipo de comentarios ponen en evidencia que no son conscientes que el uso de nuevas tecnologías afecta cada vez más a su vida, más allá de la profesión a la que se puedan dedicar en el futuro.

DE LA GENERACIÓN@ A LA #GENERACIÓN

>Eva: En cualquier trabajo tendrás ordenador y tendrás que saber manejarlo.
>
>Ricard: No en todos los trabajos.
>
>Eva: Hombre, si no eres paleta … pero no todo el mundo va a ser paleta, si trabajas en otro lao…

Otro uso que adquiere mucha popularidad es el comunicativo, principalmente para relacionarse con los amigos. Utilizan sobre todo el programa MSN Messenger. Dada su amplia presencia en la vida de los y las adolescentes queremos dedicarle un apartado breve. El programa está basado en el intercambio de breves mensajes de texto en tiempo real, es decir, de forma sincrónica o entre personas que estén en línea al mismo tiempo, igual que en los demás programas de chat. Los mensajes enviados llegan de forma inmediata al interlocutor con lo que se hace posible mantener una conversación muy similar a la que desarrollan cara a cara. Sin embargo, este programa aporta nuevos atractivos con una mayor sofisticación en relación a los programas de chateo tradicional. Al margen de incorporar iconos gestuales que ayudan a simular la comunicación no verbal, se puede incorporar una cámara web (webcam) para obtener la imagen del interlocutor. Se puede personalizar, en gran medida, la interfície de la comunicación mediante el cambio de fondo, de fuente, de colores, etcétera. El Messenger forma parte de la cotidianidad de los adolescentes hasta el punto que algunos manifiestan que si hubieran de prescindir de él se les haría muy difícil. Otros niegan esta dependencia.

>Eli: Se puede hablar con gente que está lejos y yo que sé. Yo sin internet no puedo, no puedo.
>
>Gemma: *Es parte de nosotros. Te quitan esto y nos coge un trauma.*
>
>Dídac: Yo me he quedado si internet y no pasa nada.
>
>Marc: Yo hacía dos meses que no lo tenía y tan tranquilo.

Para ellos representa la ampliación del tiempo con sus amigos hasta última hora de la noche, una escapada de la vida familiar, que se suele vivir como coercitiva.

Los jóvenes en el ciberespacio

> Eli: Es que no sé qué hacer, tío, qué hago. Si lo que quiero es estar lejos de los padres y no estar con ellos mirando la tele. Es que no lo puedo soportar.

Sobre el abuso de internet, consideran que les sería difícil, aun y reconociendo que a veces se pasan porque les gusta mucho. Lo ven más como un vicio que como una posible patología y de hecho, otorgan toda una serie de connotaciones positivas al vicio. Insisten en la necesidad de conectar con otras personas, de comunicarse. Lo consideran tan natural como estar con los amigos, hábito propio de su edad. Una edad en que, paralelamente a las tareas, no tienen ninguna obligación.

> Eli: Es que todo son vicios ahora, *en la adolescencia todo son vicios, pero después te puedes controlar* porque tienes más cosas para hacer... Yo no puedo, eh? Yo he llegado a llorar para que me dejaran conectar, imagínate si engancha.

Conocen y admiten algunos casos de adicción entre algunos conocidos y, por ejemplo, mencionan la leyenda de los adolescentes japoneses, llamados *hikikomoris* (entre los adolescentes entrevistados causó gran impacto un programa de la BBC emitido en la televisión catalana sobre este fenómeno, pese a considerarlo un caso extremo). Consideran que se trata de personas con características especiales: muy tímidas, sin amigos, etcétera. y como ellos son «normales» están fuera de peligro. A pesar de todo, reconocen que a veces internet absorbe demasiado pues resulta ser muy atractivo.

Unidos por el Flog

> —¿Y cómo hiciste vos para tener más firmas, que es lo mismo que el *rating*, pero en un fotolog?
>
> Hice cosas buenas, como por ejemplo la cita en el Abasto. Yo quería demostrar que no somos chicos que nos pasamos todo el día delante de la computadora, sino que usamos la computadora como un medio para conocer gente. Lo que tiene es que es un medio masivo totalmente.

DE LA GENERACIÓN@ A LA #GENERACIÓN

—¿Más masivo que Clarín?

Para los adolescentes sí. Te puedo asegurar que son más los chicos que entran en un blog que los que leen el diario… ¿Vos sabés que ahora yo estoy en Clarín? Tengo un *banner* ahí…

—No es fácil ser Cumbio, entonces, pero tampoco es fácil ser adolescente…

Pero creo que en algún momento tenés que hacer algo vos para que no sea tan difícil, me parece. Y en ese momento es cuando dejas de darle importancia a lo que piensan los demás. Muchos chicos se privan de ser felices por eso me gustaría … [piensa un instante]. No es que quiera estar portando un mensaje de los homosexuales, pero desde mi forma de ser demuestro que no importa lo que digan los demás, que cada uno tiene derecho a ser feliz y que eso no le hace mal a nadie. Entonces, ¿por qué tenés que ser lo que los demás quieren que seas? No se si me entendés … (*Mu. El periódico de la vaca*, nº 20. Noviembre de 2008).

Noviembre de 2008. Regreso de Buenos Aires tras una intensa semana en la que he participado en el I Foro Iberoamericano de Revistas de Juventud. A raíz de mi intervención titulada «La juventud en imágenes: presentaciones y representaciones», en la que establezco conexiones entre la mirada del fotógrafo, la del etnógrafo y la del juvenólogo, los colegas argentinos me hablan de una nueva tribu urbana que está haciendo furor en el país: los *floggers*. Se trata de adolescentes de la era digital, apasionados por el Foto-log (o flog), el popular servicio de internet para publicar y compartir fotografías. En los últimos meses, los *floggers* han pasado de encontrarse en el espacio virtual a hacerlo en el espacio presencial: más concretamente, en algunos centros comerciales de Buenos Aires (y en los medios de comunicación de masas). Suelen ser de sectores acomodados, se caracterizan por hacer un uso intensivo de la tecnología: van siempre con sus teléfonos móviles, que usan en forma multimedia, principalmente como teléfono y cámara fotográfica, pero también para envío de sms, escuchar música mp3, navegar por internet, etc.

A diferencia de otras prácticas tecnológicas, los *floggers* han desarrollado todos los elementos característicos de las subculturas juveniles: a) un determinado lenguaje oral, textual y en este caso visual; b) una estética particular (pelo liso las chicas, con flequillo los chicos, pantalones chupines (ajustados), suéters con colores chillones y algo psicodélicos, camisas ajustadas las chicas, apariencia andrógina, uso de ropas de marca; c) la predilección por determinados ritmos musicales (las distintas variantes de la música electrónica, que bailan con su celular en el oído, con incursiones recientes a la cumbia y otros ritmos alternativos); d) unas producciones culturales (articuladas en torno al consumo intensivo de nuevas tecnologías); y sobre todo e) una actividad focal: el uso intensivo de las tecnologías digitales, para hacer constantemente fotografías con la cámara digital y colgarlas inmediatamente del foto-log para recibir comentarios y hacer amigos. Dedican mucho tiempo a esta práctica: pueden colgar siete u ocho fotos por día, pero deben actualizarlas constantemente: el juego consiste en tener el mayor número de visitas (firmas) que actúan como una especie de marcador de audiencia (*rating*). En lo cualitativo, importan los comentarios que se dejan a las fotos, que pueden dar pie a otros contactos vía chat o *e-mail*. Existe también la posibilidad de contratar espacios de pago, que permiten bajar un número mucho mayor de fotos (de 1.000 a 2.000 por día).

Mis colegas me cuentan que los blogs y los flogs son desde hace unos años muy populares en los países del cono sur (Chile, Argentina) y algunos andinos (Perú). Se convirtió hasta cierto punto en símbolo de los jóvenes de clase media-alta, urbanos, apasionados por las nuevas tecnologías (ello está relacionado con la pasión por el manga y la cultura japonesa: hay blogs centrados en Pokemon). Al principio era sólo una costumbre virtual: los adolescentes se encontraban en las webs que albergan flogs, colgaban sus fotos sin pudor, con nombres ficticios —avatares— y rostros reales, introducían comentarios, participaban en chats y hacían amigos. Pero en diciembre de 2007 a una muchacha lesbiana de 17 años, de avatar Cumbio, bastante popular en el flog, se le ocurrió convocar a sus «amigos virtuales» (la red de *firmas* que se enlazan a su web) en un lugar emblemático de la ciudad de Buenos Aires: Abastos. Se trata del antiguo mercado central, reconvertido en un popular centro comercial (o *shopping*, como le llaman aquí). La convocatoria tuvo gran éxito: acudieron 300 jóvenes, que descubrieron que el cara a cara es compatible con el *nickname* a *nickname*: empezaron a autodenominarse *floggers*, bautizando a una nueva tribu urbana. Desde ese momento, Cumbio se convirtió en su líder y marcadora de tendencias. Nike la «descubrió» y contrató como «trendsetter», fotógrafa-buceadora de las tendencias emergentes en la cultura juvenil. La difusión masiva de la subcultura, sin embargo, vino después: a mediados de 2008 hubo una pelea de origen desconocido. Y sobrevino el consabido proceso de pánico moral: se etiqueta a un grupo «peligroso» a partir del contraste con los supuestos enemigos —pibes cumbiacheros contra *floggers*. Mientras los primeros son percibidos como jóvenes de clase trabajadora, que habitan las villas populares, visten ropa tradicional y gustan de la música popular, los segundos serían jóvenes estudiantes de clase media, que habitan edificios de apartamentos del centro urbano, visten ropa de marca y de última tendencia, y gustan de las músicas avanzadas (con alguna excepción, como la propia líder, apasionada de la cumbia como su nombre indica) y sobre todo las nuevas tecnologías. En la representación mediática, los cumbias son peligrosos y violentos, con tendencias masculinas, mientras los *floggers* son inofensivos y lúdicos, de tendencias andróginas. A partir de ese momento, algunos líderes como Cumbio empezaron a recorrer los medios de comunicación, concediendo entrevistas en prensa y sobre todo en los *talk shows* televisivos. Las visitas a su página web se dispararon (del millón de firmas se pasó a casi 25 millones), y mediante un proceso de imitación, su estilo de vestir y sus gustos se extendieron rápidamente. Además de Nike, el periódico argentino de mayor tirada —*Clarín*— le pagó para que reubicara su web en el sitio del diario, y varias marcas de moda y perfumes la convirtieron en su icono publicitario.

Cuando pregunto por los rasgos y causas de la subcultura recibo estas respuestas: «Es Andy Warhol pasado por el chicle basuco» (por un chicle de color rosa muy popular); «Es como si hubieran tomado algo que ya estaba en el mercado y le hubieran dado un nuevo sentido» (por la ropa de marca que usan); «La generación que vio Chiriquita luego se hizo *flogger*» (por las series musicales para preadolescentes que proliferaron los últimos años y prepararon el terreno); «Hoy en Argentina todos son flogeros. Tengo un sobrino chiquito que hace poco le dijo a su mamá: "Quiero ser *flogger*"»; «Viven conectados. Deben estar todo el día haciendo fotos, respondiendo mensajes: "Acá estoy levantándome", "Te quiero Cumbio"»; «Los flogs es una estética de *fanzine*: no es una estética cuidada como los blogs, es más improvisada»; «Los flogs es el lugar donde los padres se enteran de lo que hacen sus hijos» (esta ultima frase da que pensar).

¿Qué son pues los *floggers*? Aparentemente, no son una subcultura sino una práctica cultural juvenil compartida por varias subculturas: la de caer rendido ante el «efecto espejo» de la cámara digital, retratando escenas de la vida cotidiana y colgándolas de un espacio gratuito del Foto-log, ese servicio en línea inventado para compartir material gráfico y fotográfico. Si prestamos atención, es algo muy parecido al clásico diario personal, el espacio íntimo donde el adolescente exponía sus vivencias y su descubrir del mundo, sus amores y desamores, sus dudas existenciales. Con la diferencia de que en lugar de textos lo que predomina aquí son las imágenes —aunque se ilustran con comentarios y se colocan en forma que produce un efecto discursivo— y, sobretodo, que en lugar de guardarse bajo llave en un lugar privado, secreto (la propia habitación) se exponen en el lugar más público posible: internet. En realidad, para los adolescentes la audiencia es parecida: el diario se enseñaba a los amigos sin pudor pero se escondía de los padres; con el flog hacen los mismo, pues esperan inocentemente que sus papás no se enteren que tienen blog ni fotolog para que no descubran sus correrías; es cierto que sus papás no son tontos y están acostumbrados a bucear en la red para saber algo de sus hijos —como me confesaba una política argentina hace un tiempo, quien descubrió que su hija había perdido su virginidad gracias a su blog. Pero, ¿acaso las madres no acababan siempre descubriendo el diario personal escrito y escondido por sus hijos/hijas, con el consabido escándalo? En realidad, más que la diferencia entre la audiencia privada o pública, lo fundamental es el proceso posterior: las reacciones suscitadas por las fotos, reflejadas en los comentarios que los visitantes van anotando en la web y en la lista de amigos y contactos que se van añadiendo al flog. Pero si esto se hubiera quedado en internet, no habría pasado de ser una costumbre más o menos curiosa, más o menos envolvente, de muchos grupos juveniles y no tan juveniles (como los pederastas). Lo significativo en este caso es que Cumbio se hizo carne y habitó entre nosotros: que bajó a la plaza pública y allí se conecto con otros adolescentes como ella y sobre todo con los medios de comunicación que enseguida la etiquetaron y relacionaron la tribu con otras tribus, en el consabido proceso de clasificación.

Otro factor interesante a considerar es el uso del flog como sistema de distinción, según la perspectiva de Bourdieu. En primer lugar, para tener acceso al flog uno debe poder navegar en internet de alta velocidad, lo que no está al alcance de todos; en los últimos tiempos además a los flogs gratuitos se han añadido flogs de pago o patrocinados (flogs-VIP), lo que va creando distinciones dentro de la red. En segundo lugar, para poder intervenir en el flog uno debe disponer de todo un repertorio de tecnologías complementarias: un teléfono móvil de tercera generación, con cámara e internet, cuyas marcas y modelos marcan claras diferencias. Por último, los *floggers* como un todo se contraponen simbólicamente a otros sectores socialmente, que no tienen acceso a estas tecnologías, utilizando la estética como elemento de distinción. Por lo visto, han nacido ya los *bolifloggers* (contracción de boliviano y *flogger*), para connotar a los que aspiran a acercarse al grupo, los quieren ser *floggers* pero les cuesta, porque son más jóvenes e inexpertos, o bien porque son de sectores más populares. Como los bolitas, los *bolifloggers* son inmigrantes, y antes de ser aceptados en la tribu deben superar el examen al que son sometidos por los veteranos —los *flogger* nativos.

Mientras regreso a Catalunya, me pregunto cuanto tardarán en llegar los *floggers* a Barcelona. Mis colegas argentinos no tenían claro si era un fenómeno local o global. En principio se creía que era algo porteño —bonaerense— pero al poco tiempo descubrieron que tenía réplicas en las pequeñas ciudades de provincia —la Plata, Rosario, Córdoba— e incluso en otros países del cono sur —Santiago, Montevideo. Pero ¿se había difundido más allá? Al cabo de a penas un mes recibo la respuesta: el programa de máxima audiencia de la radio catalana dedica un reportaje a los *floggers*, que probablemente no tardarán en expandirse en España.

Conclusión

> Los niños de la era digital ya no son invisibles o inaudibles como antes; de hecho son más vistos y escuchados que nunca. Son los ciudadanos de un nuevo orden, los fundadores de la Nación Digital (Kats, 1998; citado en Holloway y Valentine, 2003: 74).

La mayor parte de los teóricos de la sociedad posmoderna han puesto de manifiesto el papel de las nuevas generaciones en la difusión del «digitalismo». Por una parte, los adolescentes son los profetas de una nueva nación digital que promete reestructuración de las clásicas relaciones unidireccionales entre profesores y alumnos, padres e hijos, expertos e inexpertos (pues a menudo las innovaciones se producen en la periferia y los menores actúan como educadores de los mayores). Por otra parte, los adolescentes son también las víctimas de la nueva sociedad del riesgo (Beck, 1998) donde los peligros aumentan y pueden penetrar en los domicilios por oscuras fibras ópticas. En la perspectiva de los usuarios, las nuevas generaciones aparecen también retratadas de una forma ambivalente: por una parte, se convierten en «esclavos felices» de unas tecnologías digitales que ocupan todo su tiempo de ocio y los encadena a su habitación (con efectos negativos como el sobrepeso y las ciberdependencias); por otra parte, se convierten en depositarios de la «cultura crítica de internet», la «fibra oscura» (Lovink, 2004) vinculada a la contracultura que generó la mayor parte de innovaciones creativas (del movimiento antiglobalización al movimiento por el *software* libre). Holloway y Valentine (2003) se preguntan si vamos hacia una sociedad de «ciberniños». Los autores muestran la mutua constitución de los mundos *on-line* y *off-line*, enfatizando la interpenetración de los aspectos sociales y técnicos, así como de los espaciales y temporales. Sin embargo, proponen desmontar el mito de que todos los adultos son incompetentes y todos los menores forman parte de la *N-Generation*: algunos padres pueden llegar a ser *hackers* e incluso *hikikomoris*.

Parte III
RELATOS

13
Biografía de una Replicante

Tras ascender las cimas teóricas de la Generación @ y recorrer las mesetas etnográficas de las escenas juveniles contemporáneas, en esta tercera y última parte del libro descenderemos a la playa para observar la vida real de un joven de hoy, en realidad de una joven, cuyo viaje a la vida adulta nos servirá para reflexionar sobre las formas y contenidos de la juventud en la era digital. Seguiremos para ello la propuesta de Franco Ferrarotti (1981) de «leer una sociedad a través de una biografía», proyectando sobre una historia de vida concreta las condiciones sociales y las imágenes culturales que se proyectan sobre toda una geneneración. Los capítulos se estructuran según la misma lógica de la parte anterior, revisitando los distintos escenarios privados y públicos, educativos y de ocio, subculturales y tecnológicos, locales y globales, que identifican a la Generación @. Pero antes de adentrarnos en su relato debemos precisar los procedimientos metodológicos que hemos seguido para obtenerlo.

Palabra de Groovy

Según el *Webster's Dictionary* (1983: 539), el adjetivo «groovy» significa «maravilloso, excelente, sensacional». Deriva del sustantivo «groove» que tiene varias acepciones. En un sentido literal significa «ranura; rutina». En un sentido figurado, significa «buena forma; de moda; experiencia agradable y excitante». En la jerga juvenil de *clubbers* y *ravers,* el término incluye estos tres significados figurados: forma (física), moda (estética) y experiencia (emocional). Los tres confluyen en el baile como síntesis de la «incorporación» (*embodiment*) de los jóvenes en la *cultura de clubs.* Así pues, cuando hablamos de Groovy nos referimos pues a una persona que está en forma, que va a la moda, que es divertida e inquieta.[1]

Groovy es el seudónimo escogido por una joven nacida en 1978 en un pueblo del interior de Catalunya que llamaré Segrià, y que desde 2001 vive y trabaja en Berlín. Desde su adolescencia, Groovy fue una apasionada de la música electrónica y de las nuevas tendencias de la cultura juvenil, y convirtió su pasión en *modus vivendi*. Yo la conocí en 1998, cuando acababa de cumplir 20 años: la tuve de alumna en el primer curso de la universidad. Con un grupo de compañeros hicieron un magnífico trabajo sobre una macrodiscoteca y con el tiempo nos hicimos amigos. En el año 2000, después de festejar el paso del Ecuador que entonces marcaba la mitad de la carrera, la entrevisté para un estudio sobre jóvenes universitarios y me di cuenta de que su vida y su manera de contarla tenían indudable interés científico (y quizá también cierto potencial literario). Por eso empecé a recoger su testimonio autobiográfico, sin tener una idea muy precisa de qué pretendía con ello (aunque de entrada me permitió estar al día en mis conocimientos sobre las últimas tendencias de la música electrónica). En 2002, Groovy se marchó a Berlín como estudiante Erasmus para acabar la carrera y allí se quedó. Primero hizo un máster de gestión cultural, luego abrió una pequeña galería de arte, y finalmente empezó a trabajar en ferias de arte y como curadora de exposiciones. Mantuvimos el contacto por internet y luego por Facebook. Como periódicamente regresaba a Lleida, pude seguir su viaje hacia la vida adulta (también la visité una vez en su nuevo hogar berlinés).

Lo que sigue son fragmentos de una serie de entrevistas mantenidas con ella a lo largo de más de una década, entre 2000 y 2011. La primera tuvo lugar en junio de 2000 (cuando ella tenía 21 años) y la última en agosto de 2011 (a sus 32 años). En total son 9 sesiones de entrevista, con un total

---

1 Cabe decir que una de las discotecas de las que habla la informante se llama Wonderful (uno de los significados de Groovy: maravilloso) y que la fiesta *rave* organizada cada verano por la discoteca Florida 135 en el desierto de los Monegros fue bautizada con el nombre de Groove Parade (Desfile de la Sensación), aunque más tarde fue rebautizada como Desert Parade (Desfile del Desierto), en referencia a la famosa Love Parade (Desfile del Amor) de Berlín.

de 17 horas grabadas (al principio en cintas magnetofónicas y al final con grabadora digital). El cuerpo central del relato se basa en entrevistas realizadas en 2001 y 2002, en las cuales Groovy reconstruye su historia de vida familiar, infantil, adolescente y juvenil. Con posterioridad llevé a cabo otras dos entrevistas de actualización, en las que Groovy reflexionaba sobre su entrada en la vida adulta (sobre los dilemas de su condición de joven-adulta o *adultescente*): la primera en 2004 y la última en 2011. Entre estas dos sesiones, en mayo de 2008, la visité en Berlín, recorriendo *in situ* algunos de los escenarios de los que habla en su relato (lo que de paso me permitió escuchar en persona a Daniel Cohn-Bendit recordar los orígenes del movimiento de 1968 en uno de los lugares donde surgió). A lo largo de estas entrevistas fuimos desgranando distintos escenarios de la vida de una joven del siglo XXI, de la familia al trabajo, pasando por los estudios, el ocio, la música, la amistad, el amor, la moda, la política, el arte y las nuevas tecnologías. Una vez transcritas y editadas, se las enviaba para que ella las corrigiera o introdujera comentarios. El texto ha sido revisado y traducido al castellano, pero he intentado mantener la frescura del tono oral original. Aunque a veces explotaba en exceso los conocimientos y el tiempo de Groovy, ella acudía a mí siempre que podía. De alguna manera me convertí en el espejo donde Groovy proyectaba sus reflexiones personales y sociales, el interlocutor adulto de la filósofa posadolescente.[2]

La corredora de la luz

La historia de vida de Groovy se basa en un material oral muy rico, que cubre un amplio espectro cronológico y temático. Si lo he incorporado a este libro es porque fue ella quien me inspiró la metáfora sobre *Blade Runner* y los Replicantes, que constituye el hilo conductor del texto. Primero me llevó a la discoteca Florida 135 de Fraga (la catedral del *tecno*) y me enseñó los escena-

---

2 Las primeras entrevistas fueron transcritas por Neus Alberich y las últimas por Montserrat Iniesta, siendo revisadas y editadas por mí, con la ayuda de la protagonista.

rios futuristas de Los Ángeles 2012. Después me recomendó leer la novela de Philip P. Dick, *Sueñan los androides con ovejas eléctricas* (1996) [1968], en la que se inspira la película de Ridley Scott. Y finalmente teorizó en las dos últimas entrevistas sobre los jóvenes como replicantes y sobre los jóvenes-adultos como cazadores de replicantes (o como *blade runners*: corredores de la luz). Su biografía no es sólo una sugerente ilustración de la Generación @, sino que contiene potentes dosis de reflexividad sobre la condición juvenil en la era contemporánea, condensadas en algunas frases resaltadas en cursiva.[3] Para estructurar el relato, he optado por utilizar los mismos escenarios de la vida juvenil analizados en la segunda parte del libro. Tras un prólogo en el que Groovy evoca su primera noche en la discoteca Florida 135 (una visita iniciática), el relato empieza evocando la identidad personal y el espacio doméstico (la habitación propia): sigue en el espacio escolar (del instituto a la experiencia Erasmus), donde se relaciona con sus iguales; continúa en los espacios de ocio (de los clubs a las *raves*), donde se involucra en la escena *tecno*; y narra su vinculación con distintas subculturas juveniles (de los makineros a los *tecnokids*), concebidas como expresiones de cambio social e innovación cultural. La parte central del relato explora las conexiones de la protagonista con el ciberespacio (de los videojuegos a Facebook, pasando por el teléfono móvil, internet y los chats); a continuación, viajamos al espacio de las migraciones, más concretamente a Berlín, a donde se traslada a vivir, primero como estudiante y luego como emigrante cultural (lo que le sirve para incluir una disgresión sobre los Indignados). El relato finaliza con una serie de reflexiones sobre *Blade Runner* y los Replicantes, a manera de autoanálisis sobre la experiencia de dejar de ser joven, con un breve epílogo en el mismo lugar donde empezó: la discoteca Florida 135 (un relato anti-iniciático que simboliza la resistencia a hacerse adulto).[4] El hilo conductor del relato son

---

3   La historia de vida es mucho más extensa y fue recogida y transcrita en el idioma original (el catalán), en el que espero poderla publicar íntegra en el futuro. Lo que se reproduce aquí son fragmentos alusivos a los temas más relacionados con el libro.
4   Como los testimonios fueron recogidos en distintos momentos de su vida, se ha optado por incluir al pie de página la fecha de la entrevista original, así como el número de cinta en la que se grabó. Las cursivas son mías y sirven para destacar las frases más significativas.

títulos de obras literarias, cinematográficas y musicales que sintetizan momentos y lugares clave de su vida (sus *cronotopos dialógicos*, en términos de Bakhtin, 1994). A veces Groovy se identifica con los hombres grises de *Momo*, con el país de nunca jamás de *Peter Pan* o con la fábrica de replicantes de *Blade Runner*. En otras ocasiones las fases de su vida remiten a *El Paciente Inglés* (los orígenes familiares), *Robocop* (la infancia), *Fiebre del sábado noche* (la adolescencia), *Una casa de locos* (la juventud) y *Cielo sobre Berlín* (la juventud adulta). Por último, pone música de fondo a los momentos más intensos de su vida mediante canciones (*Thriller*), discos (Máquina Total), grupos (Sau) y estilos (*house*). Pero cuando debe optar por sintetizar su evolución personal, escoge una imagen metafórica mucho más próxima a la cultura digital en la que ha crecido: «Mi vida es como un videojuego». Espero que atrape al lector como me atrapó a mí.

14
GROOVY EN SU HABITACIÓN

El día que conocí la Florida[1]

El día 18 de marzo de 1995 entré en la Florida por primera vez y ese día me cambió la vida. El día que conocí la Florida cambió todos los conceptos que tenía de música, de discoteca, de comportarme en una discoteca, de todo ¡de todo! Era el día antes de San José, el día que se casó la infanta Elena, ¡ahí es nada! Con mi grupo lo preparamos. Mi padre nos llevó a la discoteca. Todo el mundo me decía: «Entras en una ciudad, no te lo puedes llegar a imaginar». Yo estaba acostumbrada a la Wonder, una discoteca normal con pistas, comunicación entre pistas, una pista de baile, decoración industrial alrededor, como mucho las luces y el humo ¿no? Y me dijeron: «Cuando entras [en la Florida], parece que estés en la calle». Me acordaré toda la vida del grafiti de fuera de la Florida: Nueva York y King Kong. Y yo: «¡Ala, qué guay!». Un grafiti, hostia, las letras súper chulas: Florida 135. Y entonces vi el letrero azul, aquél que hay en la entrada, que te señala dónde está la discoteca. Desde el puente de Fraga tú sabes dónde está la discoteca por el rótulo azul. Y me acuerdo que cuando entré en la Florida oí una música que no había escuchado nunca en mi vida, con un ritmo mucho más pausado pero que hacía que los pies se movieran solos. No sabía cómo bailarlo porque estaba acostumbrada a bailar muy rápido. Y me dijeron: «Espera, espera».

En la Florida, entras y hay un pasillo que te lleva a la taquilla, entonces tienes unas rejas y los seguratas que te tapan la entrada, el guardarropa y después hay una cortina que tienes que pasar por los lados para entrar en otro

1 14/02/2001 (C4a). 17/02/2004 (C11).

pasillo del que tienes una visión onírica ¿no? Estás en Brooklyn. Yo, cuando entré por la cortina aquella, pensé: ¿dónde cojones me he metido? Porque no había visto la discoteca aún y pensaba: ¿qué es esto tan raro? Primero taquilla, después control de seguridad, después guardarropa, después todavía otra criba. *Salías de la realidad para introducirte cada vez más allí donde estaba el bum bum.* Y entré dentro y me quedé completamente alucinada. Recuerdo que estuve como diez minutos parada en la entrada mirando la ciudad que tenía delante y todo el mundo bailando. Y pensé: no sé realmente dónde estoy, si en la calle, si en otra ciudad, si he salido de Fraga, si no he salido… ¡Un espacio alucinante! Y entonces, nada más entrar —yo creo que fue el destino— me dijeron: «Ése es el dueño de la Florida». Y vino y dijo: «Hola ¿sois nuevas aquí? Tened, entradas». Nos dio fichas para beber. «¡Groovy, tía, te ha hablado el dueño de la Florida!». La historia de la Groovy en la Florida es que el primer día que acudió se sintió como en casa, porque vino a hablar el jefe conmigo, el Juanito, el hijo del dueño que es quien lo lleva, porque el dueño es un señor que tiene setenta años, el tecno-abuelo que le dicen. Yo me sentí súper especial porque no había ido a hablar con mis amigas, había venido a hablar conmigo. Cuando nadie se había fijado nunca en mí. Y también fue muy especial porque era el cumpleaños de Jaume, mi novio. El día 19 hacía diecisiete años. Se había casado la infanta. Lo de la infanta me daba igual porque soy republicana, ya lo era en aquel tiempo. Pero ¡qué día más especial ir a la Florida!

La Florida se articula en un espacio muy grande, la pista *tecno*, que sería la ciudad, es una plaza rodeada por edificios y dentro hay una cafetería, un *pub* irlandés, un cine, dos *pubs* y una tienda donde venden el tabaco y las camisetas, y un puesto de salchichas para comer. Entonces, debajo de esta pista, hay un *pub* de estética setentera, más psicodélica que setentera, que se llama La Boîte, adonde también se puede entrar por fuera. Después, cuando pasas la pista *tecno*, tienes un pasillo que va a La Boîte, tienes otro pasillo que va hacia la pista pachanguera, que es la pista típica de baile con lucecitas, que meten música pachanguera y comercial. Se llama Salón Privé y hay sillas para sentarse. Es más tradicional, recuerda más un baile de fiesta mayor. Y después, dentro de esta sala, hay una puerta que comunica con una terraza que se abre en verano, se llama Tropical 135.

Groovy en su habitación

[Pues ese día], a las dos de la mañana, apareció mi padre en la Florida con mi madre. Yo estaba arriba enrollándome con mi novio. En el reservado hay una pista y una pantalla, pero allí la gente no va a mirar películas, va con la pareja. Y una amiga vino y me dijo: «¡Que está tu padre abajo!». Y yo: «¡Anda calla!» «¡Te lo juro!». Y yo: «¡Bah!» Y pensé: «Si me estás fastidiando cuando estoy con Jaume ¡vete a la mierda!». Sube un amigo de Jaume: «Vete abajo porque está el padre de la Groovy». Yo ya pensé: «¡Hostia! Si lo ha dicho el amigo de Jaume, sí que debe de estar mi padre abajo». Bueno, bajo las escaleras del cine que comunican con alguno de los *pubs*, y este *pub* comunica con la pista, y me quedé en las escaleras mirándome a mi padre en la pista, todo trajeado, con americana, gabardina, mirando a un tío que daba vueltas con el pelo de color verde, con una cara de alucinado que se moría… Y yo pensé: «¡Dios mío!». Jaume no conocía a mis padres porque hacía quizá sólo dos meses que salíamos, y se quería morir. Y veo a mi madre hablando… adivina con quién: ¡con Juanito! Y yo: «¡Mi madre conoce al jefe!». Bueno, evidentemente empecé a correr hacia mi madre y yo: «¡Hola!». Y ella: «Mira, ésta es mi hija». Y él: «Mira, le he dado fichas cuando ha entrado, no sabía que era tu hija». Y a partir de este día, el primer día que entré en la Florida, el Juanito siempre fue contacto entre nosotras dos. Mi madre lo conocía de cuando ella iba a la Florida cuando él era camarero, y eran amigos de fiesta, bueno amigos… conocidos.

Aquel fue un día total para mí, yo flipé. Si salía algún sábado por la Wonder, a las cuatro me venía a buscar mi padre y me iba a casa. Aquel día me fui cuando cerraba la Florida, a las siete y media de la mañana, no vi cómo la cerraban pero me fui muy tarde. Jaume se fue antes que yo. Yo flipaba porque Jaume siempre se quedaba más rato, pero me dice: «Bueno, me voy». Y yo: «¿Ya te vas?» «Oh, ¡es que son las seis de la mañana!». Y yo: «¡Las seis! ¿Dónde están mi padre y mi madre?». Mi padre estuvo un momento en la pista *tecno* pero vio que aquella música era demasiado dura para él: «Yo me voy a la pachanguera a bailar». A mi madre le gustaba la música, a mi padre también, pero supongo que se encontraba incómodo. Me incomodaba a mí también porque estaban mis amigos, la gente del pueblo y, claro, viene una madre o un padre del pueblo y ¿qué debes hacer? Te reprimes un montón, te tienes que comportar que no me vean hacer esto, que no me vean hacer aquello. El primer día en la Florida fue así.

La Florida lleva 45 años siendo una sala de fiestas, ha tenido diferentes modificaciones, pero la ha llevado siempre la misma familia. Es una empresa familiar y se nota mucho en el trato. Cuando yo empecé a ir a la Florida no era tan famosa como ahora. Ahora es súper famosa porque llevan a pinchar a una serie de *disc-jockeys* excelentes y se ha hecho un nombre dentro de lo que es la cultura *tecno* en Catalunya y en España. Realmente no es que se haya hecho un lugar, ella ha hecho el lugar, es la responsable de que aquí en Catalunya, en la parte de Lleida, conozcamos *disc-jockeys* como Jeff Mills, John Acquaviva, Francesco Farfa, que sólo se oían en Barcelona o en Madrid. Y bueno, tú veías todo aquello de la ruta de bakalao y la música misma y te vas a la Florida, que todo el mundo decía que estaba dentro de la ruta del bakalao y la música que hay en la Florida es una música totalmente diferente de la que hacen en la Wonder. Es el *bit*. El *bit* no es bum-bum-bum, sino bu-xim-pu-puxim-pu [cantando], como si fuera una batería, que los Beatles lo hacían de manera diferente. Pues en la Florida, el *bit* era mucho más suave y había más sonidos dentro de este *bit*, había como si fuera unos platillos, también una melodía escondida dentro de cada *bit* ¿no? Y eso es lo que me alucinó más. También el espacio. Tú entras dentro de la Florida y es alucinante porque *es una ciudad*. La Wonder era todo muy funcionalista porque no hay ninguna decoración de más. Y *la Florida sería un funcionalismo algo barroco*, sería un poco más un salón recreativo de verdad, recreativo para la vista. A la Florida empiezan a venir *disc-jockeys* que no son españoles. Hay unos nombres muy americanos que me hacían pensar en el Michael Jordan y en esta gente: «Mira tú, de Chicago, de allí son los Bulls ¿no? El equipo del Jordan». Y entonces lees que en Chicago ha nacido el *house*. ¿El *house*? Es una música que tiene tantos *bits* por minuto y que es una mezcla de *soul* con un poco de base. Y empiezas a leer lo que salía en *El País*, lo que empezaba a salir de la ruta del bakalao, los *flyers* de la Florida te iban explicando de dónde venía el *disc-jockey*, qué tipo de música pinchaba. Porque antes nadie sabía lo que era el *house*, el *tecno*… *Electro* no había, no se llamaba *electro*. El *garage* también, el *tecno* progresivo, que ya no se dice así. Y claro, tú llegas allí y ¡tienes un mundo tan *grande! ¡Y lo tienes al lado de casa!* Y es la música, hostia tú, y hay un montón de variaciones y todo.

Fiebre del sábado noche[2]

De nombre puedes ponerme Groovy. *Groove es cuando bailas, es aquel sentimiento de terremoto, que estás bailando y todo tiembla ¿no?* Pues yo, cuando bailo, es como temblar. Ya en internet tengo ese grito. También me conocen por Stardust, es polvo de estrellas en la galaxia, son aquellos trocitos cuando ves un montón de estrellas, o lo que tiran los cometas, también es un grupo *tecno* que se deshizo hace tiempo. Ahora cumpliré veintidós años, tengo veintiuno, soy de 1978. Nací aquí, en Lleida, en la clínica Perpetuo Socorro, un día muy bonito de verano, el día del Carmen, el 16 de julio. En mi pueblo [Segrià], como no es marinero, que es de tierra firme, no se celebra, pero los pueblos de la playa sí que sacan a pasear a la patrona, que es la patrona de los marineros. Ahora estudio y trabajo. Estoy trabajando para una muestra de cine de animación y estoy terminando la carrera de Historia del Arte y me iré de Erasmus dentro de dos meses. Intentaré acabar la carrera allí. De cuando nací, evidentemente no me acuerdo, pero dicen que era un bebé súper largo y súper delgado. Mi madre no sufrió nada al tenerme porque, aparte de que la anestesiaron toda, salí como un fideíto. Yo era igual de alta que mi prima, que nos llevábamos seis meses de diferencia, ella con seis meses era igual de alta que yo recién nacida. El primer recuerdo que tengo: mi padre me enseñaba a bailar en el comedor de casa. Siempre he escuchado música en mi casa: música disco, música de los años setenta, Barry White, Neil Diamond, The Carpenters… toda la música que le gustaba a mi madre y a mi padre. Y mi padre me enseñaba a bailar con el disco *Fiebre del sábado noche*, de los Bee Gees. Es el primer recuerdo que tengo, de cuando era pequeña, que me veía a mí misma bailando [frente al] espejo de casa, que empezaba a tener conciencia de quién era yo, su-

2   23/12/2000 (C1).

pongo ¿no? Porque sabía que era yo, y la manera como me movía al ritmo de la música.

Antes de ir al colegio ya conocí a mis amigas, nos conocimos en la calle, porque una era mi prima, la otra la vecina de la calle, la otra era amiga de la vecinita. Y nos hicimos el grupito de las seis amigas de toda la vida, que eran: Amalia, que es mi prima, Ágata, Marina, Celia, Meritxell, y yo. Mi infancia fue un poco… chunga. Porque Amalia era la que siempre se llevaba todas las palmas. Yo era la empollona de la clase, así de claro, la que estudiaba más y me refugiaba mucho en los libros, me gustaba mucho leer. Jugar en la calle, no demasiado. Y encontraba que los chicos eran tontos, aparte de muy sucios y muy bastos, porque en mi pueblo son súper bastos los chicos, son gente de pueblo ¿no? Amalia siempre era la que tenía más éxito con los chicos, todo el mundo le hacía caso, era líder en nuestro grupo. De pequeña tengo muchos recuerdos en casa de Amalia, en casa de mi prima, que era el punto de encuentro. Jugábamos a las Barbies. Teníamos aquellas bicis rosas, con las cestas, e íbamos por el pueblo las seis, imagínate. Me gustaba mucho aquella bici porque tenía cambio de marchas. Doce años atrás, tener una bici con cambio de marchas, con las ruedas súper grandes ¡era una pasada!

Mi primer recuerdo fue el de bailar. Era pequeña, de tres años o así, que empiezas a coger el ritmo de las cosas y me encanta bailar desde pequeña. Era la época de *Fiebre del sábado noche*. *Grease* vino después, pero sobre todo John Travolta, el Tony Manero… ¡Y Michael Jackson! Yo era fan de Michael Jackson. Cuando tenía ocho años yo llevaba camisetas de Thriller porque tenía este ritmo *funky* de los negros, con música de ésta que engancha tanto. Cuando empezó a irse de la olla con lo de la piel, ya no, pero uno de mis ídolos de pequeña fue él. A nivel de música, Michael Jackson y los Bee Gees porque tenían el ritmo más discotequero. Yo no sabía qué era una discoteca, pero el ritmo me gustaba mucho. De la que me acuerdo mucho es de *Grease* porque la han pasado cuarenta mil veces en la tele, pero *Fiebre del sábado noche* no la he visto nunca entera. También mi madre me cantaba canciones de Xesco Boix. Es muy catalanista mi madre, es muy de izquierdas. Mi padre no, mi padre es hijo de militar, no sé cómo se pudieron enamorar, dicen que el amor sale por polos negativos ¿no? Los polos opuestos se atraen, mis padres confirman esta regla. Mi padre es súper conservador y mi madre es la persona más liberal que he conocido en mi vida. Para la edad que tiene, ella me ha entendido toda la vida, es un gran punto a mi favor. Mi padre ha querido protegerme mucho, pero mi madre siempre haciéndome cantar canciones de Xesco Boix, aquélla de «*Deu pometes té el pomer*», y también cantaba la «*Sopa de pedres*» ... Es que a mí me costaba mucho comer de pequeña, no tenía nunca hambre. Y ¿cómo lo hacía mi madre? Me ponía música y entonces yo abría la boca y me embutía la comida hacia adentro.

Robocop[3]

Es como una pareja, la amistad. Tu pareja tiene que ser un amigo tuyo, ante todo debe ser tu mejor amigo. Con la cuadrilla de toda la vida tenemos un lazo muy fuerte. Nos encontramos las cuatro: Ágata y yo, María y Verónica, que teníamos todas novio. Teníamos ganas de salir, de ver mundo, de comérnoslo todo. Teníamos dieciocho años cuando nos juntamos. Éstos han sido los tres años más bestias de mi vida, te lo juro. ¡He ido a tantas *raves*! ¡Lo he disfrutado tanto! ¡Y lo que me queda por disfrutar! Y estoy súper agradecida porque, aunque he hecho muchas tonterías, no hemos llegado nunca a extremos de ponernos totalmente ciegas. A mí me gusta mucho controlar, me gusta saber dónde estoy, me gusta la sensación de que estás flotando, pero me gusta saber con quién estoy hablando, qué es lo que hago. *Ves zombis en las raves y a mí no me gusta ser una zombi. Yo soy una diva de discoteca, soy la diva, no una zombi.* La diva es el alma de la fiesta, siempre lo he sentido mucho yo eso, desde pequeña. Yo era una persona que desde pequeña tenía mucho complejo de alta, de ser la alta de la clase. Súper delgada, llevaba aparatos en los dientes, jugaba al baloncesto, llevaba unas rodilleras del baloncesto porque tenía problemas de espalda, problemas de rodilla. Y unas gafas súper bestias porque soy súper miope. Claro, y coges un complejo de «¡todo el mundo me mira!». Porque a veces parecía un monstruo.

3   23/12/2000 (C3a).

Aún me acuerdo de que se reían de mí cuando iba a jugar a baloncesto. Y las niñas del cole, cuando hacía gimnasia en la EGB y me ponía la rodillera, me llamaban la Robocop. ¡Robocop! Vale, tú les tienes tanto cariño que te daba igual, pero por dentro decías: ¡Hosti! Que te hubiera gustado ser popular, que en lugar de Robocop te llamasen la guapa, como le llamaban a mi prima Amalia, que es guapísima desde pequeña, y tiene ese atractivo, tiene un magnetismo que yo no he tenido nunca. Pero me di cuenta de que a través de la música podía tenerlo. Quizás no soy guapa, pero con las ganas de vivir que tengo, a través de esta música yo podía llegar a ser la más popular de la discoteca, y no por enrollarme con muchos tíos, sino por la energía que llevaba dentro. Es mi manera de sacarla fuera, por eso te digo que han sido los mejores años de mi vida.

Y el resumen de mi vida es que he tenido dos cuadrillas muy importantes y que yo doy mucho valor a la amistad, muchísimo, incluso a veces mis amigas han llegado a ser mi familia. Este verano me fui a trabajar con María a Girona. Vino conmigo, era como si fuera mi hermana. Quizás hace sólo tres años que voy con ella de marcha y que la veo cada día, pero creo que tampoco hace falta mucho tiempo para ser amigo de una persona, si realmente has conectado. Mi familia está primero que mis amigas, pero la amistad para mí es muy importante. Yo sin amigos no podría vivir, necesito a la gente. No soy una persona solitaria, necesito mucho hablar con la gente, que me expliquen cosas. He sido muy afortunada de nacer en un país como el que he nacido, de nacer en una familia como la que he nacido y tener unos padres como los que tengo y de haberme cruzado en la vida con gente como la que me he cruzado. Me he cruzado con gente muy gilipollas, pero también lo agradezco porque me ha enseñado muchas cosas, porque me ha hecho ver cómo es la vida, que no todo el mundo es amigo y que no todo es bonito y que no todo el mundo es buena persona como te piensas tú. Vamos, que me ha hecho madurar y sé que me meterán muchas más hostias, pero gracias a las hostias se aprende ¿no? Y, de momento, el resumen de mi vida es éste.

Thriller[4]

Desde pequeña chupo música. Creo que es algo inherente a la persona humana, *la música se necesita para descargar tensiones, para relajar la mente en ese momento ¿no?* Yo supongo que desde el día que nací, en mi casa se escuchaba Bee Gees, Barry White, Neil Diamond, The Carpenters, Jimmy Hendrix, Beatles… Era la música que mis padres escuchaban de jóvenes. Recuerdo a mi padre enseñándome a bailar con los Bee Gees, y que mi madre se despertaba todas las mañanas con *Sweet Caroline* de Neil Diamond. Y cuando la escucho recuerdo aquellas mañanas en casa con mi madre. Me acuerdo más o menos en aquella época, el 82, yo tenía cuatro o cinco años, que es cuando sale el *Thriller* de Michael Jackson, que me daba mucho miedo. Me acuerdo que miraba la tele con los ojos tapados, pero con las orejas escuchaba la música. Con Michael Jackson descubrí la música, el ritmo de bailar, bailar, bailar… Cinco o seis años, súper jovencita, yo me acuerdo de una fiesta de cumpleaños que a mi padre le dejaron el disco en vinilo del *Thriller*, donde sale Michael Jackson con un leopardo todo vestido de blanco, muy Tony Manero, muy *Fiebre del sábado noche*, con una camisa negra. Yo escuchaba *Thriller* con mis amigas en mi fiesta de cumpleaños. Ese cumpleaños es lo primero que recuerdo consciente de que yo estaba bailando con mis amigas, que ya se introdujo la música no sólo en mi casa con mis padres, en mi mundo familiar, sino que la compartía con otra gente ¿no? Y, bueno, siempre he sido muy extrovertida, así que me ponían música y siempre bailando. La música es lo que me vuelve loca. Mi padre tiene la culpa de que yo sea así, de que me guste tanto salir, irme de discotecas. Porque fue él quien me dio las bases, el que me metió el ritmo en el cuerpo. Me acuerdo también cuando tenía diez o doce años, que salió un cantante que se llamaba Rick Astley, que hacía [canta]: «Together forever and ever, together forever with you…» Yo empecé a hacer inglés cuando tenía ocho años y entendía algunas palabras sueltas, y aquella canción tenía letra, estaba comunicando algo que decía: «Juntos para siempre, siempre

[4] 14/02/2001 (C3).

estaré contigo». Fue lo primero que entendí cuando tenía diez o doce años. Me impactó porque pensé: Ostras, hay un mensaje detrás.

Entonces ya viene la etapa de los trece y catorce años. Entonces ya empieza a salir la música mákina en España. El *Máquina Total 1*, era algo novedoso, empecé a salir a la discoteca del pueblo. Era el 92. En 1992 tenía catorce años recién cumplidos y la primera vez que salí fue a un concierto de Sau, *rock* catalán. Yo, con trece años, escuchaba Michael Jackson y todo eso pero también escuchaba *rock* catalán porque mi nivel de inglés no era tan bueno como para entender todas las canciones, las líricas como dicen los ingleses. Pero el *rock* catalán —Sopa de Cabra, Sau, Sangtraït, Lax'n'Busto— que muchos todavía están dando guerra, eran los *hit parade* de nuestra pandilla, súper catalanistas, independentistas, íbamos con las banderas de Catalunya hasta la muerte, y los españoles fuera. Fue la época en que también me comencé a rebelar en casa. En mi casa siempre me había comportado muy bien, la niñita de casa que decía que sí a lo que decía el papá. Pero me acuerdo que con catorce años fue romper. El concierto de Sau, para mí, fue ver qué era salir de noche, la gente se reunía en un lugar y bebía cerveza, cuando yo nunca había visto a mis amigas beber cerveza. Antes del concierto mi prima nos pasó los cassettes a todas y nos aprendimos todas las canciones. O sea, era un ritual, *fue un ritual aquel concierto*.

Una habitación propia[5]

Yo me acuerdo que cuando vivía en el piso viejo, la casa de Pin y Pon era el elemento central de mi habitación. No tenía nada colgado en las paredes, porque tenía cuatro años o así. Entonces, a los diez años cambié de casa, allí fue cuando ya empecé a colgarme cosas en la habitación, empecé a colgar pósters de New Kids on the Block. Dormía con mi hermana, en aquel tiempo, cada una en una cama y la habitación estaba pintada de color lila, y teníamos muchas muñecas de plástico: la Barbie, el coche de la Barbie, la caravana

---

5   20/06/2002 (C10).

Groovy en su habitación

de la Barbie, todo de la Barbie, Barbie, Barbie… Y libros y dibujos que yo hacía. Entonces, cuando yo tenía trece o catorce años, me cambié de habitación porque no quería dormir más con mi hermana. Quedaba una habitación libre en casa y me fui a vivir allí. Ahí puse todos los pósters de la música que me gustaba: Guns and Roses, Metallica, Halloween, Elvis Presley, también me gustaban mucho los Beatles, Pipi Calzaslargas… A los dieciséis años me volví a cambiar de habitación y ya empecé a poner todos los pósters de la Florida. El Elvis aún lo tenía por allí, los Beatles aún continuaban, una foto de cuando yo era pequeña que ha estado toda la vida en mi habitación, enorme, un póster de cuando yo tenía un año y medio, en el césped con una cara de deslumbrada por el sol. Es lo único que no ha variado en mi habitación, porque la cama también ha variado y los muebles también. Sobre todo los pósters han ido cambiando. Antes de irme a Berlín, tenía los pósters del sir Henry's, un *pub* irlandés, el póster de la Florida, un recorte de periódico de Studio 54, de cuando estrenaron la película *Studio 54*, un póster del *after* de mi pueblo que hicimos en el 97 y ha estado allí hasta que volví de Berlín. La cama siempre ha sido la misma y también la mesa para escribir y como una especie de armario que tenía un montón de cajones y estanterías, donde metía todos los cassettes, las fotografías y la minicadena.

Este último año cambié la habitación, después de dos años de no cambiarla, cuando volví de Berlín. Están todos los pósters que recogí en Berlín. Tengo un póster de una vista de Berlín, de la torre de la tele, que es preciosa. Después tengo todas las postales que me fueron enviando los Erasmus. Las tengo todas colgadas y cada día hay más, porque cada día me envían más. Después tengo dos fotos de la residencia, de mi casa de Berlín. Hay algo que no ha cambiado tampoco de mi habitación: un *flyer* de la Florida que es precioso, que está hecho por Labanda que lo hizo para el Carnaval de 1999. Pues este señor, que no era nada conocido, un año hizo un *flyer* para la Florida y fue súper chulo, eran sólo siluetas negras de un chico que va disfrazado de *cow-boy*, una chica disfrazada de geisha, y una disfrazada de conejita del Playboy, y están los tres charlando, con un fondo fucsia. Tengo un póster de una fiesta *funky* que hubo en Berlín, fiesta totalmente *soul*, *negra* con la Jacky Brown disparando ¿no? Después tengo unas postales que salía la capoeira de

Miguel Rio Branco, que es un artista fotógrafo que expuso en la Fundación La Caixa, que me gusta mucho porque con la misma postal construí un mosaico de capoeira. Crean una poesía visual muy relajante y relaja mucho aquel rincón de la pared. Tengo un póster de Berlín que compré en la exposición de Ernst Ludwig Kirchner, que es un pintor del expresionismo alemán, de un restaurante que se llamaba Richard que está allí en la Friedrichstrasse. Tengo un póster de la película *A Hard Day's Night* remasterizada del año pasado, se lo robé a un Erasmus de Santander, un póster guapísimo que dice: «Una piedra angular de la historia del cine, los Beatles, *A Hard Day's Night*». Es muy chulo, muy Beatle. Cuando volví de Berlín mi habitación me daba manía, porque tenía cosas de hacía tres años y dije: «¡Basta!». Aquello parece un santuario de Berlín, sólo faltan las velitas para adorar Berlín. Antes tenía fotos de Ágata, de Mónica, de Ariadna. Ahora tengo a mis amigos, los Erasmus, colgados, tengo colgado el mapa de la residencia…

15
GROOVY EN EL ESPACIO ESCOLAR

Beverly Hills[1]

Hice la EGB en el colegio de Segrià y me acuerdo que teníamos una costumbre muy bestia —es que en mi pueblo somos muy bestias— y es que cuando salías del cole había bofetadas, chicos y chicas nos pegábamos. Cogían siempre a una chica del pueblo que era bajita y muy delgadita, la metían dentro de un contenedor y la tiraban pendiente abajo. El año de octavo nos íbamos mucho de la olla, o sea hacíamos cosas muy bestias. La hubieran podido matar, pero como ya estaba acostumbrada, se ponía en posición circular, se tapaba la cabeza y ¡ale! p'abajo. Y llegaba cada día a casa llena de golpes. A las chicas nos cogían y nos tiraban dentro de los contenedores, tú ibas a casa y ¡hacías una peste! Y mi madre: «¿Qué te han hecho hoy?». Y cada día igual. Mi amor platónico de la infancia era Santi, siempre nos estábamos pegando. Lo encontraba tonto perdido, pero me gustaba mucho este chico, ocho o nueve años tenía. Salíamos de la iglesia y ¡nos pegábamos unas bofetadas! Y el día que te dejas de pegar, que tienes trece años o así, echas de menos no pegarte y es cuando te das cuenta de que te haces mayor, que irás al instituto, y ya no te puedes pegar con los chicos, porque ya es diferente. Aparte de que ya no es la gente del pueblo, porque íbamos a Lleida al instituto...

Íbamos con mi cuadrilla de toda la vida y todas nos hicimos teñir el pelo con henna, tinte natural. Ágata no pudo entrar porque suspendió octavo [de EGB: Educación General Básica], le dejaron una asignatura para septiembre y fue a hacer FP [Formación Profesional]. Entramos Marina, Amalia, Meritxell

1 23/12/2000 (C1). 14/02/2001 (C3).

y yo, las cuatro. Cuando fuimos al instituto conocimos a tres chicas del pueblo que eran un año mayores que nosotras, y que también llegaron a formar parte de nuestra cuadrilla, que son: Sara, Inés y Marga. Iban al mismo instituto que nosotras y nos hicimos súper amigas suyas. Las conocíamos de toda la vida, pero no eran de la cuadrilla. Y allí conocimos a Mónica, una chica de Lleida que entonces también se fue a vivir al pueblo. Yo la conocía de pequeña, porque nuestros padres trabajan en la Caixa [un banco]. Íbamos a veranear juntas muchas veces, y yo no la tragaba. Entró en segundo de BUP [Bachillerato Unificado Polivalente] en el instituto, se metió en una clase justo delante de mí y un día me pidió si la podía ayudar a estudiar. Empezamos a estudiar juntas y te das cuenta de que no era la persona que pensabas y nos hicimos muy amigas desde los quince años. Y luego, mi prima con quince años empezó a salir con un chico de veinticinco años, pasó de llevar una vida casi de niña a mujer. No pasó una etapa de adolescente, no la ha tenido. Con quince años ya vestía muy seria, porque vestía como las otras novias del grupo de su novio y se veía mucho más mayor. Conocimos a los de COU [Curso de Orientación Universitaria]. ¡Madre mía de mi vida! Mi prima salía con uno de estos chicos y los viernes íbamos por la tarde a los vinos en Lleida. Eso en primero de BUP y en segundo ya empezamos a ir, cuando conocimos a los de COU, a las fiestas del viernes por la noche del [pub] Sí o No. Mi padre, evidentemente, no me dejaba ir, porque ya tenía bastante con que saliera el domingo a la [discoteca] Espai, y empecé a pinchar por ahí, que yo quería ir los viernes a la fiesta del instituto, para colaborar con los de tercero de BUP, que se iban de viaje, todo eso que les vendes a tus padres… Y bueno, me acuerdo que mi padre nos llevaba a la fiesta y nos quedábamos a dormir en casa de una amiga de Lleida que se llama Esmeralda. Nos quedábamos a dormir todas, o sea cinco chicas en casa de Esmeralda, íbamos todas juntas a la fiesta del instituto y entonces nos venía a buscar el padre de la Esmeralda, y nos íbamos a dormir a su casa, nos venía a buscar a la una de la noche, o a las dos como mucho, porque claro teníamos quince años ¿no? Y el día que nos dejaban quedar más rato, que nos decían: «Ya volveréis solas a casa». Bueno, ese día era… ¡total! Una vez al mes podía ir a las fiestas de instituto —porque cada semana había una. Las fiestas del viernes en el Sí o No, *para mí eran como el sueño del high school americano que*

veías por la tele. Era la época de *Sensación de vivir*, de *Beverly Hills* y, bueno claro, te repatea mucho porque la vida de la tele no es igual que tu vida, se parece un poquito porque haces fiestas y todo eso, pero no es lo mismo porque no vives en Beverly Hills, no tienes un padre que gana cada mes cuarenta millones de pelas, y no vives en una casa como aquélla, pero también haces tus juergas…
Mi cuadrilla en el instituto era un poco conocida porque éramos todas del mismo pueblo, y siempre íbamos vestidas un poco igual, porque cuando una se compraba algo, la otra también lo compraba, y teníamos una persona muy exuberante en mi pandilla. Mi prima es una persona muy exuberante, muy extravagante, es una belleza animal. Y claro, siempre estábamos con ella y ella era la líder de mi grupo, lo que decía Amalia iba a misa, y si no ibas a donde iba ella o no te hablabas con la gente con quien se hablaba ella, ya no eras guay. Mi prima fue la primera que fue a fiestas del Sí o No. Era buenísimo, porque yo me acuerdo que mi prima se escapaba de casa con su amiga Meritxell. Iban a casa y ponían un cojín dentro de la cama. Te lo juro, como en las películas. Yo lo he hecho también, una vez que me escapé para ir a Lleida, poner la almohada y dejar la luz de la mesita y la radio encendidas, y que se oiga musiquita como si estuvieran hablando en la habitación. Y se escapaban por el tejado. como en una película ¿no? El primer día que lo hice, realmente flipaba, y ellas, Meritxell y Amalia, lo hacían cada semana. Entonces las pasaba a buscar el novio de mi prima con un Ford Escort. Imagínate, iban las tres dentro, como reinas, al Sí o No. Yo aquel día no me lo pasé bien porque estuve toda la noche sufriendo por si mi tía entraría en la habitación y no encontraría a nadie. Y mi prima: «Que lo he hecho cada semana, tú tranquila». Pero claro, yo no me lo pasé muy bien pero también la emoción de escaparte…

Así fueron mis orlas[2]

El Paso del Ecuador ha sido la mejor fiesta que me he pegado con mis amigos de la universidad. Segundo de carrera, lo has aprobado todo. Había profeso-

2 07/06/2000 (C0).

res, los invitamos, era una cena un poco informal. Yo ese día quería llegar a la fiesta con algo muy diferente de todos y me teñí el cabello de color lila, violeta, feminista a tope, que cuando me vi en el espejo me gustó tantísimo… Antes de entrar en la Universidad yo llevaba el pelo largo y cuando tuve dieciocho años me lo corté a lo chico. De llevar una melena súper larga, de Brooke Shields, me la corté a lo chico. Para el Paso del Ecuador debía hacer algo espectacular. Bueno, en Lleida no se acostumbra a ver esto e iba por la calle y todo el mundo flipaba: «¡Qué guapa que estás! ¡Como mola y tal y cual!». Llevaba las uñas también lilas, pero un lila muy pálido. La cara también me la maquillé un poco, en plan diva de la noche. Era un bicho raro y aquí en la Universidad aún más, la gente se giraba para mirarme. Y yo pensé: «¡No es para tanto! ¡Sólo llevo el pelo de color lila! Hay quien se lo tiñe de rubio platino y le queda fatal…» Fui de las primeras en llevar en Lleida el cabello así, cuando en Barcelona ya hacía años que la gente se teñía, y en Berlín incluso hay empleados de banca que tienen veinte años que van con el cabello de color verde. Llevé dos semanas el pelo lila y entonces cuando me decoloré me metí azul eléctrico.

La cena de orlas es la fiesta de después de que te entregan la orla, te reúnes con toda tu promoción de la carrera y de las otras carreras de la facultad y se hace una cena juntos. Yo soy la decimotercera promoción. Éramos unas 150 personas en la cena, y unos 200 en la entrega de orlas, porque hubo gente que no vino a la cena. Fue el típico ritual que te arreglas en casa, que te pones súper mudada. Hay todos los órganos mayores de la facultad, la decana, el rector no vino, vino la vice-rectora, y algunos profesores y existe la madrina de las orlas, y todos te hacen un pequeño discursito, como si fuera una despedida… Total que estábamos allí y te dan la orla, todo el mundo te mira y aplaude y los padres se emocionan: ¡la niña ya se ha licenciado! Pero es sólo un acto por tradición porque realmente había mucha gente que no estaba licenciada pero ya tiene la orla, es el paso previo a ser licenciado, cuando antes quizás era el paso final. Esto es muy yanqui, a mí me hacía ilusión, pero no tanta como terminar cou. La orla es un papel fotográfico donde están todas las fotos de carné, vestidos con una chaqueta, corbata y camisa, de la cara de todas las personas que han ido contigo a la promoción, todas las personas que quieren hacerse la foto para decir que son de esta promoción, para tener un recuerdo de las personas que han estudiado contigo, para colgarla en el despacho cuando seas mayor, para cuando tengas un trabajo estable y puedas lucir, ¿no? Esto es lo único que quieras o no, tendrás un recuerdo de cuando tenías veintidós años, y cuando te mirarás de grande también te hará ilusión, tus recuerdos que tienes y de la gente con la que has estudiado. La entrega es así muy yanqui, te llaman por tu nombre, subes arriba, ya toda la gente se ha levantado, todos los representantes del Gobierno de la Universidad y la madrina, y uno de ellos te da un tubo que dentro hay tu orla enrrollada, te dan un apretón de manos y vuelves a sentarte en el mismo lugar, esperas que a los demás les den la orla y entonces hacen una conferencia de despedida, una clase de despedida, y después ya te levantas y te vas. La gente iba con trajes de noche, con trajes de cóctel, todo el mundo iba muy arreglado, algunos chicos iban con traje y algunos otros sólo iban con pantalones de pinzas y una camisa bien buena, las chicas iban con vestido, ropa que no se ponen para ir a la Universidad pero tampoco para salir un sábado por la noche, era ropa de categoría. No había nadie que estuviera fuera de lugar, todo el mundo iba muy elegante, muy *chic*. La cena la hicimos en el River Café, que es el bar que hay en los Campos Elíseos, aquel restaurante tan bonito… Yo estaba con la gente con la que había ido casi todos los años de la carrera desde el primer curso que íbamos juntos… La cena era muy buena, pero había muy poquita comida, y venga a beber, venga a beber, yo acabé con un pañuelo en la cabeza como un albañil… El cava era de Parxet, el vino es de calidad, todo lo que fue el alcohol era muy bueno. Después de la cena hicimos baile, es el momento que llegan tus amigos que no estudian, o que no hacen tu carrera o no hacen la orla y te vienen a ver o es un golfo de cuidado que tiene ganas de salir y le encanta salir un lunes y dice voy para allá a ver qué hacen aquéllos, ¿no? De esta cena también salen parejas que llegan a durar a lo largo del tiempo.

Cielo sobre Berlín[3]

El 1 de marzo de 2001 cogí un avión para ir de Erasmus a Berlín. No hubiera podido nunca imaginar que mi vida hubiera podido cambiar tanto como después de estar allí. Ha sido la mejor época de mi vida. De momento, han sido los seis meses que me lo he pasado mejor de toda mi vida. Cada día lo pienso, después de que he vuelto, no hay ni un solo día que no piense en toda la gente que he conocido allí, lo que he vivido allí y lo que he aprendido allí, no sólo en la Universidad, porque fui, no como los Erasmus que no van a clase, yo sí que fui a clase y aprendí muchísimo… También hay una historia muy guay porque influyó en mi futuro: el día 1 de marzo de 2001 cogí un avión, y en el mismo avión iba sentada al lado de la persona que me está dando trabajo ahora ¿vale? Me llevaron mis padres al aeropuerto, yo tenía muchas ganas de irme y de ver un ambiente nuevo, porque no aguantaba más en el pueblo. Me acuerdo que cogí el avión de Barcelona a Bruselas, y en Bruselas me fijé en un hombre que estaba esperando para el transbordo a Berlín, que iba con unos pantalones tejanos rasgados, una gorra súper cutre. El tío iba todo rapado y con un Apple portátil, con un iMac. Yo pensaba: «¡Este tío debe ser un *hacker*! Este tío es un pirata informático». Porque estaba conectándose en el aeropuerto con su teléfono móvil. Tuve una impresión muy extraña con aquel hombre, estuvimos mirándonos todo el rato. Y bueno, llego al avión y me sientan al lado de un señor mayor y de una abuela que me dice en un inglés perfecto: «¿Que le importaría cambiarme el asiento, porque aquí está mi marido y me han puesto detrás de él. Creo que va sola, ¿no?» «Ah, no no no». Y me sentaron junto al que yo creía que era un *hacker*. Bueno, cogí un libro que llevaba de Historia del Arte, uno de Ernst Fischer, *La necesidad del arte*, y me puse a leerlo. Y resulta que me dice el *hacker*, en inglés: «Hola». Y yo: «Hola». Dice: «¿Dónde vas?». Y yo pensé: «Este tío ¿por qué pregunta?». Y yo: «Me voy a Berlín». Dice: «¿Ah sí? ¿Y qué vas a hacer allí?». Y pensé: «Si nos ponemos a hablar será más rápido el viaje, no está mal conocer a un *hacker*, quién sabe si alguna vez me puede ayudar en la

3   08/06/2002 (C5).

vida» [risas]. Y, bueno, empecé a hablar de que iba a hacer un Erasmus y no sé qué… Me preguntó: «¿Qué has estudiado?». «Historia del Arte». «¿Ah sí? Ostras, es que veo que estás leyendo un libro muy interesante, yo me lo he leído también este libro, pero en alemán, evidentemente». Vale, y después me empezó: «¿Hablas alemán?». «Bueno, un poquito». Como vio que mi alemán era demasiado básico para tener una conversación como dios manda, se me puso a hablar en inglés y al cabo de bastante rato de que yo le había estado hablando de que no había estado nunca en Berlín ni en Alemania, me soltó: «Es que soy galerista, tengo una galería de arte en Berlín». Pensé: este tío me está metiendo un farol. Pero también piensas: este pobre hombre ¿para qué me va a mentir? Y pregunté: «Oye ¿tú conoces lugares de marcha de Berlín chulos, *clubs tecno y house*». Dice: «Chica, vas a la ciudad del *tecno*. La segunda ciudad de Alemania después de Frankfurt para lo que es el mundo del *tecno* y el *house*. Evidentemente sí sé donde hay clubs porque están allí donde yo tengo la galería». Yo pensé: ¡Este tío es una caña! Bueno, el tío este tiene treinta y tres años, es muy joven para llevar una galería solo. La fundó cuando tenía veinte años, y es una pasada, considero que es un *crack*… Y cogió la bolsa de vomitar del avión, cogió un bolígrafo y empezó a dibujarme la Oranienburg Strasse, que es la calle donde están todas las prostitutas en la calle, todos los clubs, la casa Tacheles, que fue la casa de las Juventudes Hitlerianas, que durante la guerra fue bombardeada, pero que en la posguerra la cogieron mucha gente joven para volver a entrar y volver a reformarla para hacer un casal artístico, sobre todo en los setenta y los ochenta ¿vale? Eran los okupas, bueno evidentemente esta casa quedaba en Berlín Este, en la parte comunista, y como todo era de todos pidieron poder ir allí y empezar a hacer un casal artístico para la gente joven. Claro, las Juventudes Hitlerianas tenían un eco muy facha, pero la volvieron a reformar haciéndola un casal de izquierdas muy potente y muy abierto a todos ¿no? Y lo consiguieron. Y aún sigue teniendo un espíritu muy bohemio aquella casa. Y él tiene la galería justo dos calles más abajo, donde está el club WMF que está a punto de cerrar porque la tienen que cambiar de lugar, el Sótano 311, que fue el *club* más *underground* de Berlín, pero tan *underground* que lo cerraron, porque hubo muchos problemas con la policía, las drogas y la gente que hacía mucho escándalo por la calle. Y bueno, imagínate, el señor éste me hizo todo el mapa detallado: Tacheles, Club 311, Club WMF y la sinagoga que hay en esta calle, que fue protagonista de la Reichskristallnacht, la Noche de los Cristales Rotos, cuando subió Hitler al poder, que se cargaron toda la sinagoga, allí era el barrio judío, que es donde ahora hay todas las galerías, donde tras la caída del muro todo el mundo quiso ir a vivir, todos los artistas, el barrio se llama Berlin Mitte. Y dice: «Aquí es donde estoy yo», me dio su tarjeta y me dijo: «Ven a verme cuando quieras, que te veo una chica muy despierta y me has caído muy bien». Y pensé: «Bueno, pues vale ¿no?».

Yo aterricé en el aeropuerto de Tempelhof, que es el aeropuerto que hay en medio de Berlín, que fue construido por Hitler y que durante el bloqueo de Berlín Oeste por parte de los comunistas, los americanos lo utilizaron para llevar alimentos. La arquitectura de aquel aeropuerto es muy nazi, es todo muy rígido y es enorme. Fuera te encuentras una escultura del puente aéreo, el Luftbrücke. Es muy fría y llena de cemento, es un puente que hace una curva como un arco, como un bloque de diez pisos. Piensas: esto debe ser comunista, tan frío y tan duro. Pero es americano, conmemora la ayuda de los americanos a Berlín Oeste. O sea, hay una mezcla de estilos dentro de Berlín que flipas. El día 1 de marzo era horrible el frío que hacía en Berlín. Eran las tres de la tarde cuando llegué y digo: «Bueno, tengo que ir a la residencia porque me tienen que dar las llaves de la habitación, si no, no podré dormir esta noche». Yo iba con dos maletas, iba con sesenta kilos de equipaje, treinta kilos cada una, no podía ir con las dos maletas a Berlín, así que dejé una en una consigna y la otra me la llevé. Y cuando llegué a la S-Bahn [el metro], flipé porque no hay controles de ticket, la entrada es libre, y pensé: ¿dónde se compra el billete aquí? Y conocí a una chica italiana que estaba igual que yo, con un montón de maletas, y pensé: ésta está igual que yo, ésta es una Erasmus. Y le dije: «Oye ¿tú eres de aquí?». «No, no. Yo soy Erasmus». «Vale, perfecto ¿A dónde vas?». «Voy a Schlachtensee —a otro lugar—, pero estoy como tú, no sé qué billete tengo que coger». Compré un billete sencillo y cogí el tren, llegué a mi destino y salí. Y pensé, con mi súper mapa: ahora tengo que encontrar la residencia. Había helado esa noche y toda la nieve que se había fundido estaba helada y pensé: ¿cómo lo encontraré? Conocí a un señor que iba en un Mercedes de estos súper viejos que me vio súper apurada y me dijo: «¿A dónde vas?». «Voy a la residencia». «Vale, ya te llevo yo, que está aquí abajo de todo, con la maleta tardarías mucho». Me llevó y pude llegar a tiempo para que la oficina no me cerrara. Cuando entré, había un montón de gente esperando para las llaves. Y bueno, cogí las llaves y me fui a la habitación, comprobé que estaba todo bien, volví a la oficina a decir que estaba todo bien —burocracia alemana, peor que la de aquí a veces— y, con un dolor de espalda que me moría de todo el viaje, volví al aeropuerto a buscar la otra maleta. Cuando llegué eran las nueve de la noche. No tenía nada para comer, sólo tenía la cama, la habitación y la calefacción y ya está. Bueno, tenía un hambre que me moría.

La residencia no era una residencia normal. *Era un pueblo de estudiantes* que antes había sido residencia de los soldados americanos en Berlín durante la Guerra Fría. La parte de Berlín donde yo estaba era la parte suroeste que [se llama] Zehlendorf, que es donde estaba el barrio americano. Allí hicieron una residencia para los soldados americanos, para evitar que justo en la frontera con Alemania oriental, que estaba a diez kilómetros de donde estábamos nosotros, pudieran entrar los comunistas a joder a los capitalistas ¿no? La paranoia de la Guerra Fría hizo construir esta residencia. En 1968, la dejaron porque no hacían nada allí los americanos y optaron por darla al Berlín capitalista para que pudiera hacer una residencia de estudiantes como dios manda. Estaba al lado de la Freie Universität de Berlín, que fue la Universidad fundada por los americanos para responder a que Stalin no dejaba ir a la [Universidad] Humboldt a los berlineses de Berlín Oeste, porque les decía que eran cerdos capitalistas que aquí no pueden venir a estudiar porque es una Universidad comunista del futuro y ellos no tenían nada que ver con aquella Universidad. Por eso construyeron la Freie Universität, Universidad libre. Y mi residencia estaba al lado, a media hora en metro de la Universidad. La residencia se llama Studentendorf Schlachtensee, Studentendorf quiere decir pueblo de estudiantes. Schlachtensee es el lago que está junto a la residencia, es «el lago de la lucha», no sé por qué. Es un lago precioso, la gente se va a bañar en verano. Está súper guay aquella residencia, tiene capacidad para 1.100 estudiantes, pero cuando yo llegué, como está muy vieja, la querían cerrar y ya sólo aceptaban Erasmus y a todos los alemanes que vivían allí les habían hecho irse a otros lugares, pero quedaban los alemanes resistentes que se negaban a marcharse porque había sido su casa desde hacía tal vez cuatro o cinco años. En Alemania la gente se toma de otra manera los estudios, es más tranquilo, no tienen tanta prisa por acabar la carrera, mientras estudian pueden ir trabajando, hay muchas ofertas de trabajo para estudiantes y, claro, había gente que llevaba viviendo allí diez años, había estudiantes que se habían casado, que se habían juntado y tenían hijos. ¡Y además estudiaban! Yo me quedé muy parada de ver que allí al lado de casa vivía una familia: la chica tenía veinticinco años y su chico tenía veintiséis, y tenían un niño de dos años. Y pensé: ¡Ostras, qué guay! poder ir estudiando y tener la capacidad económica, el apoyo del Gobierno para poder tener una familia. Bueno, pues imagínate un pueblecito. Mi casa tenía capacidad para treinta personas. No había ningún alemán, todos éramos extranjeros. Cuando yo llegué eran vacaciones de semestre y sólo había un chico en el piso de abajo que era rubio, con ojos azules. Y cuando entré con la segunda maleta, voy y digo: «Hola, buenas» y se me quedó mirando y me hizo «Hola» con la cabeza. Y yo pensé: «Qué seco, debe ser un alemanote de estos secos», iba subiendo la maleta y él mirándome desde la cocina, no me ayudó ni nada y pensé: ¡Qué seco que es este tío que no me ayuda con la maleta! Luego resultó que era finlandés y fue mi mejor amigo: Juuso. Total, cuando salí de deshacer la maleta y todo pensé: ¿y ahora qué hago para comer? —porque me estaba muriendo de hambre. Bajé. Aquel chico ya no estaba y pensé: hay un bar en esta residencia, pero ¿dónde está? Lo he de encontrar y fui con el mapa a buscarlo. Y sí encontré el bar, la taberna de los estudiantes de la residencia y me quedé alucinada, porque aquello era el Casal Cultural de la Residencia, era todo un bloque donde había sala de conciertos, biblioteca, sala de ordenadores, internet… Muy viejo, muy años cuarenta ¡pero era una pasada! Súper bonito. Bajé y sentí un olor a cerveza y ruido de gente, pero un murmullo muy alemán, muy suave, y entré y vi todo de pósters, una barra roja, todo de luz, un montón de mesas, la gente allí comiendo. Y llegué a la barra y pensé: y ahora ¿cómo lo pediré? Porque, claro, yo no sabía qué plato pedir, no sabía si hacían platos combinados, bocadillos… Allí había un camarero y pregunté con mi alemán súper primitivo: «A ver, perdone… —tratándolo de usted, porque aquí en la Escuela Oficial de Idiomas me dijeron que en Alemania se trata de usted a todo el mundo— ¿qué se puede comer aquí?». Y me dijo: «No me trates de usted. Tú en alemán no te defiendes muy bien ¿no?» «Todavía no». «Bueno, pues en inglés ¿qué quieres comer?». «Tengo mucha hambre». Dice: «¿Te dejas recomendar algo por mí?». «Sí». «Estás sola ¿no?». «Sí». «Ven, pues siéntate con nosotros». Y me presentó a sus amigos que eran todos alemanes. No, había un chico de origen pakistaní pero que había nacido en Alemania que se llamaba Faris que fue mi primer amigo en Berlín, y el camarero, que se llamaba Gregor, que luego fue uno de mis chicos, uno de mis *affaires* en Berlín, y estuve allí también con Silke que era una chica alemana. Pero no eran de Berlín: Gregor es de Heidelberg; Faris es de Múnich; Silke era de Leipzig. Había dos o tres chicas más que no eran berlinesas, se consideraban porque ya llevaban aquí estudiando diez años y vivían en la residencia desde hacía mucho tiempo. Gregor, por ejemplo, trabajaba de camarero en la residencia, tiene treinta años y todavía está acabando veterinaria. Y bien, el primer día me lo pasé flipando porque hablaban alemán muy suave para que yo lo pudiera entender y pensé: ¡qué hospitalarios que son! Porque no me conocían de nada y se esforzaron en que me pudiera integrar en la conversación, me dieron su teléfono: «Ven a verme a casa, ven siempre que quieras, yo sé lo que es ir al extranjero y que nadie te ayude, ven aquí tranquila que aquí estarás como en tu casa». Y me contaron la historia de la residencia, que la querían cerrar, que ellos eran el grupo de alemanes que no querían que la cerraran. Me quedé muy flipada por ello. Fue el primer día que bebí cerveza alemana y comí Schnitzel, la especialidad de la residencia, que era cerdo rebozado, como escalope de cerdo, pero con un montón de ensalada, patatas y verduritas cocinadas con mantequilla, evidentemente aceite de oliva allí no utilizan. Y me pusieron un plato tan grande que no me lo pude ni terminar, a pesar del hambre que tenía. Y la noche acabó que me fui a la habitación súper contenta, o sea: ¡Qué día más bonito que he tenido, el primer día he conocido un montón de gente y ya he hecho amigos!

Una casa de locos[4]

Pero lo más guay fueron las fiestas de Erasmus. ¡Aquello era algo fuera de serie! ¡Ay dios mío! Al principio empezó a llegar mucha gente y hacíamos fiestas de bienvenida y cada uno llevaba música de su casa. Por ejemplo, yo llevaba Kraftwerk, que son los alemanes *tecno*, pero otros llevaban música chunga de esta folclórica de su país, para reír. Me acuerdo de una fiesta que me gustó muchísimo, que hicimos cuando ya hacía un mes o un mes y medio que estaba allí. Vino un montón de gente. Yo no me llegué a imaginar que fuéramos tantos Erasmus en la Freie Universität. Me moló un montón porque estaba con Juuso y me decía: «¡Hosti qué pasada!». Y nos compramos una camiseta que ponía Polizei e íbamos los tres iguales: yo, Juuso y Luc. Entré en la casa número 10, que era la que teníamos delante de nuestra casa, que tenía un vestíbulo muy grande para poder hacer fiestas. Conocimos a unas chicas finlandesas que habían venido a la fiesta y habían puesto Suomi Rokko, *rock* de Finlandia, y vi a Juuso que se emocionó un montón y me dijo: «Ven Groovy, que escucharás algo súper guay». Era la canción «Tahdet Tahdet» que quiere decir «Estrellas, estrellas», que es una canción de un tío que era como el Serrat de allá, que decían que había sido como el canto del cisne, porque este chico no había tenido nunca éxito con la música, lo tuvo después de muerto y creó esta canción justo tres meses antes de morirse, que habla de morirse esta canción. Bueno, a mí me habían explicado que la música finlandesa va mucho sobre morirte, y sobre «qué triste que estoy» y sobre «la vida es una mierda», y sobre «suerte del alcohol porque mi mujer no me quiere» … y bueno, temas así muy tristes. Finlandia es muy gris, pero también tienen una filosofía de humor muy negro. Con la música vi que se destapó un montón y se sentía como en casa y estaba mucho más comunicativo conmigo y todo. Y entonces fue cuando nos pusimos a escuchar Ramstein, música gótica, que es *rock* con bases de guitarras y electrónica. Hicimos un popurrí de cosas, *aquellas primeras fiestas se constituyeron como las bandas sonoras de nuestra vida.* En aquella fiesta me di cuenta de que todo el mundo bebió un montón, al

---

4   13/06/2002 (C6b, C7, C8a).

beber todo el mundo está mucho más comunicativo, puedes conocer muchísima más gente, la gente bailaba mucho, y yo y Juuso bailamos mucho, y acabamos a las ocho de la mañana por allí en la residencia, tirados… La dinámica de las fiestas no era la misma porque siempre se hacían en una casa diferente, pero la música siempre era la misma. Cada viernes hacíamos una fiesta en la casa de alguien, y se invitaba a todo el mundo e incluso invitábamos a los alemanes de la residencia. Hubo una vez que nos tocó hacerla en nuestra casa. En nuestra casa estaban los más fiesteros de toda la residencia, pero, claro, la gente se pensaba que nosotros nunca pegábamos ni golpe y todo el mundo venía a casa a hacer juerga, y cuando nosotros queríamos descansar no podíamos porque siempre había alguien que nos decía: «¿Nos dejáis hacer una fiesta aquí?». Al final fue un poco desastre, porque después de dos meses de estar haciendo fiestas cada viernes, pues dices: ¡Basta! Porque aquí hay gente que quiere dormir, o tenemos vecinos. Nosotros dábamos a la calle principal donde había casas normales, o sea gente normal, gente que no era estudiante, que llamaban a la policía y nos la cargábamos nosotros ¿no? Y entonces empezamos a hacer las fiestas en otras casas. Pero era por dinámica, que cada viernes teníamos una fiesta.

16
Groovy en espacios de ocio

Florida 135[1]

Como la Wonder empezaba a ser un poco cutre, ir a la Florida era descubrir cada día una música nueva, era descubrir una nueva manera de pinchar, nuevos *disc-jockeys*, gente que no había oído nunca y una música que te hacía bailar obligatoriamente ¿no? Y aparte, la discoteca en sí es preciosa, *estabas bailando en una ciudad*. Y bueno, empezamos a ir a la Florida cada sábado, cada sábado, venga, venga, venga… *En la Florida cada sábado era diferente* porque la música era siempre diferente, y siempre había una parida u otra que decía algún colega y era el rollo de aquella noche. Un día nos daba porque éramos todos Superman, que mi abuela tenía la camiseta de Superman y que se la ponía para ir al supermercado, que se lo había inventado, evidentemente, pero que era mezclar estas cosas del pueblo con la modernidad: «¿Qué, has cogido el tractor para ir a la Florida, o qué?». Luego yo, entre semana, también escucho *tecno* y me voy preocupando de comprarme *compacts*, de saber qué decían las canciones, quién era el *disc-jockey* que pinchaba, y mis amigos: «¿Quién pincha?» «El Farfa» «Ah, es muy bueno». Pero no iban a ver cómo pinchaba. Yo sí me acercaré hasta la cabina y veré cómo pincha. Yo no necesitaba tomarme ninguna pastilla pero hay otra gente que sí, porque no les gustaba tanto esa música, les gustaba la sensación de ir drogado… Las veces que lo había probado, yo, por respeto, siempre los tenía en la cabeza [a mis padres]: «¿Qué haré cuando llegue a casa?». Y me decían: «No pienses en llegar a casa, disfruta el momento, vive el momento, no tienes que pensar en el futuro». Había una frase: «*Tienes que pensar en el presente porque el pasado es sólo un recuerdo y el futuro una misión*». Yo lo encontraba

---

1 14/02/2001 (C4).

muy bien: ¡*carpe diem*, tía, joder! ¡vive el momento! Pero ¿y si el momento que tengo que vivir después es peor que ahora? ¿y si lo puedo evitar? Siempre había esa contradicción ¿no? O sea, tenía en la cabeza el momento del bajón, el momento de cómo mi padre me miraba a la cara, pero pensaba: hostia, tengo ganas de ser feliz un rato, de comunicarme con la música y de olvidarme de todos los malos rollos que he tenido entre semana ¿no? La Florida no ha bajado de categoría, sigue siendo un club emblemático para todos los que amen la música electrónica, pero me han dicho que últimamente hay muchos neonazis, eskinetes que dicen, neofachas que diría yo. Yo no he ido a la Florida desde que he vuelto [de Berlín], pero fui en septiembre. Era un sábado normal y corriente, gente normal, no había una aglomeración como tal vez un año y medio atrás, que era muy famosa la Florida, pero también porque los *disc-jockeys* que había eran dos chicas de Berlín: Miss Kittin y Miss Yeti, que son alemanas y viven, pinchan y trabajan en Berlín. Me la he perdido ya esta evolución de la Florida ¿no? Me he ido, ya no estoy allí cada fin de semana.

Groove Parade[2]

Este año han batido récords en el festival Groove Parade en el desierto de los Monegros. Mis amigos fueron y ¡seis horas de cola en un camino de los Monegros para llegar al festival! La Groove Parade es una noche en el desierto con música electrónica, que organiza la discoteca Florida 135 en una finca que tiene el dueño de la discoteca, una finca familiar allí en el desierto de los Monegros. Y se monta una carpa con diferentes espacios, un poco rollo Sónar, pero sólo por una noche y una mañana. Debe durar unas doce horas, más no, porque en el desierto hace muchísimo calor, y van *disc-jockeys* que normalmente van a pinchar en la Florida. Esa noche la fiesta se traslada al desierto de los Monegros. Primero empezó como una fiesta que el Juanito montaba para la gente de Fraga, porque sólo iba la gente de Fraga, y con

_____
2 17/02/2004 (C11, C12a).

los años se ha convertido en la Groove Parade, supongo que han cogido el nombre de la Love Parade de Berlín ¿no? Ya en el 98 se llamaba Groove Parade: Groove es una vibración, Groove Parade es la manifestación o el desfile de la vibración. Antes ya existía, le llamaban la fiesta de los Monegros, pero sólo iban quizás mil personas o quinientas. Yo fui en el 99, el año que también fui al Sónar. Recuerdo una sensación de libertad muy grande ¿no? que es la naturaleza. Es una naturaleza muerta porque es un desierto donde no hay completamente nada, hay una pequeña estepa de cuatro arbolitos y césped. La Groove Parade se hace un fin de semana antes de la Love Parade en Berlín. Se hacía en viernes, pero los primeros años se hacía en sábado, la discoteca cerraba el sábado y todo el mundo se trasladaba a los Monegros, pero ahora ya se hace en viernes para no tener que influir en el ritmo normal de la discoteca. En el año del 99 éramos quizás unas dos mil personas, bastante gente pero no había una masificación muy grande. Lo que recuerdo es que cuando llegamos a la Groove Parade parecía casi una nave espacial, porque estaban todas las luces, había también una pista al aire libre, y todas las luces del festival iban hacia el cielo y, como es todo un llano, cuando no hay demasiados coches lo ves, *con la carpa y las luces parecía que fuera una nave espacial*, nos hizo mucha gracia: «Mira, una nave espacial». Recuerdo diferentes carpas: la masía que hay en aquella parcela se ambientó como *chill-out* y también como almacén de bebidas y zona vip, estaba hecho con paja, todo muy rural, pero también muy cuidado ¿me entiendes? Había paja, pero tenías también unos cojines en el suelo, en plan oriental, con alfombras y una carpa que te protegía de los aires de fuera, Recuerdo que había una carpa muy grande y un escenario e iban pinchando los diferentes *disc-jockeys*, y en el exterior había una terracita con sillas y una barra, y también una pista de baile. Tampoco recuerdo más, porque íbamos bastante sopas. Al principio había un autobús organizado desde Fraga. La Florida monta autobuses desde Barcelona hacia la Florida, en el precio de la entrada entra el precio del autobús, ahora ya no lo hace, ahora son empresas privadas que organizan autobuses para ir a la Florida o para ir a los Monegros: despedidas de soltero o un grupo de amigos que deciden ir a la Florida. La gente venía de Pamplona, de Santiago de Compostela, de Toulouse, de París… Conocimos gente de París que había venido a la Groove Parade en coche o en avión París-Barcelona. Bueno, tocaban los más grandes, todos los que yo había conocido: Franceso Farfa, Carl Cox, Kenny Larkin, Laurent Garnier, evidentemente, Barbarella me parece, una *drag queen* que se llama Barbarella, como el personaje de cómic… Después estaba el John Acquaviva, Jeff Mills, Óscar Mulero, un chico español que ha subido como la espuma; el Ángel Molina, también español, Toni Verdi que era residente en la Florida… Es que tengo la entrada en casa, yo lo guardo todo, recuerdo que era una programación increíble, con una programación así ¿cómo no vas a ir? Del 99 al 2003 han pasado cuatro años. Ahora hay tres carpas. Ahora la Groove Parade es como un mini Doctor Music Festival porque tienen una carpa sólo dedicada a conciertos, lo que se llama Live. Ha ido Fangoria, Sidonie fue en 2002, todo de grupos *electro-pop*, dijéramos, han ido a pinchar en la Groove Parade. Ya no es sólo una fiesta de *disc-jockeys*, sino que también se están metiendo grupos, como concierto. ¡Pues adelante! Este año me parece que había seis mil personas, esto es una bestiada, demasiado para ese espacio, porque la finca tampoco es tan grande. Pero también es un buen espejo para ver cómo se ha introducido la música *tecno*, la música electrónica, dentro de la sociedad catalana y española, que hasta en Oviedo pinchan *tecno*, y un *disc-jockey* de Oviedo vendrá a pinchar en el [pub de] Segrià la semana que viene, como el Taka Hito que vive en Berlín y va a pinchar en Tokio quizás un sábado y el jueves siguiente puede que esté en Londres. Claro, *hay una globalización, evidentemente.*

Club Culture[3]

Yo, de discotecas de Barcelona conozco la Terrazza, que está en el Pueblo Español; Moog, que no es discoteca, que es un club, bueno todas se llaman clubs… Discoteca es mayor, el club es un ambiente más selectivo, hay una persona en la puerta que selecciona quien entra. Funcionan muy por VIP, por

3   14/02/2001 (C4).

Groovy en espacios de ocio

conocidos, en la discoteca pagas una entrada y te dejan entrar, no hay tanta selección. El club siempre es más pequeño, suele haber siempre un mismo tipo de música y un mismo tipo de gente. De clubs, tienes el Moog, que está en el Arco del Teatro, en las Ramblas, de música *house* y *tecno*. Después tienes el Row, que es el que lleva la Florida, que los jueves alquila el Nick Habana de Barcelona. Lo alquila como Row Club con sus propios camareros y pone toda la música. En los clubs se lleva una música más de *house*, el *tecno* siempre es más para una discoteca más grande, porque el *tecno* necesita espacio. El *house* es mucho más tranquilo, la gente del club, al ser un espacio más pequeño, no puede bailar mucho, vas a escuchar música, no a disfrutar la música. Luego también tienes el Club Fellini que está en la Estación de Francia; el Mond Club que está en Gracia, en la plaza del Sol, que lo descubrí hace poco, que es más pequeño que un club, es un bar, es un pub, como diríamos aquí en Lleida, súper pequeño con unos cuantos sofás para sentarse y escuchar música ambiente, una música electrónica muy y muy tranquila, para charlar con los amigos, que es la sala Cibeles que una vez a la semana se vuelve Mond Club. Mond en alemán significa luna, siempre hay esta conexión con el mundo de la noche, o por ejemplo el Moog es el primer sintetizador que se inventó: el señor Moog inventó una caja de ritmos, en 1960 o 1970, y se hizo muy famoso por este invento, y gracias a él hubo un primer aparato de música electrónica, hacía secuencias y tal. Todo el mundo dice Mug y yo: «Que no, que es Moog, es Moog». Hay muchos *afters* en Barcelona. Tienes el Makinet, que es una cadena de *afters* que son clubs, pero matinales. Los dueños de la noche en la escena *after* son los gays y las lesbianas, la mejor gente para irte de fiesta. Son una gente que pasan de violencias. En un *after* de lesbianas o de homosexuales no verás nunca ninguna pelea, un respeto increíble, porque ellos ya saben quién es del rollo y quién no, un respeto muy grande por el otro, quizás vienen a ligar contigo, pero cuando les dices: «No, gracias, es que yo no lo soy»… una sonrisa enorme de oreja a oreja y «Perdona, que te vaya muy bien la noche». Yo estuve en un *after* de homosexuales, el Tijuana, cuando salí por Barcelona. Miradas muy sexuales. Claro, la gente va allí a ligar, allí sí que van a ver si pueden pescar a alguien, pero también un respeto muy grande. No me acuerdo demasiado porque iba un poco bolinga, pero ¡hostia! muy chulo. Me acuerdo que había una cortina y dentro una pista de baile y una barra, y todo lleno de purpurina, todos los chicos iban sin camisa, con una pajarita. Y había dos chicos vestidos de marineritos, cogidos de la manita ¡oh, qué monos! Claro, ambiente gay, pero nos sentimos súper acogidos. Yo lo conozco de Francia, porque el club que tiene el Garnier es un club de homosexuales, el Club Rex… Y, bueno, la marcha en Barcelona es el ambiente gay, el ambiente de los *afters* es el ambiente homosexual, en el ambiente de día no se ve tanto, pero en el ambiente de los *afters* sí se ve, la ambigüedad que te puede proporcionar una *drag queen*, la ambigüedad de la noche, este disfraz que te proporciona arreglarte de noche, ser un personaje diferente de lo que eres durante la semana y poderte desahogar el fin de semana… La música *tecno* tiene eso. *Tú puedes ser la diva de la noche el sábado por la noche y ser un ejecutivo o un estudiante tímido el lunes, pero el sábado por la noche te puedes volver una drag queen.* Esto es lo fascinante de la noche, una estudiante como soy yo o una trabajadora, una persona responsable cualquiera, el sábado por la noche se puede convertir en una bestia, bailando toda la noche sin parar. Las dobles vidas que se llevan.

Sónar[4]

Ahora te explicaré el Sónar 99, el festival *tecno*, que es el único en el que he estado de momento, el de la mascota del perro disecado. El Sónar es una feria tecnológica donde, aparte de ser festival, se explican diferentes tecnologías en lo que son platos de *disc-jockeys*, altavoces, juegos de luces de discotecas y de sonido, y también nuevos aparatos, todo esto sería más de *disc-jockeys* especialistas en música y para los dueños de discoteca. Luego está la parte lúdica que es por la noche, que se invita a *disc-jockeys* para que pinchen, es como un festival Woodstock pero no tan *hippie*, no hay acampada, la gente tiene que pagar una entrada muy cara, porque los *disc-jockeys* cuestan muchas pelas y la gente va allí a bailar, a encontrarse, como en una discoteca, pero es un

---

4   14/02/2001 (C4).

festival. En principio, el Sónar empezó siendo sólo un encuentro exclusivo para *disc-jockeys* que de día iban a la feria y de noche, los mismos *disc-jockeys* hacían fiestas para los invitados que venían. Y entonces vieron que de ello podían sacar provecho y empezaron a montarlo como un gran festival *tecno*. *Tecno* no, más bien música electrónica, porque *tecno* es muy exclusivo. Pues el 99 lo estuvimos preparando. Como hicimos un trabajo para la facultad y todo eso, tenía muchas ganas de ir, ya quería ir en el 96 con Joana y no pudimos ir porque su tío se murió; en el 97 no pude ir porque era demasiado joven y mi padre me dijo que no; en el 98 se marchaba a Irlanda y en el 99 fue mi ocasión: tenía dinero y en casa me dejaban ir. Fuimos yo, Ágata, un amigo de Pamplona, y más gente. Fuimos seis. Y, bueno, ¡fue llegar allí y alucinar!

Yo fui el jueves, el viernes y el sábado, los tres días que duraba la feria, Ágata subió el sábado, Marco subió el jueves por la noche. Yo estuve el jueves, durante el día, en la parte de la feria mirando todo lo que era la parte de platos, altavoces, discos… Estuve mirando el ambiente que había y todo eso y ¡una pasada! Imaginaos una feria tecnológica de fruta pero, en lugar de haber fruta, hay discos. Imaginad la Fira de Sant Miquel de Lleida que, en lugar de tractores, hay todo de carpas con la discográficas, discotecas, marcas de ropa que sirven al mundo *tecno* —no sólo a *go-gós*, sino también a consumidores de música *tecno*—, música electrónica, tiendas de ropa, editoriales que publican libros relacionados con el tema, libros de *flyers*, libros de portadas de revistas… Y en esta parte tecnológica hay un bar y un espacio habilitado al aire libre para conciertos de música electrónica más vanguardista. Esto está en el Centro de Cultura Contemporánea de Barcelona. En la planta baja del CCCB está el Sónar Lab que es la parte más experimental. Se pone allí gente a hacer ruidos, como decía alguien no experto en el tema, pero son gente que está investigando nuevas maneras de hacer música. Abajo en el CCCB, en el sótano, también tienes lo que es la parte de internet, que puedes conectarte a ordenadores y mirar webs, porque es una feria tecnológica y por internet hay mucha música. Después también tienes la parte de museo, cuando es el Sónar siempre hacen una exposición en el CCCB relacionada con la música. Y esta sala que te comento de hacer conciertos más experimentales. Y arriba, al aire libre, es más festivo, no más comercial sino más agradable al oído, más estético como si dijéramos, de poder sentarse con la cervecita en el césped. Artificial, evidentemente. Porque en el Sónar todo es artificial, porque en la música enlatada todo es artificial, el césped que se pone es artificial; las carpas son de plástico; los vinilos, la ropa de charol, las bolsas de charol… Tú vas allá y hay un rollo muy tecnológico, muy artificial. La gente es muy artificial, pero mucho. Yo aluciné con los pijos que hay por allí [imitando el habla pija], los pijos de Lacoste van ahora vestidos de Equipage y Eastpack —que es esta bolsa que llevo yo— o de Diesel… Diesel es una marca que antes servía mucha ropa tejana y ahora se está poniendo muy *tecno*. Y todo el mundo iba con la bolsita del Sónar… El jueves por la mañana, todo el mundo comprándose la bolsa del Sónar que valía cuatro mil pelas. Pensé: aquí os las quedáis vuestras cuatro mil pelas, porque no la pienso comprar la bolsa, que al cabo de dos días se pisa. Un despilfarro de dinero muy grande. O sea, un ambiente muy selectivo también, porque éste es amigo de éste, éste es amigo del otro… En el mundo del *disc-jockey* hay mucha envidia, como en cualquier otro mundo artístico. Están los divos, los que son los dioses de la música *tecno*, entonces están los que quieren imitarlos, y el que tiene rabia de éste porque se ha montado una discográfica. Lo típico, envidias que hay siempre ¿no? Esto era más en la parte de día, la parte profesional, de la gente que está llevando la noche ¡lo *snob* que puede llegar a ser! Yo estaba allí pensando en mis amigas: «Si estuvieran ellas aquí, no les mola nada esta parte del día». Porque era la parte más especialista, de gente que vive de este tema.

 Durante la noche es una discoteca como la Florida, un pabellón lleno hasta la bandera y a tope de gente, y los mejores grupos que están dominando la escena *tecno* mundial: *tecno, house, trans…* de todo. Por ejemplo, estaban Orbital, Roger Sánchez, que es un *disc-jockey house latin group*, *latin* a tope de sentimientos, de música para bailar cien por cien. Después estaba Laurent Garnier, la exquisitez tecnológica de Francia [imitando el acento francés], y el John Acquaviva. Tienes lo que es el pabellón en sí, dentro hacen los conciertos más multitudinarios en Sónar Terrassa, que es la terraza del pabellón de la Mar Bella, una terraza grande con un tipo de música de baile pero más de sentarse o de bailar tranquilamente y escuchar la música. A parte de la terraza y del pabellón, hay una carpa de *tecno* más rápido y más festivo —¡pam-pam-

pam!— donde se presentan las nuevas promesas del *tecno* español y catalán. Los nuevos talentos que salen, siempre pinchan en esta carpa. Y también están los autos de choque en el pabellón, mezclas un poco las ferias de cuando eras pequeño con irte de fiesta. El jueves sólo salimos yo y Marc, fuimos a ver Orbital. Increíble, precioso, perfecto. En la terraza también me gustó mucho el Lou, que está pinchando en Ibiza y también es español. Después, el viernes vinieron Miguel, Ágata y el Jero, vinieron todos, fuimos a escuchar a Roger Sánchez, pero primero escuchamos a P18, una orquesta cubana que toca con baterías y con una caja de ritmos. Hace música electrónica, pero el sonido de guitarra con guitarra, de teclado con teclado, y rápido, o sea, ya no es un *disc-jockey* que sólo hace su secuencia con una caja de ritmos, sino una orquesta de diez personas que están haciendo una canción con un trabajo de equipo, eso me gustó muchísimo. Nos gustó el Roger Sánchez que sabíamos que el sábado tocaba en la Florida y estábamos tan reventados del Sónar y tan desilusionados de haber oído a Garnier con esa música tan dura que nos pisó mucho el rollo, que el Marco me dijo: «Ya llevo dos días aquí, Groovy, me quiero ir…». Y dije: «¿Qué hacemos?». El Miguel tenía ganas de irse, Ágata también, iríamos a la Florida y estaríamos como en casa y si estaba Roger Sánchez, con más motivo. Así que ¡todos hacia la Florida! La misma empresa que lleva el Sónar está en contacto con la Florida y lleva los *disc-jockeys*. Así fue el Sónar, estuve un día en la parte de día y dos días en la parte de noche. El ambiente de noche es mucho más chulo que el de día, porque la gente no iba tan de guay, no iba en plan total *snob*, pijos que ya no son pijos, sino que como ahora a todo el mundo le gusta el *tecno*, se han metido en esto porque está más de moda ¡eso es lo que me revienta!

Makineros en el Sónar no caben, porque es un festival que siempre está buscando ir más allá, música de vanguardia. Realmente los makineros son maquinilla de esta, bakalao, que se llevaba en el 93, 94, 95 y que no han evolucionado. Son normalmente gente de clase baja, que no tiene suficiente dinero como para entrar en el Sónar. En la Mariola [barrio obrero de Lleida] todos van a la Wonder, todos rapaditos con su Bomber, van con estética nazi y no saben ni lo que es un nazi, y van a pegar a todos los negros que encuentran por la calle: «¡Pero si tú eres gitano, tío! Si el primero que iría a parar a la cámara de gas eres tú». Y esta gente de clase baja, primero que no se puede permitir la entrada a un Sónar, que cuesta la primera noche cuatro mil, la segunda seis y el sábado ocho. Por seis horas que estás en el Sónar, ocho mil pelas la hora estar allí dentro y aparte la bebida. Un cubata vale mil, un agua vale quinientas, una cerveza vale quinientas. Evidentemente, yo sudé para ir al Sónar, porque ahorré durante mucho tiempo para poder ir, pero es la estancia, qué suerte que la tenía pagada porque era un piso de estudiantes, la comida, el desplazamiento… es todo. Vale pasta ir al Sónar y no todos pueden ir. No es una música que sea cara, un compact de la Wonder cuesta lo mismo que un compact de la Florida, pero claro… Quizás hay gente de esta estética, gente de la Mariola y por allí que realmente le gusta, pero que no va tan a menudo porque sus amigos no van, van a otros lugares como Scorpia, la Wonder, Coliseum…

Love Parade[5]

La Love Parade fue uno de los motivos por los que yo elegí irme de Erasmus a Berlín. Es una fiesta que se hace desde el año 1989, justo antes de la caída del muro en Berlín. Empezó siendo una fiesta reivindicativa, como una manifestación por el amor de los pueblos y, sobre todo, para que cayera el muro y en Berlín se pudiera amar ¿no? Y ahora ha sido un fenómeno en el mundo juvenil. Todo el mundo, los *tecnofans* de Europa, quieren ir a Berlín a esta fiesta que se hace en la calle. Consiste en camiones que llevan un equipo de sonido y un *disc-jockey*, y gente que baila y hacen un circuito como un pasacalles, en una determinada calle de Berlín, que fue primero el Kudamm que era la parte comercial de Berlín y, como se hizo tan grande y vino tanta gente, tuvieron que cambiarlo a 17 Juni Strasse, la Calle del 17 de Junio, que es la que va de la Puerta de Brandeburgo hasta la columna de la Victoria. Esto lo cambiaron en 1992, quizá lo cambiaron porque no cabían, después de tres años de hacerlo en el mismo sitio. Año tras año ha ido subiendo el nivel de

---

5   13/06/2002 (C8a).

gente, pero en el 2000 fue el clímax, hubo dos millones de personas, y ha ido bajando después. En 2001 hubo 800.000, bajó muy drásticamente. Yo he estado esperando esta fiesta desde que tengo uso de razón, desde que conocí la música *tecno*, porque la había oído por la tele. Y veía a la gente allí, las chicas con los pechos al aire, la gente hace el amor en la calle, es la fiesta del amor ¿no? Pero cada año tiene un lema porque en teoría es una manifestación. El año pasado ya le quitaron la categoría de manifestación porque, más que manifestación, es comercial, aunque no haya que pagar entrada para ir, pero tienes que pagar para poder tener publicidad, para poder meter un camión, para poder ir a pinchar... Este año, el lema era: «Join the Love Republic» (Únete a la República del Amor). El primer lema que tuvo fue: «Hazte *tecno* y pastitas». Pastitas de éstas de los críos, pastitas de barro, era una tontería porque se reivindicaba la unión de la juventud a través de la música *tecno* ¿no? Entonces había una que decía: «One World, One Love Parade» (Un mundo, una Love Parade), que fue el año que fueron por todo el mundo a hacer Love Parades ¿no? Se ha hecho una en Tel Aviv, una en Ciudad del Cabo, una en Viena... Y yo lo había visto desde el 94, 95 que empecé a tener conciencia o idea de lo que era la Love Parade porque, claro, en el 94 yo tenía 15 años. Entonces lo ves por la tele y dices: «¡Hostia, qué guay la Love Parade de Berlín! ¡Qué chulo!». La gente baila encima de los camiones, es todo un día de fiesta en la calle sin parar. ¡*Disc-jockeys, disc-jockeys* y *disc-jockeys*! Si se hace la Love Parade en Berlín indica que hay una movida *tecno* bastante fuerte allí. Yo la esperé con impaciencia la Love Parade ¿no? Incluso estuve machacando el tarro a todos los de la residencia y ninguno de ellos había escuchado *tecno* nunca, o había escuchado pero nunca había ido a discotecas tipo Florida ¿no? En marzo, cuando llegó Christof, uno de los polacos, me dijo que en la Love Parade había una secta que se dedicaba a ir con jeringuillas y que te contagiaban el sida. Me lo dijo muy serio y yo me lo creí, pero a ver, después de haber ido a la Love Parade pienso: este tío quiso vacilar. Como era novata en Berlín y no me enteraba de nada...

Me acuerdo que cuando conocí a Juuso le dije: «¿Tú sabes lo que es la Love Parade?». Y me dijo: «Sí, pero no pienso ir a ese nido de locos». Pensé: ¡Joder! Tendré que ir sola. Al final, acabamos yendo todos los Erasmus a la

Love Parade, evidentemente. Porque esta fiesta no te la puedes perder por mucho que no te guste el *tecno*, porque es un hecho social súper bestia, hay gente de todas las partes del mundo. Todos los turistas que hay en Berlín en ese momento irán hacia la Love Parade. Y la gente irá disfrazada ¿no? Ves a las mejores *go-gós* del mundo, los mejores *disc-jockeys* del mundo también están allí. Es todo un evento. Un *event*, como dicen los ingleses. Y bueno, yo preparé unas camisetas porque con un millón de personas en un sitio es muy fácil perderse. Para localizarnos rápidamente pensé una idea que hacíamos en el pueblo: hacer camisetas todas iguales, porque así rápidamente encuentras a las personas que van contigo. Y fue una pasada porque primero nadie la quería, pero luego… «¡Yo también quiero una!». Y bueno, sí, sí, preparamos la Love Parade muy bien porque hicimos las camisetas, pedí unas veinticinco camisetas. En nuestro grupo todo el mundo la quiso conservar de recuerdo. Y todos nos teñimos el pelo. Yo no, porque iba con la gorra vaquera, pero todos los demás… Los que normalmente iban de *heaven* o de normalitos, que no tienen ningún elemento simbólico para mostrar lo que creen y la música que escuchan, ese día se desmelenaron mucho. Salimos por Friedrichstrasse, dando la vuelta por detrás para llegar a la Love Parade por un sitio que no hubiera mucha gente, porque había gente por todas partes. Poco a poco, se iba acumulando la gente que iba hacia la puerta de Brandenburgo y cuando pasamos la puerta de Brandenburgo, vimos al fondo un montón de gente, porque aquí era, como si dijéramos, el final de la Love Parade. Acababa de empezar y venga gente, y venga gente, y venga gente… Los camiones con la música a tope. Era sólo bailar y bailar, y venga a bailar e ir charlando y riendo también… Yo estuve haciendo fotos sin parar [me las enseña]: esto es el monumento soviético, de la única parte soviética que había en Berlín Oeste, aquí venden *tickets* para *afters* de la noche. La Love Parade dura sólo de las tres de la tarde hasta las doce de la noche, después los clubs de Berlín montan la After Love Parade, que tienes que pagar para entrar. También hay *raves* ilegales, pero para saber dónde están tienes que tener coche y poder ir. También había niños en la Love Parade. Y también había viejos y de todo. Aunque dicen que los berlineses no van, por lo que yo vi, también había berlineses que iban. Las farolas tenían un número para que pudieran venir a rescatarte con la ambulancia si te hacías daño. A la gente le dan muchas lipotimias por culpa de las pastillas, porque allí, evidentemente, la droga iba pero ¡uaaaah! ¡A saco paco! Pastillas, pastillas… Éxtasis. Tampoco vimos mucha gente que hiciera el amor por la calle. Más que la fiesta del amor físico como era en los primeros tiempos, realmente era una reivindicación de la libertad y de que todo el mundo se amara. Quizás muy *hippie* ¿no? Muy ideología del 69, pero lo que sí se veía era mucha gente súper disfrazada y la gente drogada. A ver, no quiero decir drogado, porque drogado queda muy ¡aahhh, es un drogadicto! ¿no? Pero la gente se lo estaba pasando bien, la gente iba allí a pasarlo bien y se tomaba el éxtasis para aguantar más rato bailando y para sentir algo más con la música, una comunión con la música, que es para lo que en realidad son las pastillas, son para eso, para nada más. Y… muy guay. Conocí a unos chicos españoles, que habían venido expresamente para la Love Parade y pensé: ¡Madre mía, hay que tener ganas, eh!. Y gente por todas partes, gente, gente, gente… Para ir a hacer pipí tenías que pasar una odisea. El parque acaba totalmente lleno de meaos al día siguiente. Es el parque central de Berlín y, claro, hay una asociación de gente de Berlín que pide que la Love Parade no la hagan más porque el parque acaba hecho una mierda. Es el pulmón de Berlín, y realmente después de la Love Parade hay que reconocer que acaba todo lleno de meaos y de basura. Y aunque se limpie, la orina va a la tierra de los árboles y un poquito sí que les va bien, pero mucha los puede llegar a matar, que es lo que pasa porque el terreno se vuelve ácido. Y todo estaba a tope, las estaciones de metro, todo. Para volver a casa fue algo horrible. Tuvimos que esperar media hora para poder coger el metro, porque estaba tan lleno, que no lo podíamos coger.

Dura un día y por la noche puedes ir de clubs, pero nosotros no teníamos dinero para ir de clubs. El ambiente era muy chulo pero, por ejemplo, para subir a un camión tenías que pagar, no podías subir al camión porque sí. Todo era muy guapo porque había muchísima gente y eso ya es súper guay porque no parabas de conocer gente y más gente y más gente… Era imposible aburrirse pero, claro, es muy incómodo cuando tienes hambre, cuando tienes sed, cuando estás cansado. ¿Dónde vas? Te sientas en el parque y quizás te has sentado sobre un meado. Todo el mundo está loco ese día. *Es como un carnaval, puedes llegar a ser lo que tú nunca has sido.* La mejor fiesta que te puedes pegar nunca en tu vida. Es un pasacalles pero a lo bestia ¿vale? Y la música por todas partes, pero música que puedes hablar, aparte de que hace buen tiempo, apetece mucho bailar. Eso sí, tienes que estar en buena forma para ir. Tú puedes estar cansado, pero la gente te da energía, porque todo el mundo se mueve, todo el mundo está feliz, todo el mundo se ríe. No hay peleas en la Love Parade, es imposible que haya peleas, porque cuando ven que se van a pelear, ya va un río de gente y los separan ¿me entiendes? A última hora es normal, no sé, que la gente esté cansada y haga malas caras, pero aunque había malas caras, siempre después había una sonrisa. «¿Me dejas sentarme, por favor?» «Siéntate allí». Nosotros no fuimos al parque a fisgonear, estábamos todo el rato haciendo cosas y yo estaba todo el rato haciendo fotos. Encontré a dos chicos gays que se estaban pegando el lote en medio de la fiesta. No les hice ninguna foto porque me dieron pena. Pensé: pobres, que hagan lo que quieran ¿no? La gente iba disfrazada: el pelo de colores, ropa súper rara... Es aquello como del espacio ¿me entiendes? La estética del *tecno* ¿no? También había muchos tatuajes y jerseis de color azul eléctrico, muy *trendies*, como se dice, de los años setenta ¿no? pantalones de pata de elefante... *Trendy*, la ropa que se lleva: de *trend*, tendencia. También había mucho *fashion victim*, pero los que iban más de campesinos éramos nosotros, agricultor total, camiseta *t-shirt* normal hecha de imprenta, tejanos, unas chirucas y gorro vaquero, lo único que llevaba como si dijéramos de complemento *tecno* más festivo, más discotequero. Ni siquiera me maquillé ese día. Pensé: tengo que estar doce horas bailando ¿y me tengo que maquillar y tocarme los ojos y todo? La música: *house* un poquito, *tecno* un poco comercial, pero estaba bien. Por la tarde era *tecno* mucho más duro, un *hard tecno* más BBF BBF. Después va cambiando hacia *electro* que es más como si fuera *funky* pero con *tecno*, con sonidos electrónicos melódicos. Para volver entonces a un poquito de *house* para animar a la gente a lo que es la noche, algo más de ritmo latino *house*, con voces de divas negras. Entonces la dinámica es que cada camión tiene un *disc-jockey* tocando, pero a partir de las ocho de la tarde los *disc-jockeys* paran, y desde la cabina principal que está a los pies de la columna de la Victoria se coordina toda la música. Los camiones llevan una radio y suena en todos los camiones la misma música. Cuando están todos los camiones funcionando oyes uno aquí, otro allí y oyes sólo ruido si estás fuera de la Love Parade, pero cuando tú estás en Berlín el día de la Love Parade y todos los camiones van a una, se oye por toda la ciudad, porque son todos los watios juntos con el mismo sonido a la vez. Claro, *ya no crea ruido, crea armonía*. Está creando una música, y en todos los alrededores del Tiergarten la gente de las casas oía la Love Parade, *la apoteosis final que todos vamos a una, que todos somos uno*. Y el desfile, todo el mundo desfila con su carroza, cada carroza tiene un tema, basado en la República del amor, como era este año. Se ponen también las personalidades de Berlín, este año estaba Günter Von Hagens que es un profesor que ha hecho una exposición que se llama Körperwelten, una exposición de cuerpos de verdad, de gabinete de anatomía, muy polémica, y este tío hizo un camión. Este tío pagó un camión y estaba allí bailando, sin camiseta. Había gente que había llevado camiones y los tenía aparcados en las calles colindantes de la Love Parade porque no podía desfilar si no había pagado, pero ponía música. Y todo el rato moverte, moverte, moverte. Acababas reventado porque, claro, cuando sales de fiesta ¿qué haces? Vas a beber un cubata, bailas, te sientas ... Allí no había sofás para sentarse, allí es todo el día. No me extraña que la gente se tome pastillas, porque tienes que aguantar ¿no? Es una de las mejores fiestas del año. A mí me robaron el móvil en la Love Parade, me abrieron la bolsa. Claro, con tanta gente también hay muchos carteristas. Pero bueno, me da igual, no me sabe mal porque valió la pena que me lo robaran. Fue una fiesta muy guay.

17
Groovy en las migraciones

Algo cambió dentro de mí[1]

Mi vuelta [de Berlín] a Segrià fue… Llegué rendidísima a casa, pero ¡tenía tantas ganas! Cuando vi el pueblo desde la carretera ¡parecía como si fuera ayer que lo hubiera visto! Y el olor, sobre todo, me quedé con el olor de Lleida, cuando llegué a la estación de tren, que era 30 de agosto y hacía un calor increíble, a las siete de la tarde ¡hacía un calor! Pero había un olor especial, olía a Lleida, el olor a árboles, el olor a fruta, el olor a calor, el olor a sudor. ¡Dios mío, Lleida! Y Segrià. Y, claro, el olor a Segrià, el olor a melocotones y todo aquello. Bueno, vinieron mis amigas a casa, que mi madre las llamó y les dijo que había llegado un vídeo que salía yo, que lo vinieran a ver al plegar de trabajar. Mis amigas estaban en el comedor y como mi casa es un dúplex, bajé y dije: «¡Hola!». Y mis amigas: «¿Qué haces aquí?». No me esperaban. Pero aquel día me di cuenta de algo: «Bueno ¿qué? ¿quieres pastillas o no?». ¡Y me quedé!… «No». A ver, yo en Berlín no me metí nada, [sólo] porros y petas, pero tampoco era por norma meterme cada vez algo, porque era mi amigo quien fumaba porros. Y dije: «No». Y se quedó todo el mundo: «¡Pero si es Fiesta Mayor!». Digo: «¿Y…? No quiero. Ya tengo cerveza, ya tengo suficiente». Eso sí, cogí un pedo de cerveza, porque aquí es más fuerte la cerveza. Como los alemanes que vienen aquí a la playa, yo igual, borracha como una cuba. Y aguanté hasta las ocho de la mañana, sin dormir dos días. Llegué a casa que me había resfriado del cambio de temperaturas, y el sábado de Fiesta Mayor no pude salir. Allí fue cuando *me di cuenta que había cambiado algo dentro de mí* ¿no? Quizás me había hecho mayor, o Berlín me había cambiado,

---

1 13/06/2002 (C8b).

o el ambiente que me rodeaba era igual que antes y yo había vivido muchísimas cosas en muy poco tiempo, y en el pueblo se seguían consumiendo rayas de coca y pastillas y tripis… Y me sentí… no fuera de sitio, porque me sentí muy bien acogida gracias a mis amigas y todo, pero diferente. Yo no era la Groovy de la Fiesta Mayor del año pasado, que iba loca por allí. *Era la Groovy que había vuelto de Berlín.* Y todo el mundo por la calle: «¿Ya estás aquí? ¿Ya has llegado? ¡Qué guapa que estás!». Porque me había engordado en Berlín. Todo el mundo me decía que estaba muy guapa, y pensaba: ¡Bueno! Realmente volví cargada de pilas, porque me fui hecha una mierda y volví súper, súper bien.

Como Erasmus, he aprendido mucho. He aprendido mucho en la Universidad, hice un seminario súper interesante de arte contemporáneo americano, el seminario sobre escultura y, sobre todo, he aprendido mucho alemán. Me ha permitido tener un trabajo en Lleida, he estado trabajando en Mister English. Y, hosti, realmente me ha permitido muchas cosas: estuve en Arco con los galeristas de Berlín ¿no? Yo creía que el alemán no lo podría llegar a aprender nunca porque es una lengua tan difícil, pero ostras… ¡lo he hecho! Y he crecido mucho como persona, he tenido que espabilarme por mí misma, he tenido que vigilar el dinero, *no tenía allí a mi padre cada día para decirme lo que tenía que hacer y lo que no.* Tenía que valorar si podía salir o no, porque tenía un examen u otra cosa que hacer. Tenía también que ser firme conmigo en muchas cosas: Gregor, Juuso y Arian me han puesto muy a prueba en las relaciones personales. Unas me han salido mal ¡pero una me ha salido muy bien! Que también eso te llena mucho ¿no? Y luego ves que no sólo están Segrià y la Florida y Lleida y Catalunya, que el mundo es muy grande y que hay mucha gente en él, y que todo el mundo es diferente y único e irrepetible, eso es lo que piensas. Y también que nadie es imprescindible. [Con los Erasmus] nos mantenemos en contacto por *e-mail*, mensajes de teléfono, llamadas de teléfono. Llamo al Juuso y él me escribe mensajes, me escribe mucho por *e-mail* o mensajes. Juuso cuando está borracho me escribe mensajes de móvil. Y es súper guay, porque el sábado pasado, cuando llegué a casa, me envió un mensaje de móvil. Y digo: ¡Hostia! Hacía mucho tiempo que no me enviaba ningún mensaje de móvil ni nada. Y por internet sobre todo. Tenemos una página en internet, que la ha creado el Jredzey, el polaco, con todo de fotos nuestras, nuestras direcciones, nuestro foro, y un programa privado y chat, que podemos hablar allí. Cuando entras hay todo de banderas de cada nacionalidad, fotos de la residencia y fotos nuestras y tenemos un *guestbook*, un libro de visitas, que dejas los comentarios, también le escribes *e-mails* al Jredzey. [El nombre de la página web es] Schlachtensee, es el nombre del lago que hay junto a la residencia. Y ahora estamos organizando un encuentro en septiembre, todos los Erasmus que estuvimos juntos en Berlín el año pasado, y lo estamos organizando por internet, gracias a la página web del Jredzey dejamos allí los mensajes y nos encontramos en el foro y la gente va diciendo cuándo podrá volver. Yo, como estaré en Berlín, puedo ir. Iremos a la residencia, ya hemos hablado con los alemanes y con los responsables de la residencia, el sindicato de estudiantes que lo lleva, para que nos cedan unas habitaciones durante dos o tres días para estarnos allí recordando nuestro Erasmus en Berlín.

En diciembre fui a Berlín, de vacaciones. Tenía un dinero ahorrado, quería ir a ver al galerista y la excusa que di en casa fue que tenía que hacer los papeles para la beca de prácticas ¿no? Pero lo hice porque tenía ganas de volver a Berlín: ver a Elena y ver la ciudad, y recordar cosas. Necesitaba volver allí, porque me estaba ahogando mucho aquí en el pueblo. Mis amigos de Berlín ya no están. Yo volví [a Lleida] porque tenía que terminar la carrera, porque no me dejaron terminarla en Berlín. Pedí prórroga un semestre más y me dijeron que no. Tuve que volver. Pero quizá mejor así, porque el segundo semestre hubiera sido mucho más triste, hubiera tenido que cambiar de piso y todo el rollo. Cuando volví en diciembre a Berlín, volví a la residencia y, claro, mi casa ya estaba cerrada y no había nadie allí, ya no había luz dentro y… ¡buff! Fue muy fuerte, ver la casa otra vez y te imaginabas las voces y todo lo que tú habías vivido en aquella casa y no sé… las huellas. Yo me acuerdo que cuando vi la casa, me acordé de cuando abría la puerta y lo que veía al entrar. Veía a Tim y Jredzey discutiendo por no sé qué, y al Juuso: «Eh, una cerveza, Groovy». No lo sé, puede ser muy yanqui, de película de Hollywood, como el Titanic ¿no? Es la misma imagen del Titanic, cuando ella recuerda y el Di Caprio baja las escaleras. Pues era una sensación así ¡Pero yo lo viví aquello! Realmente, cuando vi la casa otra vez después de tres meses o cuatro, oscura, sin luz, sin vida dentro, por un momento, por un segundo, vi luz dentro, imaginé lo que había vivido en aquella casa, me pasó todo por delante y me puse a llorar. Y después quedé con Gregor ese día, para vernos, porque seguimos siendo amigos, seguimos estando en contacto, como Gregor no mira nunca el *e-mail*, nos escribimos cartas de correspondencia. Me quedé a dormir en su casa. No pasó nada, pero bueno, fumando petas y me puse a llorar como una magdalena. Porque, claro, vi la casa de él otra vez y las tres tías allí, las bordes aquéllas, y el bar y todo, y quedé con Joost, Jan, Elena y otro colega que no conocía, que había venido a Berlín hacía poco. Y fuimos todos a la residencia y allí no pude más, me puse a llorar. Estuve muy emocionada, muy blanda ¿no? Fue muy guay volver a verlo. La residencia estuvieron a punto de cerrarla y al final han conseguido que no la cerraran, la reformarán y la harán más nueva y más guapa, manteniendo eso sí las casas, las restaurarán todas, para volver a acoger estudiantes, como hace dos años, que había cien personas allí viviendo. *Yo la llamo mi casa, si te has fijado*. Siempre lo será, aunque ya no lo es, ya no lo será nunca más, pero para mí siempre será mi casa. Mi familia son Juuso, Luc, Tim, Bart, Ana, Estefanía, Elena también, evidentemente. Elena es como una hermana, hemos estado viviendo juntas. Pero mi familia es Juuso, Tim y Luc y Arian también. Por *e-mail* nos explicamos lo que hacemos cada día: «Pues mira, me ha pasado eso con una amiga mía»… o me explica cómo le va a él en la Universidad, los planes de futuro, las preocupaciones que tiene. Ahora, de Katrin no me habla, de la relación con ella no me habla nada. Sólo me dice, por ejemplo: «He ido este fin de semana a Turku a ver a Katrin que trabajaba en un bar», pero nada más. «Este fin de semana nos vamos a una casa de campo con los amigos de Katrin a hacer una fiesta». Y pone entre comillas: «Hay que ser sociable con todo el mundo». Como diciéndome: «No tengo ganas de ir, pero tengo que ir, son sus amigos». Luc está en Múnich estudiando. Arian está en Holanda, Juuso está en Finlandia estudiando, está terminando la carrera de Filosofía. Joost ha conseguido un *practicum* en Suiza que le pagan 3.000 euros al mes, Tim está trabajando en un despacho de abogados, con la hijastra del Koffi Annan, Johan está trabajando en Allan & Overy, otro bufete de abogados, en

Groovy en las migraciones

el Departamento de Ámsterdam, Jredzey terminó la carrera, me lo dijo el otro día por *e-mail*, ya es licenciado en Económicas por la Universidad de Varsovia, y ahora no sabía qué hacer, si volver a Berlín o volver a marcharse a Estados Unidos o quedarse a buscar trabajo. Juana —que es la polaca de la que no te he hablado porque tampoco nos hicimos demasiado— está en Berlín pero ha conseguido una beca para irse a Ámsterdam para terminar los estudios de Filología Holandesa. Tenemos contacto, todavía. Con las italianas, no. Con Giussepe tengo contacto, está acabando Filología en Palermo y ahora dice que montará una Cosa Nostra, en cachondeo ¿no? Judit que es una chica austriaca, que es la mayor, que quizá tenía veintiocho años, se casa con su novio, que vino a verla una vez, se casan el año que viene y estamos todos invitados a la boda. Que a ver si podemos hacer lo posible para ir. Estefanía, la española, se casa el año que viene también, y estoy invitada a la boda. *¡Madre mía, un montón de bodas!* Y, bueno, el *e-mail* es lo mejor que hay en el mundo, porque es lo que nos permite mantenernos en contacto. Porque, por ejemplo, Joost no escribe nada personal, pero te envía *forwards*, y por lo tanto sabes que está vivo, que él está moviéndose y que está haciendo cosas y que no tiene ganas de escribir, que no sabe qué decirte, pero te envía cosas y paridas. Con Elena sí que tengo mucho contacto, nos llamamos por teléfono, sale con un chico alemán, que es el vecino de arriba de su casa. Ha terminado las prácticas en un Departamento de Lingüística de la Universidad que tenía de beca, después de la Erasmus, y ahora está trabajando de azafata de ferias y de profesora de español en una academia. Lucía, otra española, está estudiando traducción e interpretación en Granada. Irene trabaja en una fábrica de maniquíes. Jan, otro español, que es de madre alemana, que estaba también en la parte de los españoles, está terminando Psicología. Y mira…

Berlín es la capital de Alemania y, aparte de toda la historia que tiene de los nazis y del muro y todo, ahora, como ha pasado el tiempo y está en medio de Europa, a caballo de Rusia y España, como si dijéramos, lo han hecho un centro, una ciudad muy puntera con todo eso del arte. Y pensé: ¡hosti, puedo aprovecharme y tirar hacia aquí! Intentar buscar una salida profesional ligada al mundo del arte: divulgación cultural de museos, de galerías, de lo que sea. Porque en Berlín hay muchos museos. Y yo ahora voy con una beca, la beca

Épsilon, que me la han concedido hace cosa de un mes, a trabajar de prácticas durante seis meses en una galería de arte en Berlín, que es de aquel galerista que conocí el primer día en el avión. Yo sé que no será como cuando estuve la primera vez, porque voy a trabajar, o sea, tengo que estar cada día con buena cara en el trabajo, no puedo ir con resaca. Voy a aprender a llevar un negocio, por lo tanto me interesa estar allí aprendiendo. Y ver cosas de Berlín que no sean los sitios turísticos, sino profundizar un poco más en esta cultura. Esto es lo que espero. La intención es quedarme más, pero ya veremos.

Hay días que me levantaba, sentía los árboles de enfrente de casa, todo era bosque donde vivíamos, cuando tenías la ventana abierta por la noche que hacía calor, sentías los árboles. A veces te duermes, estás a punto de caer dormida y sientes el sonido ¿no? Es algo súper raro pero, claro, es lo que pienso siempre: no ha habido un solo día que me haya ido a dormir que no haya pensado en lo bien que me lo he pasado allí. Cuando estuve en Madrid con Estefanía en su casa fue una pasada, le dijimos a todos que estábamos de fiesta por allí… [Enseñando fotos] Esto es el Tresor, esto es la casa okupa, esto son las calles de Berlín, los hombrecillos del semáforo. Éstas las hice antes de salir. Mira, éste era el *pack* de los españoles: Elenita, Leticia que es la hermana de Elenita y Oriol que es catalán, de Barcelona. Trabajaba en un restaurante, había hecho empresariales y estaba trabajando de recepcionista en un hotel. Elena estudiaba periodismo pero estaba haciendo teatro en la Universidad Libre de Berlín. Esto es por la noche en Potsdamer Platz, una plaza donde hay un montón de edificios y diferentes subplazas pequeñas, aquí tenía que hacer las fotos a los coches, el metro… Oriol comiendo de la fiambrera dentro del metro, súper catalán el tío, no gastaba ni un duro en un bocadillo. El Museo del Cine de Berlín, con el señor Skywalker, con el Dark Vader, uno de los trajes que usó en la película, es original. El Museo del Diseño de Berlín, comiendo un *donner kebab*, una típica comida turca, que en Berlín está lleno de turcos. Esto es el Mittwochs, una casa okupa, y aquí está el patio de fiesta *tecno*. La casa de Elena, por la mañana, charlando, hice una foto para terminar el carrete. El robot de Metrópolis de Fritz Lang, que esto es el Museo del Cine. Éstas son las fotos que hice de paisaje urbano. Bueno, yo hice un diario, pero ¿sabes lo que me pasaba? que me daba mucha pereza.

Escribir significaba encerrarme en la habitación y estar sola, y cuando estaba sola era cuando me iba a dormir, cuando ya no podía más. Como tenía las cartas de *e-mail*, lo he guardado todo. Y me he creado otra dirección de internet para poder guardar. Y éste es mi diario, pero mis sentimientos hacia Arian o hacia Juuso, eso sí que lo he escrito, porque eso sí que quiero que se quede.

El País de Nunca Jamás[2]

Hoy he entrado en la Universidad de Lleida, en el edificio del rectorado [para venir a verte], y he decidido entrar por la puerta principal, por donde normalmente no entraba, porque hay una escultura de Jaume Plensa. Cuando hizo esta escultura, yo no sabía quién era Jaume Plensa, no me importaba. Veía aquellos nombres en el suelo y decía «qué poca sustancia». Pero hoy he pasado por encima de la escultura, conozco a Jaume Plensa, después de estos años en Berlín conozco su obra muy bien, he cambiado mi opinión sobre su obra. Y he caminado por encima de la escultura. Es una de las pocas esculturas suyas que son bidimensionales, está en el suelo y contiene nombres hechos en hierro de las poblaciones de los estudiantes del Estudi General de Lleida, que abrió en 1300. Como son en relieve, estas letras salen del suelo, tú tienes que vigilar de no tropezarte, tienes que andar con cuidado de no pisar los nombres. Están todas las poblaciones de los estudiantes de aquella primera Universidad. Y en el centro hay un interrogante. Y he entrado en el rectorado, es un edificio que es un antiguo seminario, un convento formado por dos claustros, y he tenido la sensación de que el tiempo se había parado ¿no? Y los olores: he pasado por delante de la biblioteca y he notado el olor de la biblioteca y he tenido un recuerdo, de entrar yo con mi carpeta yendo a estudiar. Y me he emocionado, me he emocionado mucho al entrar aquí. Pero no hay nadie porque es verano. No hay ningún estudiante. El bar es diferente, no hay nadie en el claustro. La hiedra ha crecido mucho, está ocupando toda la

2   27/08/2011 (C16).

pared del claustro. Y aquí he visto un poco más el paso del tiempo, pero todo lo demás está igual.

Hace tiempo que no hablábamos [contigo], seis o siete años. En este tiempo me he ido haciendo mayor. Los últimos meses he estado haciendo un proyecto con la Embajada de España en Berlín, como comisaria independiente de una exposición que se llama «Destino Berlín» que ha reunido trabajos de veintiún artistas españoles que están viviendo en Berlín en estos momentos. Es algo generacional. La Embajada se ha dado cuenta que hay muchos artistas españoles, sobre todo de las artes plásticas, que en los últimos diez años, de principios del siglo XXI para acá, han ido emigrando a Berlín. Y yo he estado observando este fenómeno y lo he denominado «emigración cultural». Ya no es una migración económica, sino que la gente española necesita un cambio de cultura, poder expandirse a otros ámbitos, sobre todo en el tema artístico, buscar otras inquietudes, y sobre todo no tener tanta presión por parte de la familia, y emigran. Pero *no emigran por motivos económicos o políticos, porque no son refugiados políticos, sino que emigran dentro de una Europa nueva, de un metapaís.* Europa ya es un metapaís. España se está convirtiendo, positivamente, en una provincia dentro de lo que es el país Europa. Y muchos españoles, de entre 25 y 35 años están emigrando ahora, y muchos están emigrando a Berlín. Berlín es el paradigma ahora de centro de producción artística mundial, porque no sólo hay españoles, sino que hay gente de todas las partes del mundo que vienen atraídos por alquileres baratos y por la infraestructura que tiene la ciudad y se quedan e intentan evolucionar como artistas. Y es lo que he observado como comisaria, que hace diez años que estoy allí. Quizá los primeros años no lo observaba tanto porque también formaba parte de este proceso, pero ahora sí que veo que viene muchísima, muchísima gente a Berlín, no para aprender alemán o porque les interese la historia alemana o, como yo, para estudiar, sino que vienen, acabados los estudios, porque no tienen futuro en España. En el siglo XXI, en nuestro país, en España, y en Catalunya, *está habiendo una emigración de mentes creativas, se están marchando todos.*

Yo tenía ganas de marcharme de aquí. No es que dijera «ya estoy harta», no. Recuerdo que tenía mucha curiosidad por conocer una ciudad nueva y

Groovy en las migraciones

conocer Berlín como la que hubiera podido ser la capital del mundo. ¡Germania! Esta morbosidad que sientes hacia el nazismo. En la Berlinische Galerie, la Galería de Berlín, está la maqueta de la Ehren Halle, del mausoleo que se quería hacer el Hitler. Sale una maqueta original de los años treinta. Me atrajo toda esta historia. Como historiadora del arte, recién licenciada, muchos de los movimientos del siglo XX han tenido Berlín como ciudad de paso y también como paradigma. Yo fui allí, no con la intención de quedarme, yo fui con la intención de volver y aprovechar la experiencia Erasmus para encontrar un trabajo o hacer un doctorado. Pero es que la gente hoy en día va con la intención de quedarse. Van a probar, ésta es la diferencia que yo veo. *La Merkel les invita, porque hace un llamamiento a todos los españoles que vengan a trabajar a Alemania.* Pero Berlín no es Alemania. Alemania tiene partes muy aburridas, donde hacen mucho dinero, donde hacen coches muy buenos: Stuttgart, München… En Berlín no hay nada de todo esto. El alcalde ha dicho que Berlín es «arm aber sexy», Berlín es pobre pero sexy. En el sentido de que en Berlín no hay industria automovilística, no hay industria química, sólo hay industria turística y de servicios. Han cerrado un aeropuerto central donde aterrizaban los primeros aviones de la Lufthansa, era el aeropuerto de la US Army, Tempelhof. Han dejado este edificio, que es el segundo edificio más grande del mundo, vacío… bueno, vacío no, pero sin función, en el centro de Berlín, la pista de aterrizaje se ha vuelto un parque, los antiguos hangares los alquilan para hacer eventos o conferencias, y el aeropuerto central de Berlín ¡será un aeropuerto *lowcost*! Que es Schönefeld, que está a una hora y media en tren desde Berlín. Esto para mí es también un símbolo de que económicamente Berlín no es fuerte porque se está construyendo un aeropuerto para las compañías de *lowcost*. ¿Quién vendrá aquí? Vendrá un turismo de clase media-baja y sobre todo vendrá mucha gente joven, que son los que pueden permitírselo. Berlín no se está desarrollando económicamente como la gente cree.

Ahora he estado leyendo *Peter Pan* ¿no? Tengo la impresión de que para muchos *Berlín es el País de Nunca Jamás, donde escaparse ¿sabes? En Berlín puedes ser joven más tiempo, no tienes tantas obligaciones.* Han pasado veinte años desde que cayó el muro y creo que ahora ya se puede decir, después de veinte años, que la ciudad está fusionada: las huellas que dejó el muro, la ciudad las ha integrado. Las arterias que se rompieron en 1945 con la guerra, ahora se han vuelto a unificar. Es muy fácil moverse por la ciudad, hay edificios nuevos y toda esa ruta del muro va desapareciendo, porque la ciudad se la va comiendo. Berlín para mí es el centro de producción artística del mundo, porque es el punto de encuentro de muchas culturas, pero económicamente, no lo es. Se están pagando sueldos, sobre todo en mi sector o el de la música, que «Ya tienes suficiente, que aún gracias que estás trabajando con nosotros, con este sueldo mínimo que te pagamos, tienes que estar agradecido». «¡Perdona! Que tengo una cierta experiencia ¿no?». En Berlín es muy fácil sobrevivir, no sólo para las personas, sino también para las empresas. En mi sector es muy fácil abrir una galería aunque los alquileres siguen siendo mucho más baratos que en el resto de Europa. Berlín está de moda, es muy *trendy*, pero no hay coleccionistas, la gente no compra arte. Sí habrá algunos que comprarán, pero no al nivel que deberían comprar para mantener Berlín al nivel de la capital del mercado del arte europeo. En Londres, donde hay muchas menos galerías, se compra más, o en París, aunque ahora está un poco más abandonada. París ya no es, como lo fue hace cien años, la capital de los movimientos de vanguardia, ahora lo es Berlín, pero hay más compradores, más coleccionistas. No sé qué pasará porque para mí está claro que Berlín es la capital de este mundo globalizado.

Yo ya me siento de Berlín. Yo llego a Berlín, huelo la ciudad y digo: «Esto es mi casa». «Ich bin ein Berliner»: Soy un berlinés. Kennedy dijo que todos los ciudadanos del mundo que se sentían libres eran ciudadanos de Berlín. Y sí, soy una berlinesa. De Segrià. Siento que también soy de allá, que me lo conozco todo, que no es nada extraño, pero siento que no es mi casa. El sentido de hogar ya no está en Segrià, está en Berlín. El sentido de patria, del lugar de donde tú provienes, siempre será Segrià. Pero el hogar ya no está allí. Lleida es una cosa entre medio: es donde he estudiado, la primera ciudad que conocí, porque Lleida es una ciudad, todo el mundo dice que es un pueblo, pero Lleida es una ciudad, muy pequeña, pero es una ciudad. Me pone muy triste ver que muchos de los locales donde yo iba hace diez años o más, se van muriendo poco a poco. Por ejemplo, el Nitirambo ya no existe. El otro día pensaba porque pasaba por delante con el coche. Y era uno de los locales que me gustaba mucho para salir los jueves. El Sistema, donde trabajé, ya no existe. La Casa de la Bomba sí existe. Gerard sigue allí, pero ya no es lo mismo que hace diez años, porque la Casa de la Bomba se ha hecho grande, porque Gerard también se ha hecho mayor, y todos los que siguen yendo también son mayores. También tengo la sensación de que no descubro nada nuevo, de que en Lleida ya no se hacen locales nuevos, y después pienso: es que te haces mayor. Ya no sabes cuáles son los locales de moda porque no vas y tus amigos no van. *Y te has quedado encerrada en aquellos locales donde ibas hace diez años.*

Una juventud sin esperanza[3]

Esta primavera he estado haciendo de comisaria y de coorganizadora para una exposición que quería hacer la Embajada de España, que quería reunir trabajos de artistas españoles que están residiendo en Berlín, porque se ha dado cuenta de que están viniendo muchos artistas a Berlín, cada vez más, y la Embajada quería hacer como una señal de que la Embajada está ahí, de que trataran de promocionar su trabajo, siempre dentro de unos parámetros de calidad. Mi texto sobre «Destino Berlín» expone mi visión como comisaria de por qué Berlín se ha convertido en destino para muchos artistas, no sólo de España, sino de todo el mundo. Pero en el caso de España, la crisis está cortando todas las iniciativas, no las deja crecer, no las deja ni sembrar. Está causando que muchas mentes creativas emigren, *es una emigración cultural en el sentido de que emigran para poder seguir haciendo cultura.* Las mentes creativas en España se están yendo a Berlín por ser el destino más cercano y más barato gracias a EasyJet, y por los alquileres asequibles de la ciudad, y que tiene un bagaje cultural muy fuerte. Emigran porque quieren seguir haciendo cultura y no la pueden hacer en España. Entonces ¿qué hacen? Pues la hacen en Alemania o la hacen en Australia, o algunos ya la hacen en los Emiratos Árabes o en Estados Unidos, que sigue siendo un destino para muchos artistas, Nueva

3 27/08/2011 (C16).

York. Pero sobre todo para los jóvenes, para los que empiezan, para los que no tienen una trayectoria muy definida, *Berlín ahora es como una Meca*. Esto es muy fuerte, que las mentes creativas estén huyendo de España, porque no hay espacios para crear, porque los alquileres de estudios se han puesto por las nubes, porque necesitan trabajar en otros lugares para poder llegar a fin de mes y no tienen tiempo para crear. En Berlín quizá trabajarán de camareros, pues vale. Hacer de camarero no es un gran trabajo, pero les permite tener un trabajo y dedicar el resto del tiempo a crear, y pueden tener una vivienda más o menos digna. Y sobre todo, *independizarse de los padres o de la familia*, aunque muchos reciben ayuda de los padres, eh. Ahora tengo el caso de un amigo mío que dice: «Hoy mi madre me ha dicho algo por teléfono». Digo: «¿Qué te ha dicho?» Dice: «Me ha dicho: Hijo mío, *antes la gente se iba a Alemania y enviaba dinero a casa. Ahora es al revés: tú te vas a Alemania y los de casa te han de enviar dinero*».

Pues ahora *en el mundo globalizado, a los jóvenes —yo todavía me considero joven pero ya soy bastante adulta— nos cuesta mucho entrar en este sistema de la vida aburguesada normal*: la casa, el seguro médico, el coche, los niños, el cochecito, el perro… La vida real aburguesada. Nos cuesta entrar en este sistema en el que las normas no son las mismas, el mercado laboral no es el mismo. Cuando le expliqué cómo vivía yo en Berlín, mi padre se quedó alucinado. Porque yo soy autónoma, un autónomo hace veinte años tenía diez clientes al año mínimo, y yo soy una autónoma que tengo máximo dos clientes al año. O sea que trabajo casi en exclusiva para estos clientes, pero estos clientes no están obligados a hacerme un contrato laboral con Seguridad Social y todo lo que conlleva. Porque existen unas leyes neoliberales del mercado que han aligerado estas normas sociales para el trabajador. Pero yo intento jugar las cartas tal y como me las han dado. Y sé que no son las mismas cartas que tuvo mi padre hace 30 años, pero intentaré jugar lo mejor que pueda. *Y no me dejaré acojonar porque me digan:* «¡No tienes el as de bastos!» «*Pues la "butifarra" la puedo hacer igual*». Quizás acabaré que no tendré tantos «triunfos» como mi padre, que los ha tenido en estos treinta años de seguridad laboral y primas y seguros, y seguros de vida, pero seguiré viviendo ¿no? «Destino Berlín» se hizo en el Bethanien, que era un antiguo hospital que se construyó en el siglo

XVII y fue la primera casa okupa en los años ochenta en Berlín. Imagínate un hospital muy grande, vacío durante cuarenta años. Pues entraron los okupas, lo reformaron y lo convirtieron en el centro cultural del barrio. Y así, en diferentes etapas, han seguido y ahora puedes alquilar la antigua capilla del hospital que es una Kunsthalle, un espacio para exposiciones. Y la Embajada me pidió que les buscara un espacio porque no querían hacerlo en la Embajada. Querían hacerlo en el centro de la ciudad, que se viera más. Y elegí este espacio porque está en el centro del barrio de Kreuzberg donde viven muchos españoles. Seleccioné 21 artistas. Mi criterio no fue «cuántos más años lleves, más posibilidades tienes de que te seleccione», sino que me basé en la calidad del trabajo y que el artista tuviera una relación con Berlín, que se implicara con la ciudad. Tenía gente que llevaba allí diez años, como Pablo Ekaitz que es uno de los fundadores de una galería que se llama Invalidan 1, que es una galería de producción, son artistas que se han hecho socios y tienen una galería, se exponen a sí mismos. También tenía gente como Javier Chozas, que llevaba un año en Berlín, pero que es un chico que es arquitecto, dejó la arquitectura para dedicarse al arte y se lo está tomando muy en serio y está haciendo un trabajo muy bueno. Tenía este tipo de artistas. Y el embajador creo que quedó muy contento. Porque tenía no sólo variedad de tiempo que llevas en Berlín, sino variedad de disciplinas artísticas. Se hizo también una ruta gastronómica por diferentes restaurantes españoles. Porque en estos últimos tiempos no sólo han venido artistas, también ha venido mucha gastronomía, muchas tapas, pero también mucha gente selecta, con estrellas Michelin. Ha venido el Gaig, que es un restaurante de cocina catalana con una estrella Michelin. Entonces también yo tuve esta idea, que la exposición no sólo fuera en el centro cultural, sino que aquel mes de la Expo, los restaurantes que quisieran participar, que también los seleccionamos porque hay mucha fritanga y muy chungo, muy rollo sevillanas y olé, que no es la imagen que la Embajada quería dar. Una imagen moderna de España. Hicimos una selección comisariada de restaurantes españoles en Berlín. E hicimos la ruta de restaurantes «Destino Berlín». Podías ir a hacer la ruta con unos cupones de descuento y muchos alemanes la hicieron. ¡Salí en la tele y todo, en TV1! Lo tengo todo metido en la página web de «Destino Berlín».

Los Indignados vinieron el día de la inauguración, el 24 de mayo, nueve días después del 15M, venían todos con un esparadrapo en la boca y una vela en la mano ¿no? Eran como un grupo de treinta, todos muy jovencitos, muchos Erasmus… Me explicaron que bajó el embajador durante el acto, yo no lo vi porque estaba con otra gente, y tuvo un detalle muy bonito, les dijo que por favor pasaran a la inauguración, que vinieran al evento. Y entraron y no hicieron ningún grito, ningún eslogan, nada… Pusieron una pancarta, fueron súper silenciosos ¡pero causaron un efecto visual tan grande! Todo el mundo se acuerda de que vinieron.

Estos siete años he perfilado mi carrera profesional, he entrado plenamente en el mundo del arte. Empecé organizando ferias. Cuando terminé los estudios en gestión cultural, entré de prácticas en una feria que se hace en Suiza que se llama el Volta Show, que comenzó en 2005, y después estuve organizando desde Berlín esta feria que se celebra en Basilea. En Basilea se celebra cada primavera una feria que es la más importante del mundo que se llama Art Basel. Y alrededor del Art Basel han salido un montón de iniciativas más pequeñas, como una feria para las galerías más pequeñas que no pueden entrar en Art Basel, también es una plataforma más pequeña que se crea para este tipo de galería, otro tipo de mercado. Estuve haciendo esto desde 2005 hasta ahora. En estos seis años me he perfilado como una agente dentro del mercado del arte. He ido conformando mi galería, el Vierter Stock, el cuarto piso, que comenzó en 2007 como una iniciativa para tener artistas en residencia, que los invitábamos a venir. Lo hago con mi novio, también es mi socio. Iniciamos la galería primero como un lugar donde invitábamos artistas que nos gustaban, podían vivir en este espacio durante una temporada para hacer obra nueva, y entonces nosotros les organizábamos una exposición. Empezamos así, en un cuarto piso de un edificio bastante antiguo, y ahora hace dos años nos hemos trasladado a unos bajos en el mismo barrio, el barrio de Wedding, que es el barrio turco al norte de Berlín. Allí viven muchos turcos y muchos inmigrantes, los alquileres son muy baratos y *nosotros entramos dentro del proceso de gentrificación*. Somos la primera etapa, somos los galeristas pobres que les dejan el local por cuatro duros para que aporten *glamour* en ese barrio. Yo estoy muy bien en ese barrio, ya llevamos dos años,

Groovy en las migraciones

ahora empezamos el tercero. Vamos haciendo muy poco a poco, pero yo estoy muy contenta. He viajado mucho en estos siete años, seis veranos he estado yendo a Basilea, he estado en Nueva York porque la feria que se hacía en Basilea la compró el Merchandise Mart Properties, que es la empresa de uno de los hijos de Robert Kennedy, Christopher Kennedy, y él era el presidente de la empresa donde yo trabajaba, y cada año me tocaba irme durante dos meses a Nueva York a trabajar. Y conocí al Sr. Kennedy, al Christopher. No le podíamos llamar Mr. Kennedy. Chris. «Hi, I'm Chris», «I'm Groovy» «Nice to meet you Groovy. So nice to come from Berlin». Y tú piensas, este hombre sabe cómo me llamo, sabe que vengo de Berlín, y yo soy como última. Pero sí, he trabajado para un Kennedy. He estado también en Brasil, estuve en un congreso el año 2009, para jóvenes comisarios de arte y voy a estar hablando de la gestión cultural de galerías en Europa, con mi paradigma como Vierter Stock, y mi experiencia como *manager* de ferias. Y la última feria que he estado haciendo, desde 2009 hasta ahora en 2011, es la Preview Berlin, que es la feria para galerías jóvenes. Y este año, gracias al proyecto de la Embajada, gracias a «Destino Berlín», he podido dar el paso, que ya hacía tiempo que quería hacer, de dedicarme cien por cien a la galería. He ido a Arte Santander que es una feria muy pequeña, pero que hace veinte años que se hace y se ha consolidado como la feria de verano en España. En febrero tenemos Arco y en verano Arte Santander.

[La juventud de Lleida la veo] sin esperanza. *Sin esperanza, sin ilusión* y todos intentan seguir un parámetro válido que es el de sus padres. Me parece que no se rebelan contra sus padres. Todos llevan una vida muy parecida, todos intentan copiar el modelo de vida de sus padres porque piensan si a sus padres les ha servido, porque no con ellos. Pero creo que no tienen empuje. No sé, yo les hablo a veces de lo que hago y parece que les esté hablando de una alienígena, tengo esa sensación a veces. No quiero parecer *snob*, pero tengo la sensación de que no entienden lo que hago. Yo estoy haciendo un negocio, un negocio que es el mercado de lujo, mucho más que un Mercedes o un reloj Rolex, que tiene que ver con emociones, y querer apostar por artistas desconocidos. Pero tengo la sensación de que la gente no lo entiende porque no pueden imaginárselo ¿no? Les falta imaginación. Y todos se refugian ahora en seguir parámetros que los demás siguen. Claro *ahora [los padres] protegen a los hijos porque es una época de crisis, hay mucho paro, pero es que los padres deberían permitir a los hijos romper el cordón umbilical.* Creo que sí es caro independizarse, pero estoy viendo los pisos de alquiler aquí en Lleida: por 200 euros puedes tener una habitación en un piso de estudiantes ¿no? Escucha: por 200 euros, si tienes un trabajo, aunque sea un trabajo pequeño, te puedes independizar, incluso si pierdes el trabajo, puedes pedir en casa que te ayuden a pagar esa habitación. Te cuento el caso de mi hermana pequeña, que ahora tiene veintisiete años: hasta hace poco estuvo trabajando, ha estado viviendo en casa de los padres, está saliendo con un chico. Ni pensamientos de ir a vivir juntos y hace ocho años que van juntos. Él ahora vendrá a vivir aquí a Lleida en un piso, y mi hermana vendrá a comer cada día a casa de mis padres. O sea, de Lleida a Segrià con su coche, seguramente encontrará otro trabajo y no se podrá hacer la comida porque no tendrá tiempo o es muy caro ir a comer de menú en Lleida. Y yo pienso: ¿cuánto cuesta la gasolina para ir y volver? No sé, son lógicas que a mí ya no me entran en mi cabeza, intento respetarlas, pero realmente me sorprenden mucho. No he oído a nadie que me diga «Creo mi empresa» o «¿Sabes qué? En esta época de crisis, intento…» No te lo quiero meter como un paradigma, pero es lo que yo tengo cerca. *No conozco a nadie de mi edad que esté haciendo un proyecto de innovar, sino que todo el mundo tiene mucho miedo, todo el mundo tiene una visión muy pesimista del futuro. Yo creo que los jóvenes no se están rebelando.* Tengo la impresión de que la juventud que yo tuve tenía ciertos iconos, unos ídolos que podías mirar. Cuando murió Michael Jackson hace dos años, yo noté que había muerto una parte de mí, mi infancia ha muerto. La infancia y quizá la primera adolescencia, porque hasta llegar al *tecno* yo era muy fan de Michael Jackson y también cuando era *tecno*, pero lo llevaba a escondidas. Y yo veo que hoy en día la juventud de 14-15 años ¿cuáles son sus ídolos? ¿Hanna Montana? Es un personaje de una serie de televisión, que es una chica como de Operación Triunfo, que va a cantar y que triunfe. Yo creo que ya no necesitas ídolos, que ya lo eres tú mismo, que te puedes volver un ídolo si estás todo el día viviendo en Facebook, porque puedes ver tu nombre repetido tantas veces como quieras ¿no? Creo que la juventud de hoy en día no tiene iniciativa, están muy desilusionados de todo lo que ha pasado. Pero creo que lo último que deben perder es la ilusión porque si no son ellos los que crean algo nuevo ¿quién lo hará? Yo intento hacerlo ¿no? Ya tengo treinta y tres años y creo que sigo innovando y que hago las cosas que a mí me gustan, no paro nunca, pero creo que los que vienen detrás de mí deberían tener un poco más de empuje.

L@s Indignad@s de Berlín[4]

L@s Indignad@s en Berlín se movieron a través del Facebook, hicieron un grupo, podías entrar y recibir notificaciones del grupo, y crearon eventos. O sea que sí estaban dentro de la red. Yo, el grupo de l@s Indignad@s en Berlín lo encuentro simpático, creo que por fin hay una expresión de responsabilidad social para con nuestro país, no sólo críticas: «Ay, España es una mierda». Sino que realmente hay un movimiento dentro de Alemania, dentro de Europa, que están demostrando una responsabilidad social hacia lo que está pasando en el país. Pero claro, tu responsabilidad es también que tú como persona intentes cambiar. No basta con quejarse y decir que son unos ladrones. Sí, eso puede ser una parte de verdad, pero ¿qué haces tú para cambiar eso, intentas crear alguna empresa, aunque sea una empresa de hacer guías para Barcelona, o de llevarte la gente de marcha y que les enseñes tú los sitios más guays. *No tienen este empuje de quizá hacer de su pasión, de su hobby, su trabajo.* Que muchas veces es lo que da más frutos, porque es el trabajo que a ti te guste, es tu pasión y te vuelque totalmente. Pues yo no creo que aquí la gente haga de su pasión su trabajo. No lo encuentro. Aquí en España no. Lo veo muy poco. Lo que veo es que la gente se queja mucho de la crisis, y la crisis para acá y para allá ... Pienso: bueno, tú has jugado el juego, te has comprado un piso, has cogido una deuda al banco, y el banco te dijo: aparte de eso te daremos esto para que te compres un coche y que te vayas vacaciones a la playa y hagas un crucero. Tú has formado parte de este sistema. No estoy diciendo que tengas que ser antisistema, pero entonces no te quejes. Porque,

4   27/08/2011 (C16).

en época de las vacas gordas, todo el mundo decía: esto a ver dónde irá a parar, dónde irá a parar. Pero nadie lo paraba. No estoy diciendo que todos tienen que emigrar a Berlín o que tengan que irse de España, pero reflexiona: ¿cuáles son las acciones que tú haces? Por ejemplo, cuando vas a una cadena de esas de hipermercado, tú ves una camiseta muy bonita que vale tres euros y ves que está hecha en China. ¿Por qué vale tres euros? Porque el trabajador que lo ha hecho en China ha cobrado un céntimo a la hora. Pero si tú sólo piensas en ti: que guay, qué bien estaré con esta camiseta. Me la compro y el año que viene me compraré otra porque, claro, sólo vale tres euros. Después nos quejamos de que los chinos están invadiendo el mundo, pero claro es que tú les estás dando ¿no? Hazles un *boicot*. Yo lo hago. Yo veo un producto que está hecho en China y ya no lo compro. Y me cuesta mucho encontrar productos que necesito que no están hechos en China. Pero es así. Al igual que el sistema éste de la crisis. Yo no digo que se hubiera podido evitar, yo no soy economista, pero creo que también es muy de la responsabilidad social o civil de cada uno de intentar cambiar esto. Y l@s Indignad@s lo pueden hacer, pero deberían llegar a concienciar a cada uno de los ciudadanos de este país. ¿Y qué hacen todos? Muchos siguen la corriente. Es muy cómodo seguir la corriente.

Yo me enteré por Facebook, porque un amigo mío que acampó en Barcelona me llamó, me explicó todo lo que pasaba. Y entonces me metí en el Facebook de la acampada de Plaza Catalunya, le dije que me gustaba y entré en toda esta corriente de *newsletters* y de avisos y todo eso. Entonces también hubo un grupo de Indignados de Berlín, una amiga mía que vive en Berlín creó este grupo y entré dentro. Y he seguido mucho el tema de l@s Indignad@s por el Facebook, por videos que colgaban y todo eso. En Berlín hicieron unos encuentros o unas sentadas frente a la puerta de Brandenburgo y de la Embajada de España. A ver, yo indignada no lo estoy, pero sí me siento responsable socialmente por lo que está pasando en mi país. Yo ir ante la Embajada de España a sentarme en el suelo y decir que estoy indignada … pues no. Ahora, ir a acampar a Barcelona, quizás sí lo hubiera hecho. Puedo estar produciendo más cosas en mi empresa o haciendo contactos. Quizás me dirás egoísta, pero ya tengo treinta y tres años. Quién debe hacer este movimiento son la gente de a partir de veinticinco años, y sí, encuentro muy bien que lo estén moviendo. Es un momento histórico que estamos viviendo en España, porque dentro de esta apatía o de ese miedo que hay en el progreso, porque hay mucho miedo, l@s Indignad@s sí están demostrando un inicio, como una manera de atacar este miedo. Es un principio. Ya te digo, si los que participan en este movimiento se conciencian ellos mismos, pues quizás sí que se llevará hacia delante, pero tienen que cambiar muchas cosas. Piensa que ahora hay muchos españoles que residen en Berlín y que también forman parte de este movimiento. Muchos son estudiantes Erasmus. Claro, supongo que *muchos tienen el Erasmus pero después no tienen ninguna perspectiva. Y eso es muy duro. Pero también la perspectiva te la puedes buscar tú.*

18
Groovy en las subculturas

Makineros, eskinetas, modernillos[1]

En los años noventa me acuerdo que íbamos a escuchar música mákina, se les llamaba makineros. Yo me acuerdo que llevaban unas camisas de muchos colores, pero sobre todo como el *pop art*, que ahora se vuelve a llevar el negro y el blanco, combinado con rayas y con *tops* para las chicas. Los chicos íban con pantalones vaqueros bien estrechos, cinturón con hebilla, y una camisa, tenían que ir con camisa, y un peinado rapado de los lados, y arriba un poco de pelo, parecían un poco los neo *punk*ies, pero no iban de *punk*ies, iban con los lados rapaditos, un poco de tupé y ya está. Y las camisas muy llamativas, sobre todo de colores blanco y negro, o combinados siempre dos colores, no había un multicolor que recordara el hippismo, ni tampoco a los viajes de ácido, eran makineros, no eran ácido como los *hippies*. Había allí siempre la musiquita del pim-pirim-pim [canta] y también el pam-pam que era la mákina más rápida, y los makineros estos, los bakalaeros, la Ruta del Bakalao… Entonces también sale Nando Diskontrol, aunque ahora esté mal considerado, este tío influyó mucho en la escena de la música electrónica en Catalunya y su novia Mónica X, son una pareja de *disc-jockeys*, que ahora ya supongo que se han jubilado, pero estuvieron activos hasta hace cinco años o así. Ha venido a pinchar al [pub] Segrià, hace dos años vino a pinchar, una de sus últimas sesiones se hizo en Segrià. En la Wonder dicen que están los makineros. Tú llegas allí y ves gente que va muy arreglada y todo. ¿Pero qué es un makinero? Sería el chico que lleva los pantalones vaqueros o pantalones negros también con una camisa de dos colores ¿no? Rojo o negro, blanco o

1   17/02/2004 (C12, C13).

negro, siempre el negro por medio. Entonces me acuerdo que también le decíamos el pastelero, cuando ya era más mayorcita y voy al Florida, a esa gente que le gusta la música electrónica comercial, que sería la maquinilla, el tú-tú-tun-tun, que son tonos demasiado repetitivos, que no hay tampoco la intención de crear una melodía currada con unos sintetizadores, sino todo es venga va, rápido, hacemos música como churros. Entonces también salen los pastilleros: «Este tío es un pastillero». Cuando a ti te decían pastillero no pensabas que come muchas pastillas sino te imaginabas lo que se dice ahora un rapado, un tío que va todo rapado. La Bomber, los pantalones estrechos, los pantalones Adidas de chándal y las zapatillas Adidas, un eskinet ¿no? Pero, claro, no es un eskin de verdad. Un pastillero es uno de la Mariola, que habla castellano y que va vestido con la Bomber, la cabeza rapada y viva España y viva Franco. También decíamos los eskinetes ¿no? con la camisa de cuadros Fred Perry, que copian la estética eskin, pero no saben lo que realmente están copiando, no tienen una base ideológica. Entonces hay también la *go-gó*, es la que anima. El makinero, el eskineta, el guarro. ¡El guarro! Le llamamos el guarro al que va con el pelo largo, que se hubiera dicho un *heavy*, pero también había mucho guarro que era *heavy* con camiseta de Ramoncín y está allí bailando *tecno* todo puesto de pastillas hasta arriba ¡y venga! Éste también es un pastillero porque toma pastillas, pero no es un pastillero, es un guarro, un melenudo. Melenudo no le llamábamos, un guarro, porque iba con el pelo muy así… También decíamos los pijos. Se sigue diciendo: «Éste es un pijo». Y lo que se dice mucho también es modernillo: «Éste es un modernillo». Se puede traducir como *snob*, como le digo yo el neoalternativo: «Voy de alternativo, qué guay, no sé qué»… El alternativo suele hablar en castellano, la estética es una mezcla entre *hip hop*, o sea pantalones anchos, mucho deporte… Pero tú miras la ropa que lleva y no es del Pull & Bear. Un pantalón quizá vale 30.000 pesetas, 200 € ¿no? Y dices: «¡Hosti tú!». Y el tío dice que está dentro del mundo del ecologismo y no sé qué, pero llevan una ropa, llevan unos coches y se gastan una de pasta, que dices: «Mira chaval, para de hacer reír y vete a tu casa». También lo modernillo sería si queremos catalogar el neopijo, el modernillo que va vestido a la última moda, no de marca Prada ni Escada ni todo esto, no va vestido de Versace, porque el modernillo que podía haber por la Florida si se lo puede permitir se va a Sitges o se va a Barcelona. Pero con ropa bastante *sixties*: Energy, que no es tan cara como un vestido de Prada, pero hay que ver ¿no? Está a nivel medio de adquisición. El modernillo es como los *mods* de antes, pero no tan *sixties*, no se cuidan tanto el peinado, y también con botas altas, todo lo que veas en los catálogos de Mango, y las revistas. ¡Van vestidos así! Si la revista dice que hay que ir con zapato de tacón alto y con unos calcetines de deportes de Punto Blanco, pues mira, y ellas tan felices, aunque sea lo más incómodo del mundo. Y los chicos irán con el pelo larguito estilo como salen ahora en las revistas, aquel corte *boy* que es pelo largo, engominado o encerado para que se vea despeinado, pantalones anchos y camisa estrecha. Eso sería un modernillo. Y un alternativo es aquel que va lleno de agujeros, que se lo ha comprado, no se lo ha hecho él, y dice: «Es que estoy dentro del movimiento *neopunk*!», y no sé qué. Éste es otro. La música *neopunk* de Berlín son como grupos de música que tocan con guitarra y con batería, que reinterpretan la música *punk* de los años ochenta, y que ponen también base electrónica, pero no han hecho nada nuevo encuentro yo. Sobre todo es estética, ¡*ciberpunk*!

Cibernéticos, futuristas, *fashions*[2]

¡Hosti tu! Esta palabra la había olvidado: los cibernéticos se llamaban, eran de mi época, cuando yo empecé a salir, que iban siempre todos vestidos de un color. Si iban con la cabeza azul iban todos vestidos de azul y siempre con ropa de plástico, zapatones con suela de plataformas imposibles, muy anchos y ropa muy como de astronautas, todo muy tecnológico, como si fuera del futuro cibernético ¿no? También copiando mucho *Blade Runner*. Bakalaero es el makinero que le va la música bakalao, es un sinónimo. Fiesteros son la gente joven que se va de discotecas: «Aquél es un fiestero». Siempre tiene que ver con la cuestión de tomar drogas, pero ya no se dice eso ahora, se decía cuando yo tenía dieciocho años: «¡Ése es un fiestero!» Quería decir de

2   17/02/2004 (C12, C13).

discotecas, tomar alcohol y pastillas. Ahora ha salido el movimiento rasta, los que antes se podían llamar *tecnokids* o los niños de dieciséis años que les va el *tecno*, que aún no han definido qué estética llevarán al menos modernillo, estética de ropa cara y así, ropa del Pull & Bear, ropa muy deportiva, con pantalones anchos y todo, y el pelo totalmente rastas, copiando los movimientos de los *hippies* o los movimientos de los rastafaris que hubo en Jamaica, porque son gente, como dice el libro de Sara Grijalba, que lo he leído ahora, *neohippie*, pero no le quiero llamar *neohippie* porque no es una persona que crea en los valores en los que se creía en los años sesenta: llevan las rastas, fuman muchos porros, eso sí, pantalones anchos, camiseta normal y todo, pero llevan el pelo lleno de rastas y las chicas también. Ya no van tan arregladitas las chicas que escuchan *tecno*, yo me arreglaba mucho para escuchar *tecno*, muy pulida, muy pintada… Quizás han tenido una preadolescencia de cuando tienes doce, trece años que han escuchado a Bob Marley, como yo escuchaba Guns & Roses, van todos al [pub] Matrix, verás mucha gente con rastas, con una estética muy dejada, como el neo*punk* que se dice ahora. Fui al Cotton la semana pasada y vi que todos los *hippies* de Lleida se han vuelto *neopunk*ies, van todos con las rastas, con ropa de agujeros que la venden así con agujeros y así los que antes iban de rollo *hippie* y de ropita *hippie* del Cherokee y tal, ahora se están poniendo los jerseys de rayas rollo años ochenta y con la cabeza llena de rastas. También están los *fashions* que digo yo, que son los que realmente se llaman *fashion victim*, los que están a la moda total, me cae mucho más simpático un *fashion* que un modernillo o un alternativo. Cuida mucho la ropa que lleva, pero quizás también lo lleva de manera divertida, puede combinar ropas, un estampado de flores con un pantalón de rayas. Pero me cae mucho más simpático que un *snob* como puede ser un modernillo. No todos los alternativos deben ser *snobs*, pero hay una corriente que impera mucho en Berlín que dice que yo soy alternativo y no sé qué y no sé cuantos, y te está echando por tierra el capitalismo y ¡están forrados de pasta! Chaval, no lo tires tanto por tierra, si no, no estarías siendo tan alternativo. Un *fashion* es uno que va de acuerdo a la moda pero la reinterpreta a su manera. Lo que te digo de música electrónica, como hay tantas variantes, tienes el *hard tecno*, tienes los rastas, también los grupos como Sidonie, Fangoria…

Ahora el espectro es tan grande que quizá los pijos mismos también están dentro, que se han vuelto alternativos. O sea, el *tecno* es algo consumista, cada día sale un disco nuevo que hay que comprar si quieres seguir, eso ya crea un consumo, tú no puedes producir tus propios discos, lo puedes hacer si tienes suficiente dinero para producir el vinilo, pero normalmente tú irás a comprar discos de otros ¿no? También crea un consumismo con la ropa. Aunque seas rasta, no irás cada día con la misma ropa, aunque puede que haya gente que no sea tan consumista. Hay un discurso de «paz» y «no a la guerra» y tiene ideología de izquierdas, mucha ideología es de izquierda, porque, claro, la ideología de la derecha no permite este desenfreno de drogas y de música y de hasta las diez de la mañana en una *rave* ¿me entiendes? Pero también es una ideología de izquierdas porque a lo mejor está de moda ser de izquierdas ahora mismo, es contra el sistema ¿no? Pero yo ya no sé si viene de revistas que hacen del «*neopunk* no hay futuro, todo contra el sistema», ya no sé si viene de aquí, o de la gente que realmente está concienciada de lo que está haciendo. Son gente no demasiado independentista, defienden la cuestión catalana pero tampoco se implican. A ellos, que les dejen hacer sus fiestas, mejor que no se entere nadie, serán más ilegales aún, consumistas lo son todos, pero creo que en el *tecno* debes serlo.

Tecno, house, electro[3]

Estuve muy loca por el *tecno* durante tres años, de los diecinueve a los veintidós yo creía que era lo único que podía romper con toda la música que se había hecho hasta ahora, y después descubrí que hay algo más, descubrí las raíces del *tecno*, que están en Alemania y en Estados Unidos: Kraftwerk, Tangerine Dream... Y vas escuchando y lo que yo creo que es tan nuevo, no lo es. Y he tenido una confrontación de valores sobre la música conmigo misma, quizá también es que me he hecho mayor. Voy al Matrix y ya no me emociona escuchar la canción de no sé quién y todo el mundo se pone a aplaudir:

3   17/02/2004 (C12, C13).

¡Ooohhh! Y a gritar… Sí, vale muy guay, pero bueno, ahora también me gusta escuchar Moloko. Se dice Moloch pero aquí la gente dice Moloko. Quiere decir «leche» en ruso, es un grupo me parece que son ingleses, hace siete años que trabajan, pero se han hecho famosos hace tres años con una canción que se llamaba «Sing it back» («canta»), que era muy pegadiza, la hicieron muy *housera*, muy *garage*, pero ellos hacen música electrónica, no puedes tampoco definirlos con un estilo… Es un grupo que, investigando, hay canciones que son ruidos (cantando) baahhhh, pueeh… Dura diez segundos aquella canción ¿no? Investigan dentro de la música electrónica, por eso me gustan, los he descubierto ahora, con el nuevo disco que han sacado de «Statues». Lo han sacado hace tres meses o cuatro, antes de Navidad, y me gusta mucho y he recuperado la discografía que tienen anterior ¡está muy bien! También he descubierto música electrónica de Finlandia, una relación especial después de Juuso, me he enamorado platónicamente de aquel país, en Helsinki hay mucha movida, no sólo de tecnología, sino de movida electrónica. Y estoy escuchando mucho a un *disc-jockey* que se llama Jori Hulkonen, que también produce música estilo *house* pero podríamos decir que hace un *trance*… no se le dice *trance*, se le dice *electro*. Electro ¿qué es? Como si fuera descargas electrónicas ¿no? sería como un *funky* mezclado con no tan *funky*, no tan setentero, más rollo elegante, eso sería para mí el *electro*, ritmo como muy minimalista, pero que no deja de tener una melodía. Y yo soy fan. Entonces, gracias a mi novio alemán he descubierto también gente que hace muchos años que están en la música electrónica, y que no tenía ni idea, como Aphex Twin que es un chico británico y también ha hecho videoarte, ha hecho unos videoclips increíbles; Luk Vibert, que más que *tecno* hacen una música electrónica que no se puede catalogar ni de *hard-tecno*, ni *tecno*, porque a veces hacen una canción que es *tecno* y la otra no lo es ¿no? Pero también les pinchan los *disc-jockeys* en una sesión *tecno*. Mi evolución personal aún está en proceso, no se ha terminado aún, pero sí que tengo que decir que ahora selecciono mucho más lo que quiero escuchar, si viene un *disc-jockey* importante, antes se lo decía a mis padres y me pagaban ellos la discoteca. Ahora ya no, yo no me puedo gastar veinte euros un martes por la noche más consumiciones para escuchar al DJ Hell, que también es un DJ muy importante, es de

Múnich este chico, mola mucho ir a escucharlo, pero cuando has perdido ya el aliciente, cuando ya no te emociona entrar en una discoteca y sentir la música por las venas, sino que te emociona más escucharla tranquilamente en tu casa y analizar los sonidos … Mi novio es técnico de sonido y él analiza todo, me ha enseñado a escuchar la música, sentada, no sólo bailar y venga juerga, sino ser un poco más analizador, más metódico: ¿cómo se ha descompuesto este sonido? Es lo que estoy descubriendo ahora, ya no es tanto ir a bailar y venga conocer gente, *afirmarme a mí misma a través del contacto con los demás*, sino que quizá ya me he encontrado a mí misma y ahora escucho la música e intento deshacerla en trocitos pequeñitos para ver cómo se ha hecho.

Soy una *tecnokid*[4]

Cuando yo empecé en el *tecno* no existían los móviles, ni *e-mail*, ni internet, ni nada de nada, ningún club tenía página web ¿vale? Aunque llevaban *disc-jockeys* de diferentes partes del mundo, la comunicación se hacía en las discotecas, que conocías a alguien que tal y que cual, te dabas el teléfono. Pero también había una comunicación no verbal muy bestia, que es lo que más me gustaba a mí, y cuando probabas las drogas aún más, porque estabas mentalmente dentro de la música con lo que habías tomado y no tenías tampoco que hablar demasiado, con los ojos te lo decías todo, era para flipar, la música tampoco te deja un espacio para poder hablar mucho. Para hablar te ibas fuera de la discoteca, también te vas fuera de la discoteca para descansar de la música ¿no? Cuando íbamos a la discoteca a bailar no es que habláramos mucho, nos sentábamos allí a bailar, a reír, y a decir las cuatro pariditas, pero no usábamos demasiado el habla entre nosotros, de eso me acuerdo. Ahora, los días que estás cansada, que no vas a bailar en la pista sino que te quedas arriba, en el *top*, sí que podías hablar. Entonces también conocíamos gente de todas partes bailando: «Hola ¿qué tal? ¿Cómo te llamas?». Era todo muy espontáneo ¿no? No era: «¡Ay! ¿Qué me dirá?». Porque la música electróni-

---

4   17/02/2004 (C12, C13).

ca, no sólo el *tecno*, también el *house*, el *garage*, ofrece un espacio de comunicación que es la pista de baile, *el tecno se ha de bailar*. Yo también lo puedo escuchar desde casa, pero porque tengo veintidós años, pero a los dieciséis años también es el descubrimiento del mundo, que te encuentras esta música que todo el mundo está bailando igual, que no hay un patrón para bailar como el *fox-trot* o así, tú eres libre ¿no? Entonces te puedes comunicar con todo el mundo. Y también puedes dejarte comunicar con quien quieras, a lo mejor por un novio que te ha hecho un feo, vamos a bailar toda la noche en medio de la pista, que no conozcas a nadie y te olvidas de él seguro ¿eh?

También hay un vocabulario específico. Existe el *disc-jockey*, se dice DJ, traducción del inglés, no se dice «dijo», se dice «diyei», porque la jota es YEI. También está el VJ, es el *video-jockey*, que es el que antes ponía las luces, pero ahora también hay pantallas de proyección de imágenes, hay una persona que se encarga de poner las imágenes que están programadas para un ordenador, o más rudimentario en los años ochenta cuando no había cintas de vídeo, y entonces vas combinándolas y ahora ponen una y ahora la otra. Ahora hay programas que lo hacen solos, el Media Player tiene una serie de efectos especiales de luz que van de acuerdo con los ritmos de la música, pero eso antes lo hacía un *video-jockey* con una secuenciación que tenía de láseres, él podía poner el piloto automático, el láser sólo crea una secuenciación que puede ir o no al ritmo de la música, pero tampoco se nota. O es el *video-jockey*, con los aparatos de láser, de luz y de proyección de imágenes, que está creando un espectáculo visual. Si sólo hay música en una discoteca, no hay ni humo, ni luces, tampoco vale la pena… Los *video-jockey* o VJ tampoco se han hecho demasiado conocidos, no es como los *disc-jockeys* que viene Tony Verdi, viene Francesco Farfa. Sí que hay unos que se llaman los JLF que son el Arturo Pure Soul y otro, que llevan una secuencia hecha de sus efectos de luz, que proyectaban en una pantalla, pero entonces había también los láseres de la Florida. De ello se encarga una persona, entonces hay la mesa de mezclas, la cabina, esto es muy importante, es donde está el DJ: «Vamos a la cabina», es ir a ver dónde está el *disc-jockey*. Yo no he oído decir nunca el *back-stage*, esto es muy de Barcelona, eso sería detrás del escenario ¿no? Pero en el *tecno* no hay un *back-stage*, porque el *disc-jockey* está delante de la gente con las tablas allí, no tiene un escenario como tiene una banda de *rock* que tienen siempre gente detrás del escenario, cuidándoles la ropa, metiéndoles las bebidas y tal. Está también la zona VIP, ahora se lleva mucho decir la zona *very important person*, que es sólo los cuatro amigos del *disc-jockey* y clientes habituales de la discoteca o yo qué sé, si fuera el príncipe de España sería tratado como un VIP ¿no? Pues tiene una zona que está normalmente junto al *disc-jockey* que sería el *back-stage*, un lugar donde él puede dejar sus cosas. ¿Qué más hay? Bueno, los sintetizadores, es una palabra que sale con la música electrónica, es un aparato que sintetiza. ¿Qué sintetiza? Los sonidos los hace sintéticos, o sea que los artificializa, ya no hay que producir el sonido de manera natural para grabar en un *cassette*, sino que lo podemos grabar en un sintetizador, y de allí lo podemos trabajar. Este sonido, el de las palmas [se escucha una palmada], el sintetizador tiene una función que son las palmas que es todo el rato lo mismo. Claro, se ha tomado este sonido, se ha modulado en una secuencia de no sé cuántas palmas por minuto ¿no? Verás, el vocabulario sexual creo que lo hemos heredado de nuestros padres, no hay algo específico dentro del *tecno*, pero la sexualidad se ve de una manera diferente. Cuando yo me iba de fiesta, lo último que pensaba era tener una relación sexual con alguien. *No iba a ligar, yo me iba, así de claro, a tener relaciones sexuales con la música*. A ver, queda muy platónico decirlo, pero yo me iba a comunicarme con la música, y mi cuerpo se comunicaba con la música y ya está. Con mis amigas, era incluso podías decir una homosexualidad, yo nunca tenía relaciones con mis amigas, pero ellas eran mi mundo y de ahí no salía nadie más. Yo tenía diecinueve, veinte años, que siempre decíamos: «Los tíos son una mierda todos, sólo somos nosotras y nadie más». Pero bueno, también van saliendo romances por allí en medio. También hay gente que encuentra en el *tecno*, como dice el DJ Hell, una música muy sexual. Pero yo en la Florida he visto muy pocas veces en un reservado una pareja que se esté pegando el lote o dándose el filete, como decían antes nuestros padres. Lo que se dice es que aquél se ha enrollado con aquélla, cuando dices enrollarse puede ser que se han dado un morreo o que también lo han hecho, que han tenido una relación completa, cuando dices enrollado, pues ya no es que sólo se han dado un besito.

DE LA GENERACIÓN@ A LA #GENERACIÓN

¿Dónde se puede ver la influencia de esta cultura del *tecno*, qué elementos culturales ha creado esta música? Puede sonar muy descabellado, pero yo creo que todo se relaciona. Es una interacción entre el *tecno*, el espacio donde nace, el espacio que la influencia y el *tecno* mismo que influencia este espacio. Salen muchas cosas. Lo primero que sale es las revistas, que surgen primero como *fanzines*. También puede ser de herencia de los años ochenta, del movimiento *punk*, y entonces poco a poco salen de diferentes colectivos. La Florida misma hace una revista, pero también hay colectivos de artistas o de estudiantes que crean una revista en la Universidad y van introduciendo también la cultura de la música electrónica. Han salido libros de la cultura *dance*. Bueno, del *dance* no hemos hablado porque yo de *dance* no soy, eh. Pero *dance* también sería una variante de la música electrónica, muy comercial. Libros han salido muchísimos, también se han creado asociaciones de amigos de *tecno*, clubs de fans de *disc-jockeys*. En Fraga se creó el primer club de fans de un *disc-jockey*, el club de fans de Francesco Farfa. Es italiano y aún sigue pinchando. También influencia la estética, surgen incluso estudios de diseño, pero eso sería *merchandising*, que se comercializa, que influye en la industria y el comercio. También influencian, claro, las páginas web o las páginas web influencian el *tecno, es una relación simbiótica* me parece ¿no? El club de *tecno* antes basaba su propaganda en los *flyers*, que siguen siendo importantes, pero más importante es ahora llegar dentro de la red ¿no? El diseño de la página web debe ser muy importante, debe ser un diseño moderno, no puede ser algo que quede cutre o chungo ¿no? Donde puedes ver esto es si te metes en las webs de Roland, que son las webs de productores de instrumentos musicales. Allí encontrarás siempre una presentación muy interactiva, con muchos colores y todo eso, que a veces se parecen a los efectos de luz que hacen los *videojockeys*. También salen marcas de ropa ¿no? La marca Bershka de ropa de chica que está en Barcelona, que es una submarca de Zara o de Mango me parece, se ha especializado en un mercado de adolescentes que van a la discoteca, aquella ropa es para ir a la discoteca, es una ropa a precios muy asequibles y es una ropa diseñada para ir a bailar. Mucha ropa me he comprado yo allí. Y la web de la Florida. Ésta sí que es importante porque la web de la Florida, aparte de que tiene un diseño muy fácil y bueno, es increíble. Tiene *links*, o sea tiene enlaces hacia páginas web de otros clubs del mundo, y discográficas de *disc-jockeys*. El Matrix también la tiene, lo que el Matrix no la tiene tan rica como la tiene la Florida, sólo lleva dos años. Entré en la página web del Tresor de Berlín, deja mucho que desear, porque al Tresor no le interesa una masificación ni hacer publicidad de la discoteca, lleva funcionando diez años y tiene muy buena fama en Alemania, pero no le interesa hacer esta publicidad, por lo tanto, tampoco cuida mucho la página web. Todo se puede comprar por internet ahora. La página de la Florida la abrieron en 1998, fue una de las primeras páginas de un club en España, la abrieron un año en septiembre, la hicieron coincidir con el aniversario de la Florida, yo recuerdo el *flyer* que era elegante, era muy chulo aquel *flyer*, que salía una chica con un gorro de una araña, haciendo la parodia de la web, de la red, de la telaraña, porque web en inglés también puede ser una telaraña. La Love Parade mismo es algo gratuito, tú no pagas entrada para ir, pero cuida mucho la imagen de la página web y ha creado un foro de opinión sobre la música *tecno*. En realidad en cada página web (la Florida, el Matrix, la Love Parade…) tienen todos una parte de foro que es para opinar y para que la gente que visita esta página web pueda opinar. Incluso han participado los mismos dueños de la discoteca: Joan Arnau [el propietario de la Florida] mira cada semana el foro ¿no? Que es un espacio también donde los jóvenes se pueden expresar, ya no es necesario ir a la discoteca para poder saber si este *disc-jockey* ha sacado este disco, por internet lo consultas en el foro. La gente también se comunica mucho por Messenger, sobre todo los foros para opinar, yo lo hago con los de Berlín, cuando tenemos que quedar para hacer una cena, o ahora que hacemos el viaje a Varsovia, pues en vez de enviarnos *e-mails*, tenemos un foro en nuestra página web y allí nos comunicamos. Si no, sería horroroso tener que llamarnos por teléfono y además si les tengo que enviar un *e-mail* a todos. *Hace más gracia verlo en el foro, porque nos encontramos todos*. El arte contemporáneo está lleno de influencias del *tecno*. Vete a Arco, la feria está llena primero de vídeo arte, que sale en los ochenta con la masificación de la televisión, con en Nam Jun Paik y esta gente, que hacen cosas muy interesantes. Hay una artista que se llama Ana Laura Aláez, que ella coge toda su inspiración de la música *tecno* y de las discotecas, ella expuso en Lleida en el 99, hizo aquélla que se llamaba

Disco, es de Bilbao, ha expuesto en la Fundació La Caixa, hizo una exposición en Berlín que se llamaba «Fashion lies and much more», o sea «Moda, mentiras y mucho más», que era un vídeo sobre diferentes chicas que iban muy maquilladas y sólo se les veía la cabeza con sombras, e iban bailando al ritmo de una música muy *popy* que ella también había compuesto, un poco *housera* y todo, el ritmo era muy divertido. Un montón de chicas muy maquilladas, con un maquillaje que no te pones para ir a una cena, maquillajes de fantasía, con rombos y formas geométricas en la cara, incluso con una línea de purpurina negra debajo de los ojos. Y ella pone una secuencia: la chica baila con la cabeza y entonces ella adapta cada segundo de la imagen a lo que tú estás escuchando de la canción. Hace un montaje, lo corta y luego lo vuelve a montar modulando también el sonido y entonces la imagen se repite. Y era muy muy divertido. Ella misma es una pieza de discoteca, se ha pateado todas las discotecas de Bilbao. Cuando un artista crea un video, ahora que está tan de moda el video arte, también un ritmo musical y una banda sonora hecha con música electrónica, le da una capacidad de expresión mucho más fuerte que tocar el violín sólo ¿me entiendes?

19
GROOVY EN EL CIBERESPACIO

¡Quiero a la Game Boy, tío![1]

Cuando yo tenía trece años, me compré una Game Boy. La Game Boy ha sido el juego que más he usado en mi vida, la uso todavía hoy, me encanta la Game Boy ¿no? La Play Station la vi por primera vez en casa del novio de mi tía porque su sobrino tenía una, pero no me gustó. No me han gustado nunca los juegos que se han de conectar a la tele. Cuando estaba triste yo cogía la Game Boy y se me olvidaba todo, cuando no sabía qué hacer, no quería leer ningún libro. ¡Game Boy! Realmente si estás todo el santo día con los videojuegos, son malos. Como todo. Si tú estás todo el santo día leyendo un libro, te volverás loco. Si estás todo el santo día mirando la tele, acabarás tonto. Es lo mismo que la Game Boy. Los videojuegos dosificados, a mí me han servido de mucho. Yo creo que tengo mucha más agudeza visual ahora, mis ojos van mucho más rápido mirando las cosas ¿no? *Capto imágenes mucho más rápido ahora, hablo mucho más rápido, eso ya es de mi cerebro*, pero no lo sé, no lo sé. *La Game Boy ¡la quiero, tío!* A ver, la quiero… es un decir, me encanta la Game Boy. Y yo a mi sobrinito le quiero comprar una Game Boy para Reyes, lo que igual su madre, que es mi madrina, no me deja comprársela, al igual me dice: «¡Qué no! ¡Qué no!». Pero no lo sé, yo creo que tampoco es tan malo. *La Game Boy hace que los niños se relacionen* porque para pasártelo bien tienes que abrir las pantallas a otra persona, si no abres no puedes reírte ¿no? Vale que sólo es otra persona, pero ya es otra persona ¿no? La Game Boy se puede sacar a la calle, puedes estar tomando el sol, yo me la llevaba al camping, estábamos yo y María Eugenia jugando al Tetris y nos pegábamos

1   20/06/2002 (C10).

con Meritxell porque éramos tres o cuatro, si éramos cinco era un rollo porque, claro, dos y dos juegan a la Game Boy por parejas, pero si son cinco, hay que esperar que uno pierda. También creaba un hecho social la Game Boy en nuestro grupo de la playa, porque en el pueblo nadie tenía Game Boy, pero en Cambrils sí, todos tenían, todos. Jugábamos los hermanos mayores y los hermanos pequeños. Yo creo que nunca me aisló la Game Boy, nunca. Al contrario, servía para relacionarme aún más con los nuevos amigos de la playa. Cuando ya te haces mayor, dejas la Game Boy y te vas a la [discoteca] Pachá, pero bueno… El Tetris es ese juego de encajar piezas con la música rusa, danza da-ra-nan-na. Aparte del Pacman, el Tetris es el juego de ordenador más conocido del mundo, porque es el que daban con la Game Boy cuando la comprabas. Ahora es el Pokemon, me parece.

La música y los ritmillos de la Game Boy los encuentras después en la música *tecno*. Hay una canción del Súper Mario que hacía «tirirí tiritititi pum pum pururum» [cantando] ¿me entiendes? Eran todos ritmos electrónicos pero ¿de dónde se copian estos ritmos? Claro, la musiquita debe tener un ritmo que pegue con el juego, no puedes poner música de valses, tienes que hacer música electrónica que quepa en un *chip*, para poder dar con el juego, música *tecno*, no con la base rítmica ni con el vinilo, ni hay el *disc-jockey* allí, pero hay muchas canciones *tecno* que se han inspirado en los videojuegos, no sé, la música de los videojuegos y también la manera de ver la vida, ¿no? A ver, lo que dices cuando vas en el coche ¿no? Si atropello a esta vieja te dan mil puntos de bonos. Hay juegos así violentos, o también con expresiones como: «Este tío está *game over*», «¡Estoy *out*!», o «Estoy sin batería», «Parece que estéis en un videojuego». *Tú te hacías la misma paranoia de que tu vida era un videojuego ¿no?* Claro ¿por qué lo dices eso? Porque has jugado a un videojuego, estos juegos en los que vas saltando y te vas comiendo cositas y tienes que ir matando a la gente. Y veías a un tío súper raro y decías: «Este tío parece de la última pantalla de un videojuego, que lo tienes que matar, lo tienes que parar, a este tío tan raro». «Estás acabado». Esto lo dicen en inglés: «*You are game over*». ¡Estás acabado, tío! En Berlín encontré que había un juego de palabras súper chulo: «Game me boy». El *flyer* de una fiesta de gays era una Game Boy, y salía la pantalla del Súper Mario con el Luigi, que son hermanos pero son dos hombres, son como Astérix y Obélix, son un icono del mundo gay. «Game me boy», era un juego de palabras muy chulo… La Game Boy, ahora me quiero comprar una, eh! Una Game Boy Pokemon, en color, la quiero comprar en Alemania, que nadie se entere, que si la compro aquí mi padre me dirá todo lo del mundo. A jugar a la Game Boy ¡claro que sí! Sí, sí, es para pequeños y para mayores la Game Boy, supongo que los videojuegos son para todos, igual que los juegos Educa o los rompecabezas ¿por qué deben ser para niños pequeños? Todo el mundo puede jugar ¿no?

En el cole había ordenadores y jugábamos a lo del Frame Work. Recuerdo que mi prima, Amalia, se compró un ordenador para llevar la contabilidad de casa, de los cerdos de la granja. Teníamos diez años, hacíamos quinto. El ordenador era algo fantástico: pantalla blanco y negro ¡eh!, pero yo quedé flipada: «¡Hosti, tú! ¡Qué pantalla más grande!». Y Amalia: «Mira qué tiene: un juego». Tenía un juego que se llamaba Dig Dug. Nos pasábamos las tardes jugando al Dig Dug, que era uno de hacer agujeros, imagínate ¿no? Era un bichito que hacía agujeritos. Pasamos de jugar al Monopoly y al Trivial a jugar en el ordenador. Cada tarde jugábamos en el ordenador, cada tarde, cada tarde. Bueno, entonces se perfeccionó el ordenador y Amalia se compró uno nuevo, que tenía el Strip Pocker, ya teníamos trece o catorce años, íbamos al instituto y aprendimos a jugar al *pocker* en el ordenador. Y un día me pilló su madre jugando al Strip Pocker: «¿Qué hacéis?». «Pues estamos jugando aquí a cartas». «Pero que no veis que esto es porno». ¡Porno! Ya ves, eran unos gráficos súper primitivos, que sólo se veía las chicas, que no se veía casi nada… Lo que sí me gusta mucho son los juegos de ordenador, de aventura gráfica, que los descubrí con la Game Boy, cuando compramos el juego de Roger Rabbit, el de la película *¿Quién engañó a Roger Rabbit?*, una aventura gráfica adaptada a la película. El primer videojuego que yo recuerdo iba en *cassette* y se conectaba a un ordenador súper chungo. Era La Abadía, un juego de asesinatos inspirado en *El Nombre de la Rosa*. Pero tela, era súper fuerte, porque se cargaba en un *cassette*, y así jugué en casa de mi vecina, que se llama Esmeralda, es un año mayor que yo, y su hermano es cuatro años mayor que nosotros y también tenía un ordenador. Todo esto en el pueblo, me inicié en la informática en el pueblo. Cuando yo tuve quince o dieciséis, cuando tenía que hacer trabajos del instituto, lo hacía en casa de Amalia porque no tenía ordenador. Y cuando entré en la Universidad, en casa se plantearon que hacía falta un ordenador porque no podía ser que me pasara los días en la sala de ordenadores de la Universidad. Tenía clases y no podía terminar bien los trabajos. Cuando tuve dieciocho o diecinueve años, compraron el ordenador que tengo ahora, que ya es bastante viejo, ya tiene sus cinco años, o sea que ahí es nada.

Yo tuve mi primer CD-Rom cuando tenía diez años. Tuve uno de los primeros que salieron: un Aiwa que era súper primitivo ¿no? Un radiocassette súper grande con el compacto abajo. Fue mi regalo de Reyes. Y yo: «¿Esto qué es?». Y mi padre: «Mira, un compacto». Y saca un disco que creo que era de colores. Y yo: «¡Ala, qué chulo!». *Quedé muy emocionada con aquel cacharrito*. Y mi padre: «Es un compacto. Se oye súper bien. Y, claro, con los *cassettes* lo oías y se oía: xxxxxhhh… Y con el CD, no. ¡Qué flipada total! Mi primer Walkman, lo tuve cuando tenía ocho años o así, o sea que los de la comunión me regalaron un Walkman, que en aquel tiempo era de Sony. Si no era Sony, no lo quería. Y el Discman, lo tuve también con dieciséis, diecisiete años. El ordenador con dieciocho o diecinueve años, pero realmente no estoy demasiado metida en tecnologías. En casa tenemos DVD hace un año y medio, o sea, es de los primeros DVD, equipo *sorround*, tele súper bestia y eso, pero realmente no estoy demasiado embutida en lo que son las nuevas tecnologías del ordenador, porque no tengo ADSL en casa. No puedo estar como Juli, que está todo el puñetero día en el ordenador. Ayer estaba yo en su casa y mientras yo escribía *e-mails* desde su ordenador, él estaba bajando películas. En casa, mi padre se lo quiere poner, pero mientras no haga falta, no vale la pena gastar el dinero, porque este equipo está muy viejo, tiene 16 megas ¡ya me dirás! Como máquina de escribir ya está bien, pero cuando lo quieres aprovechar para internet, este ordenador ya no vale para nada. En el pueblo tienen una sala en el Ayuntamiento para la gente joven, que a veces voy yo, cuando tengo el ordenador estropeado. Pueden pasarse horas en internet y bajarse cosas y todo. Ahora mira ¡la fotografía digital! Yo hago fotografía como *hobby* y este verano en Berlín vi la primera cámara digital de mi vida, la tenía Estefanía, de Madrid: «A ver, déjame ver...». Y miré la calidad de las imágenes, los píxels ¿no? Le dije: «Pues ¡qué mierda!». Realmente qué mierda, porque tiene mucha más definición el papel fotográfico. Cuando Estefanía la sacó, le dije lo de los píxels: «Hosti, qué guay —pensé— puede grabar vídeos, puedes tener a la gente como recuerdo», lo que tiene ella yo no lo tengo. Ella tiene a Juuso en movimiento, yo no lo tengo en movimiento, yo lo tengo en foto. Vale que yo lo tengo, que me llama mucho y que me escribe *e-mails*, pero ella lo tiene hablando, lo puede ver hablando. Es como el cine, que cuando nació era como revivir a los muertos, pues ahora es *hacer revivir a la gente que no está*. Por ejemplo, yo tengo un CD-Rom de imágenes de ella, no necesito tener una cámara de éstas para tenerlo. Y también tengo a Juuso en movimiento, lo que no tengo es el programa para verlo. Y gracias a las nuevas tecnologías tengo un CD lleno de 2.500 fotos de un amigo mío de Berlín, que hizo fotos todo el puñetero día, y me las ha regalado en aquel compacto. Son fotos que las ha hecho con cámara normal, pero las ha escaneado todas. ¡Qué currada! Este tío está loco por escanear 2.500 fotos, pero lo hizo para que todos tuviéramos un recuerdo de él.

Quien no tiene móvil no tiene nada[2]

Entonces empezó a entrar la era del móvil, todo el mundo móvil, móvil, móvil. Y con diecinueve años mi padre se compró el primer móvil, que era un Motorola de estos enormes de Airtel, que pesaba un montón, ya no era de aquellos primeros chungos, ya era cuando empezó a popularizarse el móvil. Mi padre se compró uno porque íbamos al *camping* y teníamos que ir a la cabina a llamar, era un rollo. Esto era en 1996 o 1997, porque en 1998 me lo llevé a Irlanda. Después, cuando yo volví de Irlanda en 1999, a mi padre le dieron un teléfono grande, enorme, que era de Moviline, que no era ni GPS ni puñetas, y fue para mí. Imagínate la primera en el grupo en tener móvil ¡yo! Y todas: «¿Adónde vas con móvil? Pero si no llamarás nunca ¿A quién llama-

2 20/06/2002 (C10).

rás?» «Bueno, ya llamaré...». Desde ese móvil no se podían enviar mensajes, eh. Eso fue en el 99, que ya todo el mundo tenía móvil, pero hasta las orejas: todo el mundo móvil, móvil, móvil. El primer móvil que me compré yo, en el 99, fue un Alcatel de Amena, porque era libre. Desde el 99 hasta ahora que estamos en 2002, he tenido uno, dos, tres, cuatro, cinco... ¡seis teléfonos móviles diferentes!¡Imagínate! Me sale a dos teléfonos por año: dos los he perdido; uno lo tengo en Alemania; el que tengo ahora hace cuatro; cinco es el que tuve antes de cambiármelo; seis el primero que tuve de Alcatel. [El que tengo ahora] es un Alcatel también, que no me hace ninguna gracia, yo quiero un Nokia, el móvil finlandés, los mejores móviles del mercado. Sí, sí, no es por hacer publicidad pero es verdad, eh.

Antes me mandaba mensajes con todos, a mí me hacía mucha gracia oír pino-pip, pino-pip en el móvil ¿no? Los primeros días que lo tienes, que te suene el teléfono ¡qué guay! Siempre le cambiabas las melodías y le cambiabas todo. Ahora, es mi sexto móvil ya ¿no? Me lo compré porque tenía vibrador y porque era el más barato de todos. De mensajes envío los necesarios: ¿Dónde estás? ¿Qué haces? Quedamos aquí, Quedamos allí... Cuando le añoro, envío mensajes al Juuso ¿no? Y en la Baiba, con ellos sí que nos enviamos mensajes. *Porque es una manera de autoafirmarse, sentirse respetado y cuanto más mensajitos recibes, más importante eres.* Y eso de bajarte logos y melodías, lo baja todo mi hermana. Como ahora tiene un Nokia... Yo, si tuviera un Nokia, quizás lo haría. Yo me bajé un logo del Pato Donald que me hacía gracia. El Juli también tiene el suyo, tiene 26 años y está loco. Que si la melodía de no sé qué, que yo te bajo el logo no sé cuantos... Ahora, como que tiene un Erikson, tampoco lo hace tanto, pero cuando tenía un Nokia, nos bajaba a todos. Tú recibías cada dos por tres un salvapantallas nuevo que te enviaba el Juli. No sé por qué lo hacen, yo creo que es porque te gusta mucho recibir cosas nuevas, porque así estás muy en la onda, a la moda, y lo puedes enseñar a los demás: «Mira lo que me han enviado, mira lo que tengo». Y los otros dicen: «Dámelo, envíamelas, envíame este mensaje ¡hóstima! qué guapo». Y te lo envían y tú ya eres una amiga de Groovy ¿no? Yo he visto los móviles de Jaume y de Terim que tienen diecinueve años, cada uno se lo personaliza, uno tiene un astronauta, el otro tiene el anagrama de la Florida, el otro tiene el anagrama de Carl Cox o una canción de Carl Cox, que algunas las hacen ellos con el compositor ¿no? Parece una manera de decir: *es mi móvil, es mi territorio, es una cosa mía, el móvil es como una extensión de mí mismo.* La carátula la he elegido yo. Para que mi móvil no suene igual que el tuyo, pongo la canción del Perico de los Palotes o para cachondearme de Operación Triunfo pido la canción de la Chenoa y así nos cachondeamos todos. Yo creo que el móvil ha llegado a ser una pieza de ropa aparte, es una pieza de identificación de la persona. Quien se pueda permitir un móvil, que ahora se lo puede permitir todo el mundo, me parece. *Pero con los adolescentes es esto: quien no tiene móvil no es nada.*

Cuando yo pienso que mi adolescencia fue sin móvil y que fue súper guay... ¡no sé! Ágata, mi mejor amiga, se compró el móvil hace dos años o tres, y dijo una frase que me ha quedado grabada para siempre: «Yo creía que con el móvil la vida me cambiaría, pero mi vida sigue igual». Lo dijo después de dos años de tener móvil: ella pensaba que sería más popular, o que la llamaría más la gente, o que quedaría más con ella, o que sería más importante. Te ahorras letras y puedes poner muchas más cosas en el mensaje. Por ejemplo: ¿cómo estás? (kmsts); quedamos (kdm). Las vocales se sacan: kdm en el bar (como se diga el bar) a las 9. Y los *smilies*: los dos puntos son los ojitos, el punto y coma es el guiño, el paréntesis es que estás enfadado, que son las cejas que caen. Entonces viene la expresión de la cara: risa es el paréntesis hacia la derecha, enfadado es el mismo hacia la izquierda, un besito es asterisco, sacar la lengua es los ojitos, sorprendido es dos palitos, asustado dos puntitos, un guión y la O, representa que tu boca, y el palito es la nariz, que tienes miedo. Muchos teléfonos ahora llevan los *smilies* incorporados. En mi teléfono pones «contento» y te salen imágenes, le puedes añadir un icono, puedes enviar «contento», «triste», «enfadado»... Una bomba, puedes enviar, para decir que esto será la bomba, hacen de decoración del mensaje. Esto viene de los chat, estos *smilies*, son caretas para demostrar los sentimientos, cómo está una persona.

El chat es el Carnaval permanente[3]

Lo que ha influenciado a mi generación es el *e-mail*. Ya no hay distancias, nada es imposible, yo te puedo enviar una foto que me acabo de hacer hace cinco minutos con la *webcam*, y al cabo de un segundo la tienes en tu casa. Yo empecé a introducirme en internet hace relativamente poco, hubiera podido hacerlo mucho antes, pero en mi casa no teníamos módem ni hostias, el ordenador era una máquina de escribir y punto ¿no? Cuando yo empecé a prepararme para ir a Berlín, pensé… te lo dije a ti, Carles, ¿te acuerdas?: «¿Cómo se hace un *e-mail*? ¿Cómo puedo tener un correo electrónico que lo pueda consultar desde Berlín?». Tú me dijiste: «Ve a Yahoo o a Hotmail y te haces una cuenta allí». Y yo pensaba: ¿Una cuenta? ¿Qué cojones es eso? ¡Imagínate! ¡Tú sabías más que yo! Pero, claro, yo no tenía necesidad todavía de internet, porque todo lo tenía en el pueblo y en Lleida, la única persona que estaba lejos era Amalia, mi prima, que estaba en Manchester, pero la llamaba siempre por teléfono o llamaba ella o nos escribíamos cartas normales, tradicionales. Entonces te lo dije a ti porque tenía que ir a Berlín. Pensé: «Tengo que empezar a familiarizarme con esto porque, para comunicarme con la gente de aquí, necesitaré un *e-mail* ¿no?» Y mi prima me dijo: «No seas burra, hazte un *e-mail*, que así hablaremos por *e-mail*, no sé qué» … Y bueno, entonces me hice un *e-mail* en Yahoo, que es el que todavía tengo. Y claro, los primeros días flipas, porque realmente no sabes lo que estás haciendo, pero poco a poco… Esto fue en el año 2000 —dos años hace ya ¡madre mía!— que ya tuve mi correo electrónico. Ahora no podría pasar sin él, eh. Y sin móvil, sin móvil quizás sí, pero sin correo electrónico, no. Porque tengo muchos contactos con mucha gente, y con los Erasmus es la manera de contacto, con los Messengers de Hotmail y del Yahoo es como hablamos ¿no? Porque de otra manera no puedo hablar, porque es muy caro. El teléfono también, pero el teléfono es el teléfono, y el móvil mola mucho, te envían mensajitos, pim pam.

De chats, he hecho pocos, primero sí había gente que hablaba de todo, pero según en qué chat te metes, sólo se habla de sexo, es algo penoso. Cuando

---

3   20/06/2002 (C10).

Groovy en el ciberespacio

yo empecé a meterme en los chats, es cuando empiezas a ir a la Universidad: «Mira, podemos ir a un portal de chat a charlar con la gente, y no sé qué» … Entonces te meten en los dos puntitos y un paréntesis: «¿Y eso qué quiere decir? Mirabas al revés y era un *smilie*, lo de los ácidos de los años ochenta: toy contento, toy triste, toy flipada, no sé qué … Yo creo que esto lo han cogido de los ácidos de los años ochenta, que son los dos puntos y la risa, si tú lo giras es una representación iconográfica muy simple de la risa de una persona. *E-mail*, consultar información, mirar revistas de arte electrónicas como la *V3.art*, que más que revista de imagen es de eventos que habrá. Luego también miro portales de Berlín para ver qué pasa, y revistas. Miro *El Jueves* por internet, no me lo compro nunca ya; *El País* lo consulto por internet; los diarios, como no los puedo comprar, los miro por internet. Pero como mi ordenador es tan carraca, le cuesta tantísimo cargarse, ahora sólo hago *e-mails* y se acabó y, si puedo, voy a la Universidad a mirarlo o a casa de Juli que tiene ADSL y aquello ya es total. Pero, claro, él no me deja hacer nada, porque él se baja películas y yo tengo que mirar el periódico. En Berlín sí que iba a la Universidad, dos horas al día eran para hacer *e-mails* o para mirar internet, para consultar esto o aquello, miro los horarios de trenes o compro billetes de avión. Es lo único que he comprado, pero a veces tengo tentaciones. Como tengo tarjeta de crédito, hay buenas ofertas de colonia, de accesorios que si no te llegan en buen estado los puedes devolver pero, claro, no ves el producto realmente. Soy peligrosa con la tarjeta de crédito yo, pero bueno. No me meto demasiado en los chats, no me gustan, es una pérdida de tiempo. Antes, cuando empecé, tuve un programa que se llamaba IQ, que me lo pasó un amigo mío de Barcelona, para que pudiéramos hablar cuando me fuera a Berlín. Conocí a un chico de Chile por IQ pero, claro, le conoces pero no le ves nunca la cara, es guay porque te envía fotos. Tú puedes hacer lo que quieras en el chat, yo puedo ser la Marilyn Monroe, yo puedo ser una súper modelo que trabaja en Barcelona y la semana que viene me voy a Nueva York a trabajar. Pero tampoco me ha gustado nunca mentir por internet, sólo lo he hecho por cachondeo. Sí puedes mentir, puedes hacer lo que quieras, pero a mí me gusta ser como soy ¿sabes? ¿Por qué tengo que ser otra persona, si estoy súper contenta de ser quién soy? Me ha costado mucho superar los complejos que tenía, como todos ¿no? Porque de pequeña tenía el complejo de alta, de delgada y de empollona. Yo, por internet, la verdad es que nunca diré dónde vivo, ni mi nombre de verdad, porque hay gente muy loca por el mundo, pero ¿por qué me tengo que inventar que tengo 90-60-90, que soy alta y tengo pelo rubio y no sé qué?

    Los chats son una manera de desahogarte, es un Carnaval, *los chats son un Carnaval permanente*, puedes ser quien quieras allí en el chat, puedes conocer gente que realmente vaya como yo, sincera. Pero también existe el peligro de gente farsante, entonces esta relación es toda una farsa ¿no? Porque todo el mundo actúa de manera diferente según las situaciones en que nos encontramos, yo ahora estoy actuando contigo de una manera que yo en casa no me comporto, ni con Marcel dando clases ni con mis amigas ¿no? Realmente es muy difícil ver mi auténtica personalidad, tú la puedes adivinar porque tú me conoces bastante. Tú me has visto en la uni, me has visto aquí, me has visto de fiesta… Lo de los chats es igual. Yo en el chat puedo tener una personalidad y cuando me encuentre en otro sitio tengo otra personalidad, no tiene por qué ser falsa la relación que yo tengo con los del chat, si yo acepto esa falsedad, pero… Ya son bastante falsas a veces las relaciones entre personas físicamente, que te escondes cosas, que hay mentiras o quieres gustar a la gente, y dices mentiras sobre ti mismo o actúas diferente para agradar. Ya cuesta mucho sincerarse entre personas de carne y hueso ¡imagínate por internet! Hay gente que se conoce por internet, hay parejas que se han hecho por internet, ahora. Yo no lo haría nunca, yo no lo podría hacer nunca en la vida. A ver, no puedo decir nunca de este agua no beberé, pero como no tengo interés por los chats, *a mí me gusta mucho conocer gente en vivo y en directo, poder tocarla, poder verla*, eso es lo que me gusta a mí.

En Facebook se miran a ellos mismos, como Narciso[4]

Lo único que hacen es meterse en Facebook y mirarse a ellos mismos, como Narciso. El Facebook es una plataforma online donde puedes encontrar muy rápida-

4 27/08/2011 (C16).

mente a la gente con la que has tenido contacto, sea profesional, sea de amigo, sea un contacto ínfimo a través de tu dirección de correo electrónico. Puedes poner fotos, puedes poner información personal tuya, puedes también jugar *online*... Es como un patio, una plaza virtual, donde tú puedes entrar, puedes hablar, pero no puedes hablar por teléfono o con voz, todo es por mensajes de texto, no hay tampoco vídeo, todo es virtual, todo es palabra, texto e imagen congelada o como mínimo imagen producida, no a tiempo real. Esto es el Facebook. Creo que empezó como una plataforma de estudiantes. Es una plataforma gratuita, no tienes que pagar nada, y puedes meter tu vida en la red. Estamos experimentando un nuevo medio de comunicación que es internet con su máxima expresión, ya no es sólo el correo electrónico, sino estas plataformas de presentación *online* ¿no? Antes el *online* te daba la posibilidad, con Second Life, de hacerte un avatar y podías crearte tú, en ese mundo virtual, otro tipo de vida, pero el Facebook se basa en un código moral muy conservador, que tú no puedes decir mentiras. Yo veo que mucha gente, mis amigos, realmente *meten allí su vida real*. Otros quizás sí que se inventan cosas, pero muchos no saben lo que están haciendo, están exponiendo toda su vida privada en una plataforma donde no sólo tus amigos lo pueden ver, lo puede ver la persona que te ha dado un trabajo, lo puede ver tu exnovio del que no quieres saber nada, lo puede ver tal vez un violador... No quiero ser fatalista, pero encuentro que aún no tenemos una educación de cómo distribuir la información de nuestra vida privada. Y la juventud de hoy en día están todos jugando en el ordenador a juegos de rol... Aunque los juegos de rol están bien, si están hechos en dosis, se pueden relacionar con otros niños, puedes hablar, *puedes también desarrollar tu cerebro, desarrollo social*. El Facebook también, debido a que para estar conectado en Facebook tienes que aceptar tus contactos como amigos. Y sólo hay una categoría. No hay amigo, conocido, compañero de trabajo... No existen estas categorías, te las tienes que hacer tú. Si eres lo suficientemente listo como para usar los filtros de Facebook, podrás crear diferentes categorías, pero *la categoría de amigo ha pasado a ser como una conexión*. No quiere decir que seas amigo, es sólo una conexión y ya está. Y yo creo que esto es paradigmático, el uso de esta palabra: «friend». ¿Qué es esto? Igual que el Facebook es una plaza virtual donde tú te lo puedes pasar bien, si tú dices la verdad no te lo pasarás tan bien, pero todos estamos obligados a decir la verdad sobre nosotros según las normas de Facebook. Porque en el Second Life podías ser quien tú quisieras para interactuar con otros usuarios que eran otro avatar, tampoco sabías realmente quiénes eran, pero conservabas tu privacidad. Esto es uno de los derechos humanos, todos tienen derecho a una esfera privada. Y esto lo ofrecía Second Life, pero Facebook no. Porque, claro, si no cuelgas ninguna foto tuya, tampoco es divertido el Facebook. Entonces, claro, tú das derecho a los demás a que chismorreen sobre lo que tú haces. Yo conozco a gente que se pasa el día mirando los perfiles de los demás. Pero ¿tanto tiempo tenéis?

Yo tengo 680 amigos, pero lo hago porque todos son artistas o coleccionistas o gente del mundo del arte, gente que he ido conociendo a lo largo de los años, viajando. Claro, desde 2004 para acá, he hecho bastantes viajes, he trabajado con diferentes empresas, pero yo tengo diferentes filtros y lo utilizo como promoción social de mi empresa, de mi galería, o de mí misma como comisaria o como curadora. Si subo fotos a Facebook son fotos que no me importa compartir con desconocidos. Porque quiero que se vea la galería, que se vean las fiestas de la galería, que se vea la boda donde fui con unos amigos a Finlandia, que fue todo muy normal, no iba demasiado borracha, je, je … Pero otros tipos de fotos, no sé … Mi hermana pequeña con su bebé —que no tengo ninguna, pero por un ejemplo—, mi tía con no sé quién … pues no, porque forma parte de mi vida privada y no tengo ganas que se entere el director de la Coca-Cola cuando yo le envíe mi currículum y mire mi perfil de Facebook. Por ejemplo, mi foto de perfil, que no tengo una foto mía, tengo un icono, tengo al capitán Harlock, que es un personaje manga de Leiji Matsumoto, que yo me siento identificada con este personaje, bueno pues lo tengo con él y suficiente. En Facebook entré en 2008. Y al principio sí que metes mucho contenido porque si no, está vacío. Pero creo que a medida que crece se convierte en Gran Hermano, el *Big Brother* de Orwell. Yo creo que mucha gente joven está muy pegada al Facebook. Como herramienta de promoción social, que es lo que muchos autónomos como yo necesitan, es perfecto. Es una herramienta gratuita, te permite ver quién quiere trabajar contigo. A través del uso de Facebook puedes darte cuenta de cuál es la política de uso de contenidos de alguien... Pero a través de su perfil ves su inteligencia social en la manera que él o ella usan Facebook. Supongo que dentro de unos años veremos que salen muchos libros sobre el Facebook y sobre inteligencia social, y sobre privacidad y el derecho a la privacidad, y sobre el uso de las telecomunicaciones. Porque Facebook pone un interrogante de dónde se termina este derecho y dónde empieza el otro. Eso sí, para movilizaciones como el 15M sí, perfecto para este tipo de movilizaciones. No digo que el Facebook sea malo, eh. Sólo digo que es mala la forma en que mucha gente lo utiliza.

20
De Replicante a Blade Runner

Blade Runner[1]

Muchos cibers se inspiran en la película *Blade Runner*, y la Florida se inspira en *Blade Runner*. Los neones que hay en la Florida, todas las luces de neón, el dragón que hay en los lavabos, las letras chinas indescriptibles —ilegibles— que hay en la sala principal, están copiadas de *Blade Runner*. Cuando Rick Deckard, Harrison Ford, llama por teléfono a la replicante, Sean Young, la sobrina de Tyrell, el que fabrica replicantes, ella no sabe que es una replicante, piensa que es una mujer de verdad. Cuando él la llama, que es una escena muy de filme negro, sale una estrella de neón, que indica que están hablando por teléfono, es una estrella amarilla que está dentro de un círculo naranja... ¡Eso está en la Florida, en la entrada! La Florida tiene otros neones, por ejemplo tiene el neón de Pepsi, el neón de *Desafío Total*, la película de Swarzenegger, que también sería como un *remake* de *Blade Runner*. Claro, la Florida se abre en 1982, el año que se estrena *Blade Runner*, vas atando cabos ¿no? Y el diseño... de decoración, estética. Yo me acuerdo que cuando la vi era pequeñita y la volví a ver para hacer un trabajo de la Universidad y me quedé mucho con la estética de la replicante que baila con la serpiente que lleva ese abrigo de plástico. Ella con un bikini, con un dos piezas, y con el abrigo de plástico, pues esto tú lo has encontrado en los años noventa que lo ha hecho un Victorio & Luchino, un Gucci, un Versace y un Mango quizás también lo ha sacado, o los cibernéticos lo han copiado. Yo he visto sólo cibernéticos en Barcelona, en el Sónar los vi en el 99, pero ya estaban de capa caída, les llamaban los ciber: «Este tío es ciber». Porque iban siempre todos de un color, es lo

1   17/02/2004 (C14a).

que oí decir, van todos de un color de arriba abajo, y cuando los vi en el Sónar iban con unos pantalones que seguro que se los hacen ellos, todo de plástico o de charol, no era estrecho, no era en plan provocador, marca curva como un pantalón de charol de una gogó, iban todos de colores ¿no? Pantalones anchos de color azul, de color amarillo. Una chica iba toda de color rosa y llevaba un bolso que era una pecera ¡un pez vivo con agua era su bolso! Todo esto sale en las escenas de calle en que Rick Deckard persigue a los replicantes. Es una chica que sale con un paraguas, es un paraguas que tiene una lámpara fluorescente, la chica lleva el traje de aviadora y unas gafas de aviadora y un casco de aviadora, pero todo muy plástico. Pues esta gente, los cibertecnos o los cibers, iban así. Ahora no sé si hay. En Berlín no he visto más, he visto algunos en la Love Parade, pero no demasiados. Bueno, yo creo que *Blade Runner*, la gente que lo vio, yo tenía cuatro años cuando lo vi, pero la gente que tenía 10 años era mucho más consciente de lo que veía. Un niño de diez años no sabe lo que es un replicante ni un androide ni nada, se lo puede imaginar, pero si se mueve y hace lo que una persona de verdad…

La Florida no se entiende sólo como un espacio para ir a bailar, sino también como un espacio donde uno puede huir de la realidad, sumergiéndose en una realidad paralela que te ofrece ese espacio, que es como una mini ciudad ¿no? Tú te vas de tu pueblo a Fraga, no necesitas ir en un avión a Nueva York, porque te vas al Bronx y lo tienes al lado de casa. Es el concepto de parque recreativo. La gente ¿por qué va a Euro Disney? No se va a Euro Disney porque quieran ir al castillo de las hadas, saben que allí hay una recreación de un castillo de hadas y se van allí porque saben que uno no puede entrar en una película de Disney ¿no? Pero si vas allí puedes entrar más o menos, te dan algo visual que tú te crees que estás dentro de este cuento. Y la Florida tiene todos los elementos para ser un cuento de hadas sin final ¿no? No acaba nunca aquello. Porque *cada semana puedes continuar tu cuento de hadas… moderno*. Como *Blade Runner*, una película de culto que la gente no ha entendido demasiado bien. *Blade Runner* da mucho de sí. La Florida copia la estética de las luces de neón. En *Blade Runner* no sale el Bronx, es Los Ángeles en 2019. El decorado es totalmente diferente pero las luces de neón copian aquello. La gente que va a la Florida no sabe que está sacado de *Blade Runner* porque verán la pelí-

De Replicante a Blade Runner

cula y no se fijarán: «Ah, mira, un dragón encima de un tío que come *noodles*». Este dragón es casi idéntico y está metido en los lavabos de la Florida. La gente no se fija, yo lo he preguntado a un montón de gente: «¿Qué, no te recuerda a alguien este dragón?» «Ah, no». Y entonces digo: «¡*Blade Runner*!» «¿Qué es esto? Ah sí, *Blade Runner*... Muy aburrida, un tipo que persigue robots...». La Florida tiene también eso, que es un poco decadente, *como si se acabara el mundo, que tienes que vivir al máximo y tienes que vivir al límite, que no sabes si mañana seguirás vivo o si mañana todavía tendrás ganas de ir a la Florida.* Quizás tu padre no te dejará ir ¿no? Tú sabes que se acaba algún día, pero no sabes cuándo se te acabará. Que es la vida de los replicantes ¿no? Ellos saben que algún día se morirán pero no saben realmente cuánto tiempo les queda de vida, una buena metáfora.

Yo lo he leído así: *los replicantes son los adolescentes, que saben que la adolescencia no dura siempre, pero que no saben cuándo acabará.* Entonces la Florida también puede ser un espacio así, la gente va allí a pasarlo bien, la gente es consciente de que el tiempo pasa. Pero yo te digo una cosa: a los dieciséis años o los dieciocho no me creía que cambiaría nunca de pensamiento. Y quizá he dejado de ser replicante ahora ya, poco a poco me convertiré en un Rick Deckard que perseguirá replicantes por la Florida. Bueno para mí *cuando eres adolescente entras en un mundo que sólo haces que conocer gente, lo que más me importaba era conocer disc-jockeys y escuchar música y eso*... ¡Y hosti, ser replicante! Yo me acuerdo que tuve muchos problemas en mi casa. Mi padre era un Rick Deckard espectacular, quería retirar replicantes, y yo tenía miedo de que me retirara... Poco a poco también te das cuenta de que no es vida, y vas también apreciando el tiempo... Cuando tienes dieciséis años no piensas que se te acabará el tiempo de ser replicante, pero cuando ya tienes dieciocho y haces los veinte, que ya cambias del uno al dos, y piensas: ¡Ostras, que he cambiado del uno al dos! Ya no tengo un uno delante, tengo un dos. Y de repente tienes dos doses, no tienes ya un dos y un cero, tienes dos doses. El tiempo pasa y pensé: ¡A ver cuánto tiempo me quedará en este mundo! Porque aunque me gustaba mucho, también me di cuenta de que la noche sí que te lleva muchos amigos o muchos conocidos, o quizás muchos buenos ratos, pero no te aporta, no sé, un intercambio de ideas, una amistad duradera y estable con gente que sólo la conoces en este ambiente. Pero, claro, me di cuenta cuando me fui, cuando me separé de la escena de este mundo, y es muy duro también ¿sabes?

Sigo siendo como una replicante, sigo estando contra el sistema, yo todavía me siento joven. Sé que algún día me llegará mi hora de dejar de ser joven y después de dejar de vivir, se me acabará la vida algún día, pero noto que me están cayendo los ídolos, ya no tengo una fe absoluta en la música, me estoy volviendo una incrédula… Es la vida lo que realmente me da fuerzas para vivirla, ya es bastante interesante por sí misma. Antes no lo veía así. Por eso quizás me preocupo por los accidentes de coche. Me tomo más responsabilidad y aprecio más la vida de lo que la apreciaba antes. Doy más valor ahora a mirar una puesta de sol y sentirme viva, que ir a un *after* y hablar con cuatro locos que llevan cuatro rastas y sólo saben hablar de cuánto *speed* han tomado aquella noche. Que también es sentirse vivo aquello, pero a través de una sustancia que enajena tu cuerpo. Ahora ya no la necesito para sentirme viva. Ahora me siento muy viva, tal vez una parte de mí se ha ido. Ahora me voy a poner a llorar y todo, porque hace muchos días que lo siento: voy al Matrix y la música me gusta, pero no me emociono. Tengo envidia de estos jóvenes que lo viven tanto, lo llevan tanto en la sangre como yo lo llevaba. Una parte de mí se ha ido… ¡se ha ido tan deprisa! Ahora tengo otra piel.

Ahora soy una Rick Deckard[2]

Es la frase del libro del Philip K. Dick *¿Sueñan los androides con ovejas eléctricas?* El *Blade Runner* es Deckard, el corredor de la luz, Harrison Ford. Yo no voy persiguiendo a nadie por su condición. Me persigo creo que a mí misma. *Hay una lucha dentro de mí misma, que es el hacerse mayor.* Pensar: ¿está bien consumir drogas? Fuimos al Cotton y me fumé unos porros y pensaba: «No soy Deckard con los demás. Soy Deckard conmigo misma a veces». Una parte de mí se ha ido, pero a veces sale… Hay días que pienso: ¡Joder! ¿Por qué no

2 17/02/2004 (C14a).

De Replicante a Blade Runner

nos vamos a una *rave*? Pero ya no es lo mismo. Ahora estoy un poco chunga, porque me he dado cuenta de que ya no soy una replicante, o que ya no soy tan replicante como era antes, que todo me daba igual y era como la Daryl Hannah en Blade Runner, que ella es disfrutar y pasarlo bien, y burlarse de todos, porque ella maniobraba los veleros y se reía mucho de los humanos. Pero llega un momento que tiene preguntas: ¿Qué será de mí? Y yo, en la vida, quiero ser alguien. Que también me rompo mucho la cabeza con la gente joven que toma drogas. Me he vuelto una carca, *me he vuelto una retiradora de replicantes que sólo pienso en romperle la guitarra a los demás*, pero es que me preocupa. Ahora incluso tengo mucho más miedo con el coche. Antes no me daba miedo nada y no pensaba nunca que podía tener un accidente y quizás matarme. Y también pienso mucho, cuando voy al Matrix y veo a los niños de quince, dieciséis, diecisiete años, que van muy mal un domingo por la tarde. Claro, yo no les puedo decir nada, ni tampoco puedo criticarlos porque yo también lo he hecho, pero me sabe muy mal, porque en la vida no todo es el *tecno*. En la vida hay muchos paisajes para ver a parte de los paisajes de las partituras electrónicas que hay en cada matiz de color que es el sonido de un sintetizador ¿no? También hay ojos para mirar, nuevas ciudades y muchos tipos de gente diferente para conocer, gente que quizás nunca ha escuchado *tecno*, pero que han formado una banda de *punk* impresionante y tú estás alucinando de ver que aquella gente sigue tocando *punk* y escuchando *punk*. ¡Ay, que soy una Rick Deckard poco a poco! ¿Qué haré de mis hijos, si alguna vez tengo hijos? ¡No les dejaré salir nunca, no los dejaré ir a ningún sitio! Y ahora también pienso mucho que quiero tener un hijo…

Me han caído los ídolos, ha caído Jeff Mills, ya no es mi ídolo. Incluso encuentro tonto comprar discos de *tecno*, o me lo bajo de internet o nada. Los discos te los tienes que comprar, porque cuando pasan 10 años aquel disco es un clásico, es historia, como la cultura del vinilo de los años sesenta, que poseer un disco te permitía ir al guateque y poner la misma música, y era tu disco. En el *tecno* no existe esta clasificación. ¡Te lo puedes bajar todo de internet! La tecnología está poniendo al alcance de casi todos los que tengan ordenador no gastar un duro en música. Me gustaría mucho estar relacionada con el mundo del *tecno* siempre, pero no ya como un elemento activo de estar en la pista de baile, sino tal vez estar atrás, representar a *disc-jockeys*. Pero incluso eso ahora se me hace muy cuesta arriba, porque mi pasión es la música, pero también es el arte, la expresión del ser humano a lo largo del tiempo, de cómo el hombre esté a 40 grados bajo cero o esté en Honolulu, puede seguir expresando y creando y siempre buscando una vía de expresión de lo que piensa, incluso de manera irónica, para que el gobierno no se dé cuenta… ¿Me entiendes?

El *tecno* es una manera de expresar esto, pero ahora ya no lo es todo para mí. En Berlín estoy trabajando en el Museo de los Expresionistas alemanes, yo flipaba con el Kirchner ¡y ahora estoy trabajando en el Museo donde guardan obras de este artista! Y bueno, también supongo que es el hecho de tener pareja estable. La primera pareja estable de mi vida. No sé si será la única pareja estable, pero de momento es la que más me gusta ¿no? Como tampoco vivo con los padres, vivo en un piso de estudiantes, con mi compañera de piso, ya es mi espacio, ya no necesito ir a mi espacio en la discoteca. Ya no lo necesito eso, sino que me gusta estar en mi espacio de mi casa, con mi novio, mirando un documental sobre rábanos en China, o escuchando una pieza del Jimmy Tenor, que también es un *disc-jockey* finlandés, desglosándola dentro de mi cabeza y comentándola con mi novio. Ahora, la necesidad de bailar y de conocer gente y beber y flipar con la música, ya no la tengo tanto. Y este punto llega de repente, porque a mí me vino de repente, que hay otras prioridades en la vida, la prioridad de querer ser alguien, de hacer algo por lo que yo realmente esté orgullosa de mí ¿no? Y mi mundo es el arte. La música es un arte pero yo sé que con el *tecno*, si no fuera una *disc-jockey* muy importante, no podría llegar muy lejos. Que también piensas: ¡Hosti! Tengo 25 años, este año haré 26, y no quiero tener 40 años y no poder tener hijos porque ya seré demasiado vieja. Me gustaría mucho tener un hijo biológico, mi hijo. Pero claro, lo piensas un día: ¡Oh!, un hijo, qué bonito sería. Pero después: Me cortaría mucho las alas. También me doy cuenta de que la vida es una contradicción muy grande, es ir eligiendo siempre. Quizás me he criado muy egoísta. Pero quizá mejor así que vivir casada con un campesino, tener cinco hijos y no poder hacer la mía, no estar trabajando en un museo ni hacer algo que me guste y que me apasione. También tengo un poco de miedo con la relación que tengo ahora, porque empiezo a depender mucho de él. Es normal, te estás creando un compromiso, yo nunca había tenido eso. Es algo que me emociona tanto o más que ir a ver a Jeff Mills en la Florida, el primer día que vino, que tuve una emoción muy grande de ir a verlo. Pero también este reto que me está poniendo la vida, que estoy encontrando unos alicientes, mirar una puesta de sol en Alexanderplatz, estar allí sola mirando la puesta de sol. Esto también me hace pensar muchísimas cosas, de cómo evoluciona la vida, de cómo pasa el tiempo. Ahora me gusta más coger la mano de mi novio y pasear por Berlín. Y me emociona más verlo cuando hace dos o tres días que no le he visto, que ir a ver al DJ Hell. Ha venido el DJ Hell a Berlín y no le he ido a ver. Esto me lo llego a decir yo misma hace tiempo ¡y me hubiera dado un par de bofetadas! Haciendo las prácticas en una galería descubrí un nuevo mundo, vi que sí me gustaría seguir con el mundo del arte y de la gestión cultural, dedicarme al arte no como pintora pero quizás como marchante o como galerista. Lo que ha cambiado es que yo me he dado cuenta de que no puedo estar siempre dependiendo de mis padres. Yo fui con una beca ¡perfecto! Se me acabó la beca y yo no quería volver. Mi padre me lo dijo: «Yo no te puedo mantener». Me puse a trabajar en un bar de camarera y no encontré nada más. Estuve muy mal, durante ocho meses, trabajando como una esclava ganaba mucho dinero pero trabajaba cinco días a la semana y los dos días que me quedaban libres no tenía ánimos de ir a ninguna parte. Ahora estoy en una zapatería, no gano tanto dinero, pero estoy más tranquila.

Darte cuenta de que te haces mayor[3]

El último año me he dado cuenta que me hago mayor, es como un cambio de piel. La teoría que tenía yo del replicante: *los replicantes son los jóvenes que se dan cuenta que no tienen suficiente tiempo, quieren saber cuánto tiempo les queda para ser jóvenes*. Mi teoría era ésta: *los que fabrican los replicantes, serían las personas mayores, que no te dicen tampoco cuánto tiempo te queda de ser joven*. Cuando

3 18/02/2004 (C15a).

Pep, el Terim, Jordi, tenían 14 años, que eran un grupito, yo tenía 19 ó 20, y me llevaban a la Florida. Y flipaban: «¡Osti qué música!». Y poco a poco se fueron metiendo dentro, dentro, dentro, y ahora el Terim es DJ, ha pinchado en Oviedo, en Madrid, ahora tiene 21 años y desde los 16 que pincha. Comenzó pinchando música comercial en el pueblo, primero música comercial de los *40 Principales*, y luego música electrónica: *tecno, house*… Y ahora todo ha culminado: vino un chico de Barcelona que se llama Adrià y lo ha transformado en un club, que se llama Matrix. Primero se llamó Espai, después le llamaron Future, y ahora se ha convertido en el Matrix. Están consiguiendo que venga gente de toda España. Yo conocí a un chico de Madrid que había venido sólo para ver al Terim. ¡De Madrid a Lleida! Como si fuera la Florida. En octubre de 2002 me vinieron a ver a Berlín. Se quedaron alucinados, están con Berlín que flipan de la cultura musical que hay allí. Vendrán en verano a Berlín a ver la Love Parade, que este año ya no se hace, se ha cancelado, resulta que el Ayuntamiento no tiene un duro. Se ha convertido en algo muy comercial, pero sigue siendo gratuito, porque el Ayuntamiento asumía los costes de limpiar después de la fiesta. Como se hace en el parque del Tiergarten, que la superficie es como media Lleida, se pone todo lleno de vasos, cigarrillos, preservativos usados… Se tenía que limpiar todo en cinco horas, para que al día siguiente quede libre, porque por allí pasa todo el tráfico de Berlín. Y este año ha dicho que no financia los costes de limpieza, que son los más caros. Ya ha recortado los costes sociales y no puede patrocinar la Love Parade. Este año no se hace, pero los clubs han organizado una programación de DJ y venden los del pueblo, porque ya tenían el billete comprado. Y me han puesto en un proyecto, a través de la discoteca de Segrià, de conseguir dar vueltas por los clubs, llevar maquetas. Quieren conseguir intercambio de DJs en Segrià. Está funcionando el Jim Masters, el padre del *tecno*, ha pinchado la Gayle San, una chica de Tailandia, o sea están muy fuertes. Han hecho una compañía de discos y una discográfica, tiene un *label*, la tienda de discos está en Lleida, han crecido mucho, y ahora quieren conseguir una extensión. Es una buena vía. Como en Berlín son tan campechanos, pueden conseguir contactos. Sería que los DJ jóvenes de Berlín que no tengan demasiada fama vengan a pinchar al Segrià con la condición que uno del Segrià vaya a pinchar a su club. Si se consigue eso, sería casi como mi sueño. Si me hubieran dicho cuando tenía 15 años: «Te irás a Berlín y ayudarás a la discoteca de tu pueblo a llevar djs», no me lo hubiera creído. Sería una buena salida para mí...

En el plan personal, me he cambiado de piso, me he ido a vivir sola. He acabado hasta los huevos de compartir piso con personas que no me vienen ni me van. Con la Guadalupe, perfecto. Con ella, bien. El estrés de llegar a casa, venia de trabajar y me daba cuenta de que no estaba haciendo nada para formarme a mí misma. Te había explicado lo de Ricardo, que era un amigo cubano, y al final se lo tomó como una pensión que no pagaba ni alquiler ni nada. Estaba el Marco, un italiano que es budista y rezaba cinco veces al día. Rezan, no por ellos, sino por la paz en el mundo: «He hecho *dainumun* (rezar)». El reza en japonés, no sé lo que dice, son unos ritmos de oración, de respiración, de ritmos corporales... cuando acabas de rezar, piensas que todo es paz. El Marco es muy buena persona, pero eran formas muy diferentes de vivir la vida. Él quería hacer arte y yo lo que quería es no tener que pedir nada a casa. Y poco a poco voy teniendo frutos. Me han llamado de la Institución Prusiana de la Cultura en Berlín, para que coordine todos los Museos públicos de Berlín: están buscando una guía, yo envié el cv hace un año, y en Alemania si no te quieren te devuelven el cv en dos semanas, pero si se lo han quedado, funciona. Me llamaron porque viene un grupo de Madrid, del cnars, y no tenían ninguna guía. Y dijeron: «Hay una chica que nos envió el cv». Y gracias a los de Madrid tuve un trabajo: «Cuando vuelva a haber grupos, como también hablas bien el alemán, entrarás tú». No es un trabajo con contrato, pero lo puedo poner en el cv. Mi padre quiere que vuelva a Lleida y que me busque la vida en Lleida. Ayer me lo dijo: «Es una tontería seguir en Alemania, que se te pasará el arroz y tendrás 35 años y no tendrás nada». Y a mí me cabrea mucho esto porque es como si no confiara en mí. Y yo no he fallado nunca: a la hora de ir a clase iba, y me sacaba los exámenes con sobresaliente y matrícula. Yo allí me estoy esforzando muchísimo para sacarme un trabajo para no tener que llamar un día y decir: «Papá, no tengo un duro». Tengo amigos en Berlín que: «Papá ¿me envías dinero?». «Sí, hija, mañana tienes 300 euros en el banco». Eso no lo puedo soportar. Si tú te vas allí, es porque tú te quieres ir, no porque tu padre te lo tenga que pagar todo. Y eso es lo que me jode, parece que no lo vean, que yo aquí no puedo estar. Yo en Lleida encontraría algo seguro, pero ¿qué? Encontraría algo de profesor de alemán, de inglés, a la larga podría entrar a dar clases de Historia del Arte, y si hiciera un doctorado entraría en la UdL dentro de 15 años o 20, cuando se mueran los que hay. Y no sería feliz. Allí no es que sea feliz pero estoy haciendo lo que quiero. Si yo me hubiera quedado aquí no me hubiera dado cuenta del valor del dinero: porque yo vivía en casa de mis padres, me daban la paga, trabajaba en el bar, en la disco para tener mi dinero, pero yo no sabía lo que era: ahora viene la factura de la luz, ahora la del teléfono ¡ay Dios mío! La preocupación de la vida real. Y desde que estoy allí te das cuenta de que la vida no es sólo ir a la Florida y disfrutar de la música *tecno*. Es ser un poco consecuente con lo que haces, también tengo ganas de tener una posición dentro de la sociedad.

 Tengo 25 años ahora, Carles. *Me han dicho que tengo una crisis que la gente la tiene a los 30 años.* Me está diciendo mucha gente: «Tienes la crisis que le viene a la gente cuando le viene el tres por delante». «¡Vale!». Pues ya me viene el seis detrás, me quedan sólo cuatro años para los 30. Esto es una preocupación enorme para mí ahora. Soy una replicante, como la sobrina del Tyrell, que es un experimento, que no tiene límite de tiempo… He estado muy nerviosa en Berlín estos días. Aquí en Segrià todos mis amigos se están colocando, se están buscando la vida, es normal. Si yo me hubiera quedado aquí no estaría mirando la pared, también estaría haciendo algo. Yo le digo a mi padre: «No estaría en Lleida, estaría en Barcelona como mínimo, y me habrías de ayudar a pagar un máster que seguro que cuesta cinco veces más de lo que cuesta en Alemania, y también en Barcelona la gente tiene mucho borreguismo, se creen lo mejor de todo y hay también mucho familismo, es lo normal, yo como que resulta que no tengo padrino, me ha de buscar la mona. Y eso es muy difícil. Mi padre es de una familia de Lleida, se buscó la vida él solo pero como era de Lleida lo tuvo más fácil, en su época no había mucha competencia por un puesto de trabajo normal, y ahora él ve que sí hay mucha competencia, que ya tengo 25 años y cuando él tenía 25 años ya trabajaba para La Caixa, que él se casó a los 27 y yo llegué cuando tenía 28…: «¡Cuando tú eras joven! Pero estamos viviendo en el siglo XXI». Él no lo entiende ¡y eso me cabrea mucho! *Yo no soy del tipo de juventud que me quedo sentada esperando que me venga la oportunidad.* O que me quedo sentada esperando que papá me busque el trabajo. Esto lo habría podido hacer perfectamente. Pero no. La gente me dice que me tranquilice, que tengo que hacer lo que me guste, pero yo también sufro. Para darle una satisfacción a mi padre y además es que ha tenido el infarto. Entonces me di cuenta de que el tiempo pasaba, y que él no estaría siempre por mí. Y que quiero que esté orgulloso de mí. Me lo dicen todos: «Te has puesto el listón demasiado alto». Sí, pero mi padre no para de decirme: «Tienes que volver a Lleida ¡Se te pasará el arroz y nadie te querrá! Tan inteligente que eres y ¿para qué te servirá?».

Me acuerdo mucho de cuando fui a Berlín por primera vez. No conocía a nadie, me dio la sensación de paz, en la residencia tenía mi habitación y mis cosas. Si pasa algo la responsable soy yo. Cuando yo salga de mi casa dejaré las cosas así y al volver las encontraré así. No tendré que sufrir porque alguien no pague el alquiler y se tenga que pagar a la casera. La tranquilidad de decir: «Estoy sola». Tendré mucho tiempo para mí, no tendré que hablar con alguien sin tener ganas, cuando quiera estar con amigos los voy a ver. Supongo que es un paso importante, es ser un poco más adulto. Yo tampoco tengo ganas de estar en un piso con cinco personas, uno que pone la radio un domingo a toda pastilla: «Chaval, quiero dormir un poco más». Yo soy una persona que cuando llegue a casa quiero mi tranquilidad. Y las cosas quiero que estén en su lugar. En cinco años, en cuanto tenga 30, me imagino con un niño o una niña, con el Thomas o sin él, pero con un hijo. Viviendo en el mundo, no digo en qué ciudad. Cinco años pasan rápido, pero también se hacen muchas cosas. Quizás trabajando en un Museo, coordinando alguna parte pedagógica del servicio de visitas del Museo, preparar las visitas guiadas, hacerlas más amenas, poder llegar a un espectro de público más grande, hacer por ejemplo visitas para niños que en Berlín no se hacen, que los niños de cuatro años empiezan a apreciar lo que son las artes plásticas. Igual estoy en una masía sembrando patatas con unos jipis. Pero sobre todo me gustaría que dentro de cinco años mi padre estuviera orgulloso de mí. También me veo en Lleida dentro de cinco años, si Lleida crece como debe crecer, si hay suerte de que se dé cuenta de muchas cosas culturales que tiene que hacer, puedo volver aquí y aprovechar lo que he aprendido en Berlín. Cinco años son muchos años. Igual estoy haciendo la discoteca Matrix en Berlín. O el Tresor en Segrià. No lo sé.

Momo y los hombres grises[4]

Esto es muy importante, eso lo quería decir también. Hace dos años se murió Michael Jackson, uno de mis ídolos de cuando era joven. Yo no voy ahora muy de discoteca, ni a ver *disc-jockeys*, ni el *tecno*, aunque la escucho, me gusta mucho quedarme en casa. He descubierto hace poco un *disc-jockey* muy famoso que es el Paul Kalkbrenner, que hizo una película que se llama *Berlin Calling*, que resume la vida de un *disc-jockey* en Berlín, y el *disc-jockey* éste se vuelve loco, tiene experiencias con las drogas… Es una película muy divertida que es un retrato del Berlín de los primeros años del siglo XXI, los primeros años que yo estuve, hasta el 2004 o el 2005. Es un retrato muy bonito de Berlín y de la escena *tecno*, y los sueños que tienes, de ser *disc-jockey* y de triunfar y de quizás ganarte la vida dentro de este mundo… La Love Parade se acabó el año 2006, creo. Porque supongo que ya es un evento que se volvió muy comercial y con lo que pasó el año pasado en Duisburg, ya se ha acabado el sueño.

Yo diría que personalmente, ahora soy una Blade Runner total, ahora ya no soy una replicante. No es que critique a los adolescentes que vienen detrás de mí, pero creo que no están haciendo nada para innovar. *Quizás no tengo replicantes a quien cazar, porque realmente no se preocupan por rebelarse.* La historia del replicante es que había que desactivarlo porque daba problemas. Pero no crea problemas la juventud hoy en día y eso es lo que me preocupa. Sí que veo que hay mucho consumo de drogas, aunque ya no consumo drogas ahora, hace muchos años que ya no consumo, pero sí que siento en reportajes que la juventud de este país sigue tomando muchas drogas, creo que las toman por inercia, por aburrimiento. Yo las tomaba para tener una comu-

4 27/08/2011 (C16).

nicación total con la música y entrar en el espacio sideral y coger una nave espacial y marcharme, las tomaba como parte lúdica de la fiesta, pero no las tomaba porque estaba aburrida y no sabía qué hacer. Es mi opinión desde fuera. Ya no estoy dentro. Hace poco leí un libro que había leído de pequeña: *Momo*. Lo leí en alemán porque siempre lo había leído en catalán, yo lo recordaba de pequeña... Y no me quiero volver un hombre gris, pero encuentro que *la juventud hoy en día está controlada por los hombres grises*. Tiempo, tiempo, guárdate el tiempo, no pierdas el tiempo, dánoslo a nosotros, nosotros te lo guardaremos ¿no? Cuando leí el libro de *Momo*, que lo terminé antes de venir a España, me dio la sensación de que aquí los hombres grises son las personas mayores, pero los hombres grises no podían nunca llegar a los niños, porque los niños son los únicos que tienen todo el tiempo del mundo. Pero creo que *esta crisis está haciendo que los adolescentes o los adultos jóvenes, de 25, todos dicen que no tienen tiempo de nada*. Y me hizo gracia porque es la misma expresión de los hombres grises que sale en *Momo*. Yo tengo tiempo para lo que quiero, sí. Siempre digo que no tengo, pero tengo tiempo para lo que quiero. Tengo tiempo para leer un libro, tengo tiempo para leer *Momo*, tengo tiempo para ir a pasear con mi novio y cogerle la mano, tengo tiempo para escuchar un artista pesado que me presenta su portfolio, tengo tiempo para mi familia... Me fue muy bien leer el libro de *Momo*, porque te das cuenta de que el tiempo es como el agua, el tiempo no vuelve a pasar. Y cuanto menos tiempo dices que tienes, menos tiempo tienes. Y ya está. Yo creo que he cerrado muy bien ahora.

Una noche olímpica en la Florida[5]

En septiembre llevé a Thomas a la Florida. Flipó mucho, alucinó mucho. Con el sonido, no con el espacio. Con lo que alucinó más fue con el sonido, porque tiene un sonido muy puro, te deja incluso hablar en voz flojita. No es necesario vociferar como en la Wonder o el Matrix, que te quedas afónico.

5   18/02/2004 (C15a).

DE LA GENERACIÓN@ A LA #GENERACIÓN

En la Florida puedes hablar en la barra de arriba como hablamos tú y yo ahora mismo. Y tiene el sonido concentrado en la pista de baile, que es lo más importante. Lo que no es pista de baile tiene música ambiental. La acústica de la discoteca está pensada para crear espacios de reposo auditivo, para evitar golpes de calor, que a la gente le coja algo allí, la gente que tiene claustrofobia acústica. Ahora estoy en plan muy tranquilo, pero ya me gusta. A veces no sabes lo que daría por poder estar sólo una noche de aquellas emblemáticas, una noche olímpica en la Florida, con la misma ilusión con la que iba cuando tenía 20 años.

Conclusión

> «La última vez que le vi era usted un auténtico salvaje …
> y ahora conduce un automóvil.»
> (Tarzán)

> «No sé si habréis visto nunca el mapa del espíritu de una persona.»
> (Peter Pan)

> «Lo único que puede hacerse es moverse al paso de la vida.»
> (Blade Runner)

El viaje que hemos emprendido ha llegado a su fin. De Tarzán a Blade Runner, pasando por Peter Pan, hemos presenciado el nacimiento, crecimiento, apogeo y crisis de la juventud, como concepto y como realidad social. Sin embargo, nos equivocaríamos si considerásemos que el recorrido que hemos realizado es un trayecto evolutivo unidireccional, que va de lo «natural» a lo «cultural», de lo «salvaje» a lo «civilizado», de lo «analógico» a lo «digital», de la «no juventud» a la «eterna juventud». Pues Tarzán, Peter Pan y Blade Runner (o Jane, Alicia y Rachael) no constituyen modelos contrapuestos, sino variedades de la experiencia juvenil que conviven —de manera más o menos pacífica— en el presente. Hoy siguen existiendo instituciones y momentos de la vida en los que predomina el modelo preindustrial de la transición a la vida adulta simbolizado por Tarzán, otros en los que persiste el modelo industrial de resistencia a hacerse adulto simbolizado por Peter Pan, y algunos en los que emerge el modelo posindustrial de hibridación entre lo joven y lo adulto simbolizado por los replicantes. En los albores del siglo XXI, ¿tiene sentido seguir hablando de la juventud como una etapa de transición, cuando los *ritos de paso* son reemplazados por *ritos de impasse* y las etapas de transición se convierten en etapas intransitivas, cuando los jóvenes siguen en casa de sus padres pasados los 30, se incorporan al trabajo a ritmos discontinuos, están obligados a reciclarse toda la vida, retrasan la edad de la fecundidad e inventan culturas juveniles que empiezan a ser transgeneracionales? ¿Asistimos al fin de la juventud?

* * *

Completo esta Conclusión en el Magdalen College de la Universidad de Oxford, donde participo en un *workshop* sobre la adolescencia, en el que se presentan algunas investigaciones recientes sobre esta fase de la vida, desde las ciencias sociales y sobre todo desde las ciencias naturales. Desde la *ghest room* en la que me hospedo se divisa el magnífico claustro que han recorrido distintas generaciones de jóvenes universitarios desde su creación en 1459: en los libros de Historia disponibles en la habitación aprendo que el *college* recibía en su origen a jóvenes y adultos que querían estudiar Letras, pero también a niños y adolescentes que querían ser alfabetizados (la gradación por edades y la invención de la juventud vendrían después). En el coloquio participan psicólogos, sociólogos, neurobiólogos, etólogos y antropólogos evolutivos, que investigan a los protagonistas de este libro —los adolescentes de la era digital— con metodologías y desde perspectivas muy distintas a las mías. Todos fijan su mirada en la adolescencia como fase crítica y al mismo tiempo creativa, pero en lugar de observar su comportamiento social, sus manifestaciones culturales o sus relatos biográficos, fijan su atención en los cambios corporales, en las sinapsis cerebrales, en la comparación del cerebro humano con el de los primates, en el sistema límbico de procesamiento de incentivos, en el sistema cortical y subcortical de control cognitivo, en el desarrollo de la inteligencia emocional, o en las redes sociales como indicador del papel crucial del grupo de pares durante esta fase de la vida (en definitiva, en la santísima trinidad adolescente: hormonas, neuronas y personas).

Aunque hay muchos términos que no consigo entender, aprendo cosas interesantísimas. Por ejemplo, que la adolescencia no es algo exclusivo de los humanos, pues los mamíferos también viven este periodo pospuberal: incluso las ratas tienen adolescencia (que dura unos 20 días); y los experimentos con ellas demuestran que el incremento de la actividad neuronal en esta fase

Conclusión

depende del grupo de pares, cuya presencia fomenta los comportamientos de riesgo (las ratas adolescentes en grupo beben más alcohol que las que están solas, pero en las ratas adultas no se dan esas diferencias). Entre los primates, el proceso de autonomía respecto a las madres suele ser anterior a la pubertad, pero durante la adolescencia (que va de los 2 a los 4 años) viven en grupos de coetáneos (hasta que se hacen adultos y desafían al macho dominante). En ambos casos, la fase adolescente se caracteriza por un incremento de la actividad neuronal, pero sobre todo por una especialización de las conexiones entre las distintas áreas del cerebro (un proceso que se denomina gráficamente «poda», poniendo de manifiesto que el cerebro es como un árbol cuyas ramas deben cortarse para que pueda dar frutos). Se trata, en definitiva, de un mecanismo neurobiológico que tiene su fundamento en el desarrollo evolutivo de los mamíferos superiores:[1]

> El cerebro está en un proceso de desarrollo continuo a lo largo de la vida. Sin embargo, el proceso no es lineal, y la adolescencia representa un aumento del crecimiento y el cambio en las diferentes partes del cerebro y en diferentes procesos dentro de ella. La remodelación de los circuitos cortical y límbico es una característica de la adolescencia. En realidad, una pérdida gradual de sinapsis, junto con un fortalecimiento de las conexiones sinápticas preferibles junto con los procesos de maduración y de reorganización se están produciendo en los sistemas de los neurotransmisores más importantes. Por otra parte, estas trayectorias asincrónicas de desarrollo neural durante la adolescencia pueden dar cuenta de las peculiaridades de comportamiento observadas entre los individuos en torno a esta edad. La búsqueda de la novedad y las conductas impulsivas, junto con mayores niveles de participación social, son un comportamiento en la adolescencia que puede tener beneficios adaptativos con respecto al desarrollo de la independencia y la supervivencia sin padres protectores. A lo largo de la evolución, el aumento progresivo de los años de vida fueron acompañados por una prolongación de la fase adolescente, lo que permite un periodo más largo para la exploración de nuevos entornos que faciliten la aparición de conductas innovadoras. Por lo tanto, la adolescencia puede representar una estrategia adaptativa de importancia crítica en la evolución homínida (Laviola y Marco, 2011: 1631).

---

1 Véase al respecto la *special issue* sobre la adolescencia de la revista *Neuroscience and Biobehavioral Reviews*, resultado de un *workshop* anterior al de Oxford, que tuvo lugar en Roma en 2009, y en el que también tuve ocasión de participar: Laviola y Marco, 2011; Feixa, 2011; Burnett *et al.*, 2011; Brenhouse y Andersen, 2011.

DE LA GENERACIÓN@ A LA #GENERACIÓN

¿Cómo afecta el desarrollo neuronal a las conductas adolescentes que hemos analizado en este libro? ¿Puede ser que la inmersión en las pantallas de la generación @ genere otras maneras de razonar y de percibir el mundo, otras construcciones sociales de la realidad, otros tipos de sinapsis cerebrales? Groovy reflexiona en su relato sobre el impacto provocado en su mente por el uso de aparatos electrónicos como la Game Boy («Capto imágenes mucho más rápido ahora, hablo mucho más rápido, eso ya es de mi cerebro»), o de redes sociales como Facebook («puedes también desarrollar tu cerebro, desarrollo social»). Para los neurobiólogos, el término «cerebro social» tiene un sentido distinto al que puede tener para los científicos sociales: para ellos, designa aquellas regiones del cerebro que rigen los vínculos sociales de las personas, y que precisamente se desarrollan y conectan durante la adolescencia (Burnett *et al.*, 2011).

Los avances recientes en neurociencia muestran que el cerebro adolescente es especialmente moldeable: en contra de lo que se pensaba, su desarrollo no depende sólo de causas genéticas sino también de factores ambientales. Además, la estabilización de las sinapsis cerebrales se produce pasados los 20 años (casi una década después del inicio de la pubertad). En un artículo fruto de la colaboración entre un científico social y un neurobiólogo, Sercombe y Paus (2009) mantienen que «las líneas de investigación están dominadas, como era de esperar, por la visión, ya centenaria, de la adolescencia como un "periodo de la vida caracterizado por el desorden". Los experimentos se diseñan dentro de este marco y se inscriben y publicitan de acuerdo con tales supuestos, a menudo partiendo de interpretaciones estigmatizantes y llevándolas al extremo de la estimulación en masa» (2009: 36). La nueva generación de herramientas no sólo permiten a los científicos ver la estructura interna del cerebro a un nivel de detalle exquisito mientras la persona está viva, sino que también permiten estudiar su funcionamiento mientras está despierto y trabajando, lo que demuestra que el debate naturaleza *versus* cultura puede ser un falso debate: el cerebro no puede desarrollarse sin experiencia («es tan inútil como un ordenador sin *software*»). Y esto sucede «en un proceso de desarrollo continuo a través de la vida, en un baile constante entre la influencia de los factores biológicos y

Conclusión

el ambiente físico y social, involucrando a la propia persona». El cerebro de los jóvenes no es radicalmente diferente en su estructura al de los adultos; tan sólo existe una diferencia en el grado de *myelitanina*, que hace que los cerebros de los adultos sean más fiables y eficientes en sus reacciones y respuestas, pero menos flexibles y dispuestos a aprender: «El mayor desarrollo cerebral en los años adolescentes es el aumento del proceso de *myelitanización* que se equilibra de algún modo al cumplir los veintitantos». Esto significa que las visiones del adolescente como biológicamente determinado o como construcción social son parciales: «Estos dos puntos de vista son, en nuestra opinión, obsoletos» (Secombe y Paus, 2009: 35). Si esta hipótesis es correcta, se abre un campo fértil de posibilidades para la cooperación entre ciencias naturales y sociales. Y el cerebro adolescente está en el centro de este encuentro.

Pero si la adolescencia tiene una base neurobiológica, ¿la tiene también la posadolescencia? Estudios comparativos recientes entre distintas especies de primates y de mamíferos vuelven a plantear la cuestión de si el periodo posadolescente que identificamos con la juventud adulta existe también en nuestro cerebro:

> Una nueva etapa de desarrollo, la adultez emergente (*emerging adulthood*), se extiende de los 18 a los 29 años de edad en los seres humanos (Arnett, 2000). Definida culturalmente, la adultez emergente en humanos se basa en la constatación de que, si bien la mayoría de los cambios neurobiológicos asociados con la adolescencia ya se han completado, el organismo aún no está «maduro», como ponen de manifiesto el retraso en la consecución de un puesto de trabajo o del matrimonio. Históricamente, G. Stanley Hall (1904) describió este «nuevo» periodo de maduración que caracteriza la adolescencia desde unos puntos de vista socioeconómicos que últimamente han llevado a un mayor reconocimiento de una etapa distinta [...] Es importante reconocer que en las especies de roedores existe un periodo que puede coincidir con la adultez emergente (disponemos de menos información sobre los primates no humanos). Como se discute más abajo, las ratas muestran cambios marcados entre 40 y 60 días, pero el periodo de entre 60 y 100 días está asociado con un cambio más lento, constante, que acaba estabilizándose. ¿Puede ello indicar un nuevo periodo de «adultez emergente» que merezca la atención científica, más que un fenómeno mediático para explicar un nuevo estadio de desarrollo cultural en las naciones desarrolladas? La importancia de definir periodos es llegar a consensos sobre los estados de madura-

ción del organismo que se describen para facilitar las comparaciones transculturales y transexuales (Brenhouse y Andersen, 2011: 1688).

* * *

Un siglo después de que Stanley G. Hall «descubriera» la adolescencia, quizás ha llegado el momento de empezar a «explorarla», tanto en su estructura interna como en su fisonomía externa y, por encima de todo, en su fascinante entorno: en su cerebro social. Pues hoy como ayer, el reto de los jóvenes es aprender a manejar un coche, entender el mapa de las emociones y moverse al paso de la vida. Y las tres cosas sólo pueden aprenderse si se interactúa —de manera pacífica o conflictiva— con adultos —padres y madres, educadores, etcétera— que las aprendieron antes. De manera que podríamos acabar preguntándonos: ¿puede ser hoy la juventud algo más que una etapa de la vida?

Epílogo
#Generación[1]

Carles Feixa, Ariadna Fernández-Planells y Mònica Figueras

Aunque este libro empezó a gestarse en pleno apogeo de la Generación @ o Generación Digital, verá la luz cuando la misma está siendo reemplazada por una nueva cohorte etaria, que he propuesto denominar Generación #, Generación Hashtag o Generación Hiperdigital.[2] Por ello he decidido incluir como Epílogo este texto, que retoma algunas ideas recientes sobre la transición de la Generación @ a la Generación # (o dicho en otros términos: de la sociedad red a la sociedad de la web social). El marco cronológico son los últimos quince años (es decir, aproximadamente el periodo 2000-2015), que dicho sea de paso es el lapso de tiempo que según José Ortega y Gasset (1923) marca el relevo de las generaciones. En consonancia con la concep-

---

1 Feixa, C., y Fernández-Planells, A. (2014). «Generación @ versus Generación #. La juventud en la era hiperdigital». En A. Huerta y M. Figueras (eds.), *Audiencias juveniles y cultura digital* (págs. 35-54). Bellaterra: Institut de la Comunicació, Universitat Autònoma de Barcelona. Feixa, C., Fernández-Planells, A. y Figueras, M. (en prensa). «Generación Hashtag. Movimientos juveniles en la era de la web social». *Revista Latinoamericana de Ciencias Sociales, Niñez y Juventud*. Manizales (Colombia).

2 La noción de Generación # surge en el marco de un estudio reciente sobre el movimiento 15M: *#GeneracionIndignada. Topías y utopías del 15M* (Feixa y Nofre, 2013). Fue inicialmente formulada por el primer autor en la jornada organizada en la UPF de la que deriva la presente publicación (Barcelona, noviembre de 2012), convirtiéndose con posterioridad en el título de la conferencia inaugural del *Congreso Internacional de Investigadores en Juventud* (La Habana, Cuba, marzo de 2013), y de la intervención junto con Michel Vieworka en la Universitat d'Estiu d'Andorra (*Poders i contrapoders en un món globalitzat*, septiembre de 2013). También sirvieron de inspiración la investigación doctoral en curso de la segunda autora sobre las formas de comunicación en la #acampadabcn del 15M (Fernández-Planells, 2013) y las aportaciones de investigadores del proyecto GENIND (Feixa *et al.*, 2012).

tualización de la Generación @ expuesta en el Prólogo y en los capítulos 4 y 5, en este Epílogo empezamos presentando la historia del significante (del signo #); a continuación se define el significado del concepto y el uso que hacemos del mismo; luego se expone el contexto social del que surge; en cuarto lugar, por último, se sintetizan los grandes rasgos que definen a las juventudes que pueden adscribirse a dicha noción.

* * *

La historia del signo #, como la del signo @, es muy ilustrativa (Wikipedia, 2013b, 2013c). *Hashtag* (del inglés *hash*, almohadilla o numeral y *tag*, etiqueta), es una cadena de caracteres formada por una o varias palabras concatenadas y precedidas por una almohadilla o gato (#). Originalmente era un signo numérico, usado desde principios del siglo XX en Estados Unidos para designar un número u orden en una secuencia, por ejemplo un número de teléfono o de una casa en una calle (éste es el significado predominante todavía en muchos países latinoamericanos). Según los países, el signo se conoce con distintas denominaciones: almohadilla, cruz, plaza, jardín, puente, etcétera. Nótese que la mayoría indican delimitación del espacio o conectividad.

En informática el signo # pasó a ser una etiqueta de metadatos precedida de un carácter especial con el fin de que tanto el sistema como el usuario la identifiquen de forma rápida. Se usa en servicios web tales como Twitter, FriendFeed, identi.ca o en mensajería basada en protocolos IRC para señalar un tema sobre el que gira cierta conversación. Fue Chris Messina, trabajador de Google, quien propuso su uso en la red de *microblogging* para señalar grupos y temas. Lo propuso a través del propio Twitter en el que sería el primer mensaje con un *hashtag* en esta plataforma: *how do you feel about using # (pound) for groups. As in #barcamp [msg]?* El primer uso por parte del público se atribuye a un residente de San Diego (California), Nate Ritter, quien incluyó #sandiegofire en sus mensajes sobre los incendios forestales de octubre de 2007. Así, el uso del *hashtag* en Twitter se hizo frecuente en todo el mundo, como en las protestas electorales en Irán de 2009. Desde el 1 de julio de 2009 Twitter añade un hipervínculo automáticamente a todos los *hashtag* con la

Epílogo

búsqueda de éstos en el sistema. Su uso se acentuó en 2010 con la introducción de los «*trending topics*» (tendencias mundiales o regionales) en su página principal.

Los *hashtag* saltaron a la fama sobre todo durante 2011, en la sucesión de protestas ciudadanas que tuvieron lugar en todo el mundo, de #ArabSpring a #OccupyWallStreet, pasando por #SpanishRevolution. Todos estos movimientos surgieron en la red, generaron *hashtags* muy seguidos y consolidaron el papel movilizador de las redes sociales en general y de Twitter en particular (Fernández-Planells, Figueras-Maz y Feixa, 2014). En 2012, la Sociedad Americana del Dialecto la eligió como la palabra del año por su popularidad en internet. Su presidente, Ben Zimmer, declaró que el *hashtag* se convirtió en un fenómeno omnipresente en todo el mundo: en Twitter y otras redes sociales, los distintos *hashtags* han creado tendencias sociales inmediatas, al ser capaces de expandir mensajes de toda índole (Wikipedia, 2013b). Podemos decir, pues, que el *hashtag* prefigura una nueva fase de la sociedad red, caracterizada por el surgimiento de la web social, uno de cuyos rasgos centrales es la *indexación* (clasificación numérica y temática) de los sujetos participantes según afinidades sociales, ideológicas o culturales, así como la multiplicación exponencial de las capacidades de conectividad entre ellos.

* * *

El término hiperdigital es un neologismo que utilizamos aquí de forma intuitiva, aunque deriva del trabajo de Jean Braudillard sobre la hiperrealidad en la era moderna tardía (Braudillard, 1978).[3] En este texto lo usamos como alternativa al término posdigital, para referirnos a la sociedad red madura, en la que las características del digitalismo se intensifican y se expanden por

---

3 Según la Wikipedia, «Hiperrealidad es un medio para describir la forma en que la conciencia define lo que es verdaderamente "real" en un mundo donde los medios de comunicación pueden modelar y filtrar de manera radical la manera en que percibimos un evento o experiencia» (Wikipedia, 2013d). Cabe decir que el uso de la Wikipedia en este libro se debe a que en temas relacionados con la cultura digital tiene una fiabilidad semejante o superior a otras enciclopedias.

diversos nichos sociales y geográficos. Si hemos definido la Generación @ como la generación internet o de la red, podemos definir la Generación # como la generación de las redes o de la web social. En el primer caso, se trata según Tapscott de la generación nacida en Estados Unidos en torno a 1977 (y en el resto del mundo occidental en la década posterior), la generación posterior al *baby boom*, que en lugar de crecer con la televisión lo hizo rodeada de aparatos electrónicos (en especial de videojuegos), y que su llegada a la juventud, en la segunda mitad de la década de 1990 (y en otros lugares en la primera mitad del 2000), coincidió con la emergencia de internet (en especial del *e-mail* y del chat) por lo que su educación digital prefiguró la cultura de la interacción que caracteriza a la red. En el segundo caso, se trata de la generación nacida en los noventa, educada plenamente en la era digital, cuya llegada a la juventud, en torno a 2010, coincide con la consolidación de la web social, en particular de redes sociales como Facebook, de plataformas de *microblogging* como Twitter y de las wikis, en un contexto de crisis socioeconómica que dificulta o retrasa su transición a la vida adulta. Aunque no conocemos a nadie que haya usado el término Generación # o Generación *hashtag* para referirse a dicho grupo etario, sí hay numerosos términos parecidos o equivalentes, como Generación 2.0, Google, Facebook, Twitter, WhatsApp.[4]

Desde el punto de vista tecnológico, la Generación # supone un *reset* de las claves de acceso a la sociedad del conocimiento, basada en la tendencia hacia la universalización de la conectividad y la generalización de la conectividad móvil, lo que supone la deslocalización de las conexiones. En este sentido, MacNamara (2009) define cuatro grandes grupos de consumidores de medios de comunicación. Entre las categorías propuestas, se encuentra la Echo Gen Y —Generación Eco Y— de entre 16 y 28 años, a la que considera la generación de los medios móviles y de las redes sociales. Desde el punto de vista social, supone la emergencia de una cultura «trans»: transculturalis-

---

[4] Entre los trabajos recientes sobre la relación entre jóvenes, nuevas tecnologías y redes digitales, queremos destacar los de Acosta-Silva y Muñoz (2012) y de García-Canclini, Cruces y Urteaga (2012).

mo, translocalismo, transexualismo, transgeneracionalismo. Al mismo tiempo, reviven los microgrupos (locales o según afinidades), que tienen en la web social su espacio de comunicación, socialización y acción privilegiado. Esta generación participa en una conversación global de bits. La tecnología móvil les permite estar conectados constantemente y en cualquier lugar. Cada nodo trabaja individualmente pero de manera colaborativa. Es la generación de la inteligencia colectiva, del conocimiento compartido y de la conectividad entre individuos. Y la deslocalización de las conexiones les permite desenvolverse en el mundo del ciberespacio, más allá de cualquier espacio y gobierno.

Por era hiperdigital entendemos el marco sociotecnológico que acompaña la transición a la sociedad de la información madura, con la consolidación de la llamada web 2.0,[5] la llegada de internet de segunda generación, la emergencia de las redes sociales, el uso de la multipantalla y la consolidación de la multitarea o *multitasking* por parte de los jóvenes. La web 2.0 permite y alienta la conversión del consumidor en *prosumidor*, es decir, en consumidor y productor de contenidos a la vez. Este nuevo rol, unido a la difusión de aplicaciones en línea y de las herramientas de colaboración, ha impulsado el trabajo colaborativo en la red, más allá de los intereses personales. Las wikis son un claro ejemplo de este nuevo contexto social. Finalmente, las redes sociales se han convertido en plazas de debate y acción virtual (Codina, 2009; Fernández-Planells, Figueras-Maz y Feixa, 2014) que repercuten sobre el mundo físico (o analógico). El contexto socioeconómico que la acompaña es el impacto de la crisis financiera de 2008, el desmantelamiento del Estado del Bienestar, y las nuevas protestas *glocales*, expresadas en la Primavera Árabe y el movimiento de l@s Indignad@s.

* * *

---

[5] Lluís Codina (2009) recoge cuatro componentes principales que representan a la web 2.0: los contenidos creados por los usuarios (prosumidores), las redes sociales, las aplicaciones en línea y las herramientas de colaboración.

DE LA GENERACIÓN@ A LA #GENERACIÓN

Actualizando los dilemas de la Generación @, podemos sintetizar los rasgos de la Generación # en las cinco transiciones que exponemos a continuación:[6]

a) **Generación @ *versus* Generación #**. Si la capacidad de navegar en línea y fuera de línea puede considerarse el rasgo distintivo de la Generación @, la capacidad de estar conectado de manera especializada o segmentaria, y de manera deslocalizada y móvil, a una o varias herramientas de la web social con características etarias, sociales y culturales propias, puede considerarse el rasgo distintivo de la Generación #. Ejemplos prototípicos de tal forma de conectividad segmentaria son Twitter y Facebook. Cabe recordar que Facebook significa literalmente «orla» (o «libro de rostros»), es decir, el cuadro en el que aparecen los retratos de una promoción académica. Como describe la película *La red social* (basada en una biografía no autorizada de su fundador, Mark Zuckerberg), Facebook surgió en el seno de una forma específica de microcultura juvenil: las fraternidades estudiantiles de uno de los campus norteamericanos más elitistas (Harvard). Lo que hizo en 2004 el estudiante y aspirante a entrar en una de las fraternidades, fue trasladar a internet la madeja de relaciones y contactos personales cara a cara que facilitaba el espacio de la fraternidad, como una forma de «distinción social» estudiada tan bien por Pierre Bourdieu (1979) y sus seguidores (Thornton, 1995). Tras el éxito de la iniciativa, la red social se fue ampliando: primero a otras fraternidades; segundo, a todo el campus; tercero a otras Universidades elitistas norteamericanas; cuarto a otras Universidades elitistas británicas (Oxbridge); quinto, al resto de Universidades anglosajonas y del resto del mundo. Tras la primera oleada expansiva, que tuvo lugar hasta 2005, la auténtica democratización de Facebook se produjo en la segunda mitad de la década, con su difusión en otros medios sociales, etarios y geográficos: primero,

---

6 Nuestro uso del concepto Generación # está vinculado al estudio del impacto de la web social en las protestas que tuvieron lugar en 2011, en especial, al uso de Twitter en el 15M. Existen sin embargo antecedentes en el uso político de las tecnologías digitales, empezando por la revuelta de los sms tras los atentados del 11M de 2004 en Madrid, hasta la marcha contra las FARC en Colombia en 2008, que fue la primera movilización masiva convocada por Facebook.

Epílogo

el mundo universitario de los jóvenes; segundo, el mundo posuniversitario de los jóvenes-adultos; tercero, el mundo secundario de los adolescentes; cuarto, el mundo profesional de los adultos; y quinto, el mundo primario de los preadolescentes o *tweenagers* (el más activo ahora en esta red social).

b) **Espacio global *versus* Espacio glocal**. Mientras la Generación @ experimentó la globalización del espacio mental y social de los jóvenes, la Generación # está experimentando el repliegue hacia espacios más cercanos y personalizados (hacia la propia habitación, la esquina, el barrio, la plaza ocupada, la entidad local, etc.). No se trata de una vuelta a los espacios «cara a cara» tradicionales, sino de una reconstitución de los espacios sociales en forma híbrida, uniendo lo local y lo global (en forma glocalizada) (Beck y Beck-Gernsheim, 2004). El geógrafo David Harvey (2012) ha interpretado este proceso como una estrategia de restructuración del capitalismo informacional, que considera una forma regresiva de capitalismo salvaje, que se preparó con posterioridad a la caída del muro de Berlín y del fin del comunismo como enemigo real, y al mismo tiempo como una forma de resistencia de los grupos subalternos ante la expansión de tal modelo neocapitalista.

c) **Tiempo virtual *versus* Tiempo viral**. Mientras la Generación @ empezó a entrever un tiempo virtual en el que los ritmos cotidianos, el calendario anual, el ciclo vital y el tiempo histórico se parecían a un *yo-yo* flexible, con fases expansivas y contractivas, la Generación # ha empezado a experimentar una concepción del tiempo que podemos denominar «viral». A diferencia de otros ámbitos, las informaciones que circulan por las redes sociales no se expanden de forma secuencial (multiplicándose de manera lenta y progresiva) sino de forma viral (multiplicándose de forma exponencial, de manera rápida y en oleadas, como los virus epidémicos y los cibernéticos). De alguna manera, se trata de una evolución de las temporalidades que sigue las metáforas sobre los estados de la materia usadas por Zygmunt Bauman (2007): de la sociedad moderna (analógica) en estado sólido se pasó a la sociedad posmoderna (digital) en estado líquido; ahora se pasa a la sociedad hipermoderna (hiperdigital) en estado gaseoso. Si aplicamos los tres estados de la materia a las temporalidades juveniles, comprobaremos que las transiciones clásicas (familia-educación-empleo) se combinan con formas intransitivas producidas por la cultura juvenil (subculturas, possubculturas, escenas) y con formas virales producidas por la web social (conexiones, agregaciones, nodos) (Bauman, 2007; Leccardi, 2005). Dichos ciclos ya no se estructuran de manera cíclica, ni tampoco a partir de organizaciones de clase, sino que se yuxtaponen en función de las modalidades, ritmos y ámbitos de la movilización. De alguna manera, en la base social de tales mareas participan sectores que Guy Standing (2013) resume en la noción de precariado, que se sitúa en el cruce de temporalidades pasadas y futuras.

d) **Nomadismo *versus* Translocalismo**. Mientras la Generación @ experimentó las identidades nómadas teorizadas por Maffesoli (1989), la Generación # se organiza en forma translocal, según la conceptualización propuesta por Reguillo (2012) para analizar la movilidad de las *maras* centroamericanas. Es decir, la movilidad constante, la desvinculación de identidades sociales, culturales y profesionales fijas, el efímero juego de roles, confluyen en movilidades físicas o virtuales con pocos polos (dos o tres), en reconstitución de identidades ambivalentes (duales o triádicas), en nuevas modalidades lúdicas que transitan del juego de rol a los juegos de realidad virtual tridimensionales y multipantallas, en nuevas formas de criminalidad translocal. Las estrategias migratorias de los jóvenes en España nos ofrecen un ejemplo de lo que queremos expresar. Tanto los inmigrantes que llegaron por reagrupación familiar desde otros países y ahora se plantean volver o retomar contactos con el lugar de origen, como los emigrantes sobretitulados que en plena expansión del paro juvenil, en un contexto de parados preparados y nimileuristas, deciden viajar a ciudades europeas (como Londres o Berlín) o americanas (como Bogotá o São Paulo), son emigrantes económicos, pero no reproducen el modelo clásico de nomadismo unidireccional a la búsqueda de un nuevo nicho ecológico y social, sino que viven de manera translocal, aprovechando las facilidades ofrecidas por las nuevas formas de conectividad (Facebook, Skype, WhatsApp) y también por las antiguas (vuelos *low cost*, visitas familiares, remesas, etc.). En ambos casos el proceso migratorio no es unívoco sino que la ida y el retorno son posibilidades siempre abiertas. De igual modo, la entrada y salida en las culturas juveniles no es un proceso lineal. Por primera vez, la cultura juvenil sobrepasa a la juventud, lo que hace posible una cultura juvenil sin jóvenes (Canevacci, 2000).

e) **Red *versus* Rizoma**. Mientras la Generación @ participa políticamente a través del modelo de la «sociedad red», según la clásica conceptualización de Manuel Castells (1999), la Generación # lo hace a través del modelo de la «red social», que el mismo autor ha reconceptualizado, en su intento por interpretar el movimiento 15M, como *rizoma*. El *rizoma* es un «tallo subterráneo con varias yemas que crece de forma horizontal emitiendo raíces y brotes herbáceos de sus nudos [...] Los rizomas crecen indefinidamente [...] cada año producen nuevos brotes» (Wikipedia, 2013e). Foucault y Deleuze habían usado el concepto para analizar las formas de dominación microfísica, capilar, de la sociedad contemporánea. Castells (2012) lo aplica a las raíces descentralizadas de los movimientos de protesta de 2011 y en particular al 15M.

* * *

En este Epílogo hemos presentado un modelo para describir algunas tendencias presentes en el tránsito de la era digital a la era hiperdigital, que hemos sintetizado en la dualidad Generación @ *versus* Generación #. A continuación, y a manera de conclusión, resumiremos en un cuadro los rasgos diferenciales de ambos arquetipos que, insistimos, no deben considerarse como realidades empíricas definitivas sino como modelos analíticos provisionales, que pueden ser útiles en la medida en que sean capaces de orientar la investigación sobre los jóvenes, la comunicación y la cultura digital.

Figura 4. Generación @ *versus* Generación #

DIMENSIÓN	GENERACIÓN @	GENERACIÓN #
Periodo	Nacimiento: 1975-1990 Infancia: 1980 Adolescencia: 1990 Juventud: 2000	Nacimiento: 1985-2000 Infancia: 1990 Adolescencia: 2000 Juventud: 2010
Significante	@ Arroba: medida volumétrica Mediterráneo, siglo xv Navegación	# Hashtag: medida numérica América, siglo xx Conectividad y movilidad
Significado	Digitalismo Globalización Unisexualismo Pásalo	Hiperdigitalismo Relocalización Transexualismo *Trending topics*
Contexto	Web 1.0 Capitalismo informacional Nueva economía	Web 2.0/web social Capitalismo salvaje Recesión
Rasgos	Generación @ Espacio global Tiempo virtual Nomadismo Red	Generación # Espacio glocal Tiempo viral Translocalismo Rizoma
Ejemplos	Subculturas Antiglobalización Comunidades virtuales *Teenagers vs.* Jóvenes adultos Biografías Peter Pan	Escenas Altermundialismo Microblogs *Tweenagers vs.* Adultescentes Biografías Replicantes

Bibliografía

Abou-El-Haj, B. (1991). «Languages and models for cultural exchange». En J. Eade (ed.). *Living the Global City: globalization as a local process.* Londres y Nueva York: Routledge.

Abrams, Ph. (1982). *Historical Sociology.* Shepton Mallet: Open Books.

Acosta-Silva, D.A. y Muñoz, G. (2012). «Juventud Digital: Revisión de algunas aseveraciones negativas sobre la relación jóvenes-nuevas tecnologías». *Revista Latinoamericana de Ciencias Sociales, Niñez y Juventud,* 10 (1), 107-130.

Adams, M. (2003). «The reflexive self and culture: a critique», *British Journal of Sociology,* 54(2), 221-38.

Aguinaga, J. y Comas, D. (1997). *Cambios de hábito en el uso del tiempo: trayectorias temporales de los jóvenes españoles.* Madrid: Injuve.

Agurto, I. y Canales, M. et al. (1985). *Razones y Subversiones.* Santiago de Chile: ECO-FOLICO-SEPADE.

Allerbeck, K. y Rosenmayr, L. (1979). *Introducción a la sociología de la juventud.* Buenos Aires: Kapelusz.

Amit-Talai, V. y Wulff, H. (eds.). (1995). *Youth Cultures: a cross-cultural perspective.* Londres: Routledge.

Appadurai, A. (ed.). (2001). *Globalization.* Durham y Londres: Duke University Press.

Aranguren, J.L. (1969) [1961]. *La juventud europea y otros ensayos.* Barcelona: Seix Barral.

— (1986). «La juventud europea a lo largo de cuarenta años». *Papers,* 25, 19-22.

Attias-Donfut, C. (1988). *L'empreinte du temps.* París: PUF.

— (1991). *Générations et ages de la vie.* París: PUF.

Attias-Donfut, C. y Renaut, S. (1994). «Vieillir avec ses enfants». *Communications,* 59, 21-35.

Augé, M. (1993). *Los no-lugares. Lugares del anonimato.* Barcelona: Gedisa.

Bakhtin, M. (1994) [1981]. *The Dialogical Imagination.* Austin: University of Texas Press.

Bannerji, H. (2000). *The Dark Side of the Nation: essays on multiculturalism, nationalism and gender.* Toronto: Canadian Scholars Press Inc.

Barnett, J.E. (2000). *El péndulo del tiempo.* Barcelona: Península.

Barrie, J.M. (1935) [1904]. *Peter Pan i Wendy. La història del nen que no va voler créixer.* Barcelona: Joventut.

Bauman, Z. (2007). «Between Us, the Generations». En J. Larrosa (ed.). *On Generations. On coexistence between generations* (págs. 365-376). Barcelona, Fundació Viure i Conviure.

Beck, U. (1998) [1986]. *La sociedad del riesgo.* Barcelona: Paidós.

Beck, U. y Beck-Gernsheim, E. (2008) [2006]. *Generación global.* Barcelona: Paidós.

Bell, V. (1999). *Feminist Imagination. Genealogies in Feminist Theory.* Londres: Sage.

Bengston, V.L. y Achenbaum, W.A. (1993). *The Changing Contract Across Generations.* Nueva York: Aldine De Gruyter.

Benjamin, W. (1993) [1912-14]. *Metafísica de la juventud.* Barcelona: Paidós.

Bennett, A. (1999) «Subcultures or neo-tribes? Rethinking the relationship between youth, style and musical taste». *Sociology,* 33(3), 599-617.

Bertaux-Wiame, I. (1988). «Des formes et des usages des histoires de famille». *Homme et la societé,* 90, 25-35.

Bhabha. H. (1994). *The location of culture.* Londres y Nueva York: Routledge.

Bourdieu, P. (1980). *Le sens pratique.* París: Les Editions du Minuit.

— (1991). [1979]. *La distinción.* Madrid: Taurus.

Brandes, S. (2002). «Beatniks, hippies, yippies. Orígenes del movimiento estudiantil en Estados Unidos». En C. Feixa, J.R. Saura y C. Costa (eds.). *Movimientos Juveniles. De la globalización a la antiglobalización* (págs. 93-110). Barcelona: Ariel.

Braudillard, J. (1978). *Cultura y Simulacro.* Barcelona: Kairós.

Brenhouse, H.C. y Andersen, S.L. (2011). «Developmental trajectories during adolescence in males and females: A cross-species underfstanding of underlying brain changes». *Neuroscience & Biobehavioral Reviews,* 35(8), 1687-1703.

Brotherton, D. y Barrios, L. (2004). *The Almighty Latin King and Queen Nation.* Nueva York: Columbia University Press.

Bibliografía

Buckingham, D. (2002). *Crecer en la era de los medios electrónicos*. Madrid: Morata.

Buñuel, L. (1980). *Los olvidados*. México: Era.

Burnett, S., Sebastian, C., Cohen, K. y Blakemore, S. (2011). «The social brain in adolescence». *Neuroscience & Biobehavioral Reviews*, 35(8), 1644-1653.

Burroughs, E.R. (2002) [1912]. *Tarzán de los monos*. Madrid: *El País*.

Butcher, M. y Thomas, M. (2006). «Ingenious, emerging hybrid youth cultures in western Sydney». En P. Nilan y C. Feixa (eds.). *Global Youth?* (págs. 53-71). Londres y Nueva York: Routledge.

Caccia-Bava, A., Feixa, C. y González, Y. (eds.). (2004). *Jovens na America Latina*. São Paulo: Escrituras.

Canevacci, M. (2000). *Culture eXtreme: mutazione giovanili tra i corpi delle metropoli*. Roma: Meltemi.

Capmany, M.A. (1968). *La joventut, és una nova classe?* Barcelona: Edicions 62.

Castells, M. (1999) [1996]. *La era de la información. La sociedad red* (vol. I). Madrid: Alianza.

— (2012). *Redes de indignación y esperanza*. Madrid: Alianza Editorial.

Castells, M., Tubella, I., Sancho, T., Díaz, M.-I. y Wellman, B. (2003). *La societat xarxa a Catalunya*. Barcelona: Rosa dels Vents-UOC.

Cavalli, A. (1991). «Lineamenti di una sociologia della memoria». En P. Jedlowski y M. Rampazi (eds.). *Il senso del passato* (págs. 34-43). Milano: Franco Angeli.

— (1994). «Generazioni». *Enciclopedia delle Scienze Sociali* (vol. IV, págs. 621-635). Roma: Treccani.

— (ed.). (1985). *Il tempo dei giovani*. Bologna: Il Mulino.

Champion, S. (1997). «Fear and Loathin in Wisconsin». En S. Redhead (ed.). *The Clubcultures Reader* (págs. 112-123). Londres: Blackwell.

Chisholm, L. (2002). «Los jóvenes y la globalización». En C. Feixa, J.R. Saura, y C. Costa (eds.). *Movimientos Juveniles. De la globalización a la antiglobalización* (págs. 25-36). Barcelona: Ariel.

— (2003). *Youth in knowledge societies: challenges for research and policy, Proceedings of Making Braking Borders* (NYRIS). 7th Nordic Youth Research Symposium: Helsinki. Consultado el 10-04-05 en: www.alli.fi/nyri/nyris/nyris7/papers/chisholm.html.

Chuck D. (1997). *Rap, Race and Reality: fight the power.* Nueva York: Bantam Doubleday Books.

Cipolla, C. M. (1999) [1981]. *Las máquinas del tiempo y de la guerra.* Barcelona: Crítica.

Codina, L. (2009). *¿Web 2.0, Web 3.0 o Web Semántica?: El impacto en los sistemas de información de la Web.* I Congreso Internacional de Ciberperiodismo y Web 2.0. Bilbao, noviembre de 2009.

Coleman, J.S. (1961). *The Adolescent Society.* Nueva York: The Free Press.

Comte A. (1998) [1830-1842]. *Cours de philosophie positive* (vol. 1-2). París: Hermann.

Côté, J.E. (2003). *Late modernity, individualization, and identity capital: some longitudinal findings with a middle-class sample, Proceedings of Making Braking Borders.* 7th Nordic Youth Research Symposium (NYRIS). Helsinki. Consultado el 10-04-05 en: www.alli.fi/nyri/nyris/nyris7/papers/cote.html.

Coupland, D. (1993). *Generación X.* Barcelona: Ediciones B.

Cubides, H.J., Laverde, M.C., y Valderrama, C.E. (eds.). (1998). *Viviendo a toda. Jóvenes, territorios culturales y nuevas sensibilidades.* Santafé de Bogotá: Siglo del Hombre Editores.

Dallaire, C. (2006). «I am English too: Francophone youth identities in Canada». En P. Nilan, y C. Feixa (eds.). *Global Youth?* (págs. 32-52). Londres y Nueva York: Routledge.

De Martino, E. (1980). «Furore in Svezia». En *Furore simbolo valore* (págs. 225-232). Milano: Feltrinelli.

De Miguel, A. (1979). *Los narcisos. El radicalismo cultural de los jóvenes.* Barcelona: Kairós.

Dick, P.K. (1996) [1968]. *Blade Runner. ¿Sueñan los androides con ovejas eléctricas?* Barcelona: Bruguera.

Dilthey, W. (1989) [1883]. *Introduction to the Human Sciences.* Princeton: Princeton University Press.

Doherty, T. (1988). *Teenagers & Teenpics. The juvenilization of American Movies in the 1950s.* Londres: Unwin Hyman.

Edmunds, J. y Turner, B. S. (2002). *Generations, Culture and Society.* Buckingham: Open University Press.

Bibliografía

Eisenstadt, S.N. (1956). *From Generation to Generation*. Nueva York: The Free Press.

Elias, N. (1997) [1984]. *Sobre el tiempo*. México: FCE.

Epstein, J. (1998). «Introduction: generation X, youth culture and identity». En J. Epstein (ed.). *Youth Culture: identity in a postmodern world*. Malden and Oxford: Blackwell.

Erasmus, D. (2003). *Global teenager, Development Technology Network*. Consultado el 03-04-03 en: www.dtn.net/content/yesterday/5globalteen.html.

Erikson, E.H. (1980) [1968]. *Identidad, juventud y crisis*. Madrid: Taurus.

Featherstone, M. (1991). *Consumer culture and postmodernism*. Londres: Sage.

— (ed.). (1990). *Global Culture*. Londres: Sage.

Featherstone, M. y Lash, S. (1999). «Introduction». En M. Featherstone, y S. Lash (eds.). *Spaces of Culture: city, nation, world*. Londres: Sage.

Feixa, C. (1998) [5ª ed. 2012]. *De jóvenes, bandas y tribus*. Barcelona: Ariel.

— (2000). Generación @. La juventud en la era digital, *Nómadas*, 13, 76-91.

— (2001). *Generació @. La joventut al segle XXI*. Barcelona: Observatori Català de la Joventut.

— (2003). «La adolescencia hoy: Generación @». *Cuadernos de Pedagogía*, 320, 52-55.

— (2003b). «Del reloj de arena al reloj digital». *JOVENes*, 19, 6-27.

— (2005). «Generation @. Youth in the Digital Era». En D. Dodd (ed.). *Whose Culture is it? Trans-generational approaches to Culture* (págs. 3-18). Budapest: The Budapest Observatory.

— (2005b). «La juventud en la era digital». En M. Sepúlveda, C. Bravo y O. Aguilera (eds.). Nuevas *Geografías Juveniles. Transformaciones Socioculturales* (págs. 25-52). Santiago de Chile: Universidad Diego Portales, Instituto de la Juventud.

— (2006). «Being a Punk in Catalonia and Mexico». En P. Nilan y C. Feixa (eds.), *Global youth?* (págs. 149-166). Londres y Nueva York: Routledge.

— (2008). «La generación digital». En B. Gros (coord.). *Videojuegos y aprendizaje* (págs. 31-50). Barcelona: Graó.

— (2009). «Generación Replicante». *El País*, La Cuarta Página, Madrid, 18-09-09.

— (2010). «El imperio de los jóvenes». *Le Monde Diplomatique*, 14(180), 24.

— (2010b). «La banda o la vida». *El Periódico*, Opinión, 09/12/10.
— (2011). «Past and present of adolescence in society. The "teen brain" debate in perspective». *Neuroscience y Biobehavioral Reviews*, 35(5): 5-34.
— (2011b). «Kingstottenham, una connexión transoceánica». *El Periódico*, Opinión, 10-08-11.
— (2011c). «La generación indignada». *El País*, La Cuarta Página, Madrid, 29/09/11.
— (2012). «Jóvenes con tregua». *El Periódico*, Opinión, 06-08-12.
— (dir.); Porzio, L.; Recio, C. (coords.). (2006). *Jóvenes latinos en Barcelona. Espacio público y cultura urbana*. Barcelona: Anthropos-Ajuntament de Barcelona.
— (ed.). (2004). «De las tribus urbanas a las culturas juveniles». *Revista de Estudios de Juventud*, 64.
Feixa, C., Canelles, N., Porzio, L., Recio, C., Giliberti, L. (2008). «Latin Kings in Barcelona». En F. van Gemert, D. Peterson y I.-L. Lien (eds.), *Street Gangs, Migration and Ethnicity* (págs. 63-78). Devon (Reino Unido): Willan Publishing.
Feixa, C., Cervino, M., Palmas, L. y Barrios, L. (2006). «El fantasma de las bandas». *El País*, Tribuna, 15-06-06.
Feixa, C., *et al.* (2012). «The #spanishrevolution and beyond». *Cultural Anthropology Online*. Agosto. Consultado el 20-04-14 en: http://www.culanth.org.
Feixa, C., Fernández-Planells, A. y Figueras, M. (en prensa). «Generación Hashtag. Movimientos juveniles en la era de la web social». *Revista Latinoamericana de Ciencias Sociales, Niñez y Juventud*. Manizales (Colombia).
Feixa, C., Fernández-Planells, A. (2014). «Generación @ versus Generación #. La juventud en la era hiperdigital». En A. Huerta y M. Figueras (eds.), *Audiencias juveniles y cultura digital* (págs. 35-54). Bellaterra: Institut de la Comunicació, Universitat Autònoma de Barcelona.
Feixa, C., González, Y., Martínez, R., Porzio, L. (2002). «Identitats culturals i estils de vida». En VV.AA., *La infància i les famílies als inicis del segle XXI* (vol. III, págs. 325-474). Barcelona, Observatori de la infància i les famílies.
Feixa, C., González, Y., Recio C. (2005). «Estils de vida i cultura digital. La generació xarxa a Catalunya». En VV.AA., *Infància, famílies i canvi social a Catalunya* (vol. I, págs. 345-399). Barcelona: Observatori de la infància i les famílies.

Bibliografía

Feixa, C., Muñoz, G. (2004). «¿Reyes Latinos? Pistas para superar los estereotipos». *El País*, Madrid, 12-12-04. Reproducido en *El Universal* (Quito), 12-04-04.

Feixa, C., Nofre, J. (eds.). (2013). *#GeneraciónIndignada. Topías y utopías del 15M*. Lleida: Milenio.

Feixa, C., Palmas L. (2005). «Barcelona come Cornigliano, la sfida delle gang universali». *La Reppublica*, 09-12-05.

Feixa, C., Porzio, L. (2005). «Golfos, pijos, fiesteros. Studies on Youth Cultures in Spain 1960-2004», *Young*, 13(1): 89-113.

Feixa, C., Scandroglio, B., López, J., Ferrándiz, F. (2011). «¿Organización cultural o asociación ilícita? Reyes y reinas latinos entre Madrid y Barcelona». *Papers: Revista de Sociología*, 96(1), 145-163.

Fernández-Planells, A., Figueras-Maz, M. y Feixa, C. (2014). «Communication among young people in the #spanishrevolution: uses of online-offline tools to obtain information about the #acampadabcn». *New Media & Society*, 16(3), 1-22.

Flick, M. (2007). *Niños y jóvenes en la Sociedad de la Información Acceso y uso de Internet en América Latina*. Madrid: Instituto de Empresa, Fundación Telefónica. Consultado el 28-04-14 en: http://www.nativos-digitales.net/wp-content/ninos-y-jovenes-en-la-sociedad-de-la-informacion-maria-frick.pdf.

Feuer, L. (1968). *The Conflict of Generations*. Londres: Heinemann.

Fortim, I. (2006). «Alice no país do espelho: o MUD – o jogo e a realidade virtual baseados em texto», *Imaginario*, 12(1), 1-10. Consultado el 28-05-12 en: http://www.revistasusp.sibi.usp.br/scielo.php?pid=S1413-666X2006000100009&script=sci_arttext.

Foucault, M. (1971). «Nietzsche, la généalogie, l'histoire». En *Dits et écrits* (vol. II, págs. 120-155). París: Gallimard.

Fouillen, C. (1998). «L'univers des raves: entre carnaval et protestations fugitives», *Agora Débats/Jeunesses*, 7: 45-54.

Frazer, J.G. (2006) [1890]. *La rama dorada: magia y religión*. México: FCE.

Fuentes, J.A. (2011). «Características de la actividad cívica de los adolescentes y jóvenes españoles: e–ciudadanía». REIFOP, 14 (2). Consultado el 23-05-12 en: http://www.aufop.com.

Galdames, L. (1985). «Percepciones Generacionales». En VV.AA., *La Juventud frente al Futuro de Chile*. Santiago: CINDE.

Garber, J. y McRobbie, A. (1983) [1976]. «Girls and Subcultures». En S. Hall, y T. Jefferson (eds.). *Resistance Through Rituals. Youth Subcultures in post-war Britain* (págs. 209-221). Hutchinson: Londres.

García Canclini, N. (1989). *Culturas híbridas. Estrategias para entrar y salir de la modernidad*. México: Grijalbo.

García, C. y Montferrer, J. (2009). «Propuesta de análisis teórico sobre el uso del teléfono móvil en adolescentes (La generación @ o la vida a través de la pantalla pequeña)», *Comunicar*, 33(17), 83-92.

García-Canclini, N., Cruces, F., y Urteaga, M. (coords.). (2012). *Jóvenes, culturas urbanas y redes digitales*. Barcelona: Ariel-Fundación Telefónica.

Giddens, A. (1991). *Modernity and Self-Identity: self and society in the late modern age*. Cambridge: Polity Press.

— (2002). *Runaway World: how globalisation is reshaping our lives*. Londres: Routledge.

Gil Calvo, E. (1985). *Los depredadores audiovisuales. Juventud urbana y cultura de masas*. Madrid: Tecnos.

Gil, A. y Vall-Llobera, M. (eds.). (2006). *Jóvenes en cibercafés*. Barcelona: UOC.

Gillis, J.R. (1981). *Youth and History. Tradition and Change in European Age Relations, 1770-Present*. Nueva York: Academic Press.

Giménez, C. (2003). *¿Qué es la inmigración?* Barcelona: RBA.

Gramsci, A. (1975) [1949]. «La quistione dei giovani». *Quaderni del carcere*. Torino: Einaudi.

Gros, B. (2004). «Juegos digitales para comprender los sistemas complejos», *Comunicación y Pedagogía*, 216, 47-49.

Gurrieri, A. y Torres-Rivas, E. et al. (1971). *Estudios sobre la juventud marginal latinoamericana*. México: Siglo XXI, Editorial Universitaria.

Hagedorn, J.M. (2001). «Globalization, gangs and collaborative research». En M. W. Klein, H.-J. Kerner, C.L. Maxson, y E. Weitekamp (eds.). *The Eurogang Paradox: street gangs and youth groups in the U.S. and Europe*. Londres: Kluwer.

Halbwachs, M. (1950). *La mémoire collective*. París: PUF.

— (1975) [1925]. *Les cadres sociaux de la mémoire*. París-La Haye: Mouton.

Bibliografía

Hall, S. (1993). «Cultural identity and diaspora». En P. Williams y L. Chrisman (eds.). *Colonial Discourse and Postcolonial Theory: a reader*. Londres: Harvester Wheatsheaf.

Hall, S.G. (1915) [1904]. *Adolescence: Its Psychology and its relations to Psysiology, Sociology, Sex, Crime, Religion and Education*. Nueva York: Appleton Century Crofts.

Hall, S., y Jefferson, T. (eds.). (1983) [1976]. *Resistance Through Rituals. Youth Subcultures in post-war Britain*. Londres: Hutchinson.

Hannerz, U. (1996). *Transnational Connections*. Londres: Routledge.

Harvey, D. (2012). *Ciudades rebeldes. Del derecho a la ciudad a la revolución urbana*. Madrid: Akal.

Hebdige, D. (1988). *Hiding in the Light*. Londres: Routledge.

— (2004) [1979]. *Subcultura. El significado del estilo*. Barcelona: Paidós.

Hesmondhalgh, D. (2005). «Subcultures, scenes or tribes?» *Journal of Youth Studies*, 8(1), 21-40.

Himanen, P. (2002). *La ética del hacker i el espíritu de la era de la información*. Barcelona: Destino.

Holden, T. (2006). «The Social Life of Japans Adolechnic». En P. Nilan, y C. Feixa (eds.). *Global Youth?* (págs. 72-90). Londres y Nueva York: Routledge.

Holloway, S.L., y Valentine, G. (2003). *Cyberkids: children in the information age*. Londres: Routledge.

Huidobro, V. (1925). «Balance Patriótico», *Diario Acción*, 06-08-25, 1-2.

Huq, R. (2006). «European Youth Cultures in a Post Colonial world: British Asian underground and French Hip-Hop music scenes». En P. Nilan, y C. Feixa (eds.). *Global Youth?* (págs. 14-31). Londres y Nueva York: Routledge.

Ingenieros, J. (1980) [1913]. *El hombre mediocre*. Barcelona: Producciones Editoriales.

Janer Manila, G. (2010) [1976]. *Entre llops*. Barcelona: Proa.

Jansen, N. (1977). *La teoría de las generaciones y el cambio social*. Madrid: Espasa-Calpe.

Jedlowski, P. (1994). *Il sapere dell'esperienza*. Milán: Il Saggiatore.

Juris, J. (2005). «Youth and the World Social Forum», *Youth Activism*. Social Science Research Centre. Consultado el 15-07-05 en: www.ya.ssrc.org.

Juventud sin Futuro (2011). *Juventud sin futuro. Sin casa, sin curro, sin pensión, sin miedo*. Barcelona: Icària. Prólogo de Santiago Alba.

Kerouak, J. (1998) [1955]. *A la carretera*, Barcelona: 62.

Kertzer, D.E. (1983). «Generation as a Sociological Problem», *Annual Review of Sociology*, 9, 187-209.

Larrosa, J. (ed.). (2007). *On Generations. On Coexistence between Generations*. Barcelona: Fundació Viure i Conviure.

Lasén, A. (2000). *A contratiempo. Un estudio de las temporalidades juveniles*. Madrid: CIS.

Lash, S. (1994). «Reflexivity and its doubles: structure, aesthetics, community». En U. Beck, A. Giddens, y S. Lash (eds.). *Reflexive Modernization: politics, tradition and aesthetics in the modern social order*. Cambridge: Polity Press.

Laviola, G. y Marco, E. (2011). «Passing the knife edge in adolescence: Brain prunning and specification of individual lines of development». *Neuroscience & Biobehavioral Reviews*, 35(8), 1631-1633.

Le Goff, J. (1960). «Au moyen âge, temps du marchand et temps de l'église», *Annales ESC*, 417-433.

Leccardi, C. (2005). «Facing Uncertainty. Temporality and Biographies in the New Century», *Young*, 13(2), 123-146.

— (2005). «Facing Uncertainty. Temporality and Biographies in the New Century», *Young*, 13(2), 123-146.

— (2006). «Family Memory, Gratitude and Social Bonds». En J.A. Parker, M. Crawford, y P. Haims (eds.), *Time and Memory* (págs. 279-302). Leiden-Boston: Brill.

Levi, G., y Schmitt, J.-C. (eds.). (1996). *Historia de los jóvenes*. Madrid: Taurus. 2 vols.

Lewis, O. (1986). *Ensayos antropológicos*. México: Grijalbo.

Lovink, G. (2004). *Fibra oscura. Rastreando la cultura crítica de Internet*. Madrid: Tecnos.

Lynd, R. y Lynd, H. (1957) [1929]. *Middletown. A Study in Modern American Culture*. San Diego: Harvest.

Machado Pais, J, y Blass, L. (eds.). (2004). *Tribos Urbanas. Produçao artística e identidades*. Lisboa: Imprensa Ciências Sociais.

Bibliografía

Machado Pais, J. (2007). *Chollos, chapuzas, changas. Jóvenes, trabajo precario y futuro.* Barcelona: Anthropos.

Macnamara, D. (2009). «Cinc dinàmiques mediàtiques globals per analitzar l'any 2010 i el futur proper». En *L'audiovisual Local. Una mirada per afrontar el futur* (págs. 29-35). Barcelona: Xarxa de Televisions Locals.

Maffesoli, M. (1990) [1988]. *El tiempo de las tribus*, Barcelona, Icària.

— (1999). «El nomadismo fundador». *Nómadas*, 10, 126-143.

— (2007). «Tribalism and Hospitality». En J. Larrosa (ed.). *On Generations. On coexistence between generations* (págs. 377-379). Barcelona: Fundació Viure i Conviure.

Mannheim, K. (1993) [1927]. «El problema de las generaciones». *Revista Española de Investigaciones Sociológicas,* 62: 145-168.

Marías, J. (1968). «Generations». *International Encyclopedia of the Social Sciences* (págs. 88-92). vol. 6.

— (1989) [1949]. *Generaciones y constelaciones.* Madrid: Alianza.

Mariátegui, J.C. (1988) [1928]. *Siete ensayos de interpretación de la realidad peruana.* Barcelona: Crítica-Grijalbo.

Martin, H-P. y Schumann, H. (1997). *The Global Trap: globalization and the assault on democracy and prosperity.* Londres: Pluto Press.

Marx, K. (1978) [1852]. «The eighteenth brumaire of Louis Bonaparte». En R.C. Tucker (ed.). *The Marx-Engels Reader.* Nueva York y Londres: W.W. Norton.

Mattelart, M. (1970). *Juventud chilena, Rebeldía y Conformismo.* Santiago: Ed. Universitaria.

Matza, D. (1973). «Subterranean traditions of youth». En H. Silverstein (ed.) *The Sociology of Youth: evolution and revolution,* Nueva York: McMillan.

Mead, M. (1977) [1970]. *Cultura y compromiso. El mensaje a la nueva generación.* Barcelona: Granica.

Medina Echavarría, G. (1967). *La Juventud latinoamericana como campo de investigación social.* México: Siglo XXI.

Medina, G. (ed.). (2000). *Aproximaciones a la diversidad de lo juvenil.* México: El Colegio de México.

Melucci, A. (1989). *Nomads of the Present.* Philadelphia: Temple University Press.

Mendel, G. (1971) [1968]. *La rebelión contra el padre*. Barcelona: Península.
— (1972) [1969]. *La crisis de las generaciones*. Barcelona: Península.
Michaud, E. (1996). «Soldados de una idea: los jóvenes bajo el Tercer Reich». En G. Levi, y J.-C. Schmitt (eds.). *Historia de los jóvenes* (vol. II, págs. 347-380). Madrid: Taurus.
Michon, P. (2002). «Strata, Blocks, Pieces, Spirals, Elastics and Verticals: Six Figures of Time in Michel Foucault», *Time & Society*, 11(2/3), 163-192.
Miles, S. (2000). *Youth Lifestyles in a Changing World*. Buckingham y Philadelphia: Open University Press.
Mitterauer, M. (1986). *I giovani in Europa dal Medioevo a oggi*. Roma-Bari: Laterza.
Monsalve, L. (2012). «@: La historia». *Revista Sala de Espera*, abril, 4-5.
Moral, M. y Ovejero, A. (2004). «Jóvenes, globalización y postmodernidad: crisis de la adolescencia social en una sociedad adolescente en crisis». *Papeles del Psicólogo*, 87. Consultado el 23-05-12 en: http://www.papelesdelpsicologo.es/vernumero.asp?id=1142.
Moskvichov, V. et al. (1979). *La sociedad y la sucesión de las generaciones*. Moscú: Progreso.
Muggleton, D. (2000). *Inside Subculture: the postmodern meaning of style*. Oxford y Nueva York: Berg.
Muggleton, D. y Weinzierl, R. (eds.). (2003). *The Post-Subcultures Reader*. Oxford y Nueva York: Berg.
Muñoz, A. (1985). «El ceremonial comunicativo y la expulsión de la palabra», *Los Cuadernos del Norte*, 29, 32-38.
Namer, G. (1988). «Affectivité et temporalité de la mémoire», *L'homme et la societé*, 4, 21-35.
Nayak, A. (2003). *Race, Place and Globalization: youth cultures in a changing world*. Oxford y Nueva York: Berg.
Niang, A. (2006). «B-boys: Hip-Hop culture in Dakar, Senegal». En P. Nilan, y C. Feixa (eds.). *Global Youth?* (págs. 167-185). Londres y Nueva York: Routledge.
Nilan, P. (2004). «Culturas juveniles globales», *Revista de Estudios de Juventud*, 64, 38-48.

Bibliografía

— (2006). «The reflexive youth culture of devout young Muslims in Indonesia». En P. Nilan, y C. Feixa (eds.). *Global Youth?* (págs. 91-110). Londres y Nueva York: Routledge.

Nilan, P., y Feixa, C. (eds.). (2006). *Global Youth. Hybrid Identities and Plural Worlds*. Londres y Nueva York: Routledge.

Nizan, P. (1960) [1931]. *Aden Arabie*. París: Maspero.

Nuttal, J. (1974) [1968]. *Las culturas de posguerra*. Barcelona: Martínez Roca.

Oleaque, J. (2004). *En èxtasi. Drogues, música màkina i ball: viatge a les entranyes de «la festa»*. Barcelona: Ara Llibres.

Opaschowski, H. (1999). *Generation @. Die Medienrevolution enläbt ihre Kinder: Leber im Informationstzeitalter*. Hamburgo: British-American Tobacco GmBH.

Orrego Luco, L. (1984). *Memorias del tiempo viejo*. Santiago: Ediciones de la Universidad de Chile.

Ortega y Gasset, J. (1966) [1923]. «La idea de las generaciones», *El tema de nuestro tiempo. Obras completas* (vol. III, págs. 145-156). Madrid: Revista de Occidente.

— (1970) [1933]. «El método histórico de las generaciones». *En torno a Galileo. Obras completas* (vol. V, págs. 11-71). Madrid: Revista de Occidente.

— (1996) [1928]. *Juventud, Cuerpo, Meditaciones de nuestro tiempo. Las conferencias de Buenos Aires 1916-1928* (págs. 207-228). México: FCE.

Parsons, T. (1963) [1961]. «Youth in the context of American Society». En E.H. Erikson (ed.). *Youth: Change and Challenge* (págs. 93-119). Nueva York: Basic Books.

— (1972) [1942]. «Age and Sex in the Social Structure of the United States». En Manning y Truzzi (eds.), *Youth and Sociology* (págs. 136-147). Nueva Jersey: Prentice-Hall.

Pérez Islas, J.A., y Urteaga, M. (eds.). (2004). *Historias de los jóvenes en México. Su presencia en el siglo XX*. México: Instituto Mexicano de la Juventud.

Petrova, Y. (2006). «Global? Local? Multi-level identifications among contemporary skinheads in France». En P. Nilan, y C. Feixa (eds.). *Global Youth?* Londres y Nueva York: Routledge.

Piscitelli, A. (2005). «Epistemología de las marcas en la era de la incertidumbre. La generación arroba». *Educ.ar*. Buenos Aires: Ministerio de Educación de Argentina. Consultado el 06-12-11 en: http://portal.educ.ar/debates/educacion-ytic/nuevos-alfabetismos/epistemologia-de-las-marcas-en-la-era-de-la-incertidumbre-la-generacion-arroba.php.

Platón. (2010) [s. III a.C.]. *La República*. Madrid: Alianza.

Ponce, A. (1939). *Ambición y angustia de los adolescentes*. Santiago de Chile.

— (1960) [1938]. *Psicología de la Adolescencia*. México: UTEHA.

Prensky, M. (2001). «Digital natives, digital immigrants». *On the Horizon*, 9(5): 1-6. Consultado el 28-04-2014 en http://www.marcprensky.com/writing/Prensky%20-%20Digital%20Natives,%20Digital%20Immigrants%20-%20Part1.pdf.

Queirolo, L., y Torre, A. (eds.). (2005). *Il Fantasma delle Bande: Giovani dall'America Latina a Genova*. Génova: Fratelli Frilli Editore.

Quiroz, A. (2004). «La Generación Arroba». *Sextante*, 3. Bogotá: Facultad de Comunicación Social. Consultado el 05-10-09 en: http://www.funlam.edu.co/sextante/edicion3/contemporaneo.html.

Redhead, S. (ed.). (1997). *The Clubcultures Reader*. Londres: Blackwell.

Rees, P. (2003). «The missing million», *BBC News*, 20-10-02. Consultado el 10-11-14 en: http://news.bbc.co.uk/2/hi/programmes/correspondent/2334893.stm.

Reguillo, R. (1998). «El año dos mil, ética, política y estéticas: imaginarios, adscripciones y prácticas juveniles. Caso mexicano». En H.J. Cubides, M.C. Laverde, y C.E. Valderrama (eds.). *Viviendo a toda. Jóvenes, territorios culturales y nuevas sensibilidades* (págs. 57-82). Bogotá: Siglo del Hombre Editores.

— (1999). «Nómadas sedentarios, narrativas itinerantes. Notas sobre políticas de identidad». *Nómadas*, 10, 128-139.

— (2000). *Emergencia de culturas juveniles*. Buenos Aires: Norma.

— (2012). «Memories of the Future. The Mara: Contingency and Affiliation with Excess». *Young*, 20(4).

Reich, W. (1978). *Problemas sexuales de los jóvenes*. Barcelona: Síntesis.

Reynolds, S. (1997). «Rave Culture: Living Dream or Living Death?» En S. Redhead (ed.). *The Clubcultures Reader* (págs. 102-111). Londres: Blackwell.

Bibliografía

Richard, B. y Kruger, H.H. (1998). «Ravers Paradise? German Youth Cultures in the 1990s». En T. Skelton, y G. Valentine (eds.). *Cool Places. Geographies of Youth Cultures* (págs. 161-174). Londres: Routledge.

Rietveld, H. (1997). «The House Sound of Chicago». En S. Redhead (ed.). *The Clubcultures Reader* (págs. 124-136). Londres: Blackwell.

Ritzer, G. (1993). *The McDonaldisation of Society*. Thousand Oaks: Pine Forge Press.

Rodó, J.E. (1961). *Ariel*. México: Espasa-Calpe Mexicana.

Rodríguez, F. (ed.). (1989). *Comunicación y lenguaje juvenil*. Madrid: Fundamentos.

Romaní, O. (2007). «Juvenil leissure time & violence: Fact or fiction». En Recasens, A. (ed.) *Violence between young people in night-time leisure zones: A European Comparative Study* (págs. 191-205). Bruselas: Brussels University Press.

— (2011). «Lecciones de Inglaterra», *Diari de Tarragona*, 16-08-11.

Romo, N. (2001). *Mujeres y drogas de síntesis. Género y riesgo en la cultura del baile*. Donostia: Tercera Prensa-Hirugarren Prentsa.

Rose, N. (1992). «Governing the enterprising self». En P. Heelas, y P. Morris (eds.). *The Values of Enterprise Culture*. Londres: Routledge.

Roszak, T. (1973) [1968]. *El nacimiento de una contracultura*, Barcelona: Kairós.

Sánchez de la Yncera, I. (1993). «La sociología ante el problema generacional», *Revista Española de Investigaciones Sociológicas*, 62, 147-191.

Sartori, G. (1998). *Homo videns. La sociedad teledirigida*. Madrid: Taurus.

Savage, J. (2007). *Teenagers. The Creation of Youth Culture*. Londres: Penguin.

Schelsky, H. (1957). *Die Skeptiche Generation*. Düsseldorf-Köln: Eugen Diederichs Verlag.

Sennett, R. (1999). «Growth and failure: the new political economy and its culture». En M. Featherstone, y S. Lash (eds.). *Spaces of Culture: city, nation, world*. Londres: Sage.

Sercombe, H. y Paus, T. (2009). «The "teen brain" research: an introduction and implications for practicioners», *Youth and Policy*, 103, 25-38.

Shahabi, M. (2006). «Youth subcultures in post-Revolution Iran: an alternative reading». En P. Nilan, y C. Feixa (eds.). *Global Youth?* (págs. 111-129). Londres y Nueva York: Routledge.

Siebert, R. (1991). *E femmina però è bella. Tre generazioni di donne al Sud.* Turín: Rosenberg y Sellier.

Skelton, T. (2002). «Research on youth transitions: some critical interventions». En M. Cieslik, y G. Pollock (eds.). *Young People in Risk Society: the restructuring of youth identities and transitions in late modernity.* Aldershot: Ashgate.

Solano, G. (1998). «80 años de la Reforma Universitaria Fundación del movimiento estudiantil latinoamericano». *En defensa del marxismo. Revista teórica del Partido Obrero,* 20 (mayo).

Solari, A.E. (1971). *Algunas reflexiones sobre la juventud latinoamericana.* Santiago: CEPAL/ILPES.

Standing, G. (2013). *El precariado: una nueva clase social.* Barcelona: Pasado y Presente.

Stiglitz, J. (2002). *Globalization and its Discontents.* Londres: Allen Lane/Penguin Press.

Suárez, L. (2006). «Un nuevo actor migratorio: Jóvenes, rutas y ritos juveniles transnacionales». En F. Checa *et al.* (eds.), *Menores tras la frontera* (págs. 17-50). Barcelona: Icària.

Sweetman, P. (2003). «Twenty-first century dis-ease? Habitual reflexivity or the reflexive habitus». *The Sociological Review,* 51(4): 528-49.

Tapscott, D. (1998). *Growing Up Digital: the rise of the net generation.* Nueva York: McGraw-Hill.

Thornton, S. (1994). «Moral Panic, the Media and British Rave Culture». En A. Ross, y T. Rose (eds.), *Microphone Friends. Youth Music and Youth Culture* (págs. 176-192). Londres: Routledge.

Thornton, S. (1996) [1995]. *Club Cultures. Music, Media and Subcultural Capital.* Cambridge: Wesleyan University Press.

Thrasher, F.M. (1926). *The Gang: a study of 1313 gangs in Chicago.* Chicago: University of Chicago Press.

Touraine, A. (2003). «Equality and/or difference: real problems, false dilemmas». *Canadian Journal of Sociology,* 28(4), 543-50.

UNESCO (1983). *La juventud en la década de los 80.* Salamanca: Sígueme.

Valentine, G. (2003). «Boundary crossings: transitions from childhood to adulthood». *Childrens Geographies,* 1, 37-52.

Bibliografía

Valenzuela, J.M. (1997) [1988]. *¡A la brava ése! Cholos, punks, chavos banda*. Tijuana: El Colegio de la Frontera Norte.

Van Gennep, A. (1986) [1909]. *Los ritos de paso*. Madrid: Taurus.

Vasconcelos, J. (1925). *La Raza Cósmica*. Barcelona.

— (1981) [1924]. «A los estudiantes de Trujillo que se dirigieron a mí en nombre de los estudiantes del Perú». En J. Skirius (ed.). *El Ensayo hispanoamericano del siglo XX*. México: Fondo Cultura Económica.

Veblen, T. (1899). *The Theory of Leisure Class*. Londres: Allen and Unwin.

Vigil, J.D. (2002). *A Rainbow of Gangs: street cultures in the mega-city*. Austin: University of Texas Press.

Webster's Dictionary (1983). *Webster's Dictionary of the English Language*. Lexicon: Londres.

Whyte, W.F. (1972) [1943]. *La sociedad de las esquinas*. México: Diáfora.

Wikipedia. (2013a). «Arroba (símbolo)». Consultado el 26-07-2013 en: http://es.wikipedia.org/wiki/@.

— (2013b). «Hashtag». Consultado el 26-07-2013 en: http://es.wikipedia.org/wiki/Hashtag.

— (2013c). «Number sign». Consultado el 26-07-2013 en: http://en.wikipedia.org/wiki/Number_sign.

— (2013d). «Hiperrealidad». Consultado el 26-07-2013 en: http://es.wikipedia.org/wiki/Hiperrealidad.

— (2013e). «Rizoma». Consultado el 26-07-2013 en: http://es.wikipedia.org/wiki/Rizoma.

Willis, P. (1988) [1977]. *Aprendiendo a trabajar. Cómo los chicos de la clase obrera consiguen trabajos de clase obrera*. Akal: Madrid.

— (1990). *Common Cultures. Symbolic work at play in the everyday cultures of the young*. Boulder: Westview Press.

Woolf, V. (2003) [1929]. *Un cuarto propio*. Madrid: Horas y horas.

Wulff, H. (1988). *Twenty girls. Growing-up, Ethnicity and Excitement in a South London Microculture*. Estocolmo: Stockholm Studies in Social Anthropology.

Wynecken, G. (1927) [1914]. *Escuela y cultura juvenil*. Madrid: Espasa Calpe.

Filmografía

Badham, J. (1977). *Saturday Night Fever* (*Fiebre del sábado noche*). Estados Unidos: Paramount Pictures. 98'. Orígenes de la cultura discotequera en Nueva York en los setenta.

Buñuel, L. (1950). *Los Olvidados*. México. 77'. La pandillas en el México de los cincuenta.

Clark, L. (1995). *Kids*. Estados Unidos: Shining Excalibur Films. 93'. Un día en la vida de un grupo de *teenagers* sexualmente activos en Nueva York durante los noventa.

Clarke, N. (2006). *Kidulthood*. Reino Unido: Revolver Entertainment. 89'. Vida de un grupo de *teenagers* en un suburbio londinense del 2000.

— (2008). *Adulthood*. Reino Unido: Revolver Entertainment. 90'. Secuela de *Kidulthood*, tras salir el protagonista de la cárcel.

Ferreira, P. (2012). *Els nens salvatges*. España. 90'. La película se adentra en el mundo de la adolescencia para mostrar los problemas de incomunicación y las vías de huída de un grupo de jóvenes.

Fincher, D. (2010). *The social network* (*La red social*). Estados Unidos: Sony Pictures. 120'. Biopic de Mark Zuckerberg, fundador de Facebook: crónica del nacimiento de las redes sociales y de su difusión desde Harvard al mundo.

Gansel, D. (2008). *Die Welle* (*La Ola*). Alemania. 117'. Experimento autocrático en un instituto alemán, basado en la novela *The Wave*, que a su vez se inspiró en *The Tirth Wave*, un experimento real que tuvo lugar en California en los ochenta.

Glatzer, R. (2007). *Quinceañera*. Estados Unidos. Fiesta de los 15 años en California.

Hopper, D. (1988). *Colors*. Estados Unidos: Orion Pictures. 120'. Guerras entre bandas de LA en los ochenta: *Bloods, Crips* y bandas chicanas.

Kassovitz, M. (1995). *La Haine* (*El odio*). Francia: Canal +. 98'. Un día en la vida de tres jóvenes en la multiétnica *banlieue* de París, tras la explosión de una revuelta juvenil.

Kerholf, I. (1996). *Wasted!* Países Bajos. 104'. Escena *house* y *trance* en Ámsterdam durante los noventa.

Klapish, C. (2002). *L'auberge espagnole* (*Una casa de locos*). Francia-España. 122'. La vida de un grupo de estudiantes Erasmus en Barcelona.

Kubrik, S. (1968). *2001: a space odissey*. Estados Unidos: MGM. 161'. Viaje al interior de la humanidad a través de una visita al espacio.

Marston, J. (2004). *María, llena eres de gracia*. Colombia-Estados Unidos. 104'. Las mulas de la droga.

Meirelles, F. (2002). *Cidade de Deus* (*Ciudad de Dios*). Brasil: Globo Filmes. 130'. Bandas de la droga.

Olivares, G. (2010). *Entre lobos*. España: Wanda Vision. 100'. Adaptación del libro de G. Janer Manila (2010), basado en el relato de Marcos, un niño salvaje abandonado en Sierra Morena en 1946, que vivió en estado semisalvaje de los 7 a los 19 años de edad.

Parker, A. (1982). *The Wall* (*El muro*). Reino Unido: MGM. 1':35". Historia de un cantante de *rock* progresivo que intenta superar los muros de una sociedad alienante en la Gran Bretaña de posguerra.

Ramallo, F. (2000). *Krámpak*. España. El despertar de la adolescencia en la España de los noventa.

Ray, N. (1954). *Rebel without a cause* (*Rebelde sin causa*). Estados Unidos: Warner Bros Pictures. 111". La juventud inconformista en los cincuenta.

Rispa, J. (2004). *Diario de un skin*. España. 85". Adaptación de una crónica sobre el mundo *nazi-skin* en el Madrid de los noventa.

Scott, R. (1982). *Blade Runner*. Estados Unidos: Warner Bros. Un grupo de androides encargados de colonizar Marte, se rebelan y vuelven a la Tierra, siendo perseguidos por el corredor de la luz.

Stiller, B. (1994). *Reality Bites* (*Bocados de realidad*). Estados Unidos: Universal Studios. 99'. Retrato de la generación X y de la escena *grunge*.

Stillman, W. (1998). *The Last Days of Disco*. Estados Unidos: Gramercy Pictures. 103'. Final de la cultura disco en Nueva York a principios de 1980.

Tanner, A. (1999). *Jonas et Lila, à demain*. Francia. Secuela de *Jonas, qui aura vingt ans l'an 2000*. Retrato de los hijos de la generación del 68.

Filmografía

Termens, R., y Torras, C. (2005). *Joves*. España. 105'. El despertar de la adolescencia en la Catalunya del 2000.

Trapé, E. (2010). *Blog*. España. 90'. Un grupo de adolescentes de un instituto fundan una hermandad y deciden quedarse embarazadas al mismo tiempo.

Truffaut, F. (1959). *Les 400 coups* (*Los 400 golpes*). Francia: Cocinor. 99'. La educación en Francia durante los años 50.

— (1970). *L'enfant sauvage* (*El niño salvaje*). Francia: United Artists. 83'. Educación de un niño salvaje encontrado en Francia a principios del siglo XIX.

Van Sant, G. (2003). *Elephant*. Estados Unidos. 81'. Reconstrucción de la masacre del instituto Columbine, que tuvo lugar en 1999.

Weingartner. (2004). *Die fetten Jahre sind vorbei* (*Edukators*). Alemania. 126'. Vida de tres jóvenes vinculados al movimiento antiglobalización en Berlín el año 2000.

Winterbottom, M. (2003). *24 Hour Party People*. Reino Unido: Pathé. 117'. Historia de la escena *punk* y *house* en Manchester durante los años setenta y ochenta.

Wright, G. (2000). *Romper stomper* (*Cabezas rapadas*). Australia: Film Victoria. 94'. Una banda neonazi ataca a un grupo de jóvenes asiáticos en Australia.